21世纪高职高专规划教材·旅游酒店类系列

旅游服务礼仪

（第 2 版修订本）

鄢向荣 主　编

彭　琨　徐　曼　陈　戎　副主编
　　　　罗　琳　赵　静

清华大学出版社
北京交通大学出版社

·北京·

内 容 简 介

本书介绍了东、西方礼仪的异同，概述了礼貌、礼节和礼仪的内涵，以及礼仪习得与养成的要义，阐述了仪容、仪表、仪态的规范和涉外礼仪，重点介绍了饭店前厅、客房、餐饮部和旅行社导游人员的服务礼仪，同时对我国少数民族及宗教，以及主要客源国的礼仪、禁忌等也进行了阐述。

本书的特色是针对旅游行业重点部门和岗位所涉及的服务礼仪进行介绍，注重理论与实践的结合，可操作性和实用性强。本书各章节还增加了一定的阅读材料、小知识和典型案例，既可作为高职高专旅游类专业的教材，也可作为宾馆、酒店、旅行社的培训教材，对旅游工作者及其他涉外工作者也具有参考价值。

本书封面贴有清华大学出版社防伪标签，无标签者不得销售。
版权所有，侵权必究。侵权举报电话：010-62782989　13501256678　13801310933

图书在版编目（CIP）数据

旅游服务礼仪/鄢向荣主编．—2 版．—北京：清华大学出版社；北京交通大学出版社，2013.1
（2021.2 重印）
（21 世纪高职高专规划教材·旅游酒店类系列）
ISBN 978-7-5121-1347-3

Ⅰ．① 旅… Ⅱ．① 鄢… Ⅲ．① 旅游服务-礼仪-高等职业教育-教材 Ⅳ．① F590.63

中国版本图书馆 CIP 数据核字（2013）第 011531 号

责任编辑：吴嫦娥　　特邀编辑：林　欣
出版发行：清 华 大 学 出 版 社　　邮编：100084　　电话：010-62776969
　　　　　北京交通大学出版社　　邮编：100044　　电话：010-51686414
印　刷　者：三河市华骏印务包装有限公司
经　　　销：全国新华书店
开　　　本：185×230　　印张：19.25　　字数：432 千字
版　印　次：2021 年 1 月第 2 版第 2 次修订　　2021 年 2 月第 3 次印刷
书　　　号：ISBN 978-7-5121-1347-3/F·1136
定　　　价：49.00 元

本书如有质量问题，请向北京交通大学出版社质监组反映。对您的意见和批评，我们表示欢迎和感谢。
投诉电话：010-51686043，51686008；传真：010-62225406；E-mail：press@bjtu.edu.cn。

出 版 说 明

高职高专教育是我国高等教育的重要组成部分，它的根本任务是培养生产、建设、管理和服务第一线需要的德、智、体、美全面发展的高等技术应用型专门人才，所培养的学生在掌握必要的基础理论和专业知识的基础上，应重点掌握从事本专业领域实际工作的基本知识和职业技能，因而与其对应的教材也必须有自己的体系和特色。

为了适应我国高职高专教育发展及其对教学改革和教材建设的需要，在教育部的指导下，我们在全国范围内组织并成立了"21世纪高职高专教育教材研究与编审委员会"（以下简称"教材研究与编审委员会"）。"教材研究与编审委员会"的成员单位皆为教学改革成效较大、办学特色鲜明、办学实力强的高等专科学校、高等职业学校、成人高等学校及高等院校主办的二级职业技术学院，其中一些学校是国家重点建设的示范性职业技术学院。

为了保证规划教材的出版质量，"教材研究与编审委员会"在全国范围内选聘"21世纪高职高专规划教材编审委员会"（以下简称"教材编审委员会"）成员和征集教材，并要求"教材编审委员会"成员和规划教材的编著者必须是从事高职高专教学第一线的优秀教师或生产第一线的专家。"教材编审委员会"组织各专业的专家、教授对所征集的教材进行评选，对所列选教材进行审定。

目前，"教材研究与编审委员会"计划用2~3年的时间出版各类高职高专教材200种，范围覆盖计算机应用、电子电气、财会与管理、商务英语等专业的主要课程。此次规划教材全部按教育部制定的"高职高专教育基础课程教学基本要求"编写，其中部分教材是教育部《新世纪高职高专教育人才培养模式和教学内容体系改革与建设项目计划》的研究成果。此次规划教材按照突出应用性、实践性和针对性的原则编写并重组系列课程教材结构，力求反映高职高专课程和教学内容体系改革方向；反映当前教学的新内容，突出基础理论知识的应用和实践技能的培养；适应"实践的要求和岗位的需要"，不依照"学科"体系，即贴近岗位，淡化学科；在兼顾理论和实践内容的同时，避免"全"而"深"的面面俱到，基础理论以应用为目的，以必要、够用为度；尽量体现新知识、新技术、新工艺、新方法，以利于学生综合素质的形成和科学思维方式与创新能力的培养。

此外，为了使规划教材更具广泛性、科学性、先进性和代表性，我们希望全国从事高职高专教育的院校能够积极加入到"教材研究与编审委员会"中来，推荐"教材编审委员会"成员和有特色的、有创新的教材。同时，希望将教学实践中的意见与建议，及时反馈给我们，以便对已出版的教材不断修订、完善，不断提高教材质量，完善教材体系，为社会奉献更多更新的与高职高专教育配套的高质量教材。

此次所有规划教材由全国重点大学出版社——清华大学出版社与北京交通大学出版社联合出版，适合于各类高等专科学校、高等职业学校、成人高等学校及高等院校主办的二级职业技术学院使用。

21世纪高职高专教育教材研究与编审委员会

2013年3月

第 2 版前言

礼仪是人类文化的结晶、社会文明的标志。我国素有"礼仪之邦"的美誉,在现代社会,礼仪逐步演化成人们在社会活动中必不可少的言行方式及行为规范,发挥着调节人际关系的重要作用。作为一本礼仪教材,《旅游服务礼仪》自2006年初版以来,以其知识的系统性、创新性和实用性,尤其是综合体现服务礼仪在旅游业中方方面面的应用等特色,受到了许多读者的欢迎,并在教学实践中发挥了应有的作用。随着我国旅游业的迅猛发展,以及高等职业教育改革的不断深入,为培养出高素质的实用性旅游从业人才,满足学生在旅游服务岗位运用礼仪知识的需要,编者在多方调研、不断探索实践的基础上,特修订本教材。本次修订的主要内容是调整了全书的体例,更新并增加了一些案例、小知识;增加了习题和附录等,在本次修订中还更正了第一版中的不足。修订后的教材,从高等职业教育的特点出发,更加贴近高职高专学生群体,特别是根据旅游行业的工作内容、工作流程和工作特点,将礼仪知识与实践很好地结合起来,从而更好地突出了本教材的针对性和实用性等特点。

本教材由武汉交通职业学院鄢向荣任主编,由湖北交通职业技术学院彭琨、武汉长江职业学院徐曼、武汉城市职业学院陈戎、武汉交通职业学院罗琳和赵静任副主编。具体修订分工为:赵静修订第1、2章和课件制作;罗琳修订第3、4章;陈戎修订第5、6章;鄢向荣修订第7章;彭琨修订第8、9、10章;徐曼负责全书的小知识、案例及附录等信息的更新与完善工作。特别感谢北京交通大学出版社吴嫦娥编辑的帮助,由于她的努力才使得这本书第2版得以与读者见面。

在编写本教材的过程中,参阅了大量已经出版的礼仪教材和礼仪读物,参考、借鉴、引用、使用了其中的许多观点、材料和案例等,为行文方便,未能在书中一一注明,一并列入书后的参考文献中。在此,谨向相关作者表示感谢!

为方便教师教学和学生自学,本教材配有课件及思考与练习题答案,如有需要请登录北京交通大学出版社网站(http://press.bjtu.edu.cn)下载,或发邮件至cbswce@jg.bjtu.edu.cn索取。

限于编者的学力、视野和时间,本教材难免存在不当乃至错误之处,恳请使用本教材的广大师生和社会读者提出宝贵的意见与建议,以便修订时完善。

编　者

2013 年 3 月

目　录

第1章　礼仪概述 ………………………………………………………………… 1
　◇　学习目标 …………………………………………………………………… 1
　　1.1　礼仪的概念 …………………………………………………………… 1
　　1.2　东方礼仪与西方礼仪 ………………………………………………… 6
　　1.3　旅游服务礼仪 ………………………………………………………… 14
　◇　本章小结 …………………………………………………………………… 20
　◇　思考与练习 ………………………………………………………………… 20

第2章　礼貌、礼节、礼仪和礼貌修养 ………………………………………… 23
　◇　学习目标 …………………………………………………………………… 23
　　2.1　礼貌、礼节、礼仪、礼宾 …………………………………………… 23
　　2.2　礼貌修养 ……………………………………………………………… 27
　　2.3　礼仪的习得与施行 …………………………………………………… 31
　◇　本章小结 …………………………………………………………………… 33
　◇　思考与练习 ………………………………………………………………… 33

第3章　服务人员的仪表礼仪规范 ……………………………………………… 36
　◇　学习目标 …………………………………………………………………… 36
　　3.1　仪容礼仪规范 ………………………………………………………… 36
　　3.2　仪表礼仪规范 ………………………………………………………… 47
　　3.3　仪态礼仪规范 ………………………………………………………… 53
　◇　本章小结 …………………………………………………………………… 60
　◇　思考与练习 ………………………………………………………………… 60

第4章　旅游服务人员行为礼仪 ………………………………………………… 66
　◇　学习目标 …………………………………………………………………… 66
　　4.1　见面礼仪规范 ………………………………………………………… 66
　　4.2　迎送宾客礼仪 ………………………………………………………… 71
　　4.3　沟通与交流礼仪 ……………………………………………………… 75
　　4.4　涉外礼仪 ……………………………………………………………… 84

I

◇ 本章小结 · · · · · · 92
◇ 思考与练习 · · · · · · 92

第5章 旅游服务人员服务礼貌用语 · · · · · · 96
◇ 学习目标 · · · · · · 96
5.1 双向沟通理论 · · · · · · 96
5.2 礼貌用语的概念和作用 · · · · · · 100
5.3 礼貌用语的基本特点 · · · · · · 102
5.4 礼貌用语的基本内容及分类 · · · · · · 105
5.5 培养良好礼貌用语习惯的途径 · · · · · · 112
5.6 旅游服务人员语言规范原则 · · · · · · 114
5.7 旅游服务人员的语言艺术与修养 · · · · · · 117
◇ 本章小结 · · · · · · 120
◇ 思考与练习 · · · · · · 121

第6章 旅游饭店服务礼仪 · · · · · · 124
◇ 学习目标 · · · · · · 124
6.1 旅游饭店服务人员基本素质 · · · · · · 124
6.2 前厅部服务礼仪 · · · · · · 129
6.3 客房服务礼仪 · · · · · · 141
6.4 餐饮部服务礼仪 · · · · · · 145
6.5 康乐部服务礼仪 · · · · · · 157
6.6 商场部服务礼仪 · · · · · · 161
6.7 保安部服务礼仪 · · · · · · 163
◇ 本章小结 · · · · · · 166
◇ 思考与练习 · · · · · · 166

第7章 导游服务礼仪 · · · · · · 173
◇ 学习目标 · · · · · · 173
7.1 亲和效应理论 · · · · · · 173
7.2 导游员及其基本素质 · · · · · · 175
7.3 导游迎送礼仪 · · · · · · 181
7.4 导游沟通协调礼仪 · · · · · · 188
◇ 本章小结 · · · · · · 196
◇ 思考与练习 · · · · · · 196

第8章 宗教礼仪 · · · · · · 199
◇ 学习目标 · · · · · · 199
8.1 基督教礼仪 · · · · · · 199

8.2 伊斯兰教礼仪 ·· 204
8.3 佛教礼仪 ··· 209
8.4 道教礼仪 ··· 216
◇ 本章小结 ··· 223
◇ 思考与练习 ··· 223

第9章 我国部分少数民族及港澳台地区礼仪 ··· 225
◇ 学习目标 ··· 225
9.1 蒙古族 ··· 225
9.2 回族 ··· 228
9.3 维吾尔族 ··· 229
9.4 藏族 ··· 231
9.5 壮族 ··· 234
9.6 满族 ··· 236
9.7 朝鲜族 ··· 239
9.8 哈萨克族 ··· 240
9.9 其他少数民族礼仪 ·· 243
9.10 我国台、港、澳地区的习俗 ··· 247
◇ 本章小结 ··· 254
◇ 思考与练习 ··· 254

第10章 我国主要客源国的习俗及礼仪 ··· 258
◇ 学习目标 ··· 258
10.1 亚洲部分国家的习俗 ··· 258
10.2 欧洲部分国家的习俗 ··· 269
10.3 美洲和大洋洲部分国家的习俗 ·· 277
10.4 非洲部分国家的习俗 ··· 285
◇ 本章小结 ··· 291
◇ 思考与练习 ··· 291

附录A 世界主要国家国花名称 ·· 294
附录B 结婚纪念日别称 ·· 296
附录C 世界时差对照表 ·· 297
附录D 中国部分城市雅称 ·· 298
参考文献 ··· 300

礼 仪 概 述

了解礼仪的基本概念、起源与发展。
认识礼仪在现代社会中的意义与作用。
明确文明礼貌的培养途径。

1.1 礼仪的概念

1. 何谓礼仪

礼仪,是对礼节、仪式的统称,是指在人际交往之中,自始至终以一定的、约定俗成的程序方式来表现的律己、敬人的完整行为,是人们在社交活动中对他人表示尊重与友好的行为规范和处世准则,并为社会的广大公众所普遍认可。礼是仪的本质,而仪则是礼的外在表现。

从表象上看,礼仪涉及的无非是仪表、姿态、谈吐、举止等方面的小事小节,然而小节之中显精神。礼仪,作为一种社会文化,不仅涉及个人,有时甚至关系全局。礼仪不仅是对交往对象表示尊敬、善意与友好的行为体现,更是一个人道德品质、文化素质、教育良知等精神内涵的外在表现,是心灵美的外化。能否自觉遵守礼仪,不仅是衡量一个人道德修养的基本尺度,也是衡量一个国家文明水准的重要标志。

▶ 阅读材料 1-1 ◀

什么是礼仪

中华民族素有"礼仪之邦"的美誉。在中国,"礼"来源于古代的祭祀活动。礼的含义随着时代的变迁、人类交往的增加和社会的发展而不断变化。

在原始部落里,礼主要用于供神、祭祀,以示对天地神灵、祖先的敬意。到了阶级社会,礼的含义有所变化。在周代,礼除了用于祭祀之外,还作为治固之本。周礼不仅内容已大为增加，而且还包含着社会政治制度的结构形式和社会生活行为规范。礼已成为阶级统治的工具，成为社会等级制度的表征，成为区分贵贱、尊卑、顺逆、贤愚的准则。

到了春秋时期，"礼崩乐坏"。有人提出了"仪"这一概念。礼乃立国治政的大法，仪是指一个礼节、仪式和仪文。

在先秦时代人们的心目中，礼和仪的含义是不同的。但是，在当时礼和仪也有明确的区分，其实他们所谓的"礼"中也包含着一定成分的"仪"。

到了封建社会，礼仪逐渐成为统治阶级进行封建统治的工具，有些还以法律的形式固定下来，形成"礼制"，成为束缚人们行为的工具。

现代礼仪的内涵已与古代礼仪的内涵有着本质的区别。古代礼仪带有强烈的迷信色彩，建立礼制是一种愚民政策。现代礼仪吸取、继承了古代礼仪中的文明成果，具有强烈的反封建、反迷信的色彩，更多的是体现人们的高尚道德情操、文明素质、自由平等、相互尊重。现代礼仪包括礼节、礼貌、仪式、仪表、风俗习惯等。它是人们在社会交往过程中制定的或是历史地形成并得到共同认可的各种行为规范。

资料来源：陈萍. 最新礼仪规范. 北京：线装书局，2004.

2. 礼仪的渊源与发展

我国是一个文明古国，素有"礼仪之邦"的美称。我国最早的 3 部礼书《周礼》、《仪礼》、《礼记》，详细记载了秦汉前的礼仪。

现代礼貌礼仪源于礼。而礼的产生可追溯到远古时代，自从有了人类，有了人与自然的关系，有了人与人的交往，礼便产生和发展起来。从理论上，首先，礼起源于人类为协调主客观矛盾的需要，为维持自然"人伦秩序"而产生礼，为"止欲制乱"而制礼，被人们普遍尊崇的"圣贤"黄帝、尧、舜、禹等，不仅为"止欲制乱"而制礼，而且还身体力行为民众做典范，因此人们才更加遵礼尚礼。其次，礼也起源于原始的宗教祭祀活动，从祭祀之礼扩展为各种礼仪。

人类最初的礼仪主要是对自然物表示神秘不可知的敬畏和祈求，他们对自然现象充满了神秘感，充满敬畏和恐惧，于是各种宗教、原始崇拜便由此产生，如拜物教、图腾崇拜、祖先崇拜等。为了表达这种崇拜之意，人类生活中就有了祭祀活动，并在祭祀活动中逐渐完善了相应的规范和制度，正式成为祭祀礼仪。随着社会生产力水平的提高，人们的认识能力得到提升，对复杂的社会关系有了一定的认识，于是人们就将"万神致福"活动中的一系列行为，从内容到形式扩展到了各种人际交往活动，从最初的祭祀之礼扩展到社会各个方面的各种礼仪。

在中国，则产生了由崇拜自然物转而崇拜人类自身的另一种模式，即由对"龙"的崇敬扩展到对君主的崇敬。随着人类社会活动的发展，人们表达敬畏、祭祀的活动日益频繁，逐步形成种种固定的模式，终于成为正规的礼仪规范。从历史发展的角度，我国古代礼仪演变可分为以下 4 个阶段。

礼的起源时期——夏朝以前。原始的政治礼仪、敬神礼仪、婚姻礼仪等已有了雏形。

礼的形成时期——夏、商、西周 3 代。第一次形成了比较完整的国家礼仪与制度，提出了一些极为重要的礼仪概念，确立了崇古重礼的文化传统。

礼的变革时期——春秋战国时期。以孔子、孟子为代表的儒家学者系统地阐述了礼的起源、本质和功能。

礼的强化时期——秦汉到清末。其重要特点是尊神抑人、尊君抑臣、尊父抑子、尊夫抑妇。它逐渐成为妨碍人类个性自由发展、阻挠人类平等交往、窒息思想自由的精神枷锁。

辛亥革命以后，西方文化大量传入中国，传统的礼仪规范、制度逐渐被时代抛弃，科学、民主、自由、平等的观念日益深入人心，新的礼仪标准、价值观念得到推广和传播。新中国成立后，在马列主义、毛泽东思想、邓小平理论的指导下，新型人际关系、社会关系的确立，标志着中国的礼仪、礼学进入了一个新的历史时期。

从世界范围看，资产阶级登上历史舞台，在经济基础和上层建筑各个领域进行了深刻的变革，这是礼仪发展的一个重要阶段。目前，国际上通行的一些外交礼仪绝大部分都是这个时期形成和发展起来的。例如，鸣放礼炮起源于英国，迎送国家元首鸣放21响、政府首脑鸣放19响、副总理鸣放17响，已成为国际上通用的礼仪。

阅读材料 1-2

孟子休妻

战国时期的思想家、政治家和教育家孟子，是继孔子之后儒家学派的代表人物，被后世尊奉为仅次于孔子的"亚圣"。

孟子一生的成就，与他的母亲从小对他的教育是分不开的。孟母是一位集慈爱、严格、智慧为一身的伟大的母亲，早在孟子幼年时候，便为后人流传下了"孟母三迁"、"孟母断织"等富有深刻教育意义的故事。孟子成年娶妻后，孟母仍不断利用处理家庭生活的琐事去启发、教育他，帮助他从各方面进一步完善人格。

有一次，孟子的妻子在房间里休息，因为是独自一个人，便无所顾忌地将两腿叉开坐着。这时，孟子推门进来，一看见妻子这样坐着，十分生气。原来，古人称这种双腿叉开坐为箕踞，箕踞向人是非常不礼貌的。孟子一声不吭走出去，看到孟母便对孟母说："我要将妻子休回娘家去。"孟母问他："这是为什么呢？"孟子说："她既不懂礼貌，又没有仪态。"孟母又问："因为什么而认为她没礼貌呢？""她双腿叉开坐着，箕踞向人。"孟子回道："所以要休她。""那你又是如何知道的呢？"孟母问。孟子便把刚才的一幕说给孟母听。孟母听完后说："那么没礼貌的人是你，而不是你妻子。难道你忘了《礼记》上是怎么教人的？进屋前，要先问一下里面是谁；上厅堂时要高声说话；为避免看见别人的隐私，进房后，眼睛应向下看。你想想，卧室是休息的地方，你不出声、不低头就闯了进去，已经先失了礼，怎么能责备别人没礼貌呢？没礼貌的人是你自己呀！"一席话说得孟子心服口服，再也没提过休妻子回娘家的话了。

资料来源：陈萍. 最新礼仪规范规范. 北京：线装书局，2004.

3. 礼仪的主要功能

礼仪之所以被提倡，是因为它具有很多功能，既利己又利人，还利于社会。礼仪的主要功能如下。

1）沟通功能

古人云"世事洞明皆学问，人情练达即文章"，其实说的就是交际很重要。人们在社会交往中发生各种关系、主要是经济关系、政治关系和道德关系。在人际交往中，无论体现的是哪种关系，只要各方都能自觉地遵循礼仪规范行事，就容易沟通相互间的感情，使交际往来得到成功，进而有助于人们所从事的各种事业得到发展。

2）协调功能

有人说，礼仪是人际关系和谐发展的调节器，这并非夸张，如果人们在交往中都能按礼仪规范去做，人们之间互相尊重、敬佩、友好与善意，互相理解与信任，这样就可以避免某些不必要的情感对立与障碍，形成一种和谐发展的新型关系。

3）维护功能

礼仪是社会文明程度的反映和标志，文明程度越高，礼仪规范就越完善。同时，礼仪也反作用于社会，它对社会的文明建设产生广泛、持久和深远的影响，即社会上讲礼仪的人越多，社会就越和谐稳定。由此可见，礼仪在维护社会秩序方面，起着行政权力和法律、法规所起不到的作用。

4）教育功能

礼仪通过评价、劝阻、示范等教育形式，纠正人们不正确的行为习惯，倡导人们用礼仪规范自己的言行，协调人际关系，维护社会正常秩序。这些遵守礼仪的人们起着榜样的作用，无声地影响着周围的人。

阅读材料 1-3

我国古代礼仪与现代礼仪的差异

从总体上说，现代礼仪与我国古代礼仪存在3点差异。其一，两者的基础不同。古代礼仪是以封建等级制度为基础的，现代礼仪虽然承认身份差异，但更强调人格平等、社会平等，并且以尊重人作为自己的立足点与出发点。其二，两者的目标不同。古代礼仪以维护封建统治秩序为目的，而现代礼仪则重在追求人际交往的和谐与顺利。其三，两者的范围不同。古代礼仪所研究的是"礼不下庶人"，因而与平民百姓无关，而现代礼仪则适用于任何交际活动的参与者。

资料来源：金正昆．涉外礼仪教程．北京：中国人民大学出版社，1999．

4. 礼仪的基本原则

学习、应用礼仪时，有一些带普遍性、规律性的礼仪原则，是必须要了解和掌握的。礼仪的基本原则有以下几条。

1) 尊敬他人

尊敬人是礼仪的情感基础。只有尊敬别人，才能换得别人的尊敬。敬人本身包括自尊和敬人两个方面。孟子讲述："仁者爱人，有礼者敬人。爱人者人恒爱之。敬人者人敬之。"（《离娄下》）英国作家高尔斯华绥说："尊敬别人，就是尊敬自己。"这些名言告诉人们，人际交往遵循着情感等价交换原则。

2) 约束自我

礼仪是人际交往中一种具有约束力的行为规范，少不了自我克制。约束自我，就是要严格按照一定的道德标准和社交礼节规范自己的言行，并努力坚持"宁可让人待己不公，也不可自己非礼待人"的原则。

3) 诚实守信

人际交往中的品德因素，最重要的莫过于诚实守信。以诚待人是人际交往得以延续和深化的保证，也是社交礼仪的基本准则。诚实与守信有着密切的联系，真诚待人才能赢得别人的理解与信任，失去信用，人就会失去朋友。

4) 平等友善

平等而友善待人，利群乐群，是中华民族的传统美德之一。一个人友善待人，人必友善待他，这样就会形成合力，成就事业。在当今，随着经济全球化，每个人都面临着更多的与人交往的机会，更需要以平等、友善的态度处理各种各样的人际关系。

5) 宽容豁达

宽容豁达是一种博大的胸怀，是人的美德。在人际交往中，人与人的思想感情可以沟通，但人与人之间的差异不可能消除，因此就需要求同存异，相互宽容。"待人要丰，自奉要约，责己要厚，责人要薄。""处事让一步为高，待人宽一分是福。"这些格言告诉人们，与人交往，要有宽广豁达的胸怀，对非原则问题不要斤斤计较，做到严于律己，宽以待人。

6) 入乡随俗

礼源于俗。入乡随俗也是社交的一个原则。由于地域、民族、文化背景的不同，各国各地的礼仪习俗有很大差异，这就要求施礼者要入乡随俗，与绝大多数人的礼俗保持一致，有助于人际关系的融洽和人际交往的扩大。

7) 恭谦有度

在人际交往中，沟通和理解是适应良好关系的重要条件，但如果不善于把握感情尺度，结果可能会适得其反。因此，在交往中既要彬彬有礼，又不能低三下四；既要热情大方，又不能轻浮谄媚。在接待服务时，既要热情友好，殷勤服务，又要自尊自爱，端庄稳重，体现平等公正，不卑不亢。

8) 严守礼规

礼仪是人们在社交中的行为规范和准则，必须遵守，按规定的礼节、仪式行为。否则，就是失礼、违礼、无礼。严守礼规，一要守法循礼，二要守约重诺。

阅读材料 1-4

礼仪的性质

1. 约定俗成性。这是礼仪最基本的特性。它说明礼仪规范的产生与形成不是以个人的意志为转移的，而是各种社会因素交互作用的产物，其根源在于社会心理的趋向。这种约定俗成性，通过交际行为表现出来，并被这一文化背景下的人们所理解和接受；同时又表现为某种精神的约束力牵涉着每个交际者，将他们的行为纳入一定的轨道，使其符合整体的利益需要。

2. 绝对性和稳定性。其绝对性是礼仪规范一旦形成，即为特定的社会群体或社会所普遍接受，共同遵守，若有谁违反了这一规范，则会遭到群体或全社会的抛弃。其稳定性是礼仪作为道德范畴的行为规范，其形成后会在较长时期内被群体成员或社会全体成员所接受，如服饰习惯、日常的礼貌礼节、某种形式的典礼仪式等。

3. 礼仪的相对性。在一定范围和一定时期具有绝对性与稳定性的礼仪规范，也有其相对性的一面，这一方面体现的礼仪会随时代环境的变化而变化，稳定之中含有相对的变迁，许多传统的不符合新时代的礼仪会随着时间的流逝而成为历史的陈迹，如中国的九拜三磕头的礼节早已被抛弃；另一方面，礼仪的相对性表现为个体的差异性，差异性也是礼仪的一个重要特征。

4. 礼仪的文化内涵性。礼仪实则是一种文化理论和这一理念在形式上的外显，这是中外文化学者的共识。不同的历史传统、宗教信仰的生活习俗造就不同的礼仪行为规范体系。礼仪中所蕴涵的文化，实际上就是一个民族或一个群体的历史、宗教信仰、生活习俗，也是其精神的一个象征。

资料来源：詹晓娟，李萍. 社交技巧. 礼仪. 北京：人民日报出版社，2000.

1.2 东方礼仪与西方礼仪

人类生活的世界可谓千姿百态，200多个国家和地区的70多亿人口中，有不同的人种、不同的民族、不同的语言、不同的文字等，分居于五洲四洋的不同角落，但都讲究礼仪，这是共同的，而且许多礼仪是世界通用的，如问候、打招呼、礼貌敬语、注重仪容、庆典仪式等。正是由于礼仪具有共通性，才形成了国际交往礼仪。但是，不同国家、不同民族由于其历史文化传统、语言、文字、活动、区域不同，以及在长期的历史发展过程中形成的心理素质特征不同，其礼仪都带有本国、本民族的特点。

1. 东方礼仪及其特点

东方，是指地球东半球的东部，这里有数十个国家和地区，有数百个民族，人口众多。

在数千年的历史发展过程中，各国、各民族之间交往频繁，关系密切。所谓东方礼仪，是指东方人在社会交往过程中制定或是历史的形成并得到共同认可的律己、敬人的完整行为规范，由行为表情、服饰器物这些最基本的要素构成。东方礼仪的形成大体上通过以下两种途径。①由官方专门规定并要求人们遵守执行的行为规范。例如，在中国，秦始皇为了显示皇帝的独尊和权威，以及皇帝同臣民的区别，制定了许多规定。臣僚上奏文书，开头必须称"臣昧死言"，结尾要说"稽首以闻"，公文中提及皇帝或皇帝的名字，必有另起一行顶格书写等，还制定了一套"礼制"、"纲常礼教"。②社会公众在长期社会交往过程中历史地、自发地形成的，即约定俗成的各种行为规范。这些行为规范在不同的历史时期，在不同的国家、地区和不同的民族，其内容各不相同。

1) 东方礼仪的分类

东方礼仪内涵丰富，涉及面广，种类繁多，渗透个人生活的每一个细节中，从识人到交人到工作，可以说处处都要应用礼仪。东方礼仪大体可分以下几大类。

(1) 个人形象礼仪。个人形象礼仪包括仪容仪态、服饰穿戴、谈吐表情、举止言行等。

(2) 日常生活礼仪。日常生活礼仪包括见面礼仪、介绍礼仪、交谈礼仪、宴会礼仪、会客礼仪、舞会礼仪、馈赠礼仪、探病礼仪等。

(3) 节俗节庆礼仪。节俗节庆礼仪包括春节礼仪、清明礼仪、端午礼仪、重阳礼仪、中秋礼仪、结婚礼仪、祝寿礼仪、殡葬礼仪等。

(4) 涉外交际礼仪。涉外交际礼仪包括迎宾礼仪、交谈礼仪、参观礼仪、会谈礼仪、拜访礼仪、宴会礼仪、送客礼仪等。

(5) 商务礼仪。商务礼仪包括会见礼仪、会议礼仪、谈判礼仪、迎送礼仪，以及谈判禁忌知识等。

(6) 公共礼仪。公共礼仪包括爱护公物、保护环境、尊老爱幼、乐于助人、遵纪守法等。

(7) 其他礼仪。其他礼仪有公关礼仪、公务礼仪、家居礼仪等。

2) 东方礼仪的特点

古老的东方是人类历史的发展地之一，它以富含人情味的传统礼仪向世人展示其悠久的历史文化和无穷的魅力。与西方礼仪相比，东方礼仪的特点包括谦虚、含蓄，心态平和、满足现状、重视共性、忽视个性，以及重视长幼次序和血缘关系等，其主要特点如下。

(1) 恭谦。东方礼仪蕴藏着热情、亲切、谦逊、文雅。例如，在中国，正式场合时常用"您"、"先生（小姐）"等称谓，而对自己多用谦语"愚"、"鄙人"、"学生"等；接待客人时坚持用雅语，如用"贵姓"代替"你姓什么"，用"几位"代替"几个人"等；招待客人吃饭，喜欢谦虚地说："今天没有准备什么好吃的，请随便吃。"或者说："饭菜一般，招待不周，请多原谅。"向客人馈赠礼物时总要谦逊地说："小小礼物，不成敬意，请您笑纳。"又如，在日本，人们不仅注重礼节礼貌，而且文雅恭谦，与人接触时常用的寒暄语是："您好"、"请休息"、"晚安"、"拜托您了"、"请多关照"等，第一次见面时行"问候礼"是30度鞠躬，分手时行"告别礼"是45度鞠躬。人们对残疾人也相当尊重，忌谈别人的生理缺陷，称盲人为"眼睛不自由的人"，称哑巴为"嘴不自由的人"。再如，泰国人对交往对象友善亲近，与人交谈总是低声细语，若有尊者、长者在座，其他人就坐地上或蹲跪，头部不得超过尊者、长者的头部。

(2) 含蓄。东方人特别是中国人受传统文化的影响，在社交活动中注重人际关系，运用礼仪时往往是表意含蓄，处事委婉。强调运用礼貌与客气的方式处理有关问题。一般不当面作出否定的回答，往往是"待研究研究再说"。这样，一方面维护对方的面子，避免对方尴尬；另一方面，也是保全自己的面子。例如，曾有一位比利时人到中国来谈生意，在两周时间里，他同中方伙伴谈了数次，还递呈了设想及计划书，迫切地等待中方商量后给予答复，可是在他临上飞机前也未等到一个肯定或否定的回答，这使他感到纳闷。回国后，他的一位汉学家朋友告诉他，中方没有答复，十有八九是否定的。后来事实证明，这位汉学家朋友的判断是对的。

(3) 深沉。东方礼仪的另一个特点就是深沉，包容着机灵与睿智，特别是在遇到一些棘手的问题时，既坚持礼节以礼相待，又运用智慧以理服人。例如，有一次，在一架上海飞往广州的班机上，两位金发碧眼的女郎，一上飞机就态度傲慢，百般挑剔，甚至用英语骂人。尽管如此，中国航空小姐仍是面带微笑地热情服务。飞机起飞后，空姐为乘客送饮料、点心。两位女郎各要了一杯可口可乐。没想到她们还没喝，就说可口可乐味道有问题，几句话没说完，其中一位竟然将可口可乐泼到了空姐身上，溅到了空姐脸上。当时那位空姐强忍着愤怒，脸上仍报以微笑，把可口可乐递给女郎看，然后说："小姐，这可口可乐可能有问题，可是它是贵国的原装产品，也许贵国的这家公司出售的可口可乐都是有问题的，我很乐意效劳，将这瓶饮料连同你们的芳名及在贵国的住址一起寄到这家公司，我想他们肯定会登门道歉，并将此事在贵国的报纸上大加渲染的。"两位女郎目瞪口呆了，她们感到此事闹大了，说不定回国后这家公司会走上法庭告她们诋毁公司名誉。在一阵沉默之后，只好向空姐赔礼道歉，并称中国空姐的服务是世界一流的。

又如，在某饭店，有一位外宾在退房离店时，将客房的针织用品几乎席卷一空，提着塞得满满的编织袋要走。客房服务员清点物品发现后，立即通知前厅部，当时前厅客人较多，为顾及影响，前厅服务员没有声张，而是走到这位客人面前，面带微笑地说："先生，您能下榻本店，已是我们的荣幸了，往洗衣房送这些东西，这是我们服务员应该做的，您就不必代劳了。"经这么一说，客人只得乖乖地交出了饭店的物品。问题解决了，外宾的面子也顾及了。

2. 西方礼仪及其特点

西方，是指地球西半球和东半球的西部，主要是指北美与欧洲。西方礼仪与东方礼仪一样，是西方人在社会交往过程中，自始至终以一定的、约定俗成的程序方式来表达的律己敬人的完整行为规范。

1) 西方礼仪的起源

西方礼仪起源于中古世纪的欧洲大陆，开始它只是封建社会宫廷中的产物，再以国王为中心，向社会上的高层人士传播，又辗转传入英国，经英国官方加以整合，去芜存菁后的礼仪规范又经由"五月花"号传到了美国。这些规范迅速成为殖民地家庭的重要人际关系的行为标准典范。当时，有人编著了一本名为《德行学校》的手册，受到大众的欢迎，成为当时殖民社会的礼仪经典。后来，又有美国国父华盛顿等人，著作生活礼仪相关手册，达到教化社会的目的，由此美国社会生活礼仪有了基本的遵循原则。而其中的主要部分也成为今日世界国际礼仪的重要内容依据。

2) 西方礼仪的特点

在西方礼仪文化中，尤其强调规范个人的行为，注重良好的教养，如尊重女性、绅士风度、淑女风范等，其特点是崇尚个性自由、遵时守信、遵守社会秩序、强调自由平等开放等，其主要特点如下。

（1）大方。西方人讲究文明礼貌，思想开放，举止大方。例如，美国人既讲文明礼貌，又不拘礼节，与人见面时常直呼对方的名字；有时只是笑一笑，说一声"嘿"或"哈罗"。又如，意大利人热情、爽快，友人相见通常行拥抱礼，男女见面通常贴面颊；还有女士穿戴，不仅颈背全露，不少人连胸部也是半露着的。

阅读材料 1-5

吻的是中国

东西方人表达感情的方式很不相同，在相互交流时会产生一些尴尬的情形，如何打破僵局，消除紧张气氛，需要相当高超的交际技巧和机智的应变能力。

诗人严阵和女作家铁凝等出访美国。一日，两人在街上散步时，碰到两位美国老人，看到有中国人来，便高兴地上前攀谈。老人说，中国是他们非常喜欢的国度。说着说着，其中一位老人上前拥抱铁凝，并亲吻了她一下，以表达自己喜爱中国的感情。然而，这对于比较保守的中国人来说，这种方式实在太过热情。铁凝顿时感到十分尴尬，不知如何才好。另一位老人意识到这一点，便抱怨同伴太失礼了，这位老人被他这么一提醒，也十分窘迫。一旁的严阵看见铁凝和老人，一个尴尬、一个窘迫，便笑着对老人说："尊敬的先生，您如此喜爱中国，您刚才吻的不是铁凝，而是中国，对吗？"老人一听此言，马上朗声笑道："正是这样！我刚才吻的不仅是铁凝，还有我心目中的中国！"

旁边的另一位老人和铁凝也都笑起来，气氛顿时轻松下来，大家在笑声中继续着刚才的交谈。

资料来源：陈萍. 最新礼仪规范. 北京：线装书局，2004.

（2）直率。西方大多数人性格开朗，秉性直率，待人处事一般情况下直来直去。例如，美国人喜欢直率，对"拐弯抹角"反感。又如，法国人喜欢直截了当，在办事、洽谈业务中善于直接触及主题。

（3）幽默。幽默是智慧、爱心和灵感的结晶，是一个人良好修养的表现，它能体现说话者的风度、素养，使人借助轻松活泼的气氛赢得对方的好感，完成公关任务。在西方，幽默一向为众人所欢迎。幽默是西方礼仪的一个鲜明特点，也是大多数西方人的性格特征。在社交场合，人们运用幽默这种高深的说话艺术手段，可以有效地打破僵局，化解矛盾，使看来难以解决的问题得到妥善解决。曾经有人讲过一个"丝毫没有隐瞒"的故事。

第二次世界大战期间，英国首相丘吉尔到美国首都华盛顿拜访罗斯福总统，要求美国对英国给予物资及军火方面的支援，共同对抗德国法西斯。然而，会谈进行得并不十分顺利，罗斯福没有立刻答应丘吉尔的请求。

丘吉尔闷闷不乐地回到住处，打算洗个澡，舒缓一下情绪。刚躺进浴缸里，罗斯福突然不宣而至，他看见丘吉尔大腹便便，肚子露在水面上，嘴里还叼着特大号的雪茄烟，一时间好不尴尬。

丘吉尔不愧是一个沉着机智、风趣幽默、富有交际经验的政治家，他耸耸肩，对罗斯福说："总统先生，我这个大英帝国的首相在您面前可是丝毫没有隐瞒。"

言毕，两人一阵大笑。丘吉尔幽默之语真是一语双关，既掩饰着自己的窘态，又暗示出自己对罗斯福诚实坦白，并无欺瞒。再次会谈时，罗斯福作出决定，支援英国。丘吉尔不负使命，满载而归。

（4）尊女。"女士优先"这是西方礼仪的重要特点之一。一般在比较正式一点的场合，"女士优先"这句话处处可以显现出来，无论是行走还是进餐，无论是进入轿车还是步入电梯，都体现出尊重女士的特点，而且男士都是自觉的、主动的、心甘情愿的。例如，进入餐厅时，依序是餐厅领位员、女士们、男士们。待侍者替女士们安排好座位以后，男士们才可以坐下；若无侍者服务时，男士应先走到女士座位旁，替女士们拉出椅子，摆弄餐巾后，方才走回自己的座位坐定。如果席间有女士要离席，其身旁的男士也应立即起身为其拉开椅子，以方便她离去，女士返回时也同样如此。这一点在东方人看来好像很麻烦，但在西方人看来，如果那位男士端坐不动的话，一定会被在场的人们视为粗鲁无礼和没有教养。

阅读材料 1-6

基辛格妙语答记者

1972年5月27日，美苏关于限制战略武器的4个协定刚刚签署，基辛格就在莫斯科的一家大宾馆向随行的美国记者团介绍情况。当他说到"苏联生产导弹的速度大约是每年250枚时"，有记者问："我们的情况是怎样的呢？我们有多少潜艇导弹在配置分导式多弹头？又有多少民兵导弹在配置分导式多弹头呢？"基辛格回答说："我不清楚到底有多少民兵导弹在配置分导式多弹头；至于潜艇方面，数目我倒是知道，问题是我不知道这是不是保密的？"一个记者忙说："不是保密的。"基辛格反问道："不是保密的吗？那你说是多少呢？"众记者都傻眼了，只好作罢。

在类似的交际场合中，遇到不便回答的问题时，若正面拒绝，往往显得呆板无趣。基辛格采取以退为进的方法，运用风趣幽默的语言，谢绝了记者的要求。

资料来源：陈萍. 最新礼仪规范. 北京：线装书局，2004.

3. 东西方礼仪的典型差异

由于东方和西方的地理、气候、环境不同，由此产生一系列不同的哲学、宗教、审美、民俗等基本文化观念。东方与西方不同的文化传统，反映在礼仪上也产生了许多差异，对这些差异若没有充分认识，并加以消除，往往会影响到交往的效果。曾经有一对欧洲夫妇应邀到中国访问，中方热情好客，派翻译全程陪同，两周过去，访问似乎圆满结果结束。可在临行前谈及感受时他们却抱怨在两周里失去了单独相处的自由时间与空间。这个事例说明，不同文化背景下的人在礼仪上有着不同的认识和需求，处理不好就会影响交际效果。因此，了解东西方礼仪的差异，对我国开展涉外旅游服务是有益的。

礼，在东方是刚性的，"夫礼，天之经也，地之义也，民之行也。"礼并不注重于平级之间的交往，更作为一种由上而下的强制的行为规范，用来维护"君君臣臣父父子子"的等级秩序，君以礼祭天，臣以礼祭君，子以礼祭父，条条款款，来不得半点马虎。而西方礼仪是柔性的，是建立在人人平等的基础上，所以东方人不能理解，为什么西方人可以直呼父母名字，更奇怪的是，他们居然没有赡养父母的义务。

礼，在东方是含蓄的，讲究中庸之道，如人们送东西时，会说："这点东西不值钱，希望您笑纳。"东方人觉得这是谦虚，而西方人就会很奇怪，为什么不值钱的东西你要送给我呢？而西方礼仪是直接的，如中世纪骑士最大的荣耀是亲吻公主的手背，如果被一个东方老学究看到，一定会大摇其头。

礼，在东方是烦琐的，讲究细节，最典型的例子就是婚礼。西方人看不懂梁山伯与祝英台，为什么非要什么媒妁之言、父母之命，同窗3年都捅不开那层纸。而礼在西方是简单的，在教堂里，双方人到场了，开个公证会就组成一个幸福的小家庭。

礼，在东方是庄重的，神圣不可侵犯的，从耳熟能详的"父母在，不远游"、"守孝三年"、"七岁不同席"等操守规定，到徽县层层叠叠的贞节牌坊，从天安门庄严围绕的红墙，到老幼皆知的二十四孝，被尊为圣人府第的曲阜孔府更让西方人惊叹，为什么中国人守一个祖宗可以守2 000多年。而西方礼仪就显得随便多了，没听说过西方人会守孝，白宫作为美国总统的办公场所，很大部分是作为旅游景点开放的，感恩节的时候小孩子们还可以和总统在里面的草地上玩玩游戏，这在中国人又是无法想象的。

正是由于关于礼仪，东西方有太多的差异，所以西方人觉得东方人太含蓄，而东方人觉得西方人不诚恳；西方人觉得东方人嘴里说不的时候心里反而在说是，而东方人觉得西方人往往太冲了，不懂得谦虚；西方人认为东方人事事讲究人情，效率不高，而东方人觉得西方人刻板、僵硬、不会变通；西方人觉得东方人不懂得注意他人权利，在公共场合大声说话，而东方人觉得西方人冷漠、无情、没有生气，等等。

具体分析东西方礼仪的差异主要表现在以下方面。

1) 在人情上的差异

东西方人都讲人情，但在人情意识上存在着明显的差异。通常来说，东方人特别对较为亲近的人，如父母、子女、兄妹、亲朋好友、同事同乡，以及各种利益关系的人，人情味深厚，关系密切。而对除此之外的人，人情就淡薄。有人说过这样一件事。男士甲在汽车站排队买票，忽见一女士从后边挤近窗口，说有急事要早点买票。男士甲大喊："喂，别插队，我们都是有急事的！"话音刚落，见到男士乙上前问那位女士买到票没有。男士甲见到男士乙，认出是自己的老同学。男士乙和那女士是夫妻。男士甲红着脸，尴尬地说："真不好意思，不认识嫂子，来来来，排到我前面来。你们去哪儿？"男士乙顺势挤入了买票的队伍。后面排队的人不知应说什么好。这是一个很能说明中国人的人情观念的典型例子。而西方人则与此不同。人们经常听到议论西方人父子、夫妻、朋友间如何在经济上斤斤计较，如何冷淡年迈的父母长辈等事例，这可以看做是西方社会人情淡薄的一面。但在另一种场合，即人们所说的非亲朋、陌生人之间，他们的表现却又与中国人相反，与自己对待亲友的关系也有点相反。一位到过美国的中国人，比较中国人和美国人的人情差异时说，在中国作为一个陌生人，当你走进某些商店或政府，那些极不耐烦的腔调和一问三不知的冷面孔，难道没有领教够吗？在美国，当你走进一个陌生的环境，感到惶惑时，马上就会有人走过来，主动问一声 Can I help you？或 What can I do for you？有人分析说，当首批英国清教徒来到美洲大陆后，由于地广、艰苦，靠一家一户独立奋斗无法生存，他们必须团结互助，共同奋斗。认为这就是后来美国人对陌生人友善、并能给予帮助的本源。

2）在交际上的差异

在一些礼尚往来的交际方面，如在请客送礼上，东西方也有一些差异。例如，在中国，送给亲朋好友的礼物，一般是比较讲究的，有的还比较贵重，但送出时却说礼轻情意重，不成敬意，请笑纳。收礼的人一般也不会当着送礼者打开礼品和大加赞赏。而西方人则不同，他们送的礼品实际并不贵重，如鲜花、普通酒、贺卡、领带等，口中却说如何精心挑选、精心准备。收礼的人则是当着客人面打开礼物，并表示出惊喜神色和赞赏态度。曾有这样一件事，一个中国人去欧洲，欧洲朋友送给他一件包装雅致的礼物，这位中国人接过礼物后道了谢，便将礼物放进了包里。那位欧洲朋友很纳闷，后来忍不住问其他人："这位中国朋友是不是不喜欢礼物，怎么没兴趣打开看一看呢？"有人给他解释说，中国人受礼方式就是这样的，受礼后不当面打开看本身就是出于礼貌。经这么解释后，他才高兴起来。还有请人吃饭，中国人饭菜满桌，主人也总是说没什么好吃的。可西方人正好相反，主妇没烧几样食品，却笑吟吟地对客人说如何用心精制，味道如何鲜美，随即客人也是一片赞美声。

3）在时间上的差异

西方人基本上都随身备有记事本，对日程的预约、安排有严格的记录，且不易随便改动，赴约很准时，尤其是德国人几乎做到分秒不差。因而他们也往往难以容忍对方迟到，一般5分钟为忍耐的最大限度，10～15分钟就要设法通知对方，否则就会被视为极度的失礼。大多数西方人把时间视为金钱，视为形象。在进行一件事情时，严格遵守已建立的计划，做事处事准确。而在中国，很多人都没有时间观念，使用时间多向性，同时进行多件事情，往往出现中途打断、中止现象，时间不精确，善于改变预约。

4) 在空间上的差异

德国人很注重人与人的空间距离。排队时也极其注意保持与他人的身体距离，既不碰及他人，也不愿他人碰触自己。而中国人在空间的处理上则不一样，不但排队相互拥挤，甚至碰及了路人也难得一声道歉。在住房上不乏"四世同堂"的例子，其利可享天伦之乐，其弊则在于人人失去了"私人空间"。

西方人也不轻易在家请客，约会、会晤通常在咖啡厅或餐厅，而家是私人领地，每个人都十分看重和保护自己的这块领地。假如能到西方人家里做客，那表明了友谊的加深。在西方人家里做客，往往缺乏在东方人家里做客的那种随意和自在，东方人显得更为热情、好客。

5) 在秉性上的差异

东西方人在性格、秉性、脾气等方面也存在一定的差异。例如，美国人喜欢直率，所有暗示、影射或模棱两可，都会令他们不自在和难以接受。德国人善于直截了当，也善于纠正他人的错误和不当之处。一些西方人常常觉得，与东方人打交道既费神又费力，因为东方人在做事、处事上委婉，在遇到棘手问题时，更被西方人视为"拐弯抹角"。

6) 在习俗上的差异

东西方各自在历史发展中形成的风俗习惯有所不同，这也是很自然的。例如，在饮食方面，美国人喜食"生"、"冷"、"淡"的食物，一般以肉食为主，讲究营养搭配；法国人讲究食物的含热量，以肉食为主。而东方人则以食米面为主，菜肴品种繁多，讲究清淡、味鲜。餐桌上，西方人无劝吃、劝喝的习惯，你若客气，准得挨饿；而中国人好客、热情，三番五次地劝吃劝喝，使西方人难以招架。又如，在穿戴方面，东方人比较拘谨，而西方人比较放松，明显地体现在女士的穿着上，东方女士注意遮掩，而西方女士多是袒胸露背，习以为常。又如，对数字的偏好与忌讳上，欧美人普遍认为"13"这个数字是凶险或不吉利的，常以"14A"或"12B"代替。有的人甚至会在13日这一天产生恐惧感。而他们认为"3"和"7"这个数字是大吉大利，会给人带来幸福和快乐。而东方人，如日本、朝鲜、韩国和中国，对"4"很忌讳，因为"4"与"死"字谐音，被视为厄运的数字。人们尽可能地避开"4"，如日本的医院没有4层，也没有4号病房；在韩国旅店没有4层，门牌也没有4号，连军队番号也不用4。

阅读材料 1-7

小贺迎宾遇到的问题

一个秋高气爽的日子，迎宾员小贺穿着一身剪裁得体的新制服，第一次独立地走上了迎宾员的岗位。一辆白色高级轿车向饭店驶来，司机熟练而准确地将车停靠在饭店豪华大转门下的雨棚下。小贺看到后排坐着两位男士，前排副驾驶座上坐着一位身材较高、眉清目秀的女士。小贺一步上前，以优雅的姿态和职业性的动作，先为后排客人打开后门，做好护顶姿势，并目视着客人，礼貌亲切地问候，动作麻利而规范，一气呵成。关好车门后，小贺迅速走向前门,准备以同样的礼仪迎接那位女士下车,但那位女士满脸不悦,使小贺茫然不知所措。

　　思考并回答:女宾为何不悦?小贺错在哪里?

　　点评:通常后排座为上座,一般凡有身份者皆此就座。优先为重要客人提供服务是饭店服务程序的常规,但要考虑到东西方礼仪的差异……

　　资料来源:张利民. 旅游礼仪. 北京:机械工业出版社,2004.

阅读材料 1-8

谦虚也有错的时候

　　一位英国老妇到中国游览观光,对接待她的导游小姐评价颇高,认为她的服务态度好,外语水平也很高,便夸奖导游小姐说:"你的英语讲得好极了!"小姐马上回应说:"我的英语讲得不好。"英国老妇一听生气了,"英语是我的母语,难道我不知道英语该怎么说?"老妇生气的原因无疑是导游小姐忽视东西方礼仪的差异所至。西方人讲究一是一、二是二,而东方人讲究的是谦虚,凡事不张扬。

　　资料来源:薛建红. 旅游服务礼仪. 郑州:郑州大学出版社,2002.

1.3　旅游服务礼仪

　　作为旅游工作者,一方面要继承和发扬中华民族礼仪的优良传统,以及具有时代特色的社会主义礼仪规范;另一方面又要在一个新的高度上把旅游服务与国际礼仪接轨,使我国的对外旅游交往与服务更符合国际通行的礼仪规范,使我国旅游业的整体礼貌礼仪水平更上一层楼。旅游从业人员在涉外"窗口"行业,更要认真学习和实践旅游服务礼仪。

1. 旅游服务礼仪的概念

　　旅游服务礼仪是指旅游工作者在为旅客服务过程中所遵循的体现对他人表示尊重与友好的行为规范和处世准则,通过语言、动作,并以一定的、约定俗成的程序方式表现出来的规范自己、恭敬旅客的行为。旅游服务礼仪是旅游业中"人情味"最浓的因素。旅游服务人员的礼貌服务,可以使身处异国他乡的宾客仍有在家一般的亲切、温暖之感。

阅读材料 1-9

旅游活动中的礼貌礼仪

　　旅游业是我国的"窗口"服务行业,要发挥好旅游业的"窗口"作用并提高其服务质量，首先必须牢固树立"宾客至上"的服务意识，以礼待客，即讲究礼貌礼节。讲究礼貌礼节是旅游优质服务的重要组成部分，是称职员工必备的行为规范和素质条件。同时，旅游从业人员的礼貌礼仪整体水平对于改善国际交往、增进各国人民之间的了解和友谊，展示中华民族的精神风貌和维护我国的声誉、传播社会主义精神文明等有着重要的现实意义。

资料来源：舒伯阳，刘名俭．旅游实用礼貌礼仪．天津：南开大学出版社．2000．

2. 旅游服务礼仪的特征

1）继承性

旅游服务礼仪的形式与完善，是历史发展的产物。其一旦形成，通常会长期沿袭，经久不衰，如旅游服务人员的礼貌用语、仪容仪表、行为仪态等，都是继往开来的，并代代相传，不断发扬光大。

2）文明性

礼仪是人类文明的结晶，旅游服务礼仪是现代文明的重要组成部分。例如，旅游服务中待人接物热情周到、彬彬有礼；人与人之间彼此尊重、和睦相处；穿着得体、注重仪容等，都是人们内心文明与外在文明的综合体现。

3）民族性

旅游服务礼仪作为一定的、约定俗成的行为规范，在具有共同性的同时，又表现出明显的民族差异。例如，中华民族在长期的历史发展过程中，一方面，形成了一整套完整的礼仪思想和礼仪规范，重礼仪、守礼法、讲礼信、遵礼义已成为民众的自觉意识而贯穿于社会活动的各个方面，成为中华民族的重要的文化特征；另一方面，我国各民族在长期的发展过程中，在饮食、起居、节庆、婚姻、礼仪、禁忌等方面又有本民族特点的风俗习惯。因此，在旅游服务中应贯彻党的民族政策，尊重各民族的宗教信仰、各种礼俗和各种禁忌。

4）国际性

旅游服务礼仪作为一种文化现象，是全人类的共同财富，它跨越了国家界线。尽管不同国家、不同民族构成的旅游服务礼仪有一定的差异性，但在服务过程中律己敬人原则基础上形成的国际旅游服务礼仪，已被各国人民所接受并广泛采用，特别是在当今世界经济发展一体化的条件下，现代旅游服务礼仪兼容并蓄，融会各国礼仪之长，从而使国际旅游服务礼仪更加趋同化。

阅读材料 1-10

旅游礼貌礼仪的人际沟通功能

古人说："世事洞明皆学问，人情练达即文章。"其实说的就是交际的重要性。"礼"不仅有着协调各类人际关系的作用，而且还定位了人们的社会角色，并通过道德关系，以礼貌礼仪规范明确了人们的社会义务与责任。运用礼仪，除了可以使人们在交际活动中充

> 满自信，胸有成竹，处变不惊之外，还能够帮助人们规范彼此的交际活动，更有效地、更好地向交往对象表达自己的尊重、敬佩、友好与善意，增进彼此之间的了解与信任。旅游服务人员必须做到礼貌待客、热情服务。礼貌待客是要求服务人员对客人尊重与友好，在服务中注重仪表、仪容、仪态的语言操作规范；热情服务是要求服务人员发自内心、满腔热忱地向客人提供主动、周到的服务，从而表现出服务人员良好的风度与素养。
>
> 资料来源：舒伯阳，刘名俭. 旅游实用礼貌礼仪. 天津：南开大学出版社，2000.

3. 旅游服务礼仪的意义

在社会生活中，人们往往把是否讲究礼仪作为衡量一个人道德水准高低和有无教养的尺度，同时也把讲究礼仪作为一个国家和民族文明程度的重要标志。旅游业是我国重要的"窗口"行业，讲究服务礼仪有着特殊意义。

1) 讲究服务礼仪事关旅游业的兴衰

旅游服务的直接目的是为了最大限度地满足不同客人的正当需求。处事适宜、待客以礼，是当代旅游从业人员应有的风范，也是我国旅游行业的优良传统。随着我国改革开放的深入和经济社会的发展，旅游事业一方面得到了迅猛发展；另一方面旅游市场竞争更趋激烈。竞争的关键问题是旅游服务质量。因此，讲究服务礼仪，为客人提供优质服务，对旅游企业的生存与发展有着决定性意义。目前，随着我国对外开放的进一步扩大，国际交往日趋频繁，来华旅游的外宾和到大陆观光的港澳台胞越来越多，为这些贵宾提供优质服务，对于促进我国旅游业的发展，促进我国物质文明和精神文明建设，都具有十分重要的意义。

2) 讲究服务礼仪是构建和谐社会的客观要求

进入21世纪后，党中央根据我国经济和社会发展的需要，提出了构建和谐社会的战略任务和原则要求，并采取了一系列的重大措施。当前，全国各地和各行各业都在为构建和谐社会而努力。作为旅游行业，在构建和谐社会方面，首先是负有重要而艰巨的任务。因为，旅游业涉及面广，人员复杂，环境多变，容易产生矛盾和纠纷。这一特点在客观上要求旅游行业必须讲究服务礼仪，为各类客人提供优质满意的服务，融洽人际关系。其次是能够发挥特殊作用。因为，旅游业形成了一套服务礼仪规范，有着礼貌服务的优良传统，只要旅游企业加强管理，落实服务礼仪要求，就能提高服务质量，处处为客人营造舒适快乐的活动环境，就能让各类客人乘兴而来满意而归。

3) 讲究服务礼仪是精神文明建设的需要

在人类文明史上，依次出现过奴隶制社会文明、封建社会文明、资本主义社会文明。如今我国建设的是社会主义精神文明。社会主义精神文明建设的根本任务是适应社会主义现代化的需要，培养有理想、有道德、有文化、有纪律的社会主义公民，提高整个中华民族的思想道德素质和科学文化水平。旅游行业讲究服务礼仪，①可以体现我国社会主义精神文明建设成果；②可以展示我国公民的精神风貌；③可以广泛传播文明种子；④可以在实践中培养"四有"旅游职工队伍。

4. 旅游服务礼仪的作用

2000年12月12日，香港《公正报》在《社会有礼祥和》一文中说："富者有礼高雅，贫者有礼免辱，父子有礼慈孝，兄弟有礼和睦，夫妻有礼情长，朋友有礼义笃，社会有礼祥和。"这是对礼仪作用的精彩诠释。因此，旅游服务礼仪具有以下4个方面的作用。

1）可以直接提高服务质量

一个旅游企业的生存与发展、市场与客源，靠的是向旅客提供全方位的优质服务。调查表明，在旅游企业硬件设施相同的情况下，影响优质服务的主要因素是服务意识与态度，因为"宾客至上"的服务意识与热情友好、真诚和蔼的服务态度，可以直观地使客人在感官上、精神上产生尊敬感和亲切感，因此坚持应用服务礼仪，可以有效地提高旅游服务质量，而旅游服务质量的高低，又将直接关系到我国旅游业在国际上的声誉。

2）可以有效调节各种人际关系

旅游服务礼仪可以说是人际关系的润滑剂和调节器。因为，旅游服务礼仪的基本原则是律己敬人、真诚友善，所以它能够融洽与旅客的感情，架设友谊的桥梁，营造和谐亲善的旅游氛围。即使与旅客之间偶然发生某种误会、不快或碰撞，通过几句礼貌敬语或一个礼节形式，便会化干戈为玉帛，重新获得彼此的理解和尊重。

3）可以有效促进社会文明

荀子在讲礼的作用时说："人无礼则不生，事无礼则不成，国家无礼则不宁。"（《荀子·修身》）他把守礼与否看做关系人的贤愚、事业成败、国家安危的大事。旅游服务礼仪是社会文明的重要组成部分，又是促进社会文明的好形式。正因为如此，中外有识之士无不重视旅游服务礼仪教育，在当代中国，旅游服务礼仪教育已成为社会主义精神文明建设的重要内容和推动精神文明建设的好形式。

4）可以塑造服务队伍的良好形象

旅游服务礼仪作为行为规范，对旅游从业人员的服务行为具有很强的约束力。旅游服务礼仪一经制定和推行，便成为服务工作的行为规范和习俗，所有的服务人员都必须服从和遵守，自觉或不自觉地受到约束，如果不遵守甚至严重违反礼仪要求，就将受到道德的谴责或组织处理，甚至被施以法律手段。这就迫使旅游服务人员认真学习服务礼仪知识，坚持实践服务礼仪，久而久之，就可以塑造旅游服务队伍的良好形象。

5. 旅游服务礼仪应遵循的原则

1）自律原则

通过礼仪教育与训练，在心中树立高尚的道德信念和行为修养准则，以此严格约束自己，在旅游服务过程中，从自我约束入手，从我做起，从点滴做起，以我国的礼貌语言、礼貌行动、礼宾规程为准则去接待宾客，特别是外宾，使自己成为一个高尚的人、一个受旅客欢迎的人。

2）宽容原则

在旅游服务与交际活动中运用礼仪时，既要严于律己，更要宽以待人，"得理也得让人"。要多宽容他人不同于己的行为，要多体谅、多理解他人，切不可求全责备、过分苛求。例如，在服务工作中，宾客有时可以提出一些无理的，甚至是失礼的要求，作为旅游工作者应冷静而耐心地加以解释，绝不要反驳旅客，甚至把旅客逼到窘地，否则会使旅客产生逆反心理，形成对抗，特别是当旅客有过错时，也要"得理也让人"，让旅客体面地下台阶。

3）适度原则

在旅游服务过程中应用礼仪时，必须坚持礼仪规范，讲究运用技巧，把握分寸，适度得体。例如，在交际活动中，既要彬彬有礼，又不要低三下四；既要热情大方，又不要阿谀奉承。尤其在接待外宾时，要以"民间外交家"姿态出现，特别要注意维护国格和人格，做到"自尊、自爱、不卑不亢"，既不盛气凌人，又不妄自菲薄。

4）平等原则

在旅游活动中，具体运用礼仪时，允许根据不同的交往对象，采取不同的具体方法。但是，必须坚持平等原则，即尊重所有的旅客，对所有的旅客以礼相待，这是旅游服务的核心。旅游工作者应做到敬人之心常存，处处不可失敬于人。失敬就是失礼，尤其不可侮辱对方的人格。做到对任何交往对象都一视同仁，真诚关心，给予同等程度的礼遇。具体地说，无论是外宾还是内宾，是官还是民，都要满腔热情服务，绝不可看客施礼，更不能"以貌取人，以财取人"。

阅读材料 1-11

旅客对优质旅游服务的心理需求

1. 安全需求。这是客人最起码的又是最重要的需求。酒店里被盗、失火、骚扰、食物中毒等都会使客人产生不安全感。例如，客人到酒店进入一个完全陌生的环境，心理不踏实，因此会产生一种依托心理，希望有人关心他、帮助他。而酒店环境对服务员工来说是再熟悉不过了，根本就不认为有什么需要帮助和关心的，因此就会掉以轻心，甚至觉得客人的担心是多余的、莫名其妙的。两种完全背反的心理状态碰到一起就会产生冲突，客人往往就感到受了冷遇，而服务员工却丝毫没有感觉。因此，对初来乍到的客人，给予热情的问候，耐心的解答，周到的陪伴，不只是个礼貌礼仪问题，更是一个服务质量问题，只有做到这一点才能使客人放下心来，感到所住的酒店是可信赖的。

2. 文明需求。即客人要求旅游服务提供一个文明环境，它既包括员工的文明礼貌行为，也包括环境的整洁、明朗、舒畅。满足文明需求从两方面着手：一方面是通过管理制度和服务规范的严格制约；另一方面是努力提高服务人员礼貌礼仪与文化素养。

3. 便利需求。简言之，就是各种层次客人的形形色色的需求都能很方便地得到满足。"便利"不仅包括旅游业正常的服务项目，也有种种特殊的、意外的和突发的需求。客人的许多特殊需求是在服务规程中找不到的，有些甚至一时很难办到。这就要求旅游服务人员在日常工作中不断积累经验，妥善处理，尽量满足客人要求。

4. 时效需求。服务必须及时到位，不能拖沓。一般身处异地的客人比天天重复同样工作、习以为常的员工更容易产生焦躁情绪，尤其是延时、误点，客人会增加烦恼。因而在时效方面首先要有精确的时间概念；其次要说到做到。

资料来源：舒伯阳，刘名俭. 旅游实用礼貌礼仪. 天津：南开大学出版社，2000.

案例分析 1-1

礼仪礼貌周

1996年3月1日，在宁波东港大酒店员工餐厅的通道上，一位20来岁的姑娘，肩上斜套着一块宽宽的绸带，上面绣着：礼仪礼貌规范服务示范员。每当一位员工在此经过，示范员小姐便展露微笑问候致意。餐厅里，喇叭正在播放一位女员工朗诵的一篇描写饭店员工文明待客的散文诗。不一会儿，另一位员工在广播中畅谈自己对礼仪礼貌的认识和体会。原来，东港大酒店正在举办"礼仪礼貌周"，今天是第一天。

东港大酒店自被评为四星级饭店以后，一直处于营业的高峰期，个别员工过于劳累，原先的服务操作程序开始有点走样，客人中出现了一些关于服务质量的投诉，饭店领导觉察到这一细微变化后，抓住苗头进行整改，在员工中间开展"礼仪礼貌周"活动。"礼仪礼貌周"定于每月的第一周，届时在员工通道上有一位礼仪礼貌示范员迎送过往的员工，每天换一位示范员，连总经理们都轮流充当服务员，在员工中引起很大反响。为配合"礼仪礼貌周"活动，员工餐厅在这一周利用广播媒介，宣传以礼仪礼貌为中心的优质服务，有发言、有表演、有报道和介绍，内容生动活泼，形式丰富多彩，安排相当紧凑，员工从中获得很大启迪和教育。东港大酒店同时在员工进出较频繁的地方张挂照片，宣传文明服务的意义，示范礼仪礼貌的举止行为，介绍礼仪礼貌方面表现突出的员工。

1996年5月1日，又一个"礼仪礼貌周"开始了。一月一度的"礼仪礼貌周"活动在东港大酒店已成为一项雷打不动的制度，整个饭店的礼仪礼貌水平大大提高。

【分析提示】

礼仪礼貌是饭店服务质量的集中体现。有些饭店一味追求经济效益，在营业情况较理想之时，往往会忽视服务质量。四星级的东港大酒店则不一样，生意红火时更加注重服务质量。"礼仪礼貌周"就是在客房率和餐饮上座率居高不下的时候推出的。

每月第一周作为"礼仪礼貌周"，在饭店内开展这样的活动，有助于使礼仪礼貌意识在员工头脑中牢牢扎根，通过不断的强化活动，使讲究礼仪礼貌成为员工的一种自觉行为。另外，饭店领导以身作则示范礼仪礼貌，这对广大员工是一股强大的鞭策力。再则，在这个活动期间，通过视觉和听觉等方面的刺激，强化礼仪礼貌意识，其效果必将胜过单纯的课堂教育或培训。

资料来源：蒋一凤. 酒店管理180例. 上海：东方出版中心，1997.

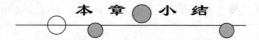

本章小结

本章简要地介绍了礼仪的概念、起源与发展，剖析了礼仪的主要功能和基本原则，介绍了东方礼仪和西方礼仪及其特点，以及东西方礼仪的典型差异，叙述了旅游服务礼仪的概念、特征、意义、作用及遵循的原则，为旅游从业人员掌握礼仪和基本理论奠定了基础。

思考与练习

一、单项选择题

1. 礼仪正式形成于（　　）。
   A. 原始社会　　　B. 封建社会　　　C. 奴隶社会　　　D. 资本主义社会
2. 人类社会中，差异最大的两种文化传统是（　　）。
   A. 美国文化和中国文化　　　　B. 古印度和古埃及文明
   C. 基督文明和伊斯兰文明　　　D. 东方传统和西方传统
3. 对一个国家来说，礼仪是一个国家（　　）的重要标志。
   A. 文化与传统　　B. 文明程度　　C. 古老历史　　D. 整体实力
4. 当受到外宾的赞扬时，最不恰当的回答为（　　）。
   A. Thank you.　　B. I am flattered.　　C. No, I am far from that.
5. "人无礼而不生，事无礼则不成，国无礼则不宁"的提出者是（　　）。
   A. 孔子　　　　B. 荀子　　　　C. 孟子　　　　D. 韩非子

二、多项选择题

1. 西方礼仪的特征有（　　）。
   A. 谦虚、含蓄　　　　　　B. 崇尚个性自由
   C. 遵时守信　　　　　　　D. 自由、平等、开放
   E. 简单实用
2. 我国被后世称道的周代"礼学三著作"指的是（　　）。
   A.《周礼》　　B.《仪礼》　　C.《礼经》　　D.《礼记》
3. 礼仪的功能是多方面的，其中最重要的功能集中体现为（　　）。
   A. 约束功能　　B. 教育功能　　C. 协调功能　　D. 创造功能

三、判断题（正确的画"　"，错误的画"×"）

1. 礼起源于原始的宗教祭祀活动，并从祭祀之礼扩展为各种礼仪。（　　）

2. 旅游服务礼仪既是一种社会现象，也是一种文化现象。　　　　　（　）
3. 东方礼仪是由官方专门规定并要求人们遵守执行而形成的一种行为规范。（　）
4. 西方礼仪的主要特点是恭谦、大方、直率、幽默和尊女。　　　　（　）

四、简答题
1. 何谓礼仪？礼仪是怎样产生与发展的？
2. 礼仪的主要功能和基本原则是什么？
3. 东西方礼仪的特点和差异有哪些？
4. 旅游服务礼仪有哪些特征和作用？
5. 旅游服务礼仪的基本原则是什么？

五、案例分析题
案例 1-1

新加坡的国民素质之高赢得了世界的公认，大凡到过新加坡的人，都对这个美丽的花园岛国留下了深刻的印象。这与新加坡长期在国民中大力开展礼仪教育有很大的关系。20 世纪 70 年代后期，当时的新加坡总理李光耀就提出了要把新加坡建成一个"富而有礼"的国家。他们在大力抓国民经济建设的同时，将以"礼仪"教育为中心的国民素质教育，提高到一个非常重要的位置，甚至将"忠、孝、仁、爱、礼、义、廉、耻" 8 种美德列入政府必须贯彻的"治国之纲"。在新加坡，礼仪教育是每个公民都必须接受的教育内容之一，为规范国民行为，使之养成良好的礼仪习惯，甚至运用了法律手段来强化国民的礼仪意识。

思考分析：

新加坡的"以礼治国"给人们什么启示？

案例 1-2

一位英国老妇到中国游览观光，对接待她的导游小姐评价颇高，认为她服务态度好，语言水平也很高，便夸奖导游小姐说："你的英语讲得好极了！"导游小姐马上回应说："我的英语讲得不好。"英国老妇一听生气了，"英语是我的母语，难道我不知道英语该怎么说？"

思考分析：

英国老妇生气的原因是什么？

案例 1-3

一次，英国一访华观光旅游团下榻北京国际会议中心大厦。一天，翻译小姐陪同客人外出参观，在上电梯的时候，一位英国客人请这位翻译小姐先上，可是这位小姐谦让了半天，执意要让客人先行。事后这些客人抱怨说："他们在中国显示不出绅士风度来，原因是接待他们的女士们都坚持不让他们显示。"例如，在上、下汽车或进餐厅时，接待他们的女士们坚持让他们先走，弄得他们很不习惯，甚至觉得受了委屈。虽然中方人员解释，中国是"礼仪之邦"，遵循"客人第一"的原则，对此解释他们也表示赞赏，但对自己不能显示绅士风度仍表示遗憾。

思考分析：

英国客人觉得遗憾的根本原因是什么？

六、讨论题

结合大学生行为规范进行校园日常礼节、礼貌行为的讨论，养成从我做起、从身边的小事做起、从现在做起的好习惯。

1. 为什么说礼仪在我们身边？
2. 为什么说教养反映素质，素质体现于细节，而细节又决定一个人的成败？

礼貌、礼节、礼仪和礼貌修养

学习目标

掌握礼貌、礼节、礼仪的含义及作用。
了解礼貌修养的必要性和基本原则。
掌握培养礼貌修养的途径。
了解一些常见的国际礼宾活动。

2.1 礼貌、礼节、礼仪、礼宾

礼是人类文明的重要标志,孟子说:"尊敬之心,礼也。"由礼派生出了礼貌、礼节、礼仪、礼宾,它们相辅相成,密不可分。

1. 礼貌

礼貌是指在人际交往中,通过言语、动作向交往对象表示谦虚和恭敬。它侧重于表现人的品质与素养。礼貌是人与人之间在接触交往中相互表示敬重和友好的行为准则,体现了时代的风貌与道德品质,体现了人们的文化层次和文明程度。礼貌是一个人在待人接物时的外在表现。

礼貌分为礼貌行动和礼貌语言两部分。礼貌行动是一种无声的语言,如微笑、点头、欠身、鞠躬、握手、双手合十、拥抱、鼓掌等;礼貌语言是一种有声的行动,如使用"小姐"、"先生"等敬语,"恭候光临"、"我能为您做点什么"等谦语,"哪一位"、"不新鲜"、"有异味"、"哪里可以方便"等雅语。

礼貌的一般表现形式有 5 种,即仪容、仪表、仪态;语言、谈吐;着装、服饰、发型;面部表情、姿势;待人接物、为人处世的方式和态度。我国历来十分重视"言"与"礼"的关系,有许多关于礼貌的语言至今仍为人们所沿用,如"己所不欲,勿施于人"、"礼尚往来"、"来而无往非礼也"等。过去常说的"温良恭俭让",即做人要温和、善良、恭敬、节俭、忍让,也是我国古代衡量礼貌周全与否的准则之一。目前,我国正在提倡的礼貌语言为五声十个字,即"您好"、"请"、"谢谢"、"对不起"、"再见",充分体现了语言文明的基本形式。

在交往时讲究礼貌，不仅有助于建立相互尊重或友好合作的新型关系，而且能调节公共场所的人际关系，缓解或避免冲突。对从事旅游服务的人员来说，礼貌是衡量服务质量高低的重要标志之一。礼貌不仅是现实生活中每个人的个性特征，而且是中华民族精神文明的具体体现，可以作为人们之间心心相印的导线、团结合作的桥梁、众志成城的纽带。旅游服务人员对宾客开展礼貌服务可以让身处异国他乡的宾客有在家一般的亲切、温暖之感。

2. 礼节

礼节是指人们在日常生活特别是在交际场合，相互表示尊敬、祝颂、致意、问候、慰问，以及给予必要协助和照料的惯用形式。礼节是关于对他人态度的外在行为规则，是礼貌在语言、行为、仪态等方面的具体表现。例如，酒店餐厅的引位员接待客人时，要主动微笑问候："小姐（先生），您好！"；在服务时，值台员送茶、上菜、斟酒、送毛巾等应按照先宾客后主人、先女宾后男宾等礼遇顺序进行。礼貌和礼节之间的关系是相辅相成的。没有礼节，就无所谓礼貌；有了礼貌，就必须伴有具体的礼节。与礼貌相比，礼节处在表层，但这绝不是说礼节仅仅是一种表面形式，而是说尊重他人的内在品质必须通过一定的形式才能表现出来。借助礼节，对别人尊重友好的礼貌得到了适当的表达。不掌握接人待物的礼节，在与人交往时虽有尊重别人的内心愿望却难以表达。因此，礼节不单纯是表面上的动作，而是一个人尊重他人的内在品质的一种外化。

各国、各民族都有自己的礼节，然而礼节也是随着时代的进步而发生变化的。由于当代国际交往的频繁，各国的礼节既表现出互相融通的趋势，又体现出许多的礼节形式。例如，中国古代的作揖、跪拜；当今世界各国通行的点头、握手；南亚诸国的双手合十；欧美国家的拥抱、亲吻；少数国家和地区的吻手、吻脚、拍肚皮、碰鼻子等，都是不同国家礼节的表现形式。因此，在相互的交往中，熟知和尊重各国、各民族的礼节与风俗习惯，是十分必要的。

3. 礼仪

礼仪通常是指在较大、较隆重的正式场合，为表示敬意、尊重、重视等所举行的合乎社交规范和道德规范的仪式。礼仪是表示礼节的仪式，这种仪式自始至终以一定的、约定俗成的程序方式来表现律己、敬人的完整行为。

礼仪，从广义上，是指一个时代的典章制度；从狭义上，是指人们在社会交往中由于受历史传统、风俗习惯、宗教信仰、时代潮流等因素的影响而形成，既为人们所认同，又为人们所遵守，以建立和谐关系为目的的各种符合礼的精神及要求的行为准则或规范的总和。

在礼学体系中，礼仪是有形的，它存在于社会的一切交往活动中，其基本形式受物质水平、历史传统、文化心态、民族习俗等众多因素的影响。因此，语言（包括书面和口头的）、行为表情、服饰器物是构成礼仪的最基本要素。一般来说，任何重大典礼活动都需要同时具备这3种要素才能完成。

礼仪的种类包括以下4类。第一类是日常生活礼仪，包括见面礼仪、介绍礼仪、交谈礼仪、宴会礼仪、会客礼仪、舞会礼仪、馈赠礼仪和探病礼仪；第二类是节俗节庆礼仪，包括春节礼仪、清明礼仪、端午礼仪、重阳礼仪、中秋礼仪,以及结婚礼仪、殡葬礼仪和祝寿礼仪;第三类是商务礼仪,包括会议礼仪、谈判礼仪、迎送礼仪,以及谈判禁忌知识等;第四类是其他礼仪,包括公关礼仪、公务礼仪、家居礼仪和求职礼仪等。

4. 礼宾

"礼宾"一词原意是按一定的礼仪接待宾客。在现实生活中,特别是在人际交往、涉外活动、旅游接待等服务过程中,主方根据客方人员的身份、地位、级别等给予相应的接待规格和待遇,称为礼宾或礼遇。所谓礼宾工作,是指国际交往中有关礼仪、礼节、礼貌方面的工作。其包括3个方面的内容,即礼仪活动、交际礼节和外交特权与豁免。

礼宾是一个历史的范畴,强调继承与发展性的结合,强调在不同的民族、不同的时代和不同的行为处境中有不同的内容与要求。在国际交往中,无论在官方或民间,礼宾都是一项很重要的工作。礼宾工作主要是根据本国的对外方针政策,组织安排对外礼仪活动和交际活动。尽管活动形式各有差异,但归根结底礼宾工作是为本国的对外政策服务的。因此,它具有高度的政治性,是体现本国外交政策的一个重要方面。我国是个文明古国,素称"礼仪之邦"。新中国成立以来,礼宾工作在周恩来总理的亲自指导下,继承并发扬了我国的优良传统,并适当汲取了国际上一些好的做法和惯例,在长期的实践中不断改革,形成了特有的风格。

许多外事(涉外)活动,往往是通过各种交际礼宾活动进行的。礼宾接待工作大致可分为迎送、会见和会谈、宴请(酒会、茶会、冷餐会)、签字仪式、文娱活动、参观游览、开幕式、授勋、献花圈、庆典、吊唁等内容。

总之,礼貌、礼节、礼仪、礼宾等都体现了一个"礼"字,是人们在交往中,相互表示敬重和友好,其本质都是尊重人、体贴人。礼貌是礼仪的基础,礼节、礼宾是礼仪的基本组成部分。礼仪在层次上要高于礼貌、礼节、礼宾,其内涵更深、更广。遵行礼仪就必须在思想上对交往对方有尊敬之意,有乐贤之容;谈吐举止上懂得礼仪规矩;外表上注重仪容、仪态、风度和服饰;在一些正式的礼仪场合,还须遵循一定的典礼程序等。表面上,礼仪有无数的清规戒律,但其根本目的却是使世界成为一个充满生活乐趣的地方,使人变得平易近人。在现代社会,礼貌、礼节、礼仪、礼宾可以有效地展现施礼者和还礼者的教养、风度与魅力,体现着一个人对他人和社会的认知水平、尊敬程度,是一个人的学识、修养和价值的外在表现。

阅读材料 2-1

常见的外交用语及其内涵

1. 国事访问。国家访问是国家元首或政府首脑应他国元首或政府首脑的邀请对他国进行的正式访问。

2. 国宾。国宾是指受某一国家元首或政府首脑的正式邀请,到该国进行访问的外国元首或政府首脑。

3. 仪仗队。仪仗队是由海、陆、空三军人员组成的或由陆军人员单独组成的、执行礼节性任务的武装部队。仪仗队的人数按各国规定不等，通常用来迎送外国元首、政府首脑和高级将领等。

4. 鸣礼炮。鸣放礼炮起源于英国，是一种向对方致敬的表示。鸣放炮数的多少，代表友好诚意和对对方的尊敬程度。礼炮响数的多少依据受礼人的身份高低而定。现在的国际惯例是：21响，迎送国家元首或其他相应级别的人；19响，迎送政府首脑或其他相应级别的人；17响，迎送副总理级官员。

依次类推，均取单数（因为，过去的海军迷信双数为不吉利，一直沿用至今）。鸣炮一般是在贵宾到达或离开时进行。

5. 东道主。"东道主"一词源于《左传》一书。书中的《烛之武退秦师》一文中有这样的记载："诺舍郑以为东道主，行李之往来，共其乏困，君亦无所害。"为此，"东道主"一词就成为"主人"的代称，而且被广泛地使用。例如，在世界上某一国家举行国际性的体育活动、比赛等，某国就被称为"东道主"。

6. 正式访问。正式访问是指一国领导应某一国家领导的正式邀请，对邀请国进行的访问。有时称为友好访问或正式友好访问。国家元首的正式访问还可称为国事访问。

7. 非正式访问。非正式访问的礼仪活动一般从简。其中，国家领导人以私人身份进行的访问称为私人访问，出访时途径某国所进行的访问可称为顺道访问，由于某种原因不便公开报道的访问则称为秘密访问。此外，两国领导人为磋商重大问题举行的会晤，往往采用工作访问的形式。

资料来源：丁畅. 社交礼仪大全. 长春：吉林大学出版社，2011.

案例分析 2—1

礼宾次序安排

1995年3月在丹麦哥本哈根召开联合国社会发展世界首脑会议，出席会议的有近百位国家元首和政府首脑。3月11日，与会的各国元首与政府首脑合影。按照常规，应该按礼宾次序名单安排好每位元首、政府首脑所站的位置。首先，这个名单怎么排，究竟根据什么原则排列，哪位元首、政府首脑排在最前，哪位元首、政府首脑排在最后，这项工作实际上很难做。丹麦和联合国的礼宾官员只好把丹麦首脑（东道国主人）、联合国秘书长、法国总统，以及中国、德国总理等安排在第一排，而对其他国家领导人，就任其自便了。好事者事后向联合国礼宾官员"请教"，得到的回答是："这是丹麦礼宾官员安排的。"向丹麦礼宾官员核对，回答说："根据丹麦、联合国双方协议，该项活动由联合国礼宾官员负责。"

【分析提示】

　　国际交际中的礼宾次序非常重要,在国际礼仪活动中,如安排不当或不符合国际惯例,就会招致非议,甚至会引起争议和交涉,影响国与国之间的关系。在礼宾次序安排时,既要做到大体上平等,又要考虑国家关系,同时也要考虑活动的性质、内容,参加活动成员的威望、资历、年龄,甚至其宗教信仰、所从事的专业及当地风俗等。礼宾次序不是教条,不能生搬硬套,要灵活运用、见机行事。有时,由于时间紧迫,无法从容安排,只能照顾到主要人员。上例就是灵活应用礼宾次序的典型案例。

　　资料来源:马保泰. 外交礼仪浅谈. 北京:中国铁道出版社,1996.

2.2　礼貌修养

　　"修养"是一个含义广泛的概念,主要是指人们在思想、道德、学术和技巧等方面经过长期勤奋学习和刻苦锻炼,以及经过长期努力所达到的一种品质和能力。礼貌与个人修养是相互渗透、相互补充的关系。

1. 礼貌修养的必要性

　　礼貌修养是指个人在交往中,在礼貌、礼仪、礼节方面自觉地按照社会公共生活的准则要求,不断地进行自我锻炼、自我养成、自我提高的行为活动,并通过努力形成自己的一种在待人接物时所特有的风度。礼貌修养的实质是要求人们通过自己的努力,不断地进行磨炼、陶冶和养成,提高对礼貌行为的评价和选择能力,克服自身和外来的不礼貌行为。

　　礼貌修养是人类文明的标志之一。一个人的礼貌修养往往反映一个单位乃至一个国家的文明水平。文明社会给人们造就一种安定、和谐的气氛,使人们生活得心情舒畅。这是因为公众都注意遵守人与人交往的基本礼貌准则,大家都按照这种准则去待人接物,促成了人们互相尊重和爱护的习惯,同时也为自己生活得愉快创造了条件;反之,如果人们在处理相互关系时随心所欲,各行其是,见面、相处、告别时连句客气话也没有,斗气逞强,很容易话不投机半句多,甚至剑拔弩张,使工作、生活环境充满火药味,社会正常秩序就会被打乱,在没有尊重别人的同时,自己也得不到别人应有的尊重,使工作和生活变得灰暗和乏味无趣。这是每个人都不愿看到的局面。因此,讲究礼貌、礼仪、礼节是为社会,也是为自己创造良好环境的需要,是促使人际关系和谐的润滑剂。由此可见,礼貌修养的重要性和必要性是不容忽视的。

　　俗语说"诚于中而形于外",礼貌待人绝对不是简单地学习、模仿,更不是讲究形式的例行公事。礼节、礼貌是一个人内心世界的外在表现和真实感情的自然流露。那种举止大方、谈吐不俗、温文尔雅、彬彬有礼的风度,绝不是装模作样所能及的。它必须以良好的个人修养为基础。一个缺乏修养的人,无论怎样"包装"自己,终究只能给人一种粗俗、浮浅的感觉和印象。因此,讲究礼仪规范既是人际交往中增进友谊、联络感情的行为准则,也是一个人内在修养的外在表现。一个人要想全面、综合地提高自身素质,就必须加强礼节、礼貌知识的学习,不断提高自身的道德修养。

阅读材料2-2

交际生活的钥匙

30多年前,美国总统尼克松为了准备他"改变世界的一星期"的中国之行,费尽了心机。他知道,到了中国免不了要使用筷子,临行前就专门练习了一番。1972年,尼克松一行抵达北京的当天晚上,周恩来总理设宴款待他们。在宴会上,尼克松自如地用筷子夹取食物,使在场的人大感意外。中国古代《礼记》中有这样一句话:"入境而问禁,入国而问俗,入门而问讳。"尼克松的这一举动在客观上与这句话的精神是一致的,所以能够收到预期的效果,从而使人津津乐道。

资料来源:李鸿军. 交际礼仪学. 武汉:华中理工大学出版社,1997.

2. 礼貌修养的基本原则

礼貌修养作为人们行为的基本素养、处事的准则,每个人都有责任、义务去维护和共同遵守。各种类型的人际交往,都应当自觉遵循以下原则。

1) 遵守公德

公德是指一个社会公民为了维护整个社会生活的正常秩序而共同遵循的最起码的公共生活准则,它直接反映出一个社会公民的礼节、礼貌、道德修养程度和水准。遵守公德是对每个公民的基本道德要求。在社会交往中,良好的公德习惯,可以促进人际间的交往,形成和谐的关系。

2) 遵时守信

遵时就是遵守规定或约定的时间;守信就是要讲信用,不可言而无信。遵守时间、讲求信用是建立和维护良好社会关系的基本前提。人际交往时,遵守规定或约定的时间,不得违时,更不可失约。守信就是要讲信用,千万不可言而无信。限定时间的聚会或社交活动应按照规定的时间稍微提前或按时到达。

3) 真诚友善

真诚友善是指交往时必须做到诚心待人,心口如一。人际交往中的真诚,是赢得对方信任和尊重的前提。真诚坦荡、友善待人是人际交往应当遵循的准则。

4) 谦虚随和

虚心、不摆架子、不自以为是、不固执己见的谦虚随和的人较容易被对方所接受。

5) 理解宽容

理解就是懂得别人的思想感情,理解别人的观点立场和态度;宽容就是宽容大量,能容人,能原谅别人的过失。理解宽容是要求人们在交际活动中运用礼仪时,既要严于律己,更要宽待他人。

6) 热情有度

热情是指对人要有热烈的感情，使人感到温暖；有度是指对人热情要有一定尺度，既不可显得过于热情，也不能缺乏热情。现代礼仪强调人与人之间的交流与沟通一定要把握适度性，不同场合、不同对象应始终不卑不亢、落落大方，把握好一定的分寸。

7) 注意小节

热心助人，不因事小而不为，从根本上提高自身的礼貌修养。在旅游服务工作中，服务人员要想满足客人的不同需要，不能只关注所谓大事，而是必须从细节做起，注意小节。一些看起来微不足道的小事，会给客人留下或好或坏的印象，这决定了客人能否成为回头客。许多个性化服务其实就是注意小节的结果。

8) 风度高雅

高雅的风度是人格魅力的辐射、内在气质的焕发，是一种可品味而难以言传的综合品格的体现。其特点是真诚谦逊、热情持重。它融精神境界、道德风范、文化素养、才情趣味于一体，是一个人内慧外秀的统一。高雅的风度能给人以力量、信心和美感，能引发人们对交际的向往，是导致交际和事业成功的重要因素。

3. 培养礼貌修养的途径

荀子曰："人无礼则不生，事无礼则不成，过无礼则不宁。"良好的礼貌修养，是需要经过长期有意识的学习、实践、积累而逐步形成的，培养礼貌修养的途径可以从以下几个方面着手。

1) 加强自身的社会道德意识和职业道德观念

道德是人们共同生活及其行为的准则，也是用以对人的思想和行为进行评价的标准。人们常说，道德是反映人类社会进步的一种特殊现象。人们生活在社会中，进行着各种活动，从而形成了各种复杂的社会关系。为了协调人们之间的各种关系，就必须对个人的行为加以适当的约束，以保障社会生活的正常秩序。从这个意义上，道德就是调整人们之间相互关系的行为规范的总和。道德这种特殊的社会现象是人们判断是与非、好与坏、善与恶、荣与辱的标准，通过社会舆论、宣传教育、道德观念等形成的无形力量，调整着人与人、个人与社会之间的关系。具备高尚的道德观念是培养礼貌修养的首要途径。

(1) 社会公德的基本要求。社会公德是道德规范体系的基本组成部分，是指在一个社会中全体居民为了维护社会正常的生活而共同遵循的最简单、最起码的公共生活准则。它是随着人类社会的形成、进步而逐渐继承、积累、发展而来的。社会公德是人类社会文明程度的重要标志，对人们的道德、情操的陶冶起着巨大的作用，对良好社会风尚的形成有着直接而深刻的影响。社会公德的基本要求包括以下几个方面：①爱护公物；②遵守公共秩序；③救死扶伤；④尊重老人、妇女；⑤爱护儿童；⑥在邪恶面前主持正义；⑦爱护、保护动物。

(2) 职业道德的基本要求。职业道德是指从事某一具体职业的人在进行职业活动中应该遵循的道德规范，以及与之相适应的道德观念、道德情操和道德品质等。简单地说，就是职业范围内特殊的道德要求。职业道德既是一般社会道德的具体化和补充，又是一般社会道德的特殊表现；既是对本行业从业人员在职业活动中的行为规定，又是本行业对社会所承担的道德责任和义务。如果被认为缺乏职业道德，会受到消费者的谴责。国家旅游局根据社会主义道德的基本要求，总结了我国旅游工作者多年的道德实践活动，概括出《社会主义旅游职业道德规范》，于1987年8月颁布试行。其中，对旅游服务人员的职业道德提出了基本要求，包括以下几个方面：①热爱工作，敬业乐业；②热情友好，宾客至上；③真诚公道，信誉第一；④文明礼貌，优质服务；⑤团结协作，顾全大局；⑥遵纪守法，廉洁奉公。

社会公德和职业道德是礼仪的基础，是培养礼貌修养的前提，不具备社会公德意识和职业道德观念，就不可能有良好的礼貌修养。

2）加强礼节、礼貌知识的学习，尤其是社交礼仪常识和职业礼仪规范

良好的礼节、礼貌修养，来自对礼节、礼貌知识的学习，尤其是对社交礼仪常识和职业礼仪规范的掌握。很难想象一个不懂得礼节、礼貌的人能够为客人提供高质量的服务。因为，不具备礼仪常识和缺乏对职业礼仪规范的了解就没有构成优质服务的基础。人们赞赏那些举止大方、风度高雅、谈吐不凡和有很强社交能力的人，他们的能力是掌握相关礼仪知识的结果。

加强礼节、礼貌的学习，首先要进行理论学习，即利用图书资料、广播电视，系统全面地学习礼仪。其次是向社会实践学习。实践是检验真理的唯一标准。通过实践，不仅可以使人加深对礼仪的了解，强化它的印象，而且还可检验其作用，增强文明礼貌意识，提高自身的文明素质。

3）全方位提高个人的文化知识素养，使自身拥有较丰厚的文化积淀

现代旅游企业的服务对象越来越具有较高的文化修养，旅游企业的服务设施、管理方法也越来越现代化。只有全方位提高个人的文化知识素养，使自己拥有较丰厚的文化积淀，才能掌握科学的操作技术，为宾客提供优质的服务。没有文化素养，仅靠和气、听话、勤快是无法适应现代服务工作要求的。

旅游服务人员应当具备各方面的科学文化知识和社会知识。具有一定的文学知识，能够提高理解问题的能力和语言表达能力；具有一定的哲学、历史、心理学知识，能够提高分析问题、认识问题的能力，善于处理经营服务中的各种矛盾，协调各方面的关系，掌握顾客心理，根据不同顾客的特点和要求，运用不同的方法使顾客满意；具有一定的经济学、法律知识，能够了解经济规律，提高经营管理水平，依法办事，取得较好的经济效益；具有一定的美学、音乐、绘画方面的知识，能够陶冶情操，净化心灵，使人情趣高雅，充满活力，潇洒自信。旅游服务人员还应当了解各地的风俗民情，熟悉本地区的经济、文化、交通、娱乐等方面的情况，广泛涉猎各方面的文化知识。一个人自身的文化知识素养提高了，才能做到讲礼貌、懂礼节。

4）要有积极健康的心态，符合旅游职业心理素质的要求

积极健康的心态通常有以下特点：保持乐观而稳定的情绪，在工作和生活中充满热情和活力；有较强的事业心和目标意识，能够与组织行为和公众利益协调一致；能够正确认识自

己，并能公正评价别人，豁达宽容，自尊、尊人，建立和保持和谐的人际关系；积极进取，勇于追求，意志坚强，善于自我克制；能够坦然冷静地接受所发生的各种事情，迅速作出应变的反应。健康良好的心态是实施礼仪、具有礼貌修养的重要因素。

旅游服务人员应具有良好的职业心理素质。一方面，应学习一些旅游心理学知识，这样可以更好地了解旅游者的思想、需要和爱好，掌握他们在食、住、行、娱乐等方面的具体要求，从而更好地为宾客服务；另一方面，也是最重要的，是保持积极的心态，没有健康积极的心态，就很难对宾客表现出主动热情，也不可能做到彬彬有礼，自信自尊。有些服务人员在待人接物时缩手缩脚，羞于见人，究其原因，往往是由于缺乏积极健康的心态。例如，有些人觉得自己相貌平平，性格内向，口才不济，难以做好接待服务工作；有的人由于自卑胆怯，害怕受到别人的轻视和排斥，其实这些人真正缺乏的不是能力，而是缺少信心，缺少积极健康的心态，只要调整好心态，增强信心和勇气，就能够挖掘出难以估量的潜能。

5) 积极参加社交活动，在社交活动中养成礼貌待人的好习惯

礼貌礼仪是一门实践艺术，对礼仪知识内容的学习，只有反复运用和体验，才能真正掌握其精髓，若想从本质上提高自己的文明礼貌修养，就要积极参加社交活动，在社交活动中养成礼貌待人的好习惯。礼貌修养的关键是实践，需要见诸行动。修养，既要修炼又要培养，离开实践，修养就成为无源之水、无本之木。在培养礼貌修养时，要以主动积极的态度，坚持理论联系实际，将自己学到的礼貌、礼节知识积极地应用于社会生活实践的各个方面。要在旅游职业岗位、家庭、社会等场合中，时时处处自觉地从大处着眼、小处着手，以礼仪的准则来规范自己的言谈举止。通过各种人际交往的接触强化，不断锻炼提高。

2.3 礼仪的习得与施行

礼仪的习得，不仅是指对礼仪的学习习练，还包括将所习之礼培养成一种习性，或者说是品性的过程，非一朝一夕可就。一般来说，应着重于知、情、意、行的统一。

1. 树立学习礼仪的意识

荀子说："人无礼则不立，事无礼则不成，国无礼则不宁。"学习礼仪并能在社会交往中正确运用，既有利于个人，又有利于企业与社会。随着社会经济的不断发展，礼仪已渗透到人们日常生活的方方面面，并发挥着重要的作用。人们要树立学习礼仪的意识，首先要进行理论学习，即利用图书资料、广播电视，系统、全面地学习礼仪。其次是向社会实践学习。实践是检验真理的唯一标准。通过实践，不仅可以使人加深对礼仪的了解，强化它的印象，而且还可检验其作用，增强文明礼貌意识，提高自己的文明素质。

树立学习礼仪的意识，利国利民利己。其意义有以下几点。

(1) 有助于美化个人形象。个人形象包括仪容、表情、举止、服饰、谈吐、教养等方

面，礼仪在这些方面都有详尽的规范。因此，学习运用礼仪，无疑有益于人们更好地设计与维护个人形象，更充分地展示个人的良好教养与优雅的风度。

(2) 有助于提高个人的文明程度。在人际交往中，礼仪往往是衡量人的文明程度的准绳。即通过一个人对礼仪运用的程度，可以说体察其教养的高低、文明的程度和道德的水准。有教养才能文明，有道德才能高尚。因此，学习与运用礼仪，有助于提高个人的修养，提高个人的文明程度。

(3) 有助于促进人的社会交往，改善人际关系。共同生活在社会中，每个人必须与他人打交道，因而不能不懂礼仪。了解掌握礼仪，可以在人际交往中使自己受到更多的尊敬与认可，自然会增加自信，并增进彼此之间的了解与信任。当每个人都提高了自身的文明修养，交往中人人以礼相待，这个社会的人际关系将会更加和睦，生活会变得更加温馨，个人的事业也会更加成功。

(4) 有助于净化社会风气，推进社会主义精神文明的建设。我国一直十分重视社会主义精神文明建设，其重要内容之一，就是要求全体社会成员讲文明、讲礼貌、讲卫生、讲秩序、讲道德，心灵美、语言美、行为美、环境美。这些内容都与现代礼仪的行为规范完全吻合。一个人、一个单位、一个国家的礼仪水准如何，不仅仅是表面的文明礼貌问题，而是事关个人成功、企业形象、社会安定等的重大问题。人人遵守礼仪，将有助于净化社会风气，提升个人乃至全社会的精神品位。

2. 陶冶尊重他人的情感

中国古人给出了很好的尊重他人的教导。孔子说："己所不欲，勿施于人。"、"己欲立而立人，己欲达而达人。"你自己不想别人对你做的事情，你也就不要对别人做。要想自己站得住，也要帮助大家一同站得住；要想自己过得好，也要帮助大家一同过得好。这里就充分体现了视人如己，推己及人的人人平等、尊重他人的基本精神。如果凡事都能做到推己及人，平等待人，尊重每一个人，就可以说是现代"文明人"的修养了。尊重他人也就是尊重自己。只有尊重他人，才有可能有良好的人际关系。

人非草木，孰能无情？每个人都生活在一定的社会中，丰富的社会生活时时刻刻为人们提供着丰富的情感体验，使情感生活成为人类生活的重要组成部分，而尊重他人的情感更是表现出人类对高尚情感的追求，这是人性至善至美的体现。旅游业是为他人提供服务的行业，服务人员必须尊重顾客、理解顾客、关心顾客，使顾客成为企业忠实的回头客。"尊重"始终是顾客最敏感、最重要的需求，能否得到尊重是顾客评价服务质量的重要指标。

3. 锻炼履行礼仪的意志

履行礼仪的意志在职业素质的培养中起着重要作用。要使礼仪规范变成自觉行为，没有坚忍不拔的意志是办不到的。在人际交往生活中，一个具有顽强道德意志的人，即使在极其困难的条件下，也能抑制外部的压迫，保持高尚情操。

4. 养成遵从礼仪的行为

礼仪教育的综合结果是使人们养成良好的礼仪行为，即使人们在交际活动中对于礼仪原则和规范的遵从变成一种习惯。俗话说:"习惯成自然。"文明良好的习惯是通过平时从一点一滴做起的,不断积累、升华,并抑制和纠正某些不良的习惯。作为现代大学生、21世纪的接班人,就要以高度的自觉性和社会责任感,约束自己的行为,时刻保持清醒的头脑,谦虚谨慎,以礼待人,坚持从我做起、从现在做起、从点滴做起,并持之以恒,养成良好的文明习惯,并成为自觉的行动。

在礼仪教育过程中,知、情、意、行是相互联系、相互渗透、相互促进,缺一不可的。没有知,情失去了理性指导,意和行就会是盲目的;没有情,就难以形成意,知就无法转化为行;没有意,行即缺乏巨大的力量,知和情也就无法落到实处;没有行,知、情、意都没有具体的表现,也就都变成了空谈。因此,在礼仪教育过程中,要坚持晓之以理、动之以情、炼之以意、守之以行。

总之,完美的服务礼仪不是一朝一夕可以学会的,它靠的是平时一点一滴的积累。首先,要把握中西礼仪的文化差异;其次,要遵行入乡随俗的常规做法,即入境问俗、客随主便、主随客意、求同存异;最后,要根据相互交往的具体情况运用礼仪,在各种社交活动中行礼如仪,既要遵守国际惯例和交往对象的民族礼俗,又要根据本国的特点和风俗习惯,以及职业场合的特殊需要灵活变通,让与你接触的每一个人都受到应有的礼遇。

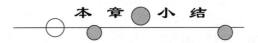

本 章 小 结

本章重点介绍了礼貌、礼节、礼仪、礼宾的基本概念,它们尽管名称不同,但其本质都是尊重人、体贴人。在旅游接待服务中,继承和发扬中华民族文明礼貌的优良传统,是实现"宾客至上,优质服务"的基础。本章还学习了礼貌修养,阐述了礼貌修养的必要性和基本原则,指出了提高礼貌修养的主要途径。

思考与练习

一、单项选择题

1. 下列关于礼仪、礼节、礼貌和礼宾的说法中错误的有(　　)。
   A. 礼仪涵盖了礼貌和礼节
   B. 礼仪、礼貌、礼节三者之间是相辅相成的
   C. 礼貌是礼节的具体表现
   D. 礼宾多用于外交场合
2. 言行的规范被称为(　　)。
   A. 礼仪　　　　B. 礼节　　　　C. 礼貌　　　　D. 礼宾
3. 下面哪个是礼貌用语(　　)。
   A. 您好　　　　B. 不知道　　　C. 不懂　　　　D. 讨厌

4. 下列不属于社交礼仪的是（　　）。
   A. 见面和介绍　　B. 宴请和馈赠　　C. 商业洽谈　　D. 舞会和沙龙

二、多项选择题

1. 礼貌的一般表现形式有（　　）。
   A. 仪容、仪表、仪态　　　　　　B. 语言、谈吐
   C. 着装、服饰、发型　　　　　　D. 待人接物、为人处世的方式和态度
2. 构成礼仪最基本的要素有（　　）。
   A. 口头语言　　B. 书面语言　　C. 行为表情　　D. 服饰器物
3. 礼仪修养的基本原则有（　　）。
   A. 固执己见　　B. 遵时守信　　C. 热情有度　　D. 风度高雅

三、判断题（正确的画"　"，错误的画"×"）

1. 礼貌、礼节、礼仪、礼宾，它们是相辅相成的。（　　）
2. 我国正在提倡的礼貌语言为五声，即"您好"、"请"、"谢谢"、"对不起"、"没关系"。（　　）
3. 礼仪不需要创新。（　　）
4. 礼貌是礼仪的基础，礼节是礼貌的表现形式。（　　）

四、简答题

1. 什么是礼貌、礼节、礼仪、礼宾？
2. 简述礼、礼貌、礼节、礼仪、礼宾的区别和联系。
3. 怎样使自己成为一个彬彬有礼的人？
4. 旅游从业人员为什么要加强礼仪修养？

五、案例分析题

案例 2-1

张女士是商务工作者，由于业务成绩出色，随团到中东地区某国家考察。抵达目的地后，受到东道主的热情接待，并举行宴会招待。席间，为表示敬意，主人向每位客人一一递上一杯当地特产饮料。轮到张女士接饮料时，一向习惯于"左撇子"的张女士不假思索地伸出左手去接，主人见此情景脸色骤变，不但没有将饮料递到张女士的手中，而且非常生气地将饮料重重地放在餐桌上，并不再理睬张女士。

思考分析：

张女士为什么遭到如此对待？

案例 2-2

1995年3月在丹麦哥本哈根召开联合国社会发展世界首脑会议，出席会议的有近百位国家元首和政府首脑。3月11日，与会的各国元首与政府首脑合影。按照常规，应该按礼宾次序名单安排好每位元首、政府首脑所站的位置。首先，这个名单怎么排，究竟根据什么原则排列，哪位元首、政府首脑排在最前，哪位元首、政府首脑排在最后，这项工作实际上

很难做。丹麦和联合国的礼宾官员只好把丹麦首脑（东道国主人）、联合国秘书长、法国总统，以及中国、德国总理等安排在第一排，而对其他国家领导人，就任其自便了。好事者事后向联合国礼宾官员"请教"，答道："这是丹麦礼宾官员安排的。"向丹麦礼宾官员核对，回答说："根据丹麦、联合国双方协议，该项活动由联合国礼宾官员负责。"

思考分析：

根据礼宾次序安排，对上面的案例进行分析。

六、讨论题

结合一个社交场合的例子，讨论该怎样针对具体交往对象及相互间关系施礼。

七、实训题

1. 结合旅游行业不同岗位的要求，进行礼貌语言和礼貌行动的模拟训练。
2. 模拟和练习宴会场地的安排与布置（桌次与座位）。

服务人员的仪表礼仪规范

学习目标

熟悉和掌握仪容修饰及服饰搭配的技巧。
了解基本的举止仪态,学会用目光、微笑等表情与人交流。
掌握面部化妆的程序和技巧。

3.1 仪容礼仪规范

1. 仪容的概念

仪容通常是指人的外观、外貌。其中的重点,则是指人的容貌。在人际交往中,每个人的仪容都会引起交往对象的特别关注,并将影响对方对这个人的整体评价。在个人的仪表问题之中,仪容是重点中的重点。

在旅游服务过程中,对服务人员仪容的要求首先是仪容美。其具体含义主要有以下3个方面。

(1) 要求服务人员仪容自然美。这是指仪容的先天条件好,天生丽质。尽管以相貌取人不合情理,但先天美好的仪容相貌,无疑会令人赏心悦目,感觉愉悦。

(2) 要求服务人员仪容修饰美。这是指依照规范与个人条件,对仪容进行必要的修饰,扬其长,避其短,设计、塑造出美好的个人形象,在旅游服务过程中,尽量使自己显得有备而来,自尊自爱。

(3) 要求服务人员仪容内在美。这是通过努力学习,不断提高个人的文化、艺术素养和思想、道德水准,培养高雅的气质与美好的心灵,使自己秀外慧中,表里如一。

作为一名旅游服务人员,真正意义上的仪容美,应当是上述3个方面的高度统一。忽略其中任何一个方面,都会使仪容美失之于偏颇。

在这三者之间,仪容的内在美是最高的境界,仪容的自然美是人们的普遍心愿,而仪容的修饰美则是仪容礼仪关注的重点。

2. 仪容修饰的意义

仪容在个人整体形象中居于显著地位。仪容传达出最直接、最生动的第一信息，反映了个人的精神面貌。个人仪容受两方面因素的影响。其一，是个人的先天条件，自然形成；其二，是后天的修饰和保养。正像法国启蒙思想家孟德斯鸠所说："一个人只有一种方式是美丽的，但他可以通过十万种方式使自己变得可爱。"个人容貌是父母给予的，相对定型，但通过保养、修饰、装扮可以焕然一新，这就需要懂得一些美容常识，充分发挥自己的优势，从而有效地弥补自身的缺陷和不足。

仪容化妆是人体装饰艺术的重要组成部分，也是礼仪交往中不可缺少的物质条件。人们对自身的化妆意识，从宗教信仰、标志群体特色到显示等级差异，最后发展成为日常生活中的装饰，经历了漫长的发展过程。据考证，中国历史上最早的仪容化妆出现在公元前11世纪的商纣时期。那时，人们已经懂得使用"燕支"。《古今注》中解释其为"亦称红蓝，以染粉为妇人面色，名曰燕支粉，亦称焉支。"此后，随着历史的推移，美容美发新材料、新技术不断出现，仪容化妆也有了崭新的发展，并进入到现代生活。随着社会文明程度的提高，仪容化妆真切地反映出社会道德、审美情趣和身心健康等方面的内容。

具有清新、端正的仪容和恰当自然的修饰是对旅游服务人员仪容的基本要求。仪容要求整洁，不能浓妆艳抹，只可适当修饰。端正的仪容可以给人以信任感，而恰当自然的修饰又可以给人以愉悦感。

美国的著名总统林肯，出身于一个拓荒者的家庭，本人是律师，竞选总统时名气并不是很大。他在竞选过程中收到一个小姑娘的来信，信中说，"您的相貌太平常了，您的下巴又光秃秃的，不够威严，不像男子汉，如果您蓄上一大撮胡子，那么我们全家都会投您的票。"林肯采纳了小姑娘的意见，蓄上了一大撮胡子，果然使他的形象增添了几分光彩，赢得了许多选民的好感。

在这个例子中，林肯正是通过一定的修饰，使自己原来的形象得到了改善，变得更完美、更具有魅力，因而获得成功。一个人在社会中生活，就要扮演各种不同的角色，当一个人以某种特定角色出现时，在仪表方面就应符合社会对这个角色所期望的要求。旅游服务人员也不例外，应在仪容方面使自己符合社会和时代的要求。

3. 仪容的基本要求

要做到仪容修饰美，自然要注意修饰仪容。修饰仪容的基本规则是美观、整洁、卫生、得体。

旅游服务人员在修饰仪容时，应当引起注意的，通常有头发、面容、手臂、腿部、化妆等5个方面。

1) 整洁的发型是仪容美的中心

整洁仪容最基本的形象是拥有整洁干净的头发。在今天，头发的功能不仅仅是表现出人的性别，更多的是反映一个人的道德修养、审美水平、知识层次和行为规范。人们可以通过一个人的发型判断出其职业、身份、受教育程度、生活状况和卫生习惯，也可感受出其对工作、生活的态度。

"完美形象——从头开始"。在了解自己的头发发质后，要做的就是对头发的护理和保养。日常的护理主要包括正确洗发、适时护发、梳理头发和适度按摩。要塑造头发有魅力的形态，还可借助摩丝、发胶、电吹风等给头发造型，选择得体适度的发型可以表现出一个人的良好仪容。修饰头发应注意的问题有以下4个方面。

(1) 勤于梳洗。头发是旅游服务人员脸面之中的脸面，所以应当自觉地做好日常护理。无论上班时间还是下班时间，都要对自己的头发勤于梳洗，不要临阵磨枪，更不能忽略对头发的"管理"。

对头发勤于梳理的好处有3个：①有助于保养头发；②有助于消除异味；③有助于清除异物。若是对头发懒于梳洗，弄得自己蓬头垢面，满头汗馊、油味，发屑随处可见，甚至有寄生物，是很败坏个人形象的。

通常理发，男士应为半个月左右一次，女士可根据个人情况而定，但最长不应超过1个月。洗发，应当3天左右进行一次，若能天天都洗自然更好。至于梳理头发，更应当时时不忘，见机行事。总之，头发一定要洗净、理好、梳齐。如有重要的交际应酬，应于事前再认真进行一次洗发、理发、梳发，不必拘泥于以上时限。不过务必切记，此类活动应在"幕后"操作，不可当众"演出"。

(2) 长短适中。虽说一个人头发的长短应当悉听尊便，不便干预，不可强求一律，但从社交礼仪和审美的角度看，仍受到若干因素的制约，是不可以一味地只讲自由与弘扬个性，而不讲规范。影响头发长度的制约因素有以下方面。

① 男女有别，在头发的长度上有所体现。一般认为，男女都可以留短发，但很少理光头。男士头发可以稍长，但不易长发披肩、梳辫挽髻；女性头发不宜过短，成为"假小子"。在头发的长度上可以中性化一点，但不应超过极限，不分男女，令人"安能辨我是雄雌"。

② 身高因素。头发的长度，在一定程度上与个人身高有关。以女士留长发为例，头发的长度就应与身高成正比。一位矮个子的女士若长发过腰，会使自己显得个头更矮，显然很不明智。

③ 年龄因素。人有长幼之分，头发的长度亦受此影响。例如，一头飘逸披肩的秀发，在少女头上相得益彰，犹如青春的护照，而若出现在年逾七十的老奶奶头上，则会令人哗然。

④ 职业因素。职业对头发的长度影响很大，旅游服务行业由于岗位的不同，对头发的长度大都有明确限制，除行政管理人员外，女士头发不宜梳披肩发，应以盘发、束发、短发为主；男士不宜留鬓角、发帘，最好不要长于7厘米，即大致前头不触及额头，侧发不触及耳朵，后发不触及衬衫领口。而剃光头则男女都不合适。

(3) 发型得体。发型，即对头发的整体造型。在理发与修饰头发时，对此都不容回避。选择发型，除个人偏好可适当兼顾外，最重要的是，要考虑个人条件和所处场合。

个人条件包括发质、脸型、身高、胖瘦、年纪、着装、佩饰、性格等，都影响发型的选择，对此切不可掉以轻心，不闻不问。作为旅游服务人员需要注意以下几个协调。

① 发型与脸型协调。发型对人的容貌有极强的修饰作用，甚至可以"改变"人的容貌。任何一种脸型都有其特殊的发型要求，所以要根据自己的脸型选择发型，这是发型修饰的关键。例如，圆脸型适宜将头顶部头发梳高，两侧头发适当遮住两颊，要避免遮挡额头使脸部视觉拉长。长脸形适宜选择用"刘海儿"遮住额头，加大两侧头发的厚度，以使脸部丰满起来。

② 发型与体型协调。发型的选择得当与否，会对体型的整体美产生极大的影响。例如，脖颈粗短的人，适宜选择高而短的发型；脖颈细长者，宜选择齐颈搭肩、舒展或外翘的发型；体型瘦高的人，适宜留长发；体型矮胖者，适宜选择有层次的短发。

③ 发型与年龄的协调。发型是一个人文化修养、社会地位、精神状态的集中反映。通常，年长者最适宜的发型是大花型短发，给人以精神、温婉可亲的印象。在旅游服务行业，大多是年轻人，因此适合那些活泼、简单、富有青春活力的发型，可以给人自然、清新和轻便的感觉。

④ 发型与服饰协调。头发为人体之冠，为体现服饰的整体美，发型必须根据服饰的变化而改变。例如，穿着礼服或制服时，女性可选择盘发或短发，以显得端庄、秀丽、文雅；穿着轻便服装时，可选择各式适合自己脸型的轻盈发型。

作为旅游服务人员，应该选择适合自己个性的发型，即自然清新、文雅端庄、朴素利落，这也是能反映内在气质、文化素养、内心情感的发型。

(4) 美化自然。人们在修饰头发时，往往会有意识地运用某些技术手段对其进行美化，这就是所谓美发。美发不仅要美观大方，而且要自然，不宜雕琢痕迹过重，或者不合时宜。否则，会引起客人的反感。

2) 美容化妆是仪容的重点

化妆既是一门技术，也是一门艺术，适度得体的妆容可以展现个人风采。因此，化妆在礼仪文化中起着重要作用。旅游服务人员在工作时装扮自己，体现 4 点作用：①表示对他人的尊重；②展示自己的风貌；③体现旅游企业的形象；④标志一个国家或地区的社会文明程度。

(1) 面容的修饰。仪容在很大程度上是指人的面容，由此可见，面容修饰在仪容修饰中举足轻重。

① 修饰面容的总体要求。

第一要做到面必洁。旅游服务人员在工作中，要勤于洗脸，使之干净清爽，无汗渍、油渍等其他任何不洁之物。洗脸，每天仅在早上起床后洗一次远远不够。午休后、用餐后、出汗后、劳动后都需要洗脸。

第二要做到口必净。一口洁白整齐的牙齿往往会给人增添光彩；反之，口腔中有异味则会给人以厌恶感，不仅不利于个人形象，也不利于工作。因此，旅游服务人员必须养成良好的卫生习惯，要注意勤刷牙、漱口，及时去除口腔中的食物残渣。在上班前不吃异味食品，如葱、蒜、韭菜等;若餐后找不到刷牙的机会,可用爽口液来保持口腔卫生;若发现自己口中有异味,可用嚼口香糖或喝茶的办法去消除,但要注意不要在工作时嚼口香糖。

② 男士面容修饰的要求。在旅游服务过程中,由于男性服务员的生理特点对其还要有特殊要求,对不雅的体毛,如鼻毛、耳毛、胡须等应进行修剪和遮掩。男士面部修饰的重点是眉毛和嘴部。

第一是男士眉毛的修饰。男士的眉毛一般不作人为的美化,力求保持自然的风采。若眉毛有重大缺陷,如眉毛稀淡、眉棱不洁、眉毛残缺或无眉毛等情况,就要注意适当的修饰。眉毛修饰的方法有两种:描眉和修剪。描眉是用眉笔把眉毛染黑,再以笔尖对眉毛的残缺部分进行补描。但应注意,经过描画的眉毛要深浅自然,色泽均匀,并与真眉浑然一体。并且描眉要根据脸型和五官位置,适当调整自己的五官比例。修剪是指用剪刀或刮刀把过长或过多的眉毛剪掉或刮掉,再对有缺陷的地方进行补描或修饰。经修剪的眉毛上下缘不宜修得太整齐,眉峰可适度上扬,使之显得英武和潇洒,但应尽力避免过于平直和过于上扬及倒八字眉。

第二是男士嘴和唇的修饰。一般而言,男士嘴唇的轮廓和厚薄不很理想,或者唇色不正,除可以用唇笔描画并涂上男士专用唇膏来弥补外,也可用胡须掩盖。但从事旅游服务的人员,男士不准蓄须,有特殊宗教信仰与民族习俗者除外。这些虽无明文规定,但也是对旅游从业人员的一项基本要求。因此,男性旅游从业人员不仅不许蓄须,还要自觉养成每天上班或上团之前先剃须的习惯。满脸胡子拉碴去面对游客是有失体统的。所以,男性工作人员应格外注重胡须的整洁与修剪。

(2) 干净的手部。手被称为商务人员的"第二张名片",对旅游从业人员而言同样如此。服务人员在工作过程中,无论是献茶敬酒,还是垂手恭立、挥动手臂,手始终处于醒目之处。一双保养良好、干干净净的手,会给人以美感;而一双"年久失修"、肮脏不堪之手,也往往使人产生不快,甚至会影响客人对服务的印象和评价。因此,旅游服务人员的双手应以干净卫生、雅观为其要旨。根据商务礼仪要求,旅游服务人员对手部应注意以下几点。

① 勤洗双手。与脸相比,双手要洗得更勤一些,拿过脏东西、"方便"之后或用餐之前都要洗手。

② 注意保养。手部不仅要勤洗,而且需要精心照料,不要让手部红肿、粗糙、长疮、生癣或"积劳成疾",一定要让这"第二张名片"同样雅观。

③ 不留长指甲。旅游服务人员应养成平日定时修剪手指甲的良好习惯,一般应3天修剪一次。

④ 工作时不宜涂抹有色指甲油。这主要是针对女性服务员而言的。在游客面前,服务员的任务是为客人提供满意的服务,而不是去与客人比美,一切言行举止都要符合自己的身份。因此,女性服务员在十个手指上涂满鲜艳夺目的指甲油,实际上有失自己的身份,但可以涂无色指甲油。

⑤ 避免腋毛"走光"。露出腋毛在他人眼中是极不美观的,尤其是女性服务员更应注意。因此,女性服务员在工作时必须着工作装。

(3) 适当的美容化妆。在现实生活中，天生丽质，生来就具有"倾国倾城"之貌的女性极少，而绝大多数人长相较为平凡。但是这些相貌平凡者，经过适当的美容化妆和饰物的配搭，再加上恰如其分的衣着就能有一个出色的仪表，会使人感到"漂亮"。适当的美容化妆，就是要求美容化妆必须恰如其分，要做到这一点，首先要使美容化妆符合自己的身份、年龄和职业；其次要正确使用化妆品和化妆技法。

① 美容化妆的规格和要求。根据礼仪要求，出席肃穆庄重的礼仪场合，以不化妆为宜；若是轻松愉快的交际场合，化妆浓淡皆宜；日间化妆或日常工作妆以淡雅为宜，晚妆可稍浓艳。但在技巧上要注意化妆必须和自己的脸形五官相适应。

女性服务员化妆的目的是给人以清洁、健康、漂亮的印象，尽管她们所处的场合、环境、年龄不同，但在化妆时却有一些需要共同注意的问题。

第一，要选择适合自己的妆色。首先要选择适合自己特点的化妆品色泽，更要注意配合个人的气质和年龄。例如，五官端正、圆形脸庞的活泼女性，适合选择红色、橙色的妆色；面部轮廓较长的斯文女性，适合水红色、淡紫红色的柔和颊红；年龄稍大的女性，宜用淡橙色、玫瑰红色和橙棕色的妆色。

第二，应选择与自己皮肤类型相反的粉底霜类型。干燥的皮肤应选择湿润的膏型粉底霜；湿润的皮肤则应用洁爽型的香粉状粉底霜。

第三，选择粉底颜色应与肤色接近。选择粉底的色调与使用者自然皮肤色最接近为理想，肤色愈暗，粉底就愈要具有透明感。

第四，整个人的化妆与衣饰装扮颜色要协调。一般来说，如果眼部化妆是蓝绿系列，适合穿蓝、紫、灰色的衣服，口红应选用粉红色的；褐色及棕色系列适用于黑头发，而皮肤偏黑的女性，应用棕色口红，可配各种色彩的服装；紫色系列适合年轻女性选择，可以配黑灰、棕色、粉红或绿色的衣服。

② 不同脸形的化妆。

椭圆形脸化妆，高贵自然，不需要掩饰。眉毛应描画成秀丽弧形，顺着眼睛的轮廓，位置适中，但不要过长，眉头与内眼角齐；胭脂应敷在颊骨最高处，向后向上带开；嘴唇依自己的唇形涂以口红或唇膏，形应自然。

圆形脸化妆时，描画的眉毛不可太平直，应有角度，也不要太高，应呈自然弧形；胭脂的涂法应从颊骨一直延伸到下颚部；上唇应做宽而浅的弓形细线，不能涂成圆形小嘴。

方形脸化妆时，要尽量增强柔和感，脸上的线条不能太明显；胭脂的涂法应从眼部平行下降；眉毛应稍尖而微弯，不可有直角；嘴唇应涂得丰满些。

长方形脸化妆时，应注意缩小脸的长度；眉毛的位置不可太高或有角度，尤其不能高翘；唇部可涂得稍微厚些。

三角形脸化妆时，应把重点放在下颏转弯处，眉毛应保持自然，嘴唇可涂宽些，嘴角可稍向上翘。

倒三角形脸化妆的重点在腮部。眉毛应顺着眼尾的方向画去，不可向上倾斜；胭脂涂于颊骨最高处，并向上向后带开；口唇适中，角度应柔和。

菱形脸化妆的重点应放在额及腮部，使之上下互相照应。

③ 不同环境、时间的化妆。美容化妆是随不同的环境、不同的时间、不同的季节和年龄而变化的，没有千篇一律的化妆，只有灵活运用，才能适得其所。

第一，日常工作妆。日常工作妆宜化淡妆。其程序可以简化：净面后直接涂上润肤增白合一的粉底霜于面部，粉底色应视肤色而定。皮肤白净者应用粉红色粉底霜，皮肤偏黄者应选用偏于橙色的粉底霜，再略施定妆粉，以固定粉底霜的颜色。可不必涂眼影、画眼线，但可适当画眉，并涂以口红。

第二，社交妆。社交妆要具有立体感，以稳重高雅的情调为宜，其化妆要点如下。

● 先以温水净面，以乳状粉底薄染、再以化妆粉扑上柔化。

● 染棕色鼻影，再用灰色眼影薄涂眼睑，并在眼睑中间向内眼角方向薄抹银色珍珠眼影。

● 眼睑薄抹灰色眼影。

● 颧骨及其下侧为中心涂以茶红色腮红。

● 嘴唇先涂深唇膏，再薄涂红色口红。

第三，舞会妆。由于舞会的灯光幽暗，化妆可稍浓艳，面部化妆应注意以下几点。

● 粉底：应涂以掩饰力极强的粉底，并应强调颧骨。

● 眼影：以金色眼影涂于眼睑全部及下眼睑边缘，并以棕色眼影涂眼梢部分。

● 眼线：先使用棕色眼线笔描画，上黑色的假睫毛油，还可带上黑色的假睫毛。

● 眉：以咖啡色的眉笔描画。

● 口红：以唇笔勾出唇形，涂上光亮的唇膏。

● 腮红：先以红色系列膏状腮红沿着颧骨下方涂上，再刷一层粉状腮红。

3）友好的神态是仪容的灵魂

(1) 认真的眼神。

① 眼神的含义。眼神是面部中最突出的表情，是用来表达情感，传输信息，参与口头交际的一种态势语。它虽无言，但可以形象地传递各种信息。它比微笑更复杂、更深刻、更微妙、更奇特、更有表现力，所以人们常以眉目传情、眉开眼笑、目不转睛、暗送秋波、横眉冷对、愁眉不展、眉飞色舞等来描绘眼睛的表情。因此，眼睛被称为"心灵之窗"。不同的眼神表现出不同对象的情绪、心理活动，传递着不同的信息，同时也反映了一个人对他人正在叙说的事情的态度。一般而言，心胸开阔、奋发向上、刚正不阿的人，其眼神一定是明澈、坦荡、执著、自信的；一个不求上进、无能为力、自暴自弃的人，其眼神一定是呆滞、昏暗、胆怯、游移的；一个轻浮浅薄的人，其眼神一定是漂浮狡黠的。而眼睛信息是通过目光持续的时间、眼睛的闭合、瞬间的眯眼，以及许多细小的动作和变化发出来的。所以，在人际交往中不可小看这简单的"一眼"，不仅要注意对自己眼神的正确运用，还应通过眼神去分析和了解对方的心理，采取相应对策，以保证社交效果。

② 眼神礼仪与运用。在人际交往中，人们对眼神的运用，应严格遵守所属文化的规范，接受其礼仪的制约，否则，极易造成失礼。眼神的礼仪要求大致上有以下方面。

第一，注视对方以示关注。在普通的社交谈话时，目光要注意对方。别人讲话时，不能东张西望、心不在焉、玩东西或不停地看表。否则，会给人留下缺乏教养、不懂得尊重别人的印象。

第二，目光注视的部位要正确。在人际交往中，目光最易注视的有3个部位：社交三角区，即在对方双眼水平线与嘴部之间的三角部位；近亲密三角区，即在对方双眼与胸部之间的三角部位；远亲密三角区，即在对方双眼与腹部之间的三角部位。

注视社交三角区有利于在人际交往中体现礼貌，传送友好信息。近亲密三角区则是在人际交往中目光注视的"许可空间"，这个空间的许可范围，应局限于上至对方的额头，下至对方上衣的第二纽扣（胸）以上，左右以两肩为准的方框内。而不应将目光聚焦在对方脸上的某个部位或身体的其他部位，特别是初次相识，或者与自己关系一般及异性之间，更要注意这一点，不能超越这个"许可空间"。

第三，目光注视的时间要适当。按眼神礼仪要求，与人谈话或谈判时，视线接触对方面部的时间应占全部谈话时间的30%～60%，这也称"社交注视"。尤其对关系不熟或关系一般的人不能长时间凝视，否则就是一种失礼行为，这也是全世界范围内通行的礼仪。若眼睛注视对方的时间超过整个交谈时间的60%，即为超时型注视，低于30%则为低时型注视。在一般情况下，这两种情况也属于失礼的表现。

根据眼神礼仪要求，除了亲密的关系外（如恋人间），凝视的对象只能是非人（如景物或艺术作品）。因此，在不太亲密的交往对象之间，不能长时间直盯对方，也不能长时间不看对方；遇见陌生人，应倾向于避开眼光，上下打量人则是一种轻蔑和挑衅的表示。

在社交中为了避免凝视可采取以下方法。

- 转移视线。
- 有意失神，即在某些不得不面对对方的场合时，让眼神显出茫然失神、若有所思的样子，以免失礼。
- 在社交中可以超时型注视的例外情形如下。
- 你很天真，而对方很老成时。
- 在谈恋爱的情况下。
- 与对方是公开的仇敌时。
- 警察审讯犯人时。
- 谈判中目光对视，表示力量和自信时。
- 上司欣赏下属某人时。
- 看地位较高的人表示崇敬时。

在社交中低时型注视不为失礼的情形如下。

- 从少年的天真无邪期到青年期之间的过渡时期发生的特有现象。

● 上司对下属某人看得较少。

● 较高地位者与地位低者交谈时。

第四，眼睛转动的幅度与快慢都必须遵循一个"度"。在与他人谈话或交往中，注视的眼睛不要转得太快或太慢。眼睛转动稍快表示聪明、有活力，若太快则表明不诚实、不成熟，给人以轻浮、不庄重的印象。但是，眼睛也不能转得太慢，太慢则显得迟钝和木讷。眼睛转动的范围也要适度，范围过大给人以白眼多的感觉，范围过小也会显得木讷。

第五，注意目光注视的方式。目光注视的方式很多，有直视、斜视、扫视、窥视和环视。在交际中与人交谈时，要忌斜视、扫视和窥视，应当正视。在与公众谈话时，应把正视和环视结合使用，使每一个人都无冷落感，有利于形成一种和谐、友好、轻松的气氛，发挥目光的交际作用。此外，当交际中对方沉默不语时，不要一直盯着对方，以免加剧其不安和尴尬。要特别注意不能使用向上看的目光，以免给人以目中无人、骄傲自大的感觉。

第六，恰当使用亲密注视。与亲近的人谈话，可以注视其整个上身和"亲密注视"，但在使用时应注意以下几点。

● 不要对陌生人，尤其是陌生的异性使用，否则是很不礼貌的。

● 亲密注视时不能用斜视、俯视、藐视等眼神，否则也是失礼的。

● 不能在亲近或陌生人讲话时闭眼，否则会给人以傲慢无教养的印象。

● 在长辈面前，应注意目光略微向下，显得恭敬、虔诚；对待下级、孩子等，目光应和善、慈爱，显出宽厚爱心；在朋友之间，目光应热情而坦荡。

第七，尊重不同国家、民族的礼俗和习惯。眼神礼仪受文化的影响很大，不同国家、民族对眼神礼仪有着不同的要求。例如，许多黑人避免直视对方的眼神；白人则认为，避免看眼睛是对他人不感兴趣的表示；大多数朝鲜人在请求对方时，总是看着对方的眼睛来知悉对方的真实想法；而日本人却认为，看对方眼睛是不礼貌的，只能看对方的颈部。又如，美国人谈话时看对方眼睛的时间不超过1秒钟；而瑞典人则要长久地看着对方的眼睛才不失礼。因此，在对外交往中，必须了解各国、各民族的眼神礼仪的不同习俗和要求，以避免因为多看几眼、少看几眼，或者看的时间长了、短了而引起误解。

（2）真诚的微笑。笑是通过面部动作表现出来的一种心理活动状态，能表达各种不同的含义，即可表达愉悦、欢迎、欣赏、友好、请求和领会，以及表达歉意、委婉、拒绝和否定等感情与态度。笑的种类很多，有微笑、欢笑、讥笑、苦笑、狞笑、奸笑、傻笑、哈哈大笑等，而在正常的人际交往中提倡和适用的是微笑，其他均不可取。

① 微笑的内涵。微笑看似是一个平常的面部表情，但有其丰富的内涵。

首先，微笑是一个人心理健康的标志。一个人只有热爱自己的事业，具有职业荣誉感和对他人有责任感，才会具有良好的心态、温暖的情谊、善良的心地，做到微笑待人。

其次，微笑是自信的象征。一个人只要充分尊重自己，有理想、有抱负，看到自己存在的价值，必将对自己充满信心，必定会强化自我形象，也必然会笑口常开。只有充满自信、相信自己的魅力和能力的人，才能在各种不同场合，面对不同关系的人保持微笑，也只有自信的人才能在困难和挫折面前保持微笑。

再次，微笑是礼仪修养的充分展现。它不仅是友好礼貌的表示，也是对对方赞同、欣赏的表示。一个有知识、重礼仪、懂礼貌的人，必然十分尊重他人，不仅会对朋友微笑，还会对上司、对客户、对一切与其交往的对象微笑，即使是陌路相逢，也会毫不吝啬地把微笑当做礼物奉献给他人。

最后，微笑是与人和睦相处的反映。在人际交往中，微笑是一种润滑剂，可以使对方的心情向好的方向发展，缩短双方的心理距离，彼此获得好感与信任，从而可以有效地改善人际关系，消除冷漠、温暖人心，使许多人心灵相近、友好和亲近，同时使自己在人生这个大舞台上感到愉快、安详、融洽、平和，良好的人际关系会使人赢得更多的自身发展机会。如果一个人不善于微笑，必然会失去很多本该属于他（她）的机遇和财富。

② 微笑服务。微笑是礼貌服务的基础，是优质服务的重要组成部分。现代企业，特别是服务业都将微笑作为服务标准并去规范要求员工，做好对客服务工作。微笑服务首先是客人心理上的需要，使客人感到自己受到欢迎和尊重；微笑可以改善与客人之间的关系，使客人的心情向好的方面发展，使客人改变对所提供产品和服务的评价，可以减少客人的投诉，增加回头客。微笑本身也是一种劳动，而且是一种有效劳动。实践证明，"诚招天下客，客从笑中来，笑脸增友谊，微笑出效益"。微笑不仅可以留住客人，而且可以增加客源，有了客源，便有了财源，企业就可以获得理想的经济效益，这也是"顾客是上帝"的真谛所在。在人际交往中，特别是服务人员在为客人提供服务时，必须学会微笑。有人说："一个人的微笑价值百万美元。"、"微笑是服务人员通过任何关卡的安全护照。"因此，对于企业而言，应将微笑作为一个规范；对于个人而言，应将微笑作为服务意识，贯穿于服务的全过程。要做到这一点，还要善于控制自己的情绪，一到岗位就要把个人的一切烦恼置于脑后，振作精神，始终如一地做好微笑服务，使客人具有亲切感、安全感和宾至如归感。

③ 微笑的基本要求。

第一，笑容自然、适度，充满情意的微笑应该是略带笑容，不出声的笑。这种笑不是勉强敷衍，也不能机械呆板，其笑姿是嘴角部位向两侧牵动且往上颊面提高，但不露齿，要笑得甜美、真诚。所谓甜美，就是要笑得温柔友善、自然亲切、恰到好处，给人以一种愉快、舒适、幸福、动人的好感与快感。所谓真诚，就是笑应是发自内心喜欢的自然流露。要做到真诚地微笑，必须要有宽阔的胸怀，对身边的人或事要充满爱心和理解，只有充满爱心和理解的微笑才能感染他人，产生持久的效力。

第二，笑得贴切、指向明确，对方容易领会。微笑要合乎规范，必须做到4个结合，即笑与口眼相结合；笑与精神、气质相结合；笑与语言相结合；笑与仪表、举止相结合。笑应适应时机、指向明确，不可以笑得莫名其妙，尤其在对外交往中，在不明对方意图、听不懂对方语言的情况下，不可贸然微笑，以免引起误会。

第三，笑容亲切庄重、笑而不邪。微笑应亲切庄重，故微笑时不宜发出笑声，爱笑的女士们要特别注意克制，不要不分场合和事情都笑个不停；男士也不能不分场合地开怀大笑，笑得震天动地，特别在公共场合尤其要注意。

在微笑时可以配上简短的赞语，如"好！"、"对！"、"真行！"等，以加强微笑的交际作用。

第四，微笑要做到始终如一。在交际、服务等场合，不能因为客观环境和情绪的变化而影响微笑的效果，必须强调要将微笑贯穿于交际、接待和服务的全过程，应做到5个一样，即领导在与不在一样；对男女老少一样；对内宾与外宾一样；对本地人与外地人一样；对生人与熟人一样。

（3）眉毛与嘴部的动作。除了眼神，眉毛和嘴部的形状也有很强的传情达意的功能，在人际交往中不可忽视。眉毛的形态可以表达十分丰富的情感。例如，眉宇舒展是心情舒畅的表现；眉开眼笑则是兴奋、喜悦的表情；眉毛竖起表示愤怒；眉毛高挑表示惊讶；眉头微皱表示为难；眉毛紧锁则显得忧郁。此外，眉毛还能与其他器官共同形成许许多多复杂而微妙、生动的表情。嘴部形状的变化，也能表现出两个人情感的变化和对交际对象或事物所持的不同态度。人在微笑的时候，双唇微启、嘴角上翘，给人以热情、友好、诚恳、和蔼可亲的感觉；双唇紧闭、嘴角向下，则表示郁闷、严肃或专心致志；撇撇嘴，表示讨厌和轻蔑；咂咂嘴，表示赞叹或惋惜；撅撅嘴，表示生气或不高兴；努努嘴，则表示暗示、怂恿或挑拨。在人际交往中，应根据不同场合、不同交际对象，运用适宜的眉毛与嘴部的动作和表情，克制不适宜的动作和表情，不要表情过于丰富和夸张，不可故作深沉和造作。

阅读材料 3-1

重要的服务仪容

某报社记者吴先生为了一次重要采访，下榻于北京某饭店。经过连续几日的辛苦采访，终于圆满完成任务。吴先生与两位同事打算庆祝一下，当他们来到餐厅，接待他们的是一位五官清秀的服务员，接待服务工作做得很好，可是她面无血色显得无精打采。吴先生一看到她就觉得没了刚才的好心情，仔细留意才发现，原来这位服务员没有化工作淡妆，在餐厅昏黄的灯光下显得病态十足，这让客人看了怎么能有好心情就餐呢？当开始上菜时，吴先生又突然看到传菜员涂的指甲油缺了一块，当时吴先生第一个反应就是"不知是不是掉入我的菜里了？"但为了不惊扰其他客人用餐，吴先生没有将他的怀疑说出来。但这顿饭吃得吴先生心里总不舒服。最后，他们唤柜台内服务员结账，而服务员却一直对着反光玻璃墙面修饰自己的妆容，丝毫没注意到客人的需要。直到本次用餐结束，吴先生对该饭店的服务十分不满。

看来服务员不注重自己的仪容、仪表或过于注重自己的仪容、仪表都会影响服务质量。

资料来源：职业餐饮网. 服务礼仪案例40例.

3.2 仪表礼仪规范

仪表美归根结底是为了显示人体美，所以也是人外在美的组成部分。仪表装饰有发饰、面饰、手饰、胸饰、腰饰、服饰等。恰当的装饰可以对人体扬美遮丑，而不得体的装饰却可能弄巧成拙。意大利画家达·芬奇说："你们不见美貌的青年穿戴过分反而折损了他们的美吗？你不见山村妇女穿着朴实无华的衣服反而比盛装的妇女美得多吗？"装饰是否美，不在于装饰是否华贵、时髦，而在于和人的年龄、体形、身份、气质、性格，以及所处的环境是否适合、协调。

服饰其实也是一种文化表征，往往能反映出人的审美情趣和精神面貌，因此属于社会美的范畴。服饰美不仅表现人的外在美，还体现着人的精神面貌。仪表美和内在美的关系比仪容美和内在美之间的关系更密切。因为，自从人类进入文明时代，衣服就不仅是用于御寒保暖，而且还具有了审美价值。服饰反映了一个人的道德修养、文化素养和审美情趣。总之，仪表礼仪修养的原则是要把社会性与私人性很好地结合起来。

旅游业是一个国家和地区的窗口行业，随着我国加入WTO，人们对这一行业的各方面要求也越来越高，从业人员的穿戴对该企业的形象起着最直接、最明显的影响。仪表礼仪方面的知识，应该成为人们必备知识中的一部分。

1. 服装类别与着装要求

不同社交场合，对服装的要求是不同的，如参加宴会、晚会等重要社交活动的服装与郊游、运动或居家休息的服装，就有很大的区别。为了着装得体，就要了解在什么场合应穿什么衣服，什么服装适合在什么场合穿着。

1）正式服装

正式服装用于参加婚葬仪式、会客、拜访、社交场合。这类服装式样，一般是根据穿用的目的、时间、地点而定。现在的正式服装正在逐渐简化，但是仍保持着它的美感和庄重感。在穿着正式服装时，要注意与自身条件相协调，并慎重选择款式和面料，才能给人以雅致的印象。

晚礼服用于晚间宴会或外交场合，有正式、非正式之分，在款式上没有固定的格式，但都有高格调和正统感。欧洲女士晚礼服的特点是露出肩、胸、背，有无袖，也有紧领、长袖的式样，长至脚边。多选用丝绸、软缎、织锦缎、麻丝、花瑶等面料加工制作。如果装饰物合理，会显得格外漂亮雅致。晚礼服只能在特定的时间、场合穿着。

午后礼服主要是在下午比较正式的拜访和宴会场合穿用，有正式、非正式之分。正式的用于参加婚礼、宴会等场合；非正式的可用于外出或拜访。午后礼服的裙子一般较长，款式不固定，格调高雅、华贵。典型的午后礼服要配戴帽子、提包，还要佩戴项链。

正式服装中还有晚会服、酒会服、婚礼服等。参加结婚仪式的宾客应穿着正式的酒会礼服，气氛轻松，穿丝绸类套装、连衣裙等以示对主人的尊重，并表明结婚仪式的庄重，但应注意不要穿着色彩过于抢眼的礼服，以免喧宾夺主。

2）便装

便装是指平常穿的服装，使用范围广泛，根据不同的用途和环境，便装又分为很多种。

街市服比礼服随便得多，如上街购物、看影剧、会见朋友等都可以穿着。街市服在很大程度上受流行趋势的影响，是时装的重要组成部分。每个人可根据自己的爱好及自身的客观条件选择各式各样的街市服，但穿着时一定要注意到是否符合要去的环境与气氛。街市服的面料可用毛、丝绸、化纤等，并可根据季节的变化而变换。

旅游服、运动服等依据具体情况穿着，重要的是舒适、实用和便于行动。

家庭装与家庭的气氛相称。在家里要做家务，还要休息，以便养精蓄锐，所以家庭装应随便、舒适、格调轻松活泼。早晚穿着的有晨衣、睡衣等，但不能穿这类服装会客。

3）补正装

补正装是指贴身服装，可以起到保温、吸汗、防污垢、保持身体清洁的作用，还能成为外衣的陪衬，使外衣显得更完美。补正装包括胸衣、围腰、衬裙、马甲等。其主要作用是调整或保护体型，使外衣的形状更加完美。这种服装应采用伸缩性能好、有弹性的面料。法国服装设计大师费里，因有着肥胖、厚实、强壮的身躯，一件小马甲背心对于他几乎成了一种规范："我的背部太厚，而且突起呈圆弧状，背后的衣服总容易弄皱，加上一件紧身背心，不仅遮住了背后皱巴的衬衫，穿外衣也有了架子。"一件小小的马甲背心，也有很多的讲究。现代生活更需要注意补正装的效果。

4）职业装

职业装即工作服装，适合各自职业的性质和工作环境，实用又便于活动，给人整齐划一、美观整洁之感，能振奋人心，增强职业自豪感。旅游接待人员的职业装，应便于人体的各部分活动，自然得体大方；而作为教师，其职业装应显出端庄、严谨并富有亲和力的特征。

2. 西装的穿着礼仪

西装美观大方、穿着舒适，因其具有系统、简练、富于风度的风格，正发展成为当今国际上最标准、最通用的礼服，在各种礼仪场合都被广泛穿用。人们常说："西装七分在做，三分在穿。"要使西装穿着合乎礼仪要求，应搭配齐全合理。

1）西装穿着要点

（1）西装的穿着应合时、合地、合景。根据场合的不同，而选穿合适的西装。

正式场合如宴会、婚丧活动、典礼等，必须穿素雅的套装，颜色以深色、单色最为适宜。一般场合、一般性访问可穿着单装或套装。

（2）凡正式场合，穿西装都应系领带。领带的花色可以根据西装的色彩配置；领带的长度以到皮带扣处为宜。

（3）衬衫要挺括、整洁、无皱褶，尤其是领口。正式场合，衬衫的下摆必须塞在西裤里，袖口必须扣上，长袖衬衫的衣袖要长于西装上衣的衣袖。不系领带时，衬衫领口不可扣上。领带夹一般夹在第4～5个纽扣之间。

(4) 若穿西装、背心或羊毛衫，则领带必须置于背心或羊毛衫之内。

(5) 西装上衣两侧的衣袋只作装饰用，不可放东西。上衣胸部的衣袋专装手帕，不可他用。西裤插袋也不可放入鼓囊之物。

(6) 穿西装一定要穿正装皮鞋，而不能穿布鞋、旅游鞋等。皮鞋要经常上油擦亮。

(7) 西装在穿着时可以敞开，袖口和裤边不要卷起。穿着单排纽扣的西装时，在正式场合只扣一粒，坐定后可以解开；穿着双排纽扣的西装时，正式场合要把两个扣子都扣好，坐定后也不能解开扣子。

2) 和谐的色彩搭配

西装穿着时也要注重色彩搭配，如果西装很合体，但没有适度的色彩搭配，也不会穿出西装的品位。下面是在一些礼仪场合中，西装、衬衫、领带色彩的适当搭配。

(1) 黑色西装，配白色或淡色衬衫，系银灰色、蓝色调或黑红细条纹领带。

(2) 中灰色调西装，配白色或淡蓝色衬衫，系砖红色、绿色及黄色调领带。

(3) 暗蓝色西装，配白色或淡蓝色衬衫，系蓝色、深玫瑰色、褐色、橙黄色调领带。

(4) 墨绿色西装，配白色或银灰色衬衫，系银灰色、灰黄色领带。

(5) 乳白色西装，配红色略带黑色衬衫，系砖红色或黄褐色调领带。

3) 领带——点睛之作

对于穿着西装的男士，除西装本身的合体外，最需要注意的是位于"显赫位置"的领带系得如何，这将决定西装的整体穿着效果。领带的常用打法有4种：单结、中宽结即准温莎结、长结和厚结。

据研究领带的人士说，领带结头的大小和领带的宽窄是根据西服的翻领选择的，至于领带的色彩和图案，则根据西服本身的色彩而定。一条领带，尽管无任何实用价值，但又确实是西装着装必不可少的要素。

有这样一句谚语："女人不嫌帽子多，男人不嫌领带多。"领带貌似简单，而且无实际用途，但与西装的结合却能达到近乎完美的服装美学效果。多年来，无论男装款式如何变化，服装设计师及男士们都不能舍弃领带的装饰作用，其生命力是其他任何服装配饰都不能比拟的。领带展示着一个男士的性格、身份、审美观，更表现着男士丰富的内心世界。所以，在服务行业里男士大多西装革履，显得神气十足，精明能干。

3. 服饰搭配技巧

服装的本来功能是抵御寒冷、保护人体。随着人类社会的进步，服装也成为装饰人们躯体的美化物。服饰既是一种文化，也是一种艺术。在现代社会人们日益频繁的交往中，服饰文化又增添了一层含义，这就是服饰礼仪。人们常说，穿衣戴帽，各有所好。这说明穿什么、戴什么、怎么搭配、如何装饰，仁者见仁，智者见智，没有定式。由于个人的爱好不同，性格特点不同，身体的自然条件不同，穿戴打扮就不同。像从事的职业、所处的场合、人们的审美观念、春夏秋冬四季、颜色的搭配、生活的条件和经济状况、民族人种、宗教信仰、年龄与性别等的差异，都应该在服饰上有所体现，而且也有一定规律可循。所以，服饰文化的内容是极其丰富的，服饰的内涵丰富多彩，服饰礼仪作为服饰文化的重要内容之一是不可缺少的。

1）TPO 原则

人们在各种社会交际中，由于时间、地点、场合的变化需要随时更换不同的服装，以便使服装具有一种"现场感"，容易被周围的人所接受。世界服装界公认的着装"TPO"审美原则，其概念是由日本男装协会于 1963 年提出来的，"TPO"即英语"Time（时间）"、"Place（地点）"、"Occasion（场合）"的缩写，意思是穿衣服要适应时间、地点、场合。"TPO 原则"一经提出，便迅速普及，传遍了全世界，成为服饰交际原则之一。

（1）时间（Time）。从时间上，一年有春、夏、秋、冬 4 季的交替，一天有 24 小时变化，显而易见，在不同的时间里，着装的类别、式样、造型应因此而有所变化。例如，冬天要穿保暖、御寒的冬装；夏天要穿通气、吸汗、凉爽的夏装。白天穿的衣服需要面对他人，应当合身、严谨；晚上穿的衣服不为外人所见，则应当宽大、随意。

（2）地点（Place）。从地点上，置身在室内或室外，驻足于闹市或乡村，停留在国内或国外，身处于单位或家中，在这些不同变化的地点，着装的款式理当有所不同，切不可以不变应万变。例如，穿泳装出现在海滨、浴场，是人们司空见惯的；但若是穿着泳装去上班、逛街，则非令人哗然不可。在国内，女性只要愿意，随时可以穿小背心、超短裙，但若是以这身行头出现在着装保守的某些阿拉伯国家里，就显得有些不尊重当地人了。

（3）目的或场合（Occasion）。从目的上，人们的着装往往体现其一定的意愿，即自己对着装留给他人的印象如何，是有一定预期的。着装应适应自己扮演的社会角色，而不讲着装目的性，在现代社会中是不大可能的。服装的款式在表现服装的目的性方面发挥着一定的作用。自尊，还是敬人；颓废，还是消沉；放肆，还是嚣张，等等；皆可由此得知。一个人身着款式庄重的服装前去应聘新职、洽谈生意，说明他（她）郑重其事、渴望成功。而在这类场合，若选择款式暴露、性感的服装，则表示自视甚高，对求职、生意的重视，远远不及对其本人的重视。

服饰要顺应自然，还要有时代特点。同时，不同国家、不同民族因不同的文化背景、地理环境、历史条件、风俗人情，在服装上也显示出不同的格调与特色。

2）服饰色彩搭配要合理

服饰色彩及其搭配涉及色彩学和美学，同时还渗透着人的价值观念、爱好、性格特征、礼仪素养。人们常说，着装的成功在于搭配，着装的失败也在搭配。能够把握一些着装搭配的基本原则，才能获得好的效果。

（1）服饰中的常用颜色及其表现效果。

① 白色表现淡雅、圣洁、纯净，不仅适合于夏天，而且也适合于各种肤色的人。

② 红色很鲜艳，有较强的刺激性，代表喜庆、成功、胜利。

③ 黄色明亮，代表健康向上、天真活泼。蓝色为安全色，代表平稳、宁静、安分守己。

④ 绿色被称为生命色，因为树木花草的叶子都是绿色的，它代表青春的活力，给人以安全感和稳定感。古黑色给人以神秘感，表示高贵、沉着的气质，适合于庄重的场合，但是黑皮肤的人不宜选用这种颜色。

⑤ 紫色是富有想象感的颜色，有人称之为浪漫色。它的种类很多，如果能选用得恰当、适宜，和自身的各种因素搭配好，就会显出高雅。

⑥ 褐色为搭配色，适合与任何颜色搭配。灰色为中间色，有随和、庄重之感。

(2) 服饰颜色搭配要合理。服饰颜色如果搭配得合理、恰当，则会收到事半功倍的效果；如果搭配得不恰当，则会使整体美、和谐美受到破坏。在具体运用过程中，要灵活机动，根据个人的体形、身高、肤色、性格、爱好、节气、地域、场合等因素综合考虑，妥当选配。一般而言，要符合"三色原则"，即一次身着不要超过 3 种颜色，否则会给人以杂乱无章的感觉。肥胖的人适合于穿着颜色较深的服装；瘦人则恰恰相反，适合于穿着颜色浅淡些的服装；矮个子的人最好穿着一种颜色的服装，给人以放大的感觉；高个子的人上衣最好穿得淡雅些，下身则可以穿较深颜色的服装。服饰的色彩搭配要与个人的自然条件结合起来考虑。一般而言，身体较瘦、显得单薄的人，可以选用色彩鲜艳、款式宽松、质地粗糙的面料；身体较胖、较丰满的人，可以选用颜色反差小、质地好、垂直线条多的面料，避免穿紧身衣，也不要戴大首饰。高个子的人可以选用任何颜色的大花软料做服装，裙子长些或圆形的都很好看。矮个子的人可以选用颜色一致的紧身、小花、线条少、开领小的服装；穿运动服也很好看，如果穿裙子就不要太长。

(3) 服饰色彩搭配要突出个性。服饰的色彩还要与个人的性格特点、爱好、职业相配合，有些人喜欢的颜色不一定符合他（她）的个性，有些人喜欢的颜色也不一定适合于他（她）的职业、身份，有些人喜欢的颜色不一定适合于他（她）的皮肤等。因此，服饰的颜色选配要灵活运用，考虑到各种因素，力求达到最好的效果。有一位女推销员曾在美国北部工作，一直都穿深色套装，提着一个男性化的公文包。不久，她被调到阳光普照的南加州，仍然以同样的装束去推销商品，结果成绩不够理想。她后来改穿色彩较淡的套装和洋装，换一个女性化的皮包，使自己有亲切感。着装的这一变化，使她的业绩提高了 25%。服装色彩的变化，弥补了这位女士的不足。所以，着装在讲求端庄稳重的同时，也要考虑个性和职业特色等因素。

3) 服装款式与自身和谐

人的身材有高矮之别，体形有胖瘦之分，肤色有黑白之异，容貌有美丑不同。这些外在条件对于形成一个人的风度虽不及内在条件显得重要，但也是有很大影响的。因此，人们在服饰选择上要懂得通过着装，掩其缺点，扬其优点，使自己的风度更趋文雅、大方，从而在社交场合显示出超凡脱俗、应付自如的风采。

托尔斯泰的作品《安娜·卡列尼娜》中有这样一段描写：公爵女儿吉提年方十八，听说安娜也要出席一次盛大的舞会，便极力模仿贵妇人的装扮；而安娜则身着一身黑色天鹅绒长袍，乌黑的头发上束了一个小小的紫罗兰花环。吉提强烈地感到安娜比自己美："她的魅力就在于她的人总是盖过服装，衣服在她身上并不醒目，为人瞩目的是她本人，单纯、自然、优美，同时又有生气。"由此可见，着装因人而异，吉提一味地模仿，结果是"东施效颦"，而安娜的着装打扮正符合她的身份，给人以无穷的美感。

4）整体细节和谐统一

装饰要注重整体和细节的和谐统一，这样才会显出着装的品位和个人的审美水平。女性拥有一头秀发，若能和服饰进行完美的结合，的确能增添无限风韵和魅力。例如，在庄重场合，身着礼服和旗袍，可将头发挽在颈后结低发髻，显得端庄高雅；穿着运动服时，可将头发自然系在脑后，给人以活泼、利索之感；穿着宽大棉麻服装时，可将头发梳成一根发辫，或者编成印第安式的双辫，这样就使乡间的质朴感与都市现代感完美地结合起来；当身着色彩艳丽、宽松的丝绸服饰时，可将头发盘起来，用同一色系或与服装色彩协调的丝巾将头发包住，显得有些异国情调而富有神秘色彩；如果身着连衣裙或格调飘逸的服装时，可将头发自然地披散，与服装格调相和谐。注意发型的变化，是穿着的一个重要因素。相比之下，男性的发型不可能频繁地变化，只要剪一个适合自己脸型的发型，相对保持稳定即可。

5）装饰品佩戴要精巧

随着人们生活水平的提高，各类饰品越来越受到青睐，优雅得体的着装，如果配上适当的饰品，将更加光彩照人。装饰品分服饰和首饰两类。属于服饰的是鞋、帽、围巾、手提包、胸饰等。首饰原指戴在头上的装饰品，现在泛指耳环、项链、戒指、手镯等。对于服务人员而言，可选择适当的首饰佩戴。

男士的装饰最普遍使用的是配西装的领带夹、衬衫袖扣和西服领上的徽章。恰到好处的装饰，会使庄重的西装生动起来。女性佩戴的装饰物品种繁多，大多不以价值为取向，纯粹是为了增添服装与仪容的风采。装饰物佩戴应遵循一定的原则。

（1）点到为止，恰到好处。装饰物的佩戴不要太多，美加美并不一定等于美。浑身上下珠光宝气，挂满饰物，除了让别人感觉你的炫耀和庸俗外，没有丝毫美感。

（2）扬长避短，显优藏拙。装饰物是起点缀作用的，要通过佩戴装饰物突出自己的优点，掩盖缺点。例如，脖子短而粗的人，不宜戴紧贴着脖子的项链，最好戴细长的项链，这样从视觉上能把脖子拉长；个子矮的人，不宜戴长围巾，否则会显得更短小；短而粗的手指不适宜戴重而宽的戒指，戴一个窄戒指反而能使手指显得细长一些。

（3）突出个性，不盲目模仿。佩戴饰品要突出自己的个性，不要别人戴什么，也跟着戴什么。别人戴着好看的东西，不一定适合自己。例如，西方女性一般嘴大、鼻子高、眼窝深，戴一副大耳环显得漂亮；而东方女性适于戴小耳环，以突出东方女性的含蓄、温文尔雅。此外，还可以使首饰灵活多变，从而达到意想不到的效果，如胸饰有时可以作为头饰来佩戴，项链有时可以当手链戴等。

（4）懂得寓意，避免尴尬。例如，戒指戴在各个手指上暗示的意义是不同的。戴在食指上，表示想结婚，即求偶；戴在中指上，表示已在热恋中；戴在无名指上，表示已订婚或结婚；戴在小指上，则表示独身。手镯和手链的戴法也有不同暗示，戴在右臂，表示"我是自由的"；戴在左右两臂或仅是左腕，说明已婚。尽管很多人并没有意识到上述戴法的特殊意义，如若无意中戴错了，而又恰恰被他人按习俗理解，则有可能在国际交往中出现尴尬的场面而导致失礼和误会。

此外，装饰物应注意与服装色彩、款式搭配。头饰最好与上衣的颜色一致，这样可以从色彩上达到协调，避免杂乱感。腰带、提包、围巾、项链、耳环等与服装色彩的搭配，或者采用对比色彩配合，或者采用同类色彩配合。同时，如果穿牛仔或休闲服，可戴贝壳、木质、石头的饰物；穿礼服可以佩戴金、银、钻石首饰。东方女性最好有一条珍珠项链，它既可以佩戴在套衫上，也可以佩戴在礼服、晚礼服上，它会使人显得高雅又不过分。

装饰物还应注意与脸型搭配。例如，不同的脸型，在选择钻饰上，各有其挑选的原则。心形脸，因脸颊略显消瘦，宜佩戴梨形、心形等钻饰，以增加下颚宽度；鹅蛋脸，一般而言不管佩戴任何款式都很亮丽迷人；圆形脸，适合佩戴可拉长脸型效果的长耳环或V形项链，让视觉集中于脖子。

饰物佩戴的方法很多，要根据不同的情况合理搭配，以创造和谐统一、富有层次的艺术效果。

6）正确使用香水

法国著名时装设计师夏奈尔曾这样评价香水："香水是服饰的最后搭配。"香水的全部意义是愉悦感觉，兴奋神经，诱发人们的最佳视觉及联想效果。它把服饰美烘托并升华到另一高度。许多人对香水的认识远不如对服饰的认识。香水可以说是一种文化，是完成优雅形象塑造中画龙点睛的一笔。服装设计大师纪凡希说："聪明的人会选择一种最配合她的风格的香水"。在国外，各类香水的使用是很考究的。在中国，香水的使用虽然没有太多限制，但仍应切记一些基本原则。

味浓的香水，适合在冬天、晚上使用；而清淡的香水则适宜在夏天、白天使用；香水要在清洁身体后使用，要尽可能与体味调和；香水应在出门前半小时使用，适宜涂在动脉跳动处，如耳后动脉处、胸前、大腿弯及手腕内侧；腋下、头发、鞋内侧忌用香水；避免香水与饰品和浅色衣服接触。

作为旅游服务人员，要求服饰简洁、大方，做一名礼仪典范，成为中国优秀文化的传播者。

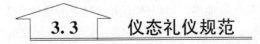

3.3 仪态礼仪规范

在旅游服务过程中，服务人员的言行举止，哪怕是很微小的一个动作，都会影响企业的生存与发展。因为，这不仅仅是个人，更是企业形象的显现。正确而优雅的姿态给人以美好印象，不正确、不得体的姿态则会显得不文雅，甚至失礼。

1. 仪态的概念及特征

1）仪态的概念

仪态是指人们在外观上可以明显地被觉察到的活动、动作，以及在活动、动作之中身体各部分所呈现出的姿态。有时，也称为举止、举动、动作或仪姿。在一般情况下，它主要是由人的肢体所呈现出的各种体态及其变动所组成的。在现实生活中，人们正是通过身体各种不同姿势的变化，来完成自己的各项活动的。

人的仪态，可以展现人类所独有的形体之美。平日人们所推崇的风度，其实质就是训练有素的、优雅的、具有无比魅力的举止。

人的仪态，在日常生活里时刻都在表露着人的思想、情感及对外界的反应，虽然它可能是自觉的，也可能是不自觉的。社会礼仪因此而将举止视为人类的一种无声语言，又称第二语言或副语言。正如达·芬奇所言："从仪态了解人的内心世界，把握人的本来面目，往往具有相当的准确性与可靠性。"

2）仪态的特征

作为无声的语言，仪态在一般情况下叫做体态语言，简称体语。其特点有以下3点。

(1) 连续性。其过程连续不断，不可分割。

(2) 多样性。传递统一信息时，可以多种举止并行。

(3) 可靠性。相对于口语而言它更多是无意识的，因而对人的内心世界的反应更加可信。

3）仪态的功能

在人际交往中，仪态语言在人的相互沟通中作用甚大。具体表现在以下5个方面。

(1) 表露功能。仪态可以表达口语难以表达的信息，使双方免于受窘。

(2) 替代功能。仪态可以替代口语，直接与对方交流、沟通。

(3) 辅助功能。仪态可以辅助口语，使人"言行一致"，思想得以强化，使表达得更清楚、更深刻。

(4) 适应功能。仪态可以适应本人的心理、生理需要。

(5) 调节功能。仪态可以发出暗示，调节双方关系，使对方作出积极反应。作为旅游服务人员要遵守举止有度的原则，就是要求行为举止要文明、优雅、敬人。

所谓文明，是要求仪态自然、大方，并且高雅脱俗，借以体现自己良好的文化教养。

所谓优雅，是要求仪态规范美观，得体适度，不卑不亢，赏心悦目，颇具魅力。

所谓敬人，是要求仪态礼敬他人，可以体现出对对方的尊重、友好与善意。

2. 仪态美的基本要求

旅游服务人员的仪态，包括日常生活中的仪态，也包括工作中的举止，如站、坐、行的姿势，表情、神态、动作和手势，是旅游服务人员风度和教养的重要表现和在时间上的动态展示，体现服务人员的礼貌修养。其基本要求是站有站相、坐有坐相，举止端庄稳重，落落大方，自然优美，工作中的各种动作姿势要符合一定的规范。

根据社交礼仪规范，应注意的仪态礼仪主要涉及站姿、坐姿与蹲姿、走姿、手姿等几个方面。

1) 典雅的站姿

优美而典雅的站姿，是不同质感动态美的起点和基础，也是对个人礼仪修养的最基本要求。俗话说"站如松"，即站有站相，对男士而言应有挺拔之美，对女士而言应有亭亭玉立之美。站立时要直立站好，从正面看，身体重心线应在两腿中间，向上穿过脊柱和头部，重心应放在两个前脚掌。但根据不同情况，站姿也应有相应的变化。

(1) 正确站姿基本范式。站姿要正直，其基本要点是挺直、均衡、灵活。正确站姿的基本范式是：从正面看，其身形应当正直，头颈身躯和双腿应与地面垂直，两肩相平；两臂和手在身体两侧自然下垂；侧视，其下颌微收，两眼平视前方，胸部稍挺，小腹微收，整个体形显得庄重、平稳。

男士站立时，双脚可微微张开，但不得超过肩宽。女士站立时，双脚应呈"V"形，膝和后跟应紧靠，身体重心应尽量提高。如久站感到疲倦，可以以一腿支撑，另一腿稍弯。

男士的站姿可采用侧放式或后背式。此两种站姿的主要区别是双手所放的部位不同，前者是两手自然下垂放于体侧，中指压裤缝；后者两手背于体后交叉。女士的站姿一般采用前腹式，即双手在腹前交叉。

在工作和社交场合应避免的不良站姿有弓腰驼背、斜肩歪膀、摇头晃脑、前俯后仰、仰面伸脖、趾高气扬；双手过于拘谨，一会儿插兜，一会儿倒背，一会儿抱胸，脚在地上乱蹭。女士站立应避免的错误是两脚分得过开，重心平分，两脚平行或两脚呆板地并在一起。

(2) 不同情况下的站姿要求。

① 在日常生活或在办公室内的站姿应力求轻松自然，也可以手扶椅背、桌沿等物，但站立时无论取什么姿势，不管有什么支撑物，其脖子、双臂、腰腹和腿的肌肉都应处于微紧张状态，否则将风度大减。

② 在与人作较正式接触或在十分正式的场合，不可采取日常或在办公室内的站姿。而应始终保持身体直立，两臂下垂的姿势。

③ 与人谈话时的站姿应是身体直立并微微前倾，不能来回倒脚，不能总是低头、抬头。尤其在和别人作正式谈话时，不可以双臂抱胸或双手插在裤兜里，但在非正式交谈时却完全可以这样。在很多情况下，男士站着双臂抱胸或插兜反而能够增添几分风度，但要注意的是，抱胸不能太紧，双肩应展开；插兜的手臂应稍微紧张，不能完全放松，否则将风度顿减。

④ 在向上司、长辈或他人介绍或问候时，无论是握手，还是鞠躬，都应双足并立，双脚相距 10 cm，膝盖挺立；向同事、同辈作介绍、握手或点头，应左脚在前并距右脚尖约 10 cm。

2) 正确的坐姿与蹲姿

(1) 坐姿。坐要有坐相，这是对一个人礼仪素质的基本要求，良好的坐相能够较准确地反映一个人的教养程度，能够为人增添几分风度。俗话说"坐如钟"，就是对坐姿的形象要求，要求坐的姿势应像钟一样端正不斜，给人以端庄、舒适和高雅的感觉。对女士的坐姿则要求在此基础上，力求表现温文尔雅、自然轻松的淑女风度。

① 正确的坐姿。坐的基本姿态是上身正直，腰部挺起，下颌回缩，挺胸收腹，双肩放松平放，两眼平视，面带笑容。

入座时，应面向椅子约半步转身，以右腿或左腿后退半步，双手扶着椅子扶手，轻缓坐下，注意不可猛地坐下；落座时臀部不要把椅子坐满（约坐椅面的三分之二），背部不靠椅子后背。

坐下时，手、脚摆放应尽量自然、舒适。两手可自然弯曲放于膝部或放在大腿上，或者一手放在椅子或沙发的扶手上；另一手放在大腿上（一般不要两手同时放在扶手上）。男士坐时的两脚通常是并拢或稍分开，也可以跷二郎腿，但不可跷得过高，悬空的那只脚尖不能向上翘，更不可鞋底朝人，否则失礼。女士就座不可跷二郎腿，而应双膝并拢，尤其是在穿裙子的情况下更应如此，也可采取两腿交叠的坐姿；在穿长裤入座时，则可略随便些，既可以两脚稍分开，也可以一脚在前、一脚在后，还可以采取把右脚向前斜放的坐法。

② 不同情况下的坐姿要求。当坐在长辈、上司或必须尊敬的人面前时，上身应微向前倾；若坐沙发，不应长时间仰靠在沙发背上，双臂应自然放在扶手或腿上；双腿不应叉开，不可跷二郎腿，腿也不应平直伸开；上身不应过分斜倚在扶手上。

当在正式场合坐下时，亦应采取上述坐法。若在场的人与你的地位、年龄等大体相等，则可长时间靠在沙发背上，男士亦可跷二郎腿，但不可跷"大二郎腿"（即一条腿的踝部落在另一条腿的大腿上）。

当在一般社交场合或做客待客时，坐姿应尽量注意优雅。若年龄在35岁以上，坐的姿态还应注意气派，通常应以二郎腿式为主，双臂可斜放在扶手上；双手可交叉相握放在腿上，身体可斜倚在一侧的扶手上。

③ 应避免的不礼貌的坐姿。男士应避免的不礼貌或不合规矩的坐姿是如下。

- 双腿大分叉，特别是平伸。
- 瘫坐在椅子上，身体过于放松。
- 跷二郎腿时频繁倒腿。
- 手抚裤裆。
- 将一腿屈回，脚蹬在自己的座位上。
- 腿抖动。
- 斜靠椅背角度太大。
- 摆弄手指或茶杯等物。
- 不时整理头发和衣服。
- 双手交叉于脑后仰坐于沙发。

- 坐定以后，脚尖向内、向外，或者把脚藏在座椅下面。
- 半脱鞋。
- 两脚在地上蹭来蹭去。

女士应避免的不良坐姿如下。
- 刚坐下时脚尖相对，双脚呈人字形。
- 双脚张开呈八字形，双脚交叉显得懒散、厌倦。
- 跷起足尖露出衬裙。
- 坐时上身不直，弯腰曲背。
- 将双手平放或手心向上放于椅子的扶手上。

(2) 蹲姿。蹲姿是人们日常用于临时休息的姿态，尤其北方人大多有蹲着休息的习惯。但从礼仪和姿态美的角度出发，此种休息的姿态不可取，有失体面。因此，无论男女一般都不要采取此种姿势，而应采取直接坐下或单腿跪的方式。单腿跪的姿势不仅好看和优雅，作为休息的姿势也能解乏。

3) 优美的步态

(1) 正确的走姿。标准的走姿要求是"行如风"，即走起来要像风一样轻盈。其基本要领是：上身正直不动，两肩相平不摇；两臂摇动自然，两腿直而不僵；步位落地一线，步幅适中均匀，步速稳而有别。

① 步位。步位是指行走时两脚落到地面上的位置。男士行走交替行进在一条直线上，两脚尖稍外展；女士行走在一条直线上，脚尖正对前方，称"一字步"。

② 步速。步速是指行走的速度。男士每分钟走108～110步；女士每分钟走118～120步。遇有急事，可加快步速，但不可奔跑。

③ 步度。步度亦称步幅，是指跨步时两脚间的距离，标准的步度为本人的一脚之长。步度大小跟服饰和鞋有一定的关系，如男士穿西装时，其步幅可略大，以体现出挺拔、优雅的风度；女士穿旗袍和高跟鞋时，步幅宜小些，以免旗袍开衩过大露出大腿而显不雅；女士穿长裙时，行走应平稳，步幅可稍大些，因长裙下摆较大，更显修长、飘逸和潇洒；年轻女士穿短裙时，步幅不宜过大，但步速可稍快，以保持轻盈、活泼、灵巧和敏捷的风度。

(2) 应避免的错误行姿。正确的行姿应是轻盈、平稳、自然。男士的步态应反映出男人的刚健、有力、英武，给人以"动"的壮美感。女士的步态要有女性的温柔、轻盈和典雅，给人以"静"的优美感。无论男士还是女士，在行走时应极力避免的错误行姿有以下几种。

① 行走时步位不当，两脚呈"内八字"或"外八字"。

② 行走时低头或仰视。

③ 行走时大摇大摆，摇肩晃膀，弯腰驼背。

④ 步幅太大或太小，落脚太重。

⑤ 女士步态男性化或男士步态女性化。

⑥ 走步时不入神或作出怪姿，如左顾右盼、叉腰背手、扭腰摆臀、上下颠簸、双手插入口袋、边吃边走、勾肩搭背、步履蹒跚、抢行或横冲直撞等。

（3）不同情况下的行姿要求。行走时，若向左右观望或回望，不要只转眼珠或只扭头，动作过大时，应将背和头都转过去。

行走的姿态要因场合不同而有差异，脚步的强弱、轻重、快慢、幅度及姿势等，应与出入的场合相适应。在室内走行要轻松而平稳；在病房或阅览室里应轻盈、柔和；外出游玩时应轻快、活泼；参加正式仪式要稳健大方；参加检阅时步伐要雄壮有力、节奏鲜明；参加丧礼时要沉重、缓慢。

与人同行时，应与同行者的步幅和步速相协调，不宜太快或太慢，应尽量与对方保持一致。

在一般场合，两人行走切不要勾肩搭背，尤其不能与女友或太太这样行走。

上楼时，身体应自然向上挺直、头平正，使整个身体的重心在一起移动，不要让身体向楼梯倾斜，臀部翘起。下楼时，当走到楼梯前，要停一停，往下看看楼梯，注意用眼睛看，不要低头瞧；行走时尽量少用眼睛看楼梯，可以用脚去感觉每一步的距离，能完全不用扶手最好，不要总是低头、抓紧扶手，小心翼翼地注意着每级楼梯。

4）适当的手势

手势是指表达思想时用手（有时连同身体别的部位）所做的姿势，它是人际交往中使用最多的身体动作，是富有表现力的一种"体态语言"。

（1）"O"形手势。"O"形手势即圆圈形手势，19世纪流行于美国。"OK"的含义在所有讲英语的国家是众所周知的，但在法国"O"形手势代表"零"或"没有"；在日本这个手势代表"钱"；在一些地中海国家用来暗示一个男人是同性恋者；在中国这个手势用于表示"零"。

（2）翘大拇指手势。在英国、澳大利亚、新西兰等国家，翘大拇指代表搭车，但如果大拇指急剧上翘，则是侮辱人的信号。在表示数字时，他们用大拇指表示5。在中国，翘大拇指是积极的信号，通常是指高度的赞扬。

（3）"V"形手势。第二次世界大战期间，英国首相温斯顿·丘吉尔推广了这个手势，表示胜利。非洲大多数国家也如此。但如果手心向内，在澳大利亚、新西兰、英国则是一种侮辱人的信号，代表"Up Yours"。在欧洲各地也可以表示数字"2"。

（4）塔尖式手势。这一手势具有独特的表现风格，自信者、高傲者往往使用，主要用来传达"万事皆知"的心理状态，是一种消极的人体信号。

（5）背手。英国皇家的极为重要人物以走路时昂首挺胸、手背身后的习惯而著称于世。显然，这是一种拥有至高无上的权威、自信或狂妄态度的人体信号。将手背在身后还可以起到一定的"镇静"作用，使人感到坦然自若，还会赋予使用者一种胆量和权威。

3. 良好仪态的养成与训练

良好仪态的养成不是一朝半夕就能达到的，有句俗话：三天培养一个乞丐，十年培养不出一个皇帝。由此可见，良好仪态需要一个长时间的培养训练过程。一个人良好形象地塑造就像一个企业一样，需要从一点一滴做起，长期坚持，才能达到预期效果。

1）注重平时

加强平时的训练，无论做每件事时都力求做到以下几点。

（1）端庄稳重。体态语的表达力求端庄稳重，稳重能给人以安定、平和、舒适和愉快。否则，会使人感到不安、机动、焦虑和难受。要达到端庄稳重的效果，重要的是使人体动作保持得长久一点，尽力避免多余的、重复的、琐碎的动作。

（2）肢体动作力求向上扬升。肢体动作应给人以向上扬升、飞扬的感觉，做动作时要注意脊背挺直、肌肉放松、横膈膜上提、肩放平、腹部收缩。

（3）身体各部位应灵巧平衡。凡行、止、坐、立，一举一动，都应力求轻盈、自然，做动作时，要使身体的每个部位都能相互平衡，避免机械或呆板，使仪态显得从容、大方和优雅。

2）个别强化

对于肩平、收腹、走直等难做的动作，要进行强化，每天都应对着镜子练习半个小时以上。每天上班前对着镜子微笑一下，带着自信的神态走上岗位。

3）在工作中应用

在服务过程中，有意识运用优美的体态语，一言一行、一撇一笑、举手投足都要注意，把这些"语言"融于工作之中，既强化了自身的体态美，又提高了服务水平。

4）加强学习

外在的良好形象还需内在综合素质的提高，因此应不断学习各种文化知识，增加素养，才能达到秀外慧中，才能使仪态达到最佳的境界。

阅读材料 3-2

邀舞缘何被拒绝

小张是一位很帅气的小伙子，穿着很讲时髦。一次，他买了一件很漂亮的大衣，正好周末本单位举行舞会，他便来到会场。只见人们都在翩翩起舞，小张兴致很浓，便邀请一位在座位里休息的女士跳舞，那位女士看了他一眼，很礼貌地拒绝了他。接着，小张又分别邀请了另外两位女士跳舞，结果均被拒绝。这时，一位朋友来到小张身边，拍拍他说："小张，不能穿着大衣邀请女士跳舞，这是不礼貌的。"小张这才明白刚才为什么会被拒绝。

资料来源：职业餐饮网．服务礼仪案例40例．

案例分析 3-1

维护好个人形象

郑伟是一家大型国有企业的总经理。有一次,他获悉有一家著名的德国企业的董事长正在本市进行访问,并有寻求合作伙伴的意向。于是,他想尽办法,请有关部门为双方牵线搭桥。

让郑总经理欣喜若狂的是,对方也有兴趣同他的企业进行合作,而且希望尽快与他见面。到了双方会面的那一天,郑总经理对自己的形象刻意地进行一番修饰,他根据自己对时尚的理解,上穿夹克衫,下穿牛仔裤,头戴棒球帽,足蹬旅游鞋。无疑,他希望自己能给对方留下精明强干、时尚新潮的印象。

然而,事与愿违,郑总经理自我感觉良好的这一身时髦的"行头",却偏偏坏了他的大事。郑总经理的错误在哪里?他的德国同行对此有何评价?

【分析提示】

根据惯例,在涉外交往中,每个人都必须时时刻刻注意维护自己的形象,特别是要注意在正式场合留给初次见面的外国友人的第一形象。郑总经理与德方同行的第一次见面属国际交往中的正式场合,应穿西服或传统中山服,以示对德方的尊敬。但他没有这样做,正如他的德方同行所认为的,此人着装随意,个人形象不合常规,给人的感觉是过于前卫,尚欠沉稳,与之合作之事当再作他议。

资料来源:金正昆. 涉外礼仪教程. 北京:中国人民大学出版社,1999.

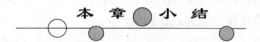

本章小结

本章从仪容、仪表和仪态等几个方面了解旅游服务人员应掌握的仪容、仪表礼仪。重点掌握作为一名旅游服务人员如何设计最佳的发型、如何化妆;如何掌握正确的行姿、站姿、坐姿、蹲姿,以及服饰的正确搭配等,并如何应用到实际工作之中。

思考与练习

一、单项选择题

1. 在社交场合初次见面或与人交谈时,双方应该注视对方的(　　)才不失礼。
   A. 双眉到鼻尖的三角区域内
   B. 上半身
   C. 颈部

第3章 服务人员的仪表礼仪规范

2. 在旅游景区游览时不需打领带，也不宜穿（　　）。
   A. 休闲鞋　　　　B. 旅游鞋　　　　C. 高跟鞋
3. 在正式场合，下列服饰穿法哪一种是错误的？（　　）
   A. 外穿夹克，内穿衬衫戴领带　　　B. 领带垂至皮带
   C. 领带为花色，衬衫为纯色　　　　D. 领带夹夹在衬衫第三颗扣子上方

二、多项选择题

1. 着装的基本原则之一——"TPO"原则的英文含义分别为（　　）。
   A. Time　　　　B. Place　　　　C. Object　　　　D. Occasion
2. 在正式场合，符合职业女性佩饰原则的做法是（　　）。
   A. 同时佩戴的首饰不超过3件（套）　　B. 质地、颜色相同
   C. 手表与手链不同时戴　　　　　　　　D. 脚链戴在丝袜外面
   E. 只戴订婚或结婚戒指
3. 以下哪几项符合正式场合下西装的着装规范（　　）。
   A. 双排扣西装扣好全部扣子　　　　B. 三件套西装不扣外套的扣子
   C. 皮带宽度一般为1.5～3厘米　　　D. 黑色不系鞋带的皮鞋

三、判断题（正确的画√，错误的画×）

1. 女士在职业工作场合一般不留披肩发，长发可以盘发髻或束起来。（　　）
2. 如果对别人的谈话很感兴趣，可以长时间的注视他（她）以体现对其尊重。（　　）
3. 旅游工作者佩戴首饰的基本要求是同质同色。（　　）

四、自测题

学习了本章的_____

其中，令我感触最深的是_____

_____，过去，我的习惯是_____

_____。现在，我知道了应该这样做：_____

_____。

因此，我制订了我的礼仪提高计划：_____

_____。

五、实训题

1. 仪容礼仪训练
1) 发型设计训练
(1) 实训安排如表3-1所示。

表3-1 实训安排

实训时间	安排0.5课时
实训目的	掌握发型的设计技巧
实训要求	严格按照实训规范要求进行

(2) 实训准备。

① 从学生中挑选出体形、脸型、身高、服饰各异的同学到台前。

② 把全班分成几个小组,讨论如何设计台上同学的发型,选出一个代表发言。

(3) 发型设计礼仪训练如表3-2所示。

表3-2 发型设计礼仪训练

实训内容	操作标准	基本要求
发型设计技巧	(1) 发型与脸型协调:圆脸型适宜将头顶部头发梳高,两侧头发适当遮住两颊,要避免遮挡额头使脸部视觉拉长;长脸形适宜选择用"刘海儿"遮住额头,加大两侧头发的厚度,以使脸部丰满起来 (2) 发型与体型协调:脖颈粗短的人,适宜选择高而短的发型;脖颈细长者,宜选择齐颈搭肩、舒展或外翘的发型;体型瘦高的人,适宜留长发;体型矮胖者,适宜选择有层次的短发 (3) 发型与年龄的协调:年长者最适宜的发型是大花型短发 (4) 发型与服饰协调:穿着礼服或制服时,女性可选择盘发或短发,以显得端庄、秀丽、文雅;穿着轻便服装时,可选择各式适合自己脸型的轻盈发型	每组对台上人员的发型设计要准确到位

2) 美容化妆训练

(1) 实训安排如表3-3所示。

表3-3 实训安排

实训时间	安排1课时
实训目的	掌握化妆的技巧
实训要求	严格按照实训规范要求进行

(2) 实训准备。

① 从学生中挑选不同肤色、身高、胖瘦、服装的代表到台上。

② 把全班同学分成几组,每个小组根据台上每个人的特点,讨论怎样化妆会使他(她)更美。

③ 每组选出一个代表到台前为其中的一位现场化妆。

④ 化妆盒。

(3) 操作规范如表3-4所示。

第 3 章　服务人员的仪表礼仪规范

表 3-4　美容化妆训练

实训内容	操作标准	基本要求
美容化妆	（1）选择适合个人的妆色：五官端正、圆形脸庞的活泼女性，适合选择红色、橙色的妆色；面部轮廓较长的斯文女性，适合水红色、淡紫红色的柔和颊红；年龄稍大的女性，宜用淡橙色、玫瑰红色和橙棕色的妆色 （2）应选择与个人皮肤类型相反的粉底霜类型：干燥的皮肤应选择湿润的膏型粉底霜；湿润的皮肤则应用洁爽型的香粉状粉底霜 （3）选择粉底颜色应与肤色接近：选择粉底的色调与使用者自然皮肤色最接近为理想，肤色愈暗，粉底就愈要具有透明感 （4）整个人的化妆与衣饰装扮颜色要协调：眼部化妆是蓝绿系列，适合穿蓝、紫、灰色系的衣服，口红应选用粉红色的；褐色及棕色系列适用于黑头发；而皮肤偏黑的女性，应用棕色口红，可配各种色彩的服装；紫色系列适合年轻女性选择，可以配黑灰、棕色、粉红或绿色的衣服 （5）不同脸形的化妆各异 　椭圆形脸：眉毛应描画成秀丽弧形，顺着眼睛的轮廓，位置适中，但不要过长，眉头与内眼角齐；胭脂应敷在颊骨最高处，向后向上带开；嘴唇依自己的唇形涂口红或唇膏，形应自然。 　圆形脸：描画的眉毛不可太平直，应有角度，也不要太高，应呈自然弧形；胭脂的涂法应从颊骨一直延伸到下颚部；上唇应做宽而浅的弓形细线，不能涂成圆形小嘴 　方形脸：化妆时要尽量增强柔和感，脸上的线条不能太明显；胭脂的涂法应从眼部平行下降；眉毛应稍尖而微弯，不可有直角；嘴唇应涂得丰满些 　长方形脸：化妆时应注意缩小脸的长度；眉毛的位置不可太高或有角度，尤其不能高翘；唇部可涂得稍微厚些 　三角形脸：化妆时应把重点放在下颏转弯处，眉毛应保持自然，嘴唇可涂宽些，嘴角可向上翘 　倒三角形脸：化妆重点在腮部；眉毛应顺着眼尾的方向画，不可上倾斜；胭脂涂于颊骨最高处，并向上向后带开；口唇适中，角度应柔和 　菱形脸：化妆重点应放在额及腮部，使之上下互相照应	给人以清洁健康、漂亮的印象

3）微笑礼仪训练

（1）实训安排如表 3-5 所示。

表 3-5　实训安排

实训时间	安排 0.5 课时
实训目的	自然、熟练掌握微笑的表达方式
实训要求	严格按实训步骤练习

（2）实训准备。

① 把全班分成几个小组，各小组准备一段愉悦的对话。

② 以组为单位复习"真诚的微笑"内容，互相监督、检查"微笑"的表达方式。

③ 每组选出代表到台前做演示。

（3）操作规范如表 3-6 所示。

表3-6 微笑礼仪训练

实训内容	操作标准	基本要求
微笑礼仪	(1) 笑容自然、适度，不出声的笑。这种笑不是勉强敷衍，也不能机械呆板，其笑姿是嘴角部位向两侧牵动且往上颊面提高，但不露齿，要笑得甜美、真诚 (2) 笑得贴切、指向明确。微笑要合乎规范，必须做到4个结合，即笑与口眼相结合；笑与精神、气质相结合；笑与语言相结合；笑与仪表、举止相结合。笑应适应时机、指向明确，不可以笑得莫名其妙，尤其在对外交往中，在不明白对方意图、听不懂对方语言的情况下，不可贸然微笑，以免引起误会 (3) 笑容亲切庄重、笑而不邪。微笑应亲切庄重，故微笑时不宜发出笑声，爱笑的女士们要特别注意克制，不要不分场合和事情都笑个不停；男士也不能不分场合地开怀大笑，笑得震天动地，特别是在公共场合尤其要注意 在微笑(时)可以配上简短的赞语，如"好!"、"对!"、"真行!"等，以加强微笑的交际作用 (4) 微笑要做到始终如一	真诚 热情 适度

2. 仪表礼仪训练

(1) 实训安排如表3-7所示。

表3-7 仪表礼仪训练

实训时间	安排1课时
实训目的	自然、熟练掌握站姿、坐姿、蹲姿的要求
实训要求	严格按实训步骤练习

(2) 实训准备。全班每个同学认真阅读教材中站姿、坐姿、蹲姿的内容。

(3) 操作规范如表3-8、表3-9、表3-10所示。

表3-8 站姿礼仪训练

实训内容	操作标准	基本要求
站姿训练	(1) 总体要求：站姿要正直。其基本要点是挺直、均衡、灵活。正确站姿的基本范式是：从正面看，其身形应当正直，头颈身躯和双腿应与地面垂直，两肩相平；两臂和手在身体两侧自然下垂；侧视，其下颌微收，两眼平视前方，胸部稍挺，小腹微收，整个体形显得庄重、平稳 (2) 男士站立时，双脚可微微张开，但不得超过肩宽，也可采用侧放式或后背式。此两种站姿的主要区别是双手所放的部位不同，前者是两手自然下垂放于体侧，中指压裤缝；后者是两手背于体后交叉 (3) 女士站立时，双脚应呈"V"形，膝和后跟应紧靠，身体重心应尽量提高，双手在腹前交叉	动作要专注，不可应付，敷衍

第3章 服务人员的仪表礼仪规范

表3-9 坐姿、蹲姿礼仪训练

实训内容	操作标准	基本要求
坐姿训练	(1) 坐姿是上身正直，腰部挺起，下颌回缩，挺胸收腹，双肩放松平放，两眼平视，面带笑容 (2) 入座时，应面向椅子约半步转身，以右腿或左腿后退半步，双手扶着椅子扶手，轻缓坐下，注意不可猛地坐下；落座时臀部不要把椅子坐满（约坐椅面的三分之二），背部不靠椅子后背 (3) 坐下时，手、脚摆放应尽量自然、舒适。两手可自然弯曲放于膝部或放在大腿上，或者一手放在椅子或沙发的扶手上；另一手放在大腿上（一般不要两手同时放在扶手上）。男士坐时的两脚通常是并拢或稍分开，也可以跷二郎腿，但不可跷得过高，悬空的那只脚尖不能向上翘，更不可鞋底朝人，否则失礼。女士就座不可跷二郎腿，而应双膝并拢，尤其是在穿裙子的情况下更应如此，也可采取两腿交叠的坐姿；在穿裤入座时，则可略随便些，既可以两脚稍分开，也可以一脚在前、一脚在后，还可以采取把右脚向前斜放的坐法。 (4) 无论男女一般都不要采取蹲姿，而应采取直接坐下或单腿跪的方式。单腿跪的姿势不仅好看和优雅，作为休息的姿势也能解乏	动作要专注，不可应付、敷衍。做到端庄、舒适和高雅

表3-10 行姿礼仪训练

实训内容	操作标准	基本要求
坐姿训练	上身正直不动，两肩相平不摇；两臂摇动自然，两腿直而不僵； 步位落地一线，步幅适中均匀，步速稳而有别 (1) 步位：男士行走交替行进在一条直线上，两脚尖稍外展； (2) 女士行走在一条直线上，脚尖正对前方，称"一字步" (3) 步速：男士每分钟走108～110步；女士每分钟走118～120步 (4) 遇有急事，可加快步速，但不可奔跑 (5) 步幅：男士穿西装时，其步幅可略大，以体现挺拔、优雅的风度；女士穿旗袍和高跟鞋时，步幅宜小些，以免旗袍开衩过大露出大腿而显不雅；女士穿长裙时，行走应平稳，步幅可稍大些，因长裙下摆较大，更显修长、飘逸和潇洒；年轻女士穿短裙时，步幅不宜过大，但步速可稍快，以保持轻盈、活泼、灵巧和敏捷的风度	动作要专注，不可应付、敷衍。做到自然轻盈

第 4 章

旅游服务人员行为礼仪

学习目标

熟悉旅游服务人员行为礼仪基本常识。
了解遵守行为礼仪的意义。
掌握并运用旅游行为礼仪。

4.1 见面礼仪规范

"嘤其鸣矣,求其友声。"(《诗经·小雅·常棣》)我们的祖先在几千年前就懂得交际的重要。见面是交际的开始,了解与掌握见面时的礼节,可以帮助人们顺利地通往交际的殿堂。本节所述的问候、称谓、介绍等都是常用的见面礼仪。

1. 问候礼节礼仪

问候礼仪可分两种:一种是当面问候,又称打招呼;另一种是远方问候。

问候的方式有两种:语言问候和动作问候。动作问候有点头、微笑、握手、拥抱、吻礼、鞠躬等。

问候的内容是丰富多彩的,可因人、因事有所区别,一般性问候多为祝身体健康、事业顺利、节日愉快等。

问候的语言应多用、善用礼貌语言,这是展示个人风度与能力必不可少的途径之一。

旅游工作人员在接待宾客时,根据时间、场合和对象的不同,所使用的规范化用语有以下几种。

(1)与宾客见面时应主动说:"您好,欢迎到××来!"、"您好,欢迎光临!"、"您好,××小姐(先生),我们一直恭候您的光临!"、"您好,见到您很高兴!"等。

(2)每天不同时间问候客人:"您早!"、"早上好!"、"中午好!"、"下午好!"、"晚上好!"、"晚安!"

(3)使用上述问候语的同时,最好紧跟其他一些礼貌用语,如"先生,您好,欢迎光临,请!"、"早上好,先生,您有什么事要吩咐吗?"、"您好,小姐,要我帮忙吗?"、"晚上好,夫人(太太),旅途辛苦了,请先休息一会儿吧。"这样会使对方倍感自然和亲切。

(4)向客人道别或给宾客送行时可以说:"晚安!"、"再见!"、"谢谢光临,欢迎再来!"、"祝您一路平安!"等。

(5)遇到节日、生日等喜庆日子,应说"祝您圣诞快乐!"、"祝您生日快乐!"、"祝您健康长寿!"、"新年好!"、"恭喜发财!"、"大吉大利!"等。

(6)宾客若患病或身体不适时,应主动表示关心,可说"请多保重"、"祝您早日康复"等。

(7)接待文体代表时,应说"祝您演出成功!"、"祝您在比赛中获胜!"等。

(8)若遇多位宾客时,可统一对其问候,不再一一具体到每个人。例如,可说"大家好!"、"各位早上好!"等

阅读材料 4-1

致 意 礼

致意礼是用无声的动作语言相互表示友好尊重的一种问候礼节。向对方致意的距离,以3~20米为宜,但不能在对方的侧面或背面。致意礼的形式主要有以下几种。

(1)举手致意。在公共场合远距离遇到相识的人,一般可不作声,抬起左臂,向前方伸直,轻轻摆摆手即可。

(2)点头致意。一些不宜交谈的场合,点头打招呼时,点头者应看着对方,面带微笑,并把上体略向前倾15度左右。

(3)微笑致意。微笑是友好的使者,它可以用于同不相识者初次会面之时,也可以用在同一场合反复见面的老朋友打招呼上。

(4)欠身致意。全身或上半身在目视对方的同时,微微向上、向前倾一下,意在表示对他人的恭敬,可以站着也可以坐着向他人欠身致意。

(5)脱帽致意。摘下帽子表示对尊者的顺服。戴着礼帽或其他有檐帽的男士,遇到友人特别是女士时,应欠身摘下帽子,将其置于与肩膀平等的位置,同时与对方交换目光,离开对方时方可将帽子"复位"。

资料来源:熊经浴.现代实用社交礼仪.北京:金盾出版社,2003.

2. 称谓礼节礼仪

1)称谓的重要性

称谓,也叫称呼。称谓是否恰当,不但直接地反映了服务者的教养与心态,而且还反映出对客人的尊重程度。得体的称呼,不仅可以缩短人们感情上的距离,而且可以融洽人们之间的关系。与人相见,一声称呼好比一出戏的开场,起着开局的作用,颇为重要。

2)称谓的种类和用法

(1)全姓名称谓,如"李光华"。

（2）名称称谓，如"晓燕"。

（3）姓名大小修饰称谓，如"老张"、"小王"。

（4）职务称谓，如"马局长"。

（5）职业称谓，如"何律师"。

3）旅游社交中的一般称谓

在旅游社交中，对男宾，无论年龄大小与婚否，统称为"先生"，女宾则根据婚姻状况而定，对已婚女子可称"夫人（太太）"，对未婚女子称"小姐"。以上称呼可以连同姓名、职衔、学位一起使用，如"王小明先生"、"张总经理"、"李局长"、"秘书先生"、"护士小姐"、"基辛格博士先生"等。

对军人一般称军衔或军衔加先生，知道姓名的可冠以姓名，如"上校先生"、"李克少校"、"维尔斯中尉先生"等。在我国，一般称职务，知道姓氏的可冠以姓氏，不知道姓氏的则加"同志"，如"张连长"、"连长同志"。

在涉外称呼中，对地位高的政府官员、外交使节、军队中高级将领，按不同国家的习惯，可称"阁下"，如"部长阁下"、"总统阁下"、"大使先生阁下"、"将军先生阁下"。对君主制国家，则应称国王、王后为"陛下"，称王子、公主、亲王为"殿下"。

凡来自与我国以同志相称的国家的宾客，对各类人员均可称"同志"，如"主席同志"、"团长同志"、"司机同志"、"服务员同志"，或者姓名加同志。在我国，也可按年龄大小或不同性别称之，如"老张同志"、"小刘同志"、"男同志"、"女同志"等。

在旅游社交中，要做到称呼准确、恰当，还必须注意以下几点。

（1）区分对象。旅游服务人员所接触的客人来自五湖四海，包括方方面面的人士。由于对方身份、地位、民族、宗教、年龄、性别等存在差异，因此在具体称呼对方时，必须有所分别，因人而异。

（2）照顾习惯。称呼他人时必须对交往对象的语言习惯、文化层次、地方风俗等各种因素加以考虑。例如，"先生"、"小姐"、"夫人"一类称呼，在国际交往中最为适用，在国内白领中也可酌情采用，但若以此去称呼农民，则会使对方感到别扭，远不如称他们为"大哥"、"李姐"、"刘大伯"、"王奶奶"亲切。

（3）有主有次。在多人场合称呼时，先长后幼，先女后男，先上后下，先疏后亲。

（4）严防犯忌。有的人称呼别人是喊"喂"、"嘿"、"那边的"；有的人使用"瘦猴"等，这类称呼含有人身侮辱之意。

阅读材料 4-2

称呼的原则

称呼是当面打招呼时用的表示彼此关系的名称。称呼语是交际语言中的先锋官。一声亲切而得体的称呼，不仅体现出一个人待人谦恭有礼的美德，而且使对方如沐春风，易于交融双方的情感，为深层次交际打下基础。使用称呼语时要遵循以下3个原则。

（1）礼貌原则。常用的尊称有："您"——您好，请您……；"贵"——贵姓、贵公司、贵方、贵体；"贤"——贤弟、贤媳……；"尊"——尊客、尊意、尊夫人……

（2）尊崇原则。一般来说，汉族人有从大从老从高的心态，如对同龄人可称对方为哥、姐；对既可称"爷爷"又可称"伯伯"的长者，以称"爷爷"为宜；对副科长、副厂长也直接称科长、厂长。

（3）适度原则。例如，对理发师、厨师、企业工人称师傅恰如其分，但对医生、教师、军人、干部称师傅就不合适了。

资料来源：熊经浴. 现代实用社交礼仪. 北京：金盾出版社，2003.

3. 介绍礼节礼仪

介绍是社交和接待活动中普遍的礼节，是人们在社会活动中相互结识的常见形式，它是指把同行者或自己的简要情况通过明示或暗示方式告诉对方。介绍得体能使被介绍者感到高兴，新相识者感到欣喜。

1）居中介绍时的礼节

居中介绍即为他人介绍，就是把一个人引见给其他人相识的过程。善于介绍可使你在朋友中享有更高的威信和影响力。充当居中介绍的人员一般是公关礼宾人员、东道主、在场的地位最高者或与被介绍者双方都认识的人。

（1）为他人作介绍的情况。在遇到下列情况时应热情为他人作介绍。

① 本人接待对象遇见了不相识的人士，而对方又跟自己打了招呼。

② 在办公地点接待彼此不相识的客人或来访者。

③ 打算推荐某人加入某一交际圈。

④ 受到为他人介绍的邀请。

⑤ 陪同上司、长者、来宾时，遇见了其不相识者，而对方又跟自己打了招呼。

⑥ 与家人外出，路遇家人不相识的同事或朋友。

在介绍两人互相认识时，要注意介绍顺序，一般应先将男士介绍给女士，将年轻者介绍给年长者，将地位低的介绍给地位高的，将客人介绍给主人等。

（2）作介绍时的注意3项介绍要做到恰到好处，应注意以下事项。

① 要掌握分寸，实事求是。例如，不要把副职说成正职，免得使人难堪，也不可涉及私人生活。

② 要口齿清楚，咬准字音。

③ 要有礼貌地以手示意，表情大方、自然，不要用手指指点点。

2）自我介绍时的礼节

巧妙得体的自我介绍，可以为双方交往奠定基础，显示自己良好的交际风度。

(1) 自我介绍的场合在下列场合有必要进行自我介绍。
① 应聘求职时。
② 应试求学时。
③ 在社交场合与不相识者相处时。
④ 在公共聚会上，打算介入陌生人组成的交际圈时。
⑤ 交往对象因为健忘而记不清自己时。
⑥ 有求于人，而对方对自己不甚了解时。
⑦ 拜访熟人遇到不相识者挡驾，或者是对方不在，而需要请不相识者代为转告时。
⑧ 前往陌生单位，进行业务联系时。

自我介绍的内容要简明扼要，一般以半分钟为宜，如对方表现出有认识自己的愿望，则可在报出姓名、供职单位及职务的基础上，再简略地介绍自己的籍贯、学历、爱好、专长及与某人的关系等。除了语言介绍外，还可借助介绍信、工作证、名片等信物作为辅助介绍，以增强对方对自己的信任。

(2) 自我介绍时的注意事项。自我介绍时要注意以下几点。
① 要实事求是，不可不停地自我表白，甚至吹嘘。
② 要举止庄重、大方，不要慌慌张张，毛手毛脚，或者用手指点着自己。
③ 要表情亲切，眼睛应看着对方或大家，不要东张西望或满不在乎。

阅读材料 4-3

介绍的方法与介绍的禁忌

1. 3种介绍方法

(1) 随意型。"这是A先生"、"这是B夫人"。采用这种不拘于形式的介绍方法，也要注意先把地位低的人介绍给地位高的人。

(2) 正式型。"阁下，请允许我介绍一下A先生。"作为更加恭敬的表现方法，还可以使用"总统先生，我非常荣幸地向您介绍这位是A先生。"

(3) 亲昵型。"A夫人，您认识B夫人吗？"

2. 介绍的禁忌

在介绍时，应尽量避免不得体的做法。主人应把主宾介绍给其他所有客人，否则是失礼的表现。把应该介绍的宾客遗漏，也是失礼的行为。介绍外国人时，应避免只介绍名而不介绍姓，因为这会引起混淆，甚至还带有一点污辱性。介绍时切忌用命令的口吻，如"××教授，来认识我的父亲。"或者"张先生，和李先生握握手。"介绍中不要随便把一个一般交情的人介绍为"我的朋友"，否则，言外之意就是说另一方不是你的朋友。当你想结识某人，而旁边又无人引见，切忌冒冒失失地问："你叫什么名字？"

资料来源：何伶俐. 高级商务礼仪指南. 北京：企业管理出版社，2003.

4.2　迎送宾客礼仪

1. 握手礼仪

握手是大多数国家相互见面和离别时的礼节。究其来源，是从人类摸手衍化而来的。古时候，人们在战争或狩猎时，手中常常握有石块和棍棒等武器。陌生人相见，倘若无恶意，彼此就要把手中的东西放下，伸开手掌让对方摸摸掌心，以示自己手中没有武器。后来，渐渐演变为两手相握的形式，一方面表示不向对方使用武力；另一方面表示愿意接受对方的友谊。

握手作为世界最通行的礼节，要注意掌握以下几点。

1) 握手的场合

聚散忧喜皆握手，此时无声胜有声。应该握手的场合有以下几种：在被介绍与人认识时；与友人久别重逢时；社交场合突遇熟人时；客人到来与送别时；拜托别人时；与客户交易成功时；别人为自己提供帮助时；对人表示祝贺、感激、鼓励时，等等。

2) 握手顺序

握手通常由主人、年长者、辈分高者先伸手。具体为：宾主之间，主人应向客人先伸手，以示欢迎；长幼之间，年幼的要等年长者先伸手；上下级之间，下级要等上级先伸手，以示尊重；男女之间，男方要等女方先伸手，才能颇感荣幸地去握手，如果女方不伸手，无握手之意，男方就只能点头致意。

3) 握手力度

一般以不握疼对方的手为限度。在一般情况下，握手不必用力，握一二下即可，尤其是男士与女士握手，不能握得太紧，西方人往往只握一下女士的手指部分，如果是老朋友、亲密者久别相逢，力度可以大一些。不同场合或不同对象，握手的力度是不一样的，如男人之间握手，通常是紧握、坚定、有力。

4) 握手时间

初次见面者，一般控制在2~5秒钟，尤其与异性握手，时间不宜过长，即使是与同性握手，时间也不宜太久，以免对方欲罢不能。老朋友或关系亲近的人握手，可以边握住手边问候，甚至双手较长时间地握在一起，但也不要超过20秒钟。

5) 握手姿势（方式）

握手应用右手，四指并拢，拇指伸开，掌心向内，手的高度大致与对方腰部上方持平，同时上身略微前倾，注视对方，面带微笑，深情一握，轻轻上下摇动几下。

6) 握手用语

握手时通常伴有特定的语言，常见的握手用语有以下几种。

(1) 问候类。这是最常见的一种，如"您好！"、"最近怎么样？"等。

(2) 欢迎类。对第一次来的客人、女士，或者在公务接待时，均可用边握手边致欢迎语，如"欢迎您！"、"欢迎光临！"、"热烈欢迎！"等。

(3) 关心类。这多是长辈对晚辈、上级对下级或主人对客人握手时的用语，如"辛苦了！"、"旅途很累吧？"等。

(4) 祝贺类。在对方受到表彰或正在办喜事时，边握手边说"恭喜您！"

(5) 致歉类。这是需要道歉或表示客气时所用的握手语，如"有失远迎，请多谅解！"、"照顾不周，请多包涵！"等。

(6) 祝福类。这是送客时多用的握手语，如"祝您顺风！"、"祝您走运！"等。

7) 握手十忌

一忌：不讲先后顺序，抢先出手。

二忌：目光游移，漫不经心。

三忌：不摘手套、墨镜，自视高傲。

四忌：掌心向下，目中无人。

五忌：用力不当，敷衍鲁莽。

六忌：左手相握，有悖习俗。

七忌：交叉握手，形成十字架，有凶恶之嫌。

八忌：握时太长，让人无所适从。

九忌："双握式"握手，令人尴尬。

十忌："死鱼式"握手，傲慢冷漠。

阅读材料 4-4

握手的各种样式

1. 对等式握手。这是标准的握手样式。握手时两人伸出的手心都不约而同地向着对方。这样的握手多见于双方社会地位都不相上下的人。

2. 双握式握手。美国人称其为"政客式"握手。在用右手紧握对方右手的同时，再用左手加握对方的手背、前臂、上臂或肩部。意在表达一种热忱真挚、诚实可靠，显示自己对对方的依赖和友谊。

3. 支配式握手。支配式握手也称"控制式"握手，用掌心向下或向左下的姿势握住对方的手。以这种样式握手的人想表达自己的优势、主动、傲慢或支配地位。

4. 谦恭式握手。谦恭式握手也称叫"乞讨式"，顺从型握手。与支配式握手相对。用这种样式握手的人往往性格软弱，处于被动、劣势地位。

5. 抠手心式握手。握手之后不是很快松开，而是双手掌相互缓缓滑离，让手指在双方手心适当停留。一般只见于恋人、情人之间或心有灵犀的好朋友之间。

6. 拉臂式握手。将对方手握到自己的身边相握，并且相握时间往往较长。

7. 捏手指式握手。有意或无意地只捏住对方的几个手指或手指尖部。女性与男性握手时为表示自己的稳重，常采用这种样式。

8. "死鱼式"握手。握手时伸出一只无任何力度、质感，不显示任何信息的手，给人感觉就像是握住一条腐烂的死鱼。

资料来源：陈萍. 最新礼仪规范，北京：线装书局，2004.

2. 脱帽与鞠躬礼仪

1) 脱帽礼

在通常情况下，男士与人见面时，应摘下帽子或举一举帽子，并向对方致意或问好；若与同一人在同一场合前后多次相遇则不必反复脱帽。在进入主人房间时，客人必须脱帽。在庄重、正规的场合，应自觉脱帽。

2) 鞠躬礼

鞠躬礼源于中国。在先秦时代，两人见面以弯曲身体待之，表示谦逊恭谨的姿态。在今天，鞠躬已成为一种交际的礼仪，它是表示对他人尊敬和敬佩的一种很正式的方式。鞠躬通常是晚辈对长辈、下级对上级，以及同级之间的见面礼节，在当代交际中为中国、日本、韩国等普遍采用。在日本，鞠躬礼是与人见面时常用的礼节。鞠躬时双手应下垂，手放膝前，与受礼者二三步之远，面对受礼者呈立正姿势，面带微笑，目视前方并根据施礼对象的场合决定鞠躬的度数。一般来说，迎宾为15度，送客或表示恳切之意为30度，表示感谢为60度，而90度大鞠躬，常用于悔过、谢罪等特殊情况。在我国，举行婚礼、悼念活动，接待外宾，以及演员谢幕、领奖、演讲时常用鞠躬礼。

阅读材料 4-5

张之洞中计

古人认为，上下之交的基本原则应该是"上交不谄，下交不欺"。晚清时的湖广总督张之洞自恃官大、资深，从不把属下放在眼里，常常故意怠慢部下，对部下无礼。下属们虽然不满，却也只能忍让。

一天，一位布政使因公事去拜见张之洞。在总督府内，谈完了事情后，向主人告辞。依照清明规定的官场礼仪，张之洞应当把布政使送到仪门。张之洞只走到厅门便想止步不送了。布政使见到张之洞又想要老一套，便故作神秘地对他说："请大人多行几步，下官尚有事要禀告。"

张之洞不知是计，便陪着布政使走到仪门，见他仍不开口，于是不耐烦起来："你不是说还有话要讲吗？仪门已到，怎么仍迟迟不开口？"

布政使转身作了个揖，得意地说："下官是想告诉大人，依照大清礼仪，总督应该把布政使送到仪门，现在大人既已按规定将下官送至仪门，就请您在此留步吧。下官就此告辞。"

张之洞听了气得说不出话来，然而自知"礼"亏，也不能发作，只好作罢。布政使终于为自己和各同僚"报了仇"，教训了张之洞，也就笑着离去了。

资料来源：陈萍. 最新礼仪规范. 北京：线装书局，2004.

3. 亲吻与拥抱礼仪

1）亲吻礼

亲吻礼多见于西方、东欧、阿拉伯国家，是人们表达爱情、友情、尊敬或爱护的一种见面礼。亲吻礼有以下几种。

（1）吻面颊。这多用于长辈同晚辈之间。施礼时，长辈亲吻晚辈脸的一侧或两侧，晚辈可用双手搂抱长辈的颈部，或者双手下垂亲吻长辈的额头。关系亲近的妇女和至亲友好间，也可吻面颊。在遇到喜事或悲伤时，一般也行亲吻礼，以示真诚的慰问。

（2）吻手。这是流行于欧美上层社会的一种礼节，起源于中世纪的欧洲。在社交场合中，男士对尊贵的女士表示尊敬时，可亲吻女士的手背或手指。在行此礼时，男士应走到女士面前，立正垂首致意。女士若将右臂微微抬起，则暗示男士可行吻手礼。这时男士以右手或双手轻轻抬起女士的右手，并俯身弯腰使自己的嘴唇象征性地去触及女士的手背或手指，吻时一定要稳重、自然、利索，不发出"吮"的声音，不留"痕迹"，吻后抬头微笑相视，再把手放下。如果女士不将右臂抬起，则不行此礼。行吻手礼时，若女士身份地位较高，男士要屈一膝作半跪式，再抬手吻之。

（3）吻唇。一般而言，只有夫妻、恋人或情人之间吻唇，以示亲昵和爱抚。

（4）贴面。在异性、同性之间，也可采用贴面颊的礼节。施礼时，两人同时将面颊相贴，顺序为先右后左。

2）拥抱礼

拥抱礼是欧美各国的熟人、朋友之间表示亲密感情的一种礼节，通常与接吻礼同时进行，多用于官方或民间的迎送宾客或祝贺致谢等场合。视场合和关系的不同，拥抱分为热情拥抱和礼节性拥抱（轻轻搂一搂）。拥抱不仅是人们日常交际的重要礼节，也是各国领导人在外交场合中的见面礼节。它和亲吻一样，也是通过身体的某一部分的接触来表示尊敬和亲热。拥抱可以理解为缩短了距离的握手，或者是胸部的"亲吻"。

施拥抱礼时，两人相距20厘米，相对而立，右臂偏上，左臂偏下，右手环抚于对方的左后肩，左手环抚于对方的右后腰，彼此将胸部各向左倾而紧紧拥抱，头部相贴，然后再向右倾拥抱，接着再做一次左倾拥抱而止。

阅读材料 4-6

拥抱接吻带来的好处

拥抱、接吻作为一种礼仪能在西方世界长时期保存并发展，是与其对人身心健康的益处分不开的。拥抱、接吻能使人在身体激动、心情愉快中受益。据法国《图片报》刊载的一份科研报告证实，一次拥抱接吻能给人带来以下好处。

(1) 能加强人体血液循环，加速脉搏跳动，使脉搏从70次/分增加到150次/分。
(2) 能激发出大量的荷尔蒙，这方面的作用高于一杯咖啡。
(3) 有助于人体面部皱纹的消除。接吻时，人体面部有27块肌肉参与运动。
(4) 能使人更加苗条，达到减肥的效果。因为一次接吻将消耗人体12千卡热量。
资料来源：陈萍. 最新礼仪规范. 北京：线装书局，2004.

4.3 沟通与交流礼仪

1. 交换名片礼仪及请柬、聘书礼仪

1) 名片礼仪

在社交活动中，初次相识，往往要互呈名片。名片一般用来表示名片持有人的身份，记载联系方式，有益于初次见面相互认识，方便今后再次联络。

呈名片的时机可在交流前或交流结束、临别之际，视具体情况而定，最好是在经介绍与他人认识之时立即呈上。呈递名片应双手捧交对方。接受他人的名片，应当恭恭敬敬，双手捧接，并道感谢，还要仔细看一遍，有时可以有意识地重复一下名片上所列的对方的姓名与职务，以示仰慕，绝不可一眼不看就漫不经心地塞入衣袋。

阅读材料 4-7

怎样正确使用名片

1. 名片的递送。在社交场合，名片是自我介绍的简便方式。交换名片的顺序是"先客后主，先低后高"。当与多人交换名片时，应由近及远，依次进行，切勿跳跃式地进行，以免对方误以为有厚薄之分。递送时应将名片正面面向对方，双手奉上，眼睛注视对方，面带微笑："这是我的名片，请多多关照。"名片的递送应在介绍之后，切不可把名片视同传单随便散发。

2. 名片的接受。接受名片时应起身，面带微笑注视对方。接过名片时应说："谢谢！"随后阅读名片，并抬头看看对方的脸，使对方产生一种受重视的满足感。然后，回敬一张本人的名片，如未带名片，应向对方表示歉意。在对方离去之前，或者话题尚未结束，不必急于将对方的名片收藏起来。

3. 名片的存放。接过名片切不可随意摆弄或扔在桌子上，也不要随便塞在口袋里或放入包里，而应放在西服左胸的内衣袋或名片夹里，以示尊重。

资料来源：上海市精神文明单位委员会办公室. 文明礼貌100题. 上海：复旦大学出版社，2000.

2）请柬礼仪

请柬又称请帖，是指组织或个人邀请客人在预定的时间或地点参加某项重要活动的礼仪性信件。

请柬跟交往信函有同样的作用，只是请柬的形式更凝练，感情更内涵。请柬要写得庄重典雅，真诚有礼，语言必须高度简明精炼。

请柬按照内容大致可以分为事务型请柬和礼仪型请柬两类。所谓事务型请柬，主要是邀请有关人士处理某些事务，商讨有关问题而发送的请柬，如会议型请柬就是一例。所谓礼仪型请柬，是邀请有关人士参加宴会、舞会、庆祝纪念活动而发送的请柬。

3）聘书礼仪

聘书是指一定组织聘请有关人员担任本单位某一职务或承担某项任务时所制发的一种特殊的应用性文书，也被称为聘请书或聘任书。随着我国商品经济的快速发展，聘书的使用范围不断扩大。

聘书结构一般分4个部分，即标题、称谓、正文、落款和时间。

（1）标题。标题一般位于聘书内页正中位置。以"聘书"或"聘请（任）书"作为标题，字型号要大一些。

（2）称谓。称谓是写受聘者姓名，也可加职务或聘称，在标题下一行顶格写。

（3）正文。正文主要写聘请担任何职务、做何工作、任期、权限、待遇，以及对聘请对象的期望等。

（4）落款和时间。落款是在正文下一行的右侧注明聘请单位或法人代表的姓名，并加盖公章。然后，再另起一行在落款的下方写上聘书发出的具体日期。

聘书礼仪的要求：①聘书制作要正规、庄重，能给人增添荣誉感和责任感；②聘书用语要适当把握，如在称呼被聘人时要谦恭和有礼貌，正文内容要明确、简洁，一定要避免拖沓繁杂或模糊不清；③聘书的发送和授予要讲究必要的形式，最好选择庄重的场合和有一些意义的时间进行。

案例分析 4-1

名片的失误

某公司新建的办公大楼需要添置一系列的办公家具，价值数百万元。公司的总经理已作决定，向A公司购买这批办公用具。

这天，A公司的销售部负责人打来电话，要上门拜访这位总经理。总经理打算等对方来了，就在订单上盖章，定下这笔生意。

不料对方比预订的时间提前了2个小时,原来A公司听说这家公司的员工宿舍也要在近期内落成,希望员工宿舍需要的家具也能向其购买。为了谈这件事,销售负责人还带来了一大堆的资料,摆满了台面。总经理没料到对方会提前到访,刚好手边又有事,便请秘书让对方等一会儿。这位销售人员等了不到半小时,就开始不耐烦了,一边收拾起资料一边说:"我还是改天再来拜访吧。"

这时,总经理发现对方在收拾资料准备离开时,将自己刚才递上的名片不小心掉在了地上,对方却没有发觉,走时还无意中从名片上踩了过去。但这个不小心的失误,却令总经理改变了初衷,A公司不仅没有机会与对方商谈员工宿舍的家具购买,连几乎到手的数百万元办公用具的生意也告吹了。

【分析提示】

A公司销售部负责人的失误,看似很小,其实是巨大而不可原谅的失误。名片在商业交际中是一个人的化身,是名片主人的"自我延伸"。弄丢了对方的名片已经是对他人的不尊重,更何况还踩了一脚,顿时让这位总经理产生反感。再加上对方没有按预约的时间到访,也不曾提前通知,又没有等待的耐心和诚意,丢失了这笔生意也就不是偶然的了。

资料来源:职业餐饮网. 服务礼仪案例40例.

2. 电话、传真、信函及电子邮件礼仪

1) 电话礼仪

电话是现代通信工具之一。随着科技发展和生活水平的提高,电话的普及率越来越高。电话不仅是一种通信手段,也成为一种交际方式。因此,无论是发话人还是受话人,都应注意现代通信礼仪。

(1) 打电话的礼节。

① 选择适当时间。白天应在早上8点以后,假日最好在9点以后,夜间则应在10点以前,以免影响对方休息。往办公室打电话,最好避开临近下班的时间。与国外通电话,还需注意时差和生活习惯。

② 查清对方电话号码,并正确拨号。如果拨错号码,则应向接电话者表示歉意。拨号铃响几下没人接时,应耐心等待片刻再挂断。否则,如果对方正巧不在电话机旁,待匆匆赶来时电话已挂断,这也是失礼的。

③ 电话接通后,打电话者应报姓名,这是电话礼节中最基本的常识。询问对方是否方便之后,再开始交谈。交谈中若由于某种原因导致电话中断,应由打电话人重新挂拨。

④ 电话内容要尽可能地简单、明了。可以事先将通话要旨归纳几条抄录在便条上,供打电话时使用。

(2) 接电话的礼节。

① 听见电话铃声应立即去接,拖的时间长了会给人不愉快的感觉。遇到距离自己较近的电话铃声响起,即使不是自己的专用电话,也应主动接听,帮助转达消息。

② 接听电话应先自报姓名，再请问对方找谁。切忌自己什么也不说，只是一味地问："你是谁?"、"你找他有什么事?"等，这是不礼貌的。当对方说明要找的人，可以回答："请稍等。"然后速去找人。如要找的人不在，不能把电话一挂了事，而要耐心地询问对方的姓名和电话号码，是否需要转告，在征得同意后详细记录下来，并将其中的重点复述一遍，以证实是否有误。

③ 电话通信，一般由发话人先结束谈话，如发话人的话未讲完，自己先挂断电话，则是失礼的行为。通话结束时应道一声"再见!"

2) 传真礼仪

传真是双方用户之间利用光电子效应，通过安装在普通电话网络上的传真机，对外发送或接收书信、文件、资料、图纸，以及照片真迹的一种迅速高效的现代通信联络方式。传真以其传递迅速快、使用方便、费用低廉等优点，成为目前国内外普遍采用的一种通信联络方式。传真件也是一种普遍认可的文书形式。

使用传真的礼仪要求如下。

（1）依法使用。按照我国有关规定，单位和个人在使用自备传真设备以前，要经过电信部门的许可，办理安装使用的批文和入网许可证，并按期缴纳使用费。

（2）依礼使用。

① 选择时机。向别人发传真，应选择适宜的时间，不要干扰别人的宁静，更应主动避开半夜三更、节假日或工作繁忙的时间。无人在场而有必要时，应让传真机处于自动接收状态。

② 礼待对方。发传真时，一般应有必要的问候和致谢语；撰写传真内容应准确、简明、扼要，字迹清晰，文明有礼；在传真信件时，必须遵循书信礼节，如称呼、敬语、签字均不可少。即使发送文件或其他资料，也应写几句热情有礼的话语。

③ 事前通报。发送传真前应打电话给对方，询问是否可以传真，并说明传真什么资料。

④ 公私分明。若传真机是办公室公共财产，私人事情最好不要使用，如实在需要借用，应主动支付必要的费用。

⑤ 及时回复、转交。收到传真后应即刻通知对方，以免牵挂。需转交的应从速办理，以免误事。

阅读材料 4-8

使用手机的常规礼仪

手机在人们的生活中可以说已成为不可或缺的通信工具之一。因为手机的方便性，人们可以随时随地地与人通话沟通、联系。但是，用手机打电话也有一些常规的礼节。

（1）不应该在公共场合，尤其是楼道、电梯、路口、人行道等人来人往的地方，旁若无人地使用手机。打电话是私密的事情，不应当众喧哗，影响他人。

（2）不应该在要求"保持安静"的公共场所，如音乐厅、美术馆、影剧院、歌剧院等表演或比赛的场合使用手机。这是对演员、观众的最起码的尊重，也是进入上述场合的起码礼仪。

（3）在聚会期间，如开会、会见、上课之时应自觉关闭手机，或者将手机设定在震动状态，这是对会议主持人、老师、听众的礼貌。

（4）不要在驾驶汽车时接听手机电话或发短信，或者查看寻呼机，以防止发生车祸。

（5）不要在病房、加油站等地方使用手机，以免所发信号干扰治疗仪器、有碍治疗，或者引发油库火灾、爆炸。

（6）不要在飞机飞行期间使用手机，否则会干扰仪器，导致飞机失事等严重后果。

资料来源：百科大全网．商务礼仪．

3）信函礼仪

从事旅游业，必然要涉及信函写作。一封严谨、规范、高质的信函，一定能给人留下美好而深刻的印象。

一般碰到以下事情时最好写信。

（1）事情有记录的必要时。

（2）传达新想法时。

（3）接受正式邀请时。

（4）感谢好客的招待时。

（5）表达歉意、慰问或庆贺时。

（6）推荐别人谋取职位时。

旅游信件主要包括介绍信、感谢信、推荐信、请求信、谋职信、辞职信等。

旅游信件使用的语言比较正规，信的内容应力求简短，与正题无关的闲话应尽量省略。表示不满的信件，也应当写得委婉，有礼有节地提出意见，寻求解决办法。除了绝对私人性质的信件，一般都应打字。

信的开头写收信人的称呼，要单独成行，顶格书写，以示尊敬。平时对收信人如何称呼，信上就怎么称呼。信的结尾习惯写法有两种：一种是正文写完后，紧接着写"此致"，转一行顶格或空两格写"敬礼"；另一种是不写"此致"，只是另起一行空两格写"敬礼"、"安好"、"健康"、"平安"等。

信的署名写在敬语后另起一行靠右位置。写信人的姓名，要按自己与收信人的关系来写，与开头称谓相对应。署名后面可酌情加启禀词，对长辈用"奉、拜、上"，对同辈用"谨启、上"，对晚辈用"字、白、谕"等词。

4）电子邮件礼仪

随着因特网和电子邮件的普及应用，电子邮件礼仪已成为旅游服务礼仪的一部分，并且对于旅游业成败的影响日益明显。旅游电子邮件的礼仪要求如下。

（1）提前通知收件人。尽量在发邮件以前得到对方的允许，或者至少让对方知道有邮件过来，确认你的邮件对他有价值。

（2）内容要简明扼要，言辞要朴实恳切。一般收件人对于满篇废话的不速之"件"的态度通常是作为垃圾邮件处理一删了之。

（3）最好不要发送私人或机密邮件。

（4）使用附件功能要小心。因为，附件越大，下载时间就越长，占用收件人邮箱空间就越多。

（5）不要滥用抄送功能，否则收件人会以处理邮件的方式一删了之。

（6）避免使用字符图释，不要假设收件人和你一样专业。

案例分析 4-2

国别习俗

国内某家专门接待外国游客的旅行社，有一次准备在接待来华的意大利游客时准备送每人一件小礼品。于是，该旅行社订购制作了一批纯丝手帕，是杭州制作的，还是名厂名品，每个手帕上绣着花草图案，十分美观大方。手帕装在特制的纸盒内，盒上印有旅行社社徽，一个是很像样的小礼品。中国丝织品闻名于世，料想会受到客人的喜欢。

旅游接待人员带着盒装的纯丝手帕，到机场迎接来自意大利的游客。欢迎词致得热情、得体。在车上接待人员代表旅行社赠送给每位游客两盒包装甚好的手帕，作为礼品。

没想到车上一片哗然，议论纷纷，游客显出很不高兴的样子。特别是一位夫人，大声叫喊，表现极为气愤，还有些伤感。旅游接待人员心慌了，好心好意送人家礼物，不但得不到感谢，还出现这般景象。中国人总以为礼多人不怪，这些外国人为什么怪起来了？

【分析提示】

在意大利和西方一些国家有这样的习俗：亲朋好友相聚一段时间告别时才送手帕，取意为"擦掉惜别的眼泪"。在本案例中，意大利游客兴冲冲地刚刚踏上盼望已久的中国大地，准备开始愉快的旅行，你就让人家"擦掉离别的眼泪"，人家当然不高兴，必然会议论纷纷。那位大声叫喊而又气愤的夫人，是因为她所得到的手帕上面还绣着菊花图案。菊花在中国是高雅的花卉，但在意大利则是祭奠亡灵的。人家怎能不愤怒呢？本案例说明：旅游接待与交际场合，要了解并尊重外国人的风俗习惯，这样做既对他们表示尊重，也不失礼节。

资料来源：王连义. 怎样做好导游工作. 北京：中国旅游出版社，1993.

3. 馈赠礼仪

礼品是沟通人际关系的润滑剂。馈赠礼品是人际交往中表达友情、敬重和感激的一种形式。正当的礼品馈赠是礼仪的体现，感情的物化，恰似无声的使者，给交际活动锦上添花，给人们之间的感情注入新的活力。

1) 馈赠的原则

馈赠礼品的方式尽管多种多样，目的也不尽相同，但均要遵循以下原则。

(1) 注重情意。李白诗曰"人生贵相逢，何必金与钱。"道出了礼轻义重的哲理。"礼尚往来"是为了表达感情。礼不在多，达意则灵，礼不在重，传情则行。庄子说过："君子之交淡如水，小人之交甘若醴。"应提倡以增进感情为目的送礼，反对以权谋"礼"型和行贿受贿的"馈赠"行为，努力营造"礼情义重"的气氛，使礼物真正成为亲朋交往中礼和情的载体。

(2) 因人而宜。因人而宜，投其所好，注重实用，把握适度，乃是送礼的要诀。例如，同是婚礼馈赠，对一位经济富裕而又富有文墨雅趣的亲友，与其送几百元礼金，倒不如送一幅喜幛贺联更合适；相反，如果受礼的亲友经济状况不怎么好，就应送礼金或实用的物品较为合适。为了使送礼得体，送礼之前应对受礼者的个性爱好、文化层次、风俗习惯、经济状况加以了解，这样送礼就能恰到好处。

(3) 赠受有度。在我国，一向提倡"赠有度，受有节。"就连西方发达国家也不提倡送重礼，何况我国是发展中国家，又是"礼仪之邦"，就更要把握好分寸。首先，要把握收与不收的分寸。一般来说，贵重礼品，对方破费较大而赠的礼品，应婉言谢绝；小件礼品，只表达对方心意、不含功利成分的礼品，可谢后笑纳。对于公务往来中的礼品应予以公开，并按规定上缴。其次，要把握退与不退的分寸。一般来说，亲友之间在节日喜庆期间的正常礼尚往来，本不存在谢绝或退回的问题。问题是"送礼"也是一种社会现象，也有不同的送礼目的。如果是以拉关系、走后门为目的的礼品，或者有贿赂嫌疑的钱物，应坚决拒收或退回，对打算退还的礼物应以不超过 24 小时为宜。

(4) 随俗避忌。送礼应适合当时、当地、当事人的心态和风俗。无论国内还是国外，都有一定的民俗禁忌，选择礼品应予考虑。例如，老人忌讳送钟，因为其谐音是"送终"；恋人之间忌讳送梨，友人之间忌讳送伞，因为有"离"、"散"之嫌；也不宜送刀，因为这有"一刀两断"之虞。在颜色上，有些国家以绿毛龟为宠物，而在我国则视为"戴绿帽的乌龟"，是对人的侮辱。在我国，红色代表喜庆，而在北非红色代表死亡。在数字上，我国有"好事成双"的说法，喜礼忌"单"，丧礼忌"双"。但我国的广东人和韩国、日本人忌讳"4"，因为"4"和"死"读起来相近。

2) 馈赠的艺术

(1) 注意品位。礼品赠送是一种艺术，送什么，送给谁，怎样送，这是必须考虑的问题。礼品除贵在表达情意外，礼品选择还要考虑它的时尚性、情趣性、纪念性和针对性，既要经济，又要新颖、精巧、耐人寻味。随着社会的进步，礼品由偏重物质内容到讲究文化品位，注重心灵感情的沟通。

(2) 选择时机。选择恰当的时机，可以使赠礼自然、亲切，如良辰、婚丧喜庆、临别远行、看望老人、谢客酬宾等，在这些时候赠送适当礼品，会使对方倍感亲切。馈赠如能选择最佳时机，就会产生"雨中送伞"、"雪中送炭"的时效性。只有在最需要时得到的才是最珍贵的，才是最难忘的。

(3) 运用技巧。馈赠的方式有 3 种：亲自赠送、托人转送和委托邮局或礼仪公司代赠。当然，一般情况下，应采取亲自赠送这种方式；赠送宜在宾主会面之初或分手道别之时；私人性的礼品不宜在大庭广众中进行；向数人赠送礼品若有厚薄或品种之分，最好分别赠送；在顺序上应由尊而卑或由近而远依次进行。

3) 受礼与答礼

受赠者在接受礼品之前，应当表示谦让，在对方诚意相赠时应神情专注、双手捧接，并握手致谢："谢谢您的美意！"受礼后不要把礼品随意放在一旁，而应视具体情况拆看或只看外包装，请赠礼者介绍礼品功能、特性和使用方法，以示自己对礼品的喜爱，还可说一些赞美的话。赠礼者听到受礼者的赞扬或感谢时，不宜只说"不用谢"之类的谦词，最好报以微笑说一句："我真高兴您喜欢它！"受礼者还须遵循"礼尚往来"的行为准则，择机回赠礼品，体现"投桃报李"。还礼宜选在对方有喜庆活动时或在此后登门拜访时。

阅读材料 4-9

馈赠礼品的时机

馈赠礼品有多种多样，选择恰当的时机，可以使馈赠礼品显得亲切自然。具体来说，主要有以下几种时机。

(1) 节假良辰。遇到我国传统节日，如春节、端午节、中秋节等，还有法定节日，如元旦、五一国际劳动节、六一儿童节、教师节、国庆节等都可以送些适当的礼物表示祝贺。

(2) 喜庆嫁娶。乔迁新居、过生日、生小孩、庆祝寿诞、结婚等，遇到亲友家中这些喜庆日子，一般应考虑备礼相赠，以示庆贺。社会上工作单位也有一些喜庆日子，如开业典礼、周年纪念、校庆、重大科技成果投产等，有关人士备礼相送表示祝贺与纪念，可以增加社交关系。

(3) 探视病人。亲友、同学、同事或领导有病，可以到医院或病人家中探望，带去一些病人喜欢的水果、食品和营养品等，表示关心。

(4) 亲友远行。自己的亲友或共事多年的同事调离到其他单位，甚至到异国他乡，为表示惜别之情，一般馈赠礼物，以表示友谊地久天长。

(5) 拜访、做客。这种时候可以备些礼物送给主人，特别是女主人或小孩。

(6) "感谢帮助"、"礼尚往来"、"略表寸心"。当你的生活或工作遇到困难得到别人的帮助，为了表示感谢之情，经常会送些礼品酬谢。

资料来源：何伶俐. 高级商务礼仪指南. 北京：企业管理出版社，2003.

4) 赠花礼节

花是美的化身，以花传情是中华民族古老的传统，而在今天，赠花寄情已成为人们社交生活中一种高雅文明的重要礼仪。

用花寄情，必须了解在什么情况下送什么花。

（1）祝贺新婚。宜送红玫瑰、百合花、红郁金香、并蒂莲等。夫妻间可送合欢（夜合欢），象征百年好合。

（2）祝贺生日。对中青年可送火红的石榴花、大红月季花、菊花、茶花等，含火红年华和前程辉煌的祝愿。为老人祝寿，可送万年松、寿星花、红枫、万寿菊、松柏、文竹、长寿花等，意寓祝老人健康长寿。

（3）走亲访友，送往迎来。可选含有喜庆吉祥寓意的鲜花，如金橘、水仙花、状元红、大丽花、万年青、吉祥草等，表达美好的祝愿。

（4）慰问德高望重的老者或离退休老人。可送兰花、君子兰、晚香玉、剑兰、红枫等，象征品质高洁，老有所为。

（5）探望病人。可送芝兰花，象征着"正气清运，贵体早康"，或者送马蒂莲、苍兰、水仙、满天星等，表示慰问、祝福康复。

（6）丧礼。宜送菊花、百合花、玫瑰、夜来香，颜色以白、黄为宜，对老龄死者，可送紫色。

（7）友人乔迁之喜。可赠文竹、米兰、君子兰、月季花、紫薇花，祝贺平安和兴旺。

（8）朋友新店开张，公司开业。可送牡丹、报喜花、吉祥花、红月季、大丽花、金达莱、步步登高、发财树等，祝事业发达，财源茂盛。

赠花过程中，也要讲究一定的礼仪，如应邀做客，鲜花通常送给女主人，而且先握手后赠花。如果为模范人物献花，或者向舞台上的演员献花，应双手送上，双目注视对方，面带微笑。作为受花者应注意的礼仪要点是：正身躬迎，面带微笑，目光正视，双手相接，仔细品赏，嗅闻再三，赞美道谢，轻微安放，及时护理，握手道别。

阅读材料 4-10

节日赠花

节日	花材名	主要寓意
春节 （正月初一）	松、竹、梅、百合、金橘、吉祥草、迎春花、万年菊、银芽柳、连翘、水仙	吉祥、欢乐、富贵
情人节 （2月14日）	红蔷薇、红玫瑰、红郁金香、勿忘我、扶郎、紫丁香、红掌、百合、红豆	爱情
清明节 （4月5日前后）	柏枝、三轮草、满天星、白色马蹄莲、白或黄色玫瑰、紫色勿忘我、千日草、白月季、栀子花、白菊花	追思、怀念不朽
端午节 （五月初五）	菖蒲、蛇鞭菊、银莲花、龙船花、茉莉花	避邪镇定、自励吉祥
中秋节 （八月十五）	桂枝、菊花、康乃馨、马蹄莲、长寿藤、绣球花、银柳	美满团圆

续表

节日	花材名	主要寓意
重阳节（九月初九）	松柏、龟背竹、万年青、鹤望兰、长寿花	健康长寿
母亲节（5月第二个周日）	红、黄、粉、白色系列的康乃馨（母亲之花）、萱草、勿忘我、满天星、羽扁豆、粉色牵牛花	母爱、关怀、忘忧
父亲节（6月第二个周日）	石斛兰（父亲之花）、黄杨、橘树、剑兰、万年青、柳树	坚毅、勇敢、宽容、大度
教师节（9月10日）	向日葵、木兰花、蔷薇枝、蔷薇花冠、悬铃木、粉红大丽花、白色马蹄莲、剑兰	灵魂高尚、才华横溢
圣诞节（12月25日）	一品红（圣诞红）、白美女樱、太阳菊、非洲菊、马蹄莲	驱魔除妖、庇佑、光明

资料来源：熊经浴. 现代实用社交礼仪. 北京：金盾出版社，2003.

4.4 涉外礼仪

随着我国改革开放的深入发展，国际交往的日趋频繁，与世界各国旅游者打交道的机会越来越多。因此，熟识礼仪很有必要，这会对旅游服务工作提供很大的帮助。

所谓涉外礼仪，是对涉外交际礼仪的简称。它是指在对外交往中，旅游从业人员用以维护自身形象，向交往对象表示尊敬与友好的约定俗成的习惯做法。涉外礼仪的基本内容就是国际交往惯例，它是参与国际交往时必须认真了解，并予以遵守的通行做法。

1. 涉外通则

1）维护形象，不卑不亢

在国际交往中，人们普遍重视塑造并维护自己的个人形象。个人形象真实地体现了一个人的教养和品位、精神风貌与生活态度，如实地表达了对交往对象的重视程度。有人说"涉外无小事，凡事应重视"。对这一点每一位旅游工作者都必须牢记。旅游工作人员在外宾面前的一言一行，都被外宾与中国和中华民族的形象联系在一起。所以，旅游业员工在外宾面前应该表现出从容得体，堂堂正正，既不要自大狂傲，放肆嚣张，也不要畏惧自卑，低三下四。在一般情况下，中国人待人接物讲究委婉恭谦。但实践表明，过分的谦虚并不为有些外宾所理解和认可，甚至对你产生虚伪感。因此，得体的做法是"不卑不亢"，既不自吹自擂、自我标榜，也不自我贬低，过分谦虚。

2）尊重对方，信守约定

"说话算数，许诺兑现"，这是国际交往中必须遵守的，是"取信于人"、建立良好人际关系的基本前提。为此必须注意以下3点。

（1）许诺必须谨慎。当自己向外宾提出建议、作出承诺，或者答应对方所提出的要求时，一定要深思熟虑，从自己实际能力及客观可能性出发，切忌不要心血来潮，许下自己难以兑现的诺言。

（2）约定务必遵守。在涉外交往中，必须真正做到"言必信，行必果"，自己的承诺一旦作出，就必须兑现，约定一经形成就，必须如约履行。

（3）承担违约责任。如果出现难以抗拒的原因而失约或违约，自己则不能躲躲闪闪，一避了之，而应当尽早主动地向对方通报，如实解释，郑重致歉，并按照规定和惯例，主动承担因违约而给对方造成的损失。

3）热情有度，尊重隐私

旅游业员工在对外宾热情服务的同时，要把握好具体分寸，主要是把握好下列4个方面的"度"。

（1）关心有度。在一般情况下，对外宾的关心和热情不宜过头，否则会使对方觉得我方工作人员管得过宽，碍手碍脚。

（2）距离有度。与外宾打交道时，与对方相距过远，会使对方感觉冷遇；相距过近，会使对方产生被"侵犯"之感。因此，应酬外宾时应视双方关系密切程度而与对方保持适度的空间距离。

（3）评论有度。在通常情况下，对待外宾的所作所为，只要不触犯我国的法律，不辱没我方的国格人格，就没有必要去评论其是非过错。

（4）举止有度。与外宾相处时的举止行为务必检点，不可过分随意，如拍肩膀，勾肩搭背，也不可采用不文明、不礼貌的言行触犯外宾的个人隐私，例如，许多外宾把个人的收入支出、年龄大小、恋爱婚姻、家庭住址、信仰政见等看做是"个人秘密"，所以在通常情况下与外宾交谈时不宜提及，千万不可自以为是，将"关心他人越过关心自己"这一中国式的热情做法滥放于外宾身上。

4）女士优先，以右为尊

（1）"女士优先"是国际公认的一条礼仪原则。它要求成年男士主动尊重、照顾女士，尽力为女士排忧解难，以体现男士的绅士风度。

"女士优先"礼仪具体体现在以下方面。

① 对来宾进行介绍时，通常应首先把男士介绍给女士；男女双方握手时，男士抢先出手被视为"犯规"，男士还需摘下帽子、脱下手套。

② 在室外男女并排行走时，男士应请女士走在内侧，以保证安全；纵向直行时，男士应请女士先行；"狭路相逢"时，男士应"礼让三分"，请女士先通过。

③ 参加社交聚会时，男士应先向女士问好；不允许男士坐着同站立的女士交谈；女士在场时男士不得吸烟。

④ 在发表演说或讲话时，通常的称呼是"女士们、先生们"，或"××小姐、××先生"。

⑤ 在交谊舞会上，男士不得回绝女士的邀请，而女士可以拒绝男士的邀请。

（2）"以右为尊"也是国际礼仪的普遍惯例。其在交往中不同场合的具体运用如下。

① 在并排站立、行走或就座时,主人主动居左,客人居右;男士居左,女士居右;晚辈居左,长辈居右,等等。当主人前往外宾下榻之处拜访或送行时,外宾在此时此地则"反客为主"了。

② 涉外宴会的桌次、席次排列,必须应用"以右为尊"的原则,通常以面对正门的方法定位,如设两桌,以右桌为主桌;设置多桌时,以宴会厅内面对正门时位于主桌右侧的桌次,应被视为高于左侧的桌次。

③ 国际会议的主席台上位次的排列,也讲究"以右为尊"原则,发言者所使用的讲台须位于主席台的右前方,这被视为给发言者的一种礼遇。

5) 注重环保,讲究文明

在国际交往中,是否注重环保被视为一个人是否有教养、是否讲文明的重要标志。因此,旅游从业人员在与外宾打交道时,应严于律己,自觉做到以下几点。

(1) 不毁坏自然环境。爱护树木花草,保护水资源,不随意污染空气等。

(2) 不损坏公物。对公共场所的一切公共设施,都要自觉爱护和维护,更不可窃为己有,独占享用,也不要在公共场所乱涂、乱画、乱刻。

(3) 不虐待动物。当今世界各国大多把动物当做人类的朋友看待,滥捕、滥杀、残害、食用野生动物的行为早已被法律所禁止。

(4) 不随地吐痰。做到痰进痰盂,或者做吐在纸巾中抛入垃圾桶内。

(5) 不乱扔废弃物。对废弃物品进行处置时,一般不要自行焚烧,更不能随手乱扔。

(6) 不随意吸烟。在涉外交往中,公共场合应尽量不吸烟,也不要向外宾敬烟,因为这是失礼和落后的表现。

(7) 不随意制造噪声。在公共场所讲话要轻声细语,切勿喧哗,也不要在不适当的场合引吭高歌。

2. 国宾迎送礼仪

对国宾迎来送往,是国际交往中最常见的礼节礼仪。能否善始善终地迎送国宾事关重大,因为它对事业的发展起着润滑剂、催化剂的作用。

1) 做好迎送工作准备

(1) 确定迎送规格。迎送规格的高低,通常是根据来访者的身份和目的来确定,适当考虑双方并同时注意国际惯例,进行综合平衡。

(2) 对参加接待的服务人员进行严格的挑选和必要的培训。

(3) 确定会见、会谈和宴请的地点、时间、人员、座次、程序、菜单等。

(4) 落实安全保卫工作,制订周密的警卫方案。

(5) 安排好来访者的下榻处和迎送车辆。

2) 国际通行的国宾迎送仪式

国际通行的迎送仪式包括的内容大致如下。

(1) 外国国家元首、政府首脑正式访问,迎送仪式一般在机场或车站举行,或者在特定的场所，如总统府、议会大厦、国宾馆等地方举行。

(2) 举行仪式的场所悬挂宾主双方的国旗，宾方挂在右边，主方挂在左边，并在领导人行进的道路上铺上红地毯。

(3) 身份相当的领导人和一定数目的高级官员出席，有的还通知各国或部分国家驻该国使节参加。

(4) 安排女青年或儿童在主要领导人与宾客握手之后献鲜花。

(5) 奏两国国歌，先奏宾国国歌，后奏本国国歌。

(6) 检阅仪仗队。

(7) 鸣放礼炮。

3) 我国迎送仪式的惯例

外国国家元首或政府首脑抵达时，由国家指派的陪同团团长或外交部的部级领导人及相当级别官员到车站或机场迎接，并陪同前往宾馆下榻。

国宾抵达北京的当日或次日，在人民大会堂东门广场举行隆重的欢迎仪式。

欢迎仪式为双边活动，不邀请各国驻华使节出席，中方由相当的国家领导人和有关部门负责人出席。

广场悬挂两国国旗，组织少儿列队欢迎，献鲜花，奏两国国歌，检阅仪仗队，鸣放礼炮。

国宾离开时，出面接待的国家领导人到宾馆话别，由陪同团团长或外交部领导人到宾馆话别，并陪同客人前往机场或车站码头等，或者陪同赴外地访问。

国宾到外地访问时，由省长或市长迎送，若省长、市长不在，则由副省长、副市长代行。

4) 民间团体的迎送

迎送民间团体，虽不举行官方正式仪式，但也需要根据客人的身份、地位，安排对口部门对等身份的人员前往接待，并事先在机场或车站、码头安排贵宾休息室，准备茶水饮料。

对一般客人的迎送，主要是做好各项安排，如果是大批客人，要准备特定的标志性的牌子或小旗，以便同客人接洽。客人抵达后，应给客人留一点更衣、盥洗和稍事休息的时间，不宜马上安排活动。机场迎接程序如图 4-1 所示。

3. 会见与会谈礼仪

1) 会见

会见是国际交往中常采用的礼宾活动形式，一般也称接见或拜会。凡身份高的会见身份低的，或者主人会见客人，称为接见或召见；凡身份低的会见身份高的，或者客人会见主人，一般称为拜会或拜见。

(1) 会见的分类。会见就其内容来说，可分为以下 3 种。① 礼节性会见，时间较短，话题较为广泛；② 政治性会见，一般涉及双边关系、国际局势等重大问题；③ 事务性会见，是指一般外交事务安排、业务商谈等。

(2) 会见的安排。会见通常安排在会客厅或办公室。各国的会见礼仪形式和程序不尽相同。我国习惯在会客厅会见，来宾坐在主人的右侧，其他客人按礼宾顺序在主宾一侧就座，

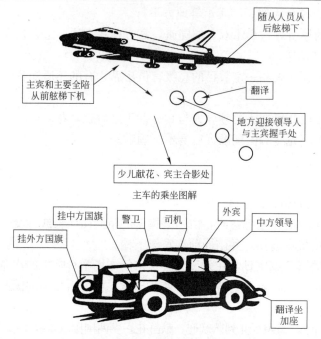

图 4-1 机场迎接程序图解

主方陪见人在主人一侧就座,座位不够可在后排加座。

(3) 会见的服务规程。当宾客到达时,接待人员要利用主人到门口迎接的间隙,迅速整理好茶几上的物品和沙发上的花垫。

宾主入座后,由接待人员从主宾处开始递毛巾,先宾后主,递毛巾时要热情地道一声"请",宾客用完毛巾,要及时收回。如果会见中招待冷饮,上完毛巾后接着上冷饮,冷饮品种要齐全,摆放要整齐,请宾客自选。

会见期间的续水一般是半小时左右一次,礼宾程序与上毛巾相同。续水应用小暖瓶,并带一块小毛巾。

调节室内的光线和温度。

会见结束后,要及时打开厅室门,并对活动现场进行检查。会见室布置如图 4-2 所示。

2) 会谈

(1) 会谈的含义及分类。会谈是指在正式访问中,双方或多方就某些比较重大的政治、经济、文化、军事等共同关心的问题交换意见,或者就具体业务进行谈判

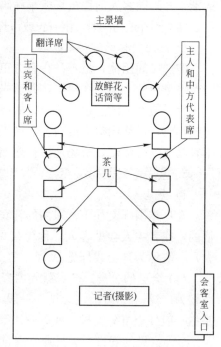

图 4-2 会见室布置示意图

的活动。一般来说，会谈的内容较为正规，可分为政治性会谈和专业性会谈两种。洽谈公务属于专业性会谈。会谈的方法可分为双边谈判和多边会谈。

（2）会谈活动的特点。会谈的双方或多方主要领导人的级别、身份原则上是对等的，所负责的事务和业务也是对口的。例如，外国由总统、总理率领的代表团参加会谈，我方则由国家主席、总理出面；外方是外交部长出席，则我方也由外交部长出席。

会谈内容的政治性和业务性较强，要特别注意保密。

国事会谈还须悬挂双方国旗。

（3）会谈的位次安排。双边会谈的位次安排有横桌式与竖桌式两种。

横桌式：将长条桌或椭圆桌横放在会谈室内，客方人员面门而坐，主方人员背门而坐。主人与主宾面对面居中，双方其他人员依身份高低，各自先右后左，自高而低地分坐于自己一方。横桌式会谈室布置如图4-3所示。

竖桌式：将长条桌或椭圆桌竖放在会谈室内，以进门的方向为准，右侧由客方就座，左侧由主方就座，其他方面基本与横桌式排位相仿。竖桌式会谈室布置如图4-4所示。

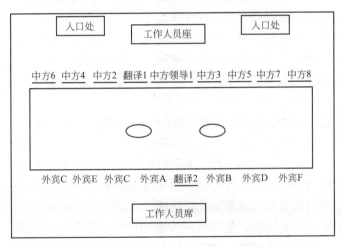

图4-3 横桌式会谈室布置示意图

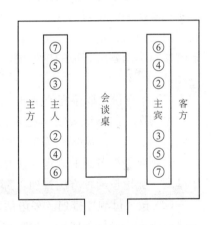

图4-4 竖桌式会谈室布置示意图

多边会谈的位次安排，主要有两种：①主席式，即某一方发言时，才可以走上主席之位；②自由式，即会谈各方自由就座，不具体安排位次。多边会谈时摆成圆形、方形均可。

阅读材料 4-11

信 守 约 定

国内有一家企业前往日本寻找合作伙伴。到了日本后，通过多方努力，终于寻觅到自己的"意中人"——一家具有国际声望的日本大公司。经过双方商定，首先草签了一个有关双边合作的协议。当时，在中方人士看来，可以算是大功告成了。

到了正式草签中日双方合作协议的那一天，由于种种原因，中方抵达签字地点的时间比约定时间晚了 15 分钟。当他们快步走进签字厅时，只见日方人员排成一行，正在恭候他们的到来，还没等中方人员作出关于迟到原因的解释，日方的全体人员整整齐齐地向他们鞠了一个大躬，然后集体退出签字厅。双方的合作就此结束了。事后，日方的解释是"我们绝不会为自己找一个没有时间观念的生意伙伴。不遵守约定的人，永远都是不值得依赖的。"

资料来源：金正昆. 涉外礼仪教程. 北京：中国人民大学出版社，1999.

4. 礼宾次序与国旗悬挂

1) 礼宾次序

礼宾次序是指国际交往中对出席活动的国家、团体、各国人士的位次按某些规定和惯例进行排列的先后次序。一般来说，礼宾次序体现东道国对各国宾客所给予的礼遇，在某些国际性的集会上则表示各国主权地位的平等。礼宾次序安排如有不当，会发生争执与交涉，甚至可能影响国家之间的关系。因此，在涉外活动中对礼宾次序应给予高度重视。

礼宾次序的排列，尽管国际上已有一些惯例，但也有各国自己的做法。有些已由国际法或国内法律所肯定，如外交代表位次排列，在《维也纳外交关系公约》中就有专门规定。很多国家对本国各级官员的排列也常用法律形成固定下来。一般来说，礼宾次序排列主要有以下几种。

（1）按身份与职位高低排列。这是礼宾次序排列的主要根据。一般的官方活动，通常是按身份与职位的高低来安排礼宾次序，如国家元首、副元首、政府总理（首相）、副总理（副首相）、部长、副部长等顺序排列。由于各国的国家体制不同，部门之间的职务高低不尽一致，则要根据各国的规定，按相应的级别和官衔进行安排。在多边活动中，有时按其他方法排列。无论按何种方法排列，都必须考虑身份与职务高低的问题。

（2）按字母顺序排列。多边活动中的礼宾次序，也常采用按参加国国名字母顺序排列，一般以英文字母排列居多，少数情况也按其他语种的字母顺序排列。对于第一个字母相同的国家则按第二个字母排列，依次类推。联合国大会的席位次序是按英文字母排列的，为了避免一些国家总占据前排席位，每年抽签一次，决定本年度大会席位以哪个字母打头，以便让各国都有排在前列的机会。在国际体育比赛中，体育代表团（队）名称的排列，开幕式入场的顺序一般也按各国名字母顺序排列，东道国一般排列在最后。

（3）按通知代表团组成的日期先后排列。在一些国家举行的多边活动中，按通知代表团组成的日期先后排列礼宾次序，也是国际上经常采用的方式之一。东道国对同等身份的外国代表团，按派遣国通知代表团组成的日期排列，或者按代表团抵达活动地点的时间先后排列，或者按应邀派遣代表团参加活动的答复时间先后排列。无论采取何种方法，东道国在邀请书中都应予以明确注明。

在实际工作中，遇到的情况往往是复杂的，有时不能按一种方法进行，而是几种方法交叉使用，并考虑其他因素，包括国家间的关系、地区所在、活动的性质与内容、对活动的贡献大小，以及参加活动者的威望、资历等。例如，有的把同一国家集团的、同一地区的、同一宗教信仰的或关系特殊的国家的代表团排在前面或排在一起。对同一级别的人员，常把威望高、资历深、年龄大的排在前面。总之，在礼宾安排工作中，全面、周到、细致、耐心、慎重地考虑，设想多种方案，以避免因礼宾次序方面的问题引起不必要的外交误解或麻烦。

2）国旗悬挂

国旗是一个国家的象征和标志。人们通常通过悬挂国旗来表示对祖国的热爱或对他国的尊重。在我国，悬挂我国国旗与外国国旗时，必须让其遵守《中华人民共和国国旗法》及其他方面的有关规定。庄严成为悬挂国旗的惯例，为各国所公认。

按国际关系准则，一国元首、政府首脑在他国领土上访问，在其住所和交通工具上悬挂国旗，是一种外交特权。东道国接待来访的外国元首、政府首脑时，在隆重的场合、贵宾下榻的宾馆、乘坐的汽车上悬挂对方（或双方）的国旗，这是一种礼遇。

在国际会议上，除会场悬挂与会国国旗外，各国政府代表团团长亦按会议组织者的有关规定，在一定场所或车辆上悬挂本国国旗。有些展览、体育比赛等国际性活动，也往往悬挂有关国家的国旗。

在建筑物或室外悬挂国旗，一般应当日出升旗、日落降旗。遇到需要悬旗致哀时，通常的做法是降半旗，先将旗升到杆顶，再降旗，降幅约为杆长的1/3。日落降旗时，需先将旗升至杆顶，然后再降下。升降国旗时，服装要整齐，要立正脱帽行注目礼。

悬挂国旗在具体操作上，应注意不同的悬挂方法，大致有以下几种。

（1）并列悬挂。悬挂双方国旗，以右为上，以左为下，以旗本身面向为准，客方国旗在右，本国国旗在左；汽车上挂国旗，则以汽车行进方向为准，驾驶员左手为主方，右手为客方。

由于各国的国旗图案、样式、颜色、比例不尽相同，如果用同样的尺寸制作，两国国旗放在一起就会显得大小不一，因此遇到不同比例的国旗应将其中一面略为放大或缩小，以使旗帜的面积大致相同。两国国旗并挂如图4-5所示。

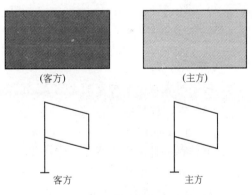

图4-5　两国国旗并列悬挂示意图

（2）交叉悬挂。双方国旗可以交叉摆放在桌面之上，或者交叉悬挂在墙壁之上。两国国旗交叉悬挂如图4-6所示。

（3）竖式悬挂。双方国旗可被竖着悬挂在墙壁之上，双方国旗均以下面在外，旗套在上。值得注意的是，有些国家的国旗由于文字和图案的原因不能竖挂，如要竖挂则需另行制作,将图案转正。两国国旗竖式悬挂如图 4-7 所示。

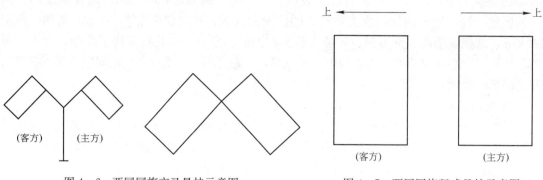

图 4-6 两国国旗交叉悬挂示意图　　　图 4-7 两国国旗竖式悬挂示意图

本章介绍了旅游服务人员行为礼仪的基本常识和具体做法,主要是见面时的问候、称呼和介绍礼节礼仪;迎送宾客时的握手、脱帽、鞠躬、亲吻与拥抱礼节礼仪;沟通与交流方面的交换名片、请柬、聘书、电话、传真、信函、电子邮件、馈赠礼节礼仪;涉外礼仪包括涉外礼仪的5项通则,国宾迎送时的服务规程,会见与会谈的含义与服务礼仪,外交仪式的服务规范,礼宾次序与国旗悬挂法在涉外活动中的运用等,有助于规范旅游服务人员文明服务的行为,提高服务质量。

思考与练习

一、单项选择题

1. 握手时表现出某种支配、驾驭感的一种掌势是(　　)。
   A. 掌心向下　　　　　　　　B. 双手相握
   C. 掌心向上　　　　　　　　D. 手掌呈垂直状态
2. 下列哪一种情形违背了女士优先的原则(　　)。
   A. 为女士开车门　　　　　　B. 让女士点菜
   C. 出门做客由女士起立告辞　D. 拥挤地方让女士先行
3. 在机场、商厦、地铁等公共场所乘自动扶梯时应靠(　　)站立,另一侧留出通道供有急事赶路的人快行。
   A. 左侧　　　　B. 右侧　　　　C. 中间

二、多项选择题

1. 在人际交往中,一般被他人介绍到的人应起立致意,可以例外的情形是(　　)。

A. 上级　　　　　B. 女士　　　　　C. 客人　　　　　D. 长辈
2. 握手礼人们常用,一般情况下哪些做法不符合礼节规范(　　)。
   A. 交叉握手　　B. 戴着帽子握手　C. 戴着礼服手套握手　D. 边走边握手
3. 在递交名片时,应注意的礼节是(　　)。
   A. 应由下级先递出名片
   B. 来宾人数比较多时只递给年长者和身份高者
   C. 应由女士先递出名片
   D. 递交名片时一般应立正双手递出

三、判断题（正确的画　　,错误的画×）
1. 按照国际惯例,在职场交往中应该把男士介绍给女士,把下级介绍给上级。（　　）
2. 有客来访的情况下,在迎送客人时,主人应该主动跟客人握手。（　　）
3. 通话结束,一般由主动发话的一方结束谈话并先挂断电话。（　　）

四、自测题
学习了本章的_____
_____
其中,令我感触最深的是_____
_____
_____,过去,我的习惯是_____
_____
_____。现在,我知道了应该这样做:_____
_____。
因此,我制订了我的礼仪提高计划:_____
_____
_____。

五、实训题
1. 电话服务礼仪训练
（1）实训安排如表4-1所示。

表4-1　实训安排

实训时间	被叫服务礼仪、主叫服务礼仪各0.5小时,共计1小时
实训目的	掌握电话服务的基本礼仪和技巧
实训要求	严格按照实训规范要求进行

（2）实训准备:电话机、写字台、办公室。
（3）操作规范如表4-2和表4-3所示。

表4-2 被叫服务礼仪训练

实训内容	操作标准	基本要求
被叫服务礼仪	(1) 接听电话，必先使用问候礼貌语言"您好"，随后报出自己所在单位"这里是×××" (2) 通话中发音要自然，音调要柔和、热情、愉快，音量适中，带着笑容通话效果最佳 (3) 认真倾听对方的讲话，为表示正在倾听，应不断以"好"、"是"等话作为反馈 (4) 重要的电话要做记录 (5) 接到找人电话应请对方稍等，尽快去叫人；如果要找的人不在，应问问"有事需要我转告吗？"或"能告诉我您的电话号码吗？等他回来给您去电话好吗？" (6) 接电话时遇到访客问话，应用手势表示稍等 (7) 若接听的是邀请电话或通知电话，应致谢 (8) 通话完毕，互道再见，应让打电话者先收线	耐心、热情、礼貌、负责任

表4-3 主叫服务礼仪训练

实训内容	操作标准	基本要求
主叫服务礼仪	(1) 打电话前，应准备电话内容，接通后应简单说明问题，不要占太长时间 (2) 如通话时间较长，应先征询对方意见现在是否方便接听 (3) 应先报出自己所在单位和姓名 (4) 通话中发声要自然，音调要柔和、热情、愉快，音量适中，带着笑容通话效果最佳 (5) 认真倾听对方讲话，为表示正在倾听并理解对方意思，应不断以"好"、"是"等话语作为反馈 (6) 打给领导者的电话，若是秘书或他人代接，应先向对方问好，然后自报姓名、单位及职务，并说明自己的目的，若领导人不在可询问或商议一下再打电话的时间	耐心、热情、礼貌、负责任

2. 见面礼仪训练

(1) 实训安排如表4-4所示。

表4-4 实训安排

实训时间	每个项目各0.5课时，共计1.5课时
实训目的	熟练掌握见面礼仪，使之成为生活习惯
实训要求	严格按实训步骤练习

(2) 实训准备：场景、录像带、各式"礼品"模仿品。
(3) 操作规范如表4-5、表4-6、表4-7所示。

表4-5 称呼礼仪训练

实训内容	操作标准	基本要求
称呼礼仪	(1) 在相互熟悉的情况下，用得较多的是标准式："您好"、"各位好"、"大家好" (2) 在不太熟悉的情况下或为了表示尊重，一般用时效式："早上好"、"下午好"、"节日好"、"生日快乐" (3) 如果打招呼者不止一人，可统一打招呼，由尊而卑或由近而远地打招呼	热情 规范 适当

第 4 章　旅游服务人员行为礼仪

表 4-6　握手礼仪训练

实训内容	操作标准	基本要求
握手训练	（1）方式：两人相距约一步，上身稍向前倾，伸出右手，拇指张开，四指并拢，手掌相握 （2）时间：一般礼节性握手，两手稍稍用力一握，3～5 秒即可 （3）规则：年长者与年幼者、女士与男士、已婚与未婚、上级与下级、主人与客人，应由前者先伸手，后者再相握	动作要专注，不可应付、敷衍

表 4-7　鞠躬礼仪训练

实训内容	操作标准	基本要求
鞠躬训练	（1）问候时：以腰部为轴，上体前倾，同时双手在体前，右手搭在左手上，视线落在对方鞋头部分，行 15 度左右的鞠躬礼 （2）迎客时：基本动作同上，行 30 度的鞠躬礼 （3）送客时：基本动作同上，行 45 度或 60 度鞠躬礼	据具体情形采用

第 5 章

旅游服务人员服务礼貌用语

学习目标

基本掌握旅游服务人员礼貌用语的特点、内容和培养良好礼貌用语习惯的途径。
了解语言艺术与修养的基本要求,掌握言谈的基本礼仪。

5.1 双向沟通理论

双向沟通理论是服务礼仪的重要理论支柱之一。它的中心内容是主张以相互理解作为服务人员与服务对象彼此之间进行相互合作的基本前提。双向沟通理论认为,离开了服务人员与服务对象彼此之间的相互理解,服务人员要向服务对象提供令人满意称心的良好服务,通常都是没有太大可能的。

1. 理解服务对象

在服务中,针对不同的服务对象,应当遵守不同的礼仪规范,倘若张冠李戴,就会闹出笑话。正所谓具体问题具体分析,就是强调旅游服务人员要理解服务对象。

服务对象性问题在服务礼仪中是十分重要的。例如,在涉外服务中,为外国友人服务时,讲究的位次排列规范是"右高左低"。在请外国友人就座时,应当根据这一规则安排尊卑位次。然而,在国内的交往中,即与国人进行会面时,往往按照中国人自己的规矩"左高右低"来排列座位的尊卑。不同场合的不同位次尊卑顺序,就是人们所强调的服务对象性问题。服务对象性问题归根结底是关于角色定位的问题。

角色定位理论认为,每一个人在日常工作与生活中都扮演着一定的角色,在不同的场合,人们往往扮演着不同的角色。所谓社会角色、生活角色或性格角色,实际上是在不同的场合,或者依据不同的标准,对人们进行的一种定位。而所谓定位,一般是指将人或事物放在一定的位置上,并据此作出相应的评价。定位相对来说是比较稳定的,因此服务礼仪中的角色定位作为社会学中的一个概念,实则是根据角色的性质与内容来确定自己在交往中的具体行为和所需遵守的规范。角色定位包括两层含义:自我定位和给服务对象定位。前者是指给在服务中的自己定位，从而明确自己应该做什么，应该怎么做，能做什么；后者则是指给服务对象定位，明确服务对象会做什么，不会做什么，需要做什么，不需要做什么。在服务中，只有在明确自己与服务对象所扮演的角色的基础上，服务才能顺利进行。服务对象性和角色定位还应当注意一点，即服务对象的角色往往不是一成不变的，因为角色定位的稳定性是相对的。这就需要在服务中进行仔细观察，根据变化了的情况进行随时调整。例如，中国人的饮食习惯往往有一定的地域特征。在人们的印象中，四川人是喜欢吃辣的。因此，导游人员在服务过程中，考虑为服务对象提供午餐或晚餐时，为表达自己的尊重之意，往往提议用川菜。可实际上，四川人爱吃辣味这一特点并不具有普遍性。有些四川人因为个人身体原因或不同的饮食习惯，其实并不爱吃辣，甚至讨厌辣味食物。在服务中，给服务对象定位不能过于武断和一成不变，而要具体情况具体分析。

2. 加强相互理解

加强相互理解是指服务人员在服务中对必须遵守的规则的理解、遵守和运用。任何交往都必须遵守一定的规范。这些规范有的是成文的，如公司或单位用明文规定的办公纪律；有的是不成文的，体现为日常生活中人们普遍遵守的道德规范和行为准则。前者因其规定的明确性而易于掌握；后者成型于人类社会的发展历程之中，实际上是文化的一种表现形式，因此是较难理解和掌握的。尤其在跨文化交往中，不同的文化孕育出不同的规范，致使人们往往需要克服不同服务规范的差异，因而面临着较多的困难。对于国内服务对象来说，是能有较为广泛的共识的。在服务中，对于一些中国式的规范应该了如指掌。例如，春节期间，见面后问候一句："新年好！"，或者说一句"恭喜发财"，都是中国式的礼节。在服务中对这些基本理解的掌握是必要的，但中国有960万平方公里的辽阔土地，生活着56个民族的同胞，不同的地区和民族有着不同的服务规范。对于一个交往频繁的现代人而言，了解不同民族、地区的基本服务规范显得越来越重要。例如，少数民族在重要的场合往往会穿着具有民族特色的盛装出席，以示重视和尊重。在交往中，人们应当对此有一定的了解，尊重对方的风俗习惯，切不可大惊小怪，甚至肆意取笑。事实上，在中西方之间有一些规则性差异不是由宗教或民族造成的，而是由生活习惯的差别、社会发展程度的不同，或者对事物固有的看法的差异所引起的。例如，中国人有一句普遍的问候语："您吃了吗？"这就和外国人的"您好"相类似，并没有什么别的意思。然而，在外国人听来，就是有人想请客吃饭，于是他很可能会告诉你："没有，您请我去哪儿？"那你就骑虎难下了。而外国人见面时经常夸奖别人："您今天很漂亮。"这就和"您吃了吗"一样普遍。您只要一句"谢谢"就足够了，没有必要继续说："是吗？我这条裙子是刚买的，不错吧？"在国际交往中，人们常常有疑问："为什么我们一定要遵守国际上的一些交往惯例？外国人难道就不能遵守中国的惯例吗？"这一方面涉及交往中的互相尊重问题。加强相互理解的成功关键，往往是比对方更早、更好地表达出对对方的尊重。之所以提倡在与外国人打交道时尊重对方的规范，就是希望能让对方先感觉到对他的尊重，从而在服务中占得感觉上的主动优势。另一方面，也是最重要的原因，由于社会发展程度的不同，我们国家在很多方面都落后于发达国家，服务礼仪规范也是如此。

国际规范之所以成为国际性的，就在于它有其合理性，有适应现代社会发展需求的理由。中国的现代化建设在客观上需要人们遵守相应的国际规范，只有在保持自己传统规则中合理成分的同时，遵守和借鉴相应的国际规则，才能真正融入整个世界。例如，西装是从国外引进的服装，在如何穿西装打领带的问题上，外国人理应比中国人有更多的体会和心得，因而外国的相关规范就值得去借鉴，而不能随便创造出中国特色的穿着方法，否则就会被国际友人笑掉大牙。有的男士总是留着西装袖口的商标，以显示其是"正宗名牌"，却在无形之中给人留下了"老土"的印象。中国人还有一个不太好的习惯，就是乐于改装国际社会的一些规范，在让人目瞪口呆之际却自我感觉良好。例如，中国人从20世纪90年代以后开始形成了一种自创的喝红酒的方式，即把红酒和雪碧兑在一起喝。这种喝法不仅破坏了已有悠久历史的红酒品尝习惯，完全享受不到红酒真正的美味，而且还让外国酒商痛心不已，让外国人大惑不解。归根结底，就是对服务礼仪了解不够、体会不深。

3. 建立沟通渠道

人们在社会交往过程中发生着各种关系，主要有经济关系、政治关系和道德关系，三者构成了人们的社会关系。这些关系的形式，无论是个体间的交往，或者群体间的交往，还是团体与个体间的交往，也无论在交往中体现的是何种关系，都与"礼"有着共同的联系。日常生活里的问候、探望、寒暄、道别，以及迎来送往、信函交流等行为，家庭中的长幼辈分之分，社会中的职位高低之别，社会与家庭内外一切人际交往行为都须合乎"礼"的要求。在人际交往中，为了维护自身利益，人们在行为方式上往往不同程度地带有"利己排他"的倾向。这就必然会使交往双方发生不同程度的矛盾和冲突。一旦人际关系中出现不和谐，或者需要作出新的调节，往往要借助于某些礼仪形式、礼仪活动。例如，宴请、联谊、联欢活动的开展，可以促进健康良好的人际关系的建立和发展。礼仪的原则和规范约束着人们的动机，指导着人们立身处事的行为方式，从而很好地协调着人与人之间的关系、人与社会的关系，使人们在相互理解、相互尊重的前提下友好相处，使社会秩序井然有序。

4. 重视沟通技巧

在双向沟通理论中，有的内容是一些不易被人掌握的技巧性艺术，人们称之为沟通技巧。沟通技巧之所以重要，就在于它能使人在不动声色中赢得交往对象的信任，与对方达到沟通的目的。因此，人们往往把沟通技巧称为"待人接物之道"。其"道"，既意味着掌握这些技巧有一定的难度，需要服务人员在日常工作中不断积累，同时也意味着这些技巧的重要性，掌握了这些技巧，服务往往就能顺利进行。

沟通的技巧更多地体现在谈话之中，因为语言是沟通最重要的工具。例如，有女士打听从中国人民大学骑车去北京大学该怎么走，人们往往会告诉她：出了东门，过天桥到马路东面，往北走，到了某某大厦所在的路口，然后过天桥往西走，走大概几百米以后就会看见北京大学的南门。许多女士如果听了这个指点后直接上路，相信在1小时之内是不会找到北京大学的。原因很奇妙，科学家经过研究发现，女士的思维是平面思维和形象思维，她们的方位感比较差，往往不分东南西北，而只对前后左右有印象。如果告诉这位女士：出了中国人民大学的正门,过天桥向左沿着马路走,走到某某大厦所在的路口往左拐,走几百米后往右拐,就到了北京大学。在这样的指点下,这位女士就很容易到达目的地了。

沟通的技巧也体现在人们的举止中。例如,当与服务对象共同乘坐电梯时,就应当谦恭地让对方先进先出,并以手势略作指引状,口说"请"字。这样的举止是必要的,它能自然地表现出一个人的礼貌与教养,以及对对方的尊重。再如,当服务对象递上名片时,一个人的举止尤为关键。有的人接过名片后,根本就不去看,直接收起来;有的人甚至直接把名片随意塞入口袋或丢在桌上;有的人在接过名片时还在和其他人进行交谈。这些举止都是对客人不重视、不尊重的表现,会让客人感到极为不悦。人们应当知道,对方给你名片是希望你对其身份和地位有一定的认识,因此接名片的人不能"不解风情",在接过名片后至少应当通读一遍,以表示尊重。

沟通的技巧还体现在人们对一些特定交往规则的理解上。成功的交往有赖于交往双方对一些规则的理解和共识。例如,不同的车上位次的尊卑排列是不同的。如果负责接待某位乘车前来的素未谋面的贵宾,就应当对车位的尊卑有相当的了解,在贵宾到来时,马上能根据车上不同座位的人判断出谁是贵宾,谁是陪同人员。有的人往往根据面相来判断,认为哪位长得像领导,哪位就是贵宾。这种做法经常出错,引起对方的不满。而有的人更是不管三七二十一,直接上去询问:"哪位是×××?"这种做法使对方觉得对其极不重视,接待工作过于草率,也不够礼貌。而如果对乘车礼仪有一定的了解,就不会犯这样的低级错误。再如,在会谈中,如果客人想上洗手间,他往往不会直接"坦白",而采取隐晦的手法:"对不起,我去打个电话。"了解交往规则的人就明白,这种说法是典型的为避免尴尬而采取的做法,听到对方这样说就没有必要去"关照"对方。而一些不懂服务规则的人就显得比较"积极":"别去找电话了,这儿有。"或者直接说:"没关系,您在屋里打吧,挺方便的。"说话的人自以为是对对方表示尊重,其实是使得对方陷入了尴尬。归根结底,还是因为缺少沟通的技巧。

阅读资料 5-1

生活中实用的社交技巧礼仪

与人交往未必如想象中那么难,只要愿意,就能做得很好。下面是一些实用的社交技巧。

1. 你应该做的事情

(1)发起谈话。在交往中大多数人都等着别人先开口。打破僵局,就成功了一半。

(2)微笑。如果你板着脸,没有人愿意接近你。应快乐地和别人共处。如果你和别人一起时总是很快乐,别人也愿意和你在一起。偶尔表达认同,微笑一下,点点头,就这么简单。融入气氛,并不是让你失去个性,如果你可以让自己属于这里,生活会简单一些。

(3)倾听。交流,而不是没话找话。找感兴趣的话题,不要总是问天气打哈哈。

(4)保持眼神交流。

(5) 运用肢体语言。
(6) 做好准备。如果你什么都没做,可能也没什么好和别人聊的。
2. 你需要避免的事情
(1) 被电话牵着鼻子。没什么比在和人讨论时被电话打断更令人讨厌的了,你可以稍后再打回去。
(2) 偶尔心不在焉。和前面的偶尔表示认同刚好相反。
(3) 避免没话找话。别总是"吃了吗?",肯定吃了,就别这么无趣了。
(4) 酩酊大醉。聚会时喝得不省人事对你没什么好处。
(5) 百般挑剔。评论一下别人对音乐的口味没什么,但别老这样。
(6) 以貌取人。在你了解一个人之前,最好不要轻易作出评价。
3. 谈话中应该避免的问题
想要提高谈话的技巧,最好尽量避免下面这些问题。
(1) 不听别人说话。
(2) 问太多的问题。
(3) 冷场。
(4) 词不达意。
(5) 插嘴。
(6) 较真儿。
(7) 谈论不适合的问题。
(8) 乏味。
(9) 对别人的话没反应。
(10) 不积极参与。
资料来源:百科大全网. 商务礼仪.

5.2 礼貌用语的概念和作用

礼貌用语是旅游接待人员在接待宾客时需要使用的一种语言。它具有体现礼貌和提供服务的双重特性,是旅游接待人员用来向宾客表达意愿、交流思想感情和沟通信息的重要工具。旅游接待服务的过程,就是从问候宾客开始,到告别宾客结束。语言是完成各项接待工作的重要手段。因此,旅游接待人员的语言修养是十分重要的,正确地使用礼貌用语应成为每一个旅游接待人员的职业习惯。

1. 礼貌用语的概念

语言是社会交际的工具,是人们表达意愿、思想情感的媒介或符号。旅游接待工作离不开语言，服务语言离不开礼貌。礼貌用语是一种对宾客表示友好和尊敬的语言。

俗话说："良言一句三冬暖，恶语伤人六月寒。"这句话形象地概括了使用礼貌用语的重要性。旅游接待服务过程，就是从问候宾客开始，到告别宾客结束。语言是完成这一过程的重要手段。因此，必须十分讲究语言艺术。而使用以礼貌为基调的服务语言时，还要强调4个要素，即"以宾客为中心"、"热情诚挚的态度"、"精确通俗的内容"、"清晰柔和的表达"，它构成了一个中心、三个基本点的"金三角"关系，是通过礼貌用语来进行优质服务的前提条件。

2. 礼貌用语的作用

在旅游接待与交际中，并不是所有的语言符号都能被称为礼貌用语，而必须是能够巧妙地、熟练地运用旅游交际中的各种语言符号，畅通信息传播、调节与宾客的关系，形成友好的交际情感氛围，激发旅游者行为，树立旅游接待人员个人和组织的形象，才可以被称为礼貌用语。

1) 畅通信息传播

在旅游接待服务和与客人交往时语言的信息传播，不仅要传递信息，还要具有"物理效应"——精确、准确、清晰，而且要注意传播信息时能引起最佳的"心理效应"，即要引起对方的"愉悦"和"互动"。因此，在特定的语言环境中，不能把多余信息完全删除。因为，语言所传递的信息必须与接受者的接受力相符合，才能为接受人所理解。如果语言信息量大于接受者的接受力，则信息传递会受阻。在旅游交际活动中，信息传递受阻的情况时有发生，要改变这种状况，就需运用礼貌用语，发挥它的"心理效应"。例如，在电话总机应接所服务中，"您好"两个字，表面上看是属于多余信息，但却易为接受者所接受。

阅读资料 5-2

"您还要饭吗？"

在某地一家饭店餐厅的午餐时间，有一个来自台湾的旅游团在此用餐。当服务员发现一位70多岁的老人面前是空饭碗时，就轻步走上前，柔声说道："请问老先生，您还要饭吗？"那位先生摇了摇头。服务员又问道："那先生您完了吗？"只见那位老先生冷冷一笑，说："小姐，我今年70多岁了，自食其力，这辈子还没落到要饭吃的地步，怎么会要饭呢？我的身体还硬朗着呢，不会一下子就完的。"由此可见，由于服务员用词不合语法、不合规范，也不注意对方的年龄，尽管出于好心，却在无意中伤害了客人，这不能怪客人的敏感和多疑。

资料来源：第一团队酒店招聘网．酒店经营案例．

2) 协调与宾客的关系

旅游者希望在旅游活动中得到审美享受，良好的人际关系及情感体验是旅游者审美的基本要求，而良好的情感体验不仅依赖于自然景观和人文景观之美，更依赖于礼貌用语的魅力,以及由此形成的与客人之间的良好关系。例如,在一家宾馆的餐厅里,一名餐厅服务员为同一旅游团体里不分位次的10人餐桌服务,其中有一沉默寡言的英国人。倒酒、分菜按规定顺序进行,3次恰好最后一人都轮到这位沉默寡言的先生。这位客人突然发难,将餐具往桌子上一放,正色地说"小姐,为什么总是最后才轮到我?是否我应该受到这种歧视?"事情突然,出人意料,回答不好就会弄成僵局,闹出一场不愉快。经验丰富、礼仪周到的服务员没有多加解释,仅甜甜一笑说:"先生,您大概还不了解我们的习惯,我总是把最后一位客人当做重点来接待的,把您留在最后是尊敬您呀。现在您吩咐吧,需要我为您做点什么?"一场骤然而起的风波,在轻松的礼貌用语中化解了。

3) 激发旅游者的行为

从旅游产品的促销而言,礼貌用语运用的目的,不仅是要打动接受者的心,而且要最终消除疑虑,毅然购买所宣传的旅游产品。例如,一位港商到某酒店餐厅请客,点菜时有一道"沙嗲鸡翅",菜单上明明是这样写的,上桌时经理却当众介绍说:"这道菜的名字是'飞黄腾达'。"于是主人大喜,兴头上连订了两桌酒席,头道菜就是"飞黄腾达"。并且,客人表示下次还要住在该酒店。语言艺术在这里成为成功的推销术。又如,微笑,是一种礼节,也是一种礼貌用语,微笑是对人的尊重、理解和奉献。在旅游企业经营管理中,微笑服务关系到企业经营的成败。美国希尔顿旅馆业创始人唐纳·希尔顿对下属问得最多的一句话是:"你今天对顾客微笑了吗?"他确信,微笑将有助于希尔顿旅馆业世界性的发展。实践表明,希尔顿旅馆成功的秘诀之一就在于微笑的吸引力。

4) 树立旅游企业的良好形象

旅游企业的良好形象至关重要。良好的自我形象塑造不能不考虑旅游服务对象的态度,而改变宾客的态度是语言信息传播的重要目的,这里关键是要发挥旅游礼貌用语的功能。例如,有位宾客进了某饭店,他到达后马上放下行李去办事,当他再回到饭店客房时,惊奇地发现,从窗帘、台布到床罩,全都换成了红颜色。这位宾客喜出望外,忙问服务员小姐怎么回事。小姐笑笑说:"您进来的时候我注意到您的打扮红色较显眼,我想您一定特别喜欢红色,所以就给您换上了红色的窗帘、台布和床罩,不知是否能满足您的喜爱,您还需要我为您做些什么吗?"这位宾客非常满意,称赞不已。他回国以后经常讲起这件事,成了这家饭店的义务宣传员。这实际上是一种高层次的旅游语言艺术,这位服务员小姐通过巧妙的语言和行为树立了企业良好的社会形象。如果每个旅游企业的员工都能将旅游语言艺术转化为自己自然而然的反应,那么这个旅游企业的良好社会形象就形成了。

5.3 礼貌用语的基本特点

从事不同职业的人都使用着具有职业特点的语言,外交家善于外交辞令,戏剧家习惯运用舞台的语言,教师熟练掌握课堂用语,这些语言的产生和运用都与职业特点有关。旅游行业也有着符合本行业特点的礼貌用语。

1. 言辞的礼貌性

旅游行业用语言辞的礼貌性，主要表现在接待人员在工作中正确地使用敬语。敬语包括尊敬语、谦让语和郑重语等3个方面的基本内容。

1）尊敬语

说话者把听话者视为上位者，直接表示对听话者敬意的语言称为尊敬语。例如，"先生，对不起，让您久等了。"尊敬语应力求让宾客感受到自己在接待人员心目中所占有的地位，以及作为一名旅游者在旅游活动中所享有的敬重和礼遇。尊敬语在旅游接待服务"五声"要求中，体现得较为明显。五声，即宾客来时有迎声；遇到宾客有称呼声；受人帮助有致谢声；麻烦宾客有道歉声；宾客离去有送客声。

2）谦让语

说话人要表明自己是下位者，利用自谦表示对听话者敬意的语言称为谦让语。例如，"晚上我去看望您。"谦让语充分体现了"退让以敬人"的礼仪原则。在人际交往活动中，人与人之间本身地位平等，施礼于人者本身应退让一步，将宾客放在自己之上，从而让宾客享受被尊重的快乐。

3）郑重语

说话人不表明与听话者是否上下关系，使用客气、礼貌的语言间接向听话者表示敬意称为郑重语。例如，"你们看着办吧！我就不去了。"

敬语的最大特点是彬彬有礼，热情庄重。使用时语调要甜美柔和。敬语是接待人员在旅游服务中应使用的语言形式，即使在心里对某宾客的行为不满意，语言表达形式也一定要用敬语。

2. 措辞的修饰性

旅游接待中使用的语言要充分尊重宾客的人格和习惯，绝不能说有损宾客自尊心的话，这就要求注意语言的措辞。措辞的修饰性主要表现在经常使用的谦谨语和委婉语两个方面。谦谨语是谦虚、友善的语言，能充分体现说话者尊重听话者。谦谨语常常是以征询式、商量式的语气表达。例如，"这张餐桌已有人预订了，请用那张靠窗的餐桌好吗？"委婉语是用婉转的、含蓄的表达方式来代替直露的语言。例如，告诉宾客："请您从这边走"，要比说"您走错了"，效果好得多。

在旅游接待中，广泛应用谦谨语和委婉语是与宾客沟通思想感情，使交际活动顺利进行的有效手段。它既能使双方互传信息，又因为没有点破要表达的内容，所以一旦交往不顺利时容易下台阶。如果宾客提了意见，一时又难以给予准确的评价，便可以说："您提的意见是值得考虑的，多谢您的关心。""值得考虑"就是委婉词语，它带有赞同的倾向，但没有明确表示赞同的含义，也许在赞同中，还有少许的保留，这样的回答很有分寸。又如，宾客提出的要求已经难以满足，不妨说："您提出的要求是可以理解的，让我来想想办法，一定尽力而为。""可以理解"也是一种委婉语，它使提要求的宾客感到十分体面，即使最后无法满足宾客要求，宾客也会表示谅解。由此可见，谦谨语与委婉语是人们最容易和乐意接受的表达形式，旅游接待人员应当学会使用。

3. 语言的生动性

在接待宾客时，语言不能呆板，不要机械地回答问题。旅游接待人员的语言应当生动，生动的语言能使人感到亲切、热情，能使气氛活跃，感情融洽。因此，接待人员应当有口才，掌握说话的技巧，注意语言的生动性。一位小姐在登山时不小心被树枝刮破了心爱的裙子，非常难过，导游小姐走来风趣地对她说："人有情，山也有情，你看连树枝都挽留你。"一句话使小姐破涕为笑了。生动的语言，常常能够在轻松愉快的气氛中说明耐人寻味的话题。要做到语言生动，就要提高语言文学水平；要想得到生动的效果，就得勤学苦练，多听多练，而不要一知半解地运用，也不要牵强附会或任意发挥，否则会适得其反。

4. 表达的灵活性

礼貌用语应当是生动的、丰富多彩的。如果在接待工作岗位上只是简单重复地使用一句问候语，就不可能取得好的效果。接待人员应当灵活地用不同的敬语来招呼宾客，使其产生亲切感和新鲜感。在使用礼貌用语时察言观色，随时注意宾客的反应，针对不同的对象、不同的性格特点、不同的场合，灵活地说不同的话语。一般来说，可以通过宾客的服饰、语言、肤色、气质等去辨别宾客的身份，通过宾客的面部表情、语气的轻重、走路的姿态、手势等行为举止来领悟宾客的心境。遇到语言激动、动作急躁、举止不安的宾客，要特别注意使用温柔的语调和委婉的措辞。对待宾客投诉，说话时更要谦虚、谨慎、耐心、有礼，要设身处地为宾客着想，投其所好，投其所爱。要学会善于揣摩宾客的心理，以灵活的言语来应对各种宾客。

同时，使用生动幽默的语言，也可增强语言的应变力，形成生动、灵活、随机的语言特色。幽默语言是通过意味深长的诙谐语言来传递信息。幽默具有神奇的功效，它能融洽气氛，可以解除困境。例如，一辆旅行车在坑坑洼洼的道路上行驶，游客中有人抱怨。这时，导游员说："请大家稍微放松一下，我们的汽车已在给大家作身体按摩运动，按摩时间大约10分钟，不另收费。"引得游客哄然大笑。这位导游以苦中求乐的口吻，把一件本来不愉快轻松的事说得轻松怡然，化解了抱怨情绪，这正是幽默语言的力量。

阅读资料 5-3

索赔的语言艺术

在某高星级饭店，一位客人在离店时把一条浴巾放在提箱内带走了，服务员查房发现后报告了大堂副理。根据酒店规定，一条浴巾向客人索赔50元。如何不得罪客人，又维护酒店利益？大堂副理自有办法。

大堂副理在总台收银处找到刚结完账的客人，礼貌地请他到一处不引人注意的地方说："先生，服务员在做房时发现您的房间里少了一条浴巾。"客人面色有些紧张，但拒不承认带走了浴巾。大堂副理说："请您回忆一下，是否有您的亲朋好友来过，顺便带走了?"客人还未明白,嘴硬地说:"我住店期间根本没有亲朋好友来拜访。"大堂副理又进一步引导他:"从前我们也有过客人说是浴巾不见了,但他们后来回忆起来是放在床上,被毯子遮住了。您是否能上楼看看,浴巾可能压在毯子下被忽略了。"客人总算醒悟了,拎着提箱上了楼。大堂副理请服务员帮助打开房门,并指示他不要跟进房。

一会儿客人从楼上下来,见了大堂副理,不高兴地说:"你们服务员检查太不仔细了,浴巾明明在沙发后面嘛!"大堂副理放心了,但不露声色有礼貌地说:"对不起,先生,打扰您了,谢谢您的合作。"并真诚地补了一句:"您下次来北京,欢迎再度光临我们酒店。"整个索赔结束了,双方皆大欢喜,客人保住了面子,酒店挽回了损失。

大堂副理深谙索赔的语言艺术,自始至终未提过客人"带走"、"拿走"浴巾的字眼,只是巧妙暗示,步步引导,使客人终于"体面地"交出了浴巾。若直截了当地指出客人的错误,客人会跳起来,为维护自己的面子死不认账,问题就难以解决了,因为双方都明白酒店无权检查客人的箱子。

资料来源:中国酒店招聘网. 酒店管理案例.

5.4 礼貌用语的基本内容及分类

旅游接待人员在旅游接待工作中,不仅要处处注意使用礼貌用语,而且还要特别注意正确、规范地使用礼貌用语。

1. 从用法上分类

1) 问候用语

问候,又称问好或打招呼。旅游接待人员使用问候语的主要时机有:①主动为客人服务时;②客人有求自己时;③客人进入本人的服务区域时;④客人与自己相距过近或四目相对时;⑤自己主动与他人进行联络时。

在正常情况下,应当由身份较低者首先向身份较高者(如客人)进行问候。如果被问候者不只一人时,接待人员对其进行问候,有3种方法可循:①统一对其进行问候,而不是一一具体到每个人,如"大家好!"、"各位午安";②采用"由尊而卑"的礼仪惯例,先问候身份高者,然后问候身份低者;③以"由近而远"位先后顺序,首先问候与本人距离近者,然后依次问候其他人,当被问候者身份相近时,一般应采用这种方法。

旅游接待人员在日常工作中,问候客人应根据时间、场合和对象的不同,使用规范化的问候用语。

对于初次见面的客人,一般用"您好!"、"欢迎光临!"、"您好,见到您很高兴!"。

每天不同的时刻问候客人,使用"您早!"、"您好!"、"早上好!"、"下午好!"、"晚上好!"、"晚安!"

工作场合经常用"早上好,先生,您有什么是要吩咐吗?"、"您好,小姐,要我帮忙吗?"、"晚上好,夫人(太太),旅途辛苦了,请先在这儿休息一会儿吧。"

遇到节日和客人生日等喜庆日子,应说:"祝您圣诞快乐!"、"祝您生日快乐!""祝您健康长寿!"、"新年好!"、"恭喜发财!"、"大吉大利!"对香港、广东籍宾客,习惯上说愉快而不说快乐。新加坡人忌讳说"恭喜发财!"

向客人道别或给宾客送行时可以说:"晚安!"、"再见!"、"明天见!"、"谢谢光临,欢迎再来。"、"祝您一路平安。"

当宾客患病或身体不适时,则主动表示关心,可以说"请多保重"、"祝您早日康复"等慰问语。

2)迎送用语

(1)欢迎用语。欢迎用语一般在见面时或客人光临自己的工作岗位时使用,有时也在接待过程中使用。

欢迎用语使用得当,宾客会感到非常亲切,觉到自己是一个受欢迎、受尊敬的人。旅游接待人员在使用欢迎用语时需要注意以下几点。

第一,欢迎用语往往离不开"欢迎"一词的使用。平时最常用的欢迎用语有"欢迎!"、"欢迎光临!"、"欢迎各位参加我们旅行社旅游!"、"很高兴您到我们这里来进餐!"等。

第二,当宾客再次到来时,应以欢迎用语表明自己记得对方,以使对方产生被重视的感觉。其做法是在欢迎用语前加上对方的尊称,或者加上其他专用词。例如,"××先生,欢迎光临!"、"××小姐,我们又见面了!"、"欢迎再次光临!"、"欢迎您又一次光临!"

第三,在使用欢迎用语时,通常应一并使用问候语,必要时同时向被问候者施以其他见面礼。

阅读资料5-4

背后的鞠躬

日本人讲礼貌,行鞠躬礼是司空见惯的。一位中国留学生却对一次背后的鞠躬印象深刻。

当时是日本的旅游旺季,日航大阪饭店的大堂宾客络绎不绝。一位手提皮箱的客人走近来,行李员立即微笑地迎上前去,鞠躬问候,并跟在客人身后问是否需要帮助提皮箱。这位客人也许有急事吧,嘴里说了声:"不用,谢谢。"头也没回径直朝电梯走去,那位行李员朝着那匆匆离去的背影深深地鞠了一躬,嘴里还不断地说:"欢迎,欢迎!"留学生困惑不解,便问身旁的日本经理:"当面给客人鞠躬是为了礼貌服务,可那位行李员朝客人的后背深鞠躬又是为什么呢?"经理说:"既为了这位客人,也为了其他客人。如果此时那位客人突然回头,他会对我们的热情欢迎留下印象。同时,大堂里其他客人看到,他们会想,当我转过身去,饭店的员工肯定对我一样礼貌。"

这则小资料使人们对日本人行鞠躬礼的作用有了进一步了解。当面鞠躬热情问候,是为了向客人提供礼貌服务；背后鞠躬度诚备至，是为了在更多的客人面前树立饭店的良好形象，进而争取更多的客源。日本饭店极少受到客人投诉，并不是说饭店的一切服务工作都完美无瑕，而是由于饭店细致周到的礼貌服务使客人的享受需求和自尊心理得到最大限度的满足。这样即使在工作中出现小小的瑕疵，客人也不会大动肝火。消费心理学研究结果告诉人们，进酒店的客人通常把尊重看得比金钱更重要，这就要求服务人员认真讲究礼节礼貌，使客人感受到他被充分尊重了。

资料来源：百度文库．饭店服务案例精选．

(2) 送别用语。当宾客离开饭店、旅行社或一次服务过程结束时，应很有礼貌地与客人告别，自然、贴切的送别用语可以圆满地结束接待服务，并给宾客留下深刻美好的印象。最常用的送别用语主要有"再见"、"慢走"、"欢迎再来"、"希望能有机会再次为您服务"、"祝您旅途愉快"等。当客人没有消费时，接待人员仍要一如既往保持送别的礼貌风度，千万不可在对方离去时默不作声。

3) 请托用语

请托用语具体有以下几种形式。

(1) 标准式请托用语。当接待人员向客人提出某项具体要求时，须加上一个"请"字。例如，"请稍候"、"请让一下"等，这样更容易使对方接受。

(2) 求助式请托用语。最为常见的求助式请托用语有"劳驾"、"拜托"、"打扰"和"请关照"等。其往往是在向他人提出某一具体的要求时使用，如请人让路、请人帮忙、打断对方的交谈，或者要求对方照顾时。

(3) 组合式请托用语。在请求或托付他人时，往往会将标准式与求助式请托用语混合在一起使用，这便是所谓组合式请托用语。"请您帮我一个忙"、"劳驾您替我看一下这件东西"、"拜托您为这位女士让一个座位"等，都是较为典型的组合式请托用语。

4) 致谢用语

致谢用语又称道谢用语、感谢用语。在接待工作中适当使用"非常感谢"、"谢谢您"、"多谢"、"十分感谢"、"谢谢"等，会拉近和客人之间的关系。旅游接待人员使用致谢用语有以下几种情况：①获得他人帮助时；②得到他人支持时；③赢得他人理解时；④感到他人善意时；⑤婉言谢绝他人时；⑥受到他人赞美时。致谢用语主要有以下几种形式。

(1) 标准式致谢用语。其主要内容通常只包括一个词汇——"谢谢!"在任何需要致谢时，均可采用此形式。在许多情况下，如有必要，在采用标准式致谢用语向他人道谢时，还可加上尊称或人称代词，如"××先生，谢谢!"、"谢谢××小姐!"、"谢谢您!"等，这样可使其对象性更为明确。

(2) 加强式致谢用语。为了强化感谢之意，可在标准式致谢用语之前，加上具有感情色彩的副词。若运用得当，往往会令人感动。最常见的加强式致谢用语有"十分感谢"、"万分感谢!"、"非常感谢!"、"多谢!"

(3) 具体式致谢用语。因为某一具体事情向人致谢时，一般使用具体式致谢用语。在致谢时，致谢的原因通常会被一并提及。例如，"有劳您了"、"让您替我们费心了"、"上次给您添了不少麻烦"等。

在向人致谢时，还需要注意以下两点。① 事情无论大小，致谢要真诚。即任何人为你做了事，不管事情是多么微不足道，无论对方是什么身份，都应该真诚地致谢。②当别人帮助了你，你的反应要快，要及时地向对方致谢。

5) 征询用语

在接待过程中，接待人员往往需要以礼貌语言主动向客人进行征询，以取得良好的反馈。使如，"您有什么事情?"、"您还有别的事情吗?"、"请您放慢一点好吗?"、"你们一行有多少人?"等。使用征询用语主要有以下几种情况：①主动提供服务时；②了解对方需求时；③给予对方选择时；④启发对方思路时；⑤征求对方意见时。征询用语主导有以下几种形式。

(1) 主动式征询用语。主动式征询用语多适用于主动向服务对象提供帮助时。例如，"您需要帮助吗?"、"我能为您做点什么?"、"您需要点什么?"、"您想要哪一种?"主动式征询用语的优点是节省时间、直截了当。缺点则是稍微把握不好时机的话，便会令人感到有些唐突、生硬。

(2) 封闭式征询用语。封闭式征询用语多用于向客人征求意见或建议时，只给对方一个选择方案，以供对方决定是否采纳。例如，"您觉得这个工艺品怎么样?"、"您不来一杯咖啡吗?"、"您是不是很喜欢这种样式?"、"您是不是先来试一试?"、"您不介意我来帮助您吧?"等。

(3) 开放式征询用语。开放式征询用语也称选择式征询用语，其做法是提出两种或两种以上方案供对方选择。这样意味着更尊重对方。例如，"您打算预订雅座，还是预订散座?"、"这里有3种颜色，您喜欢哪一种颜色?"等。

6) 应答用语

应答用语是在答复宾客的问话或回答所交代事宜时的用语。使用应答用语的基本要求是随听随答，有问必答，灵活应变，热情周到。在旅游接待中常用的应答用语如下。

(1) 接受宾客盼咐时说："好，明白了!"、"好，马上就来!"、"好，听清楚了，请您放心!"、"好，知道了!"等。

(2) 听不清或未听懂宾客问话时应说："对不起，请您再说一遍，好吗?"、"很对不起，我还没听清，请重复一遍，好吗?"等。

(3) 不能立即接待宾客时应说："对不起，请您稍候。"、"请稍等一下。"、"麻烦您，等一下。"等。

(4) 当宾客表示感谢时应说："不用谢，这是我应该做的。"、"别客气，我乐于为您服务。"等。

(5) 当客人因故向自己致以歉意时应说："不要紧。"、"没关系。"、"不必，不必。"、"我不会介意。"、"这算不了什么。"等。

(6) 当宾客提出过分或无理要求时应说："这恐怕不行吧。"、"很抱歉，我无法满足您的这种要求。"回答时应沉得住气，婉言拒绝，表现出有教养、有风度。

（7）宾客来电话时应说："您好，这里是××，请讲。"或"我能为您做什么？"当电话铃响超过3声，接电话时应先说："对不起，让您久等了。"

7）推托用语

当宾客提出的要求难以满足或宾客的请求无法接受时，应婉言推托。推托时不可以直接用否定语，而应注意技巧，要言之有理，既谢绝了对方，又让人觉得你是通情达理的。具体使用以下几种形式。

（1）道歉式推托用语。当对方的要求难以立即满足时，不妨直接向对方表示自己的歉疚之意，以求得对方的谅解。

（2）转移式推托用语。即不纠缠于对方的某一具体细节问题，而是主动提及另外一件事情，以转移对方的注意力。例如，"您可以去对面的酒店看一看"、"我可以为您向其他航空公司询问一下"等。

（3）解释式推托用语。这是在推托对方时尽可能准确说明具体缘由，以使对方觉得推托合情合理、真实可信。例如，"很抱歉，现在是旅游旺季，我们的客房已经全部预订了，欢迎以后再来。"、"很抱歉，我无权这么做。"等。

8）道歉用语

如果在接待工作中出现某种失误，给对方带来不便，或者妨碍、打扰对方时，应使用道歉用语向宾客表示歉意。最常用的道歉用语主要有"抱歉"、"对不起"、"请原谅"、"多多包涵"、"真的过意不去"、"这完全是我们的过错，对不起"、"非常抱歉，耽误了您的时间"、"很抱歉，打扰您了，夫人。"等。

2．从旅游细分行业上分类

1）饭店业礼貌用语

（1）问候礼节。问候礼节是在酒店接待服务过程中同客人见面时表示尊重、问候、关心等的一种礼仪形式，主要是由语言和动作组成。例如，对初次见面的客人说："您好，见到您很高兴。"对久别重逢的客人则说："多日不见，您好吗？"在酒店服务中，同客人见面时的具体情况十分复杂，正确运用问候礼节要根据时间、场所、情景、接待对象和客人的不同风俗习惯而变化。例如，提前到酒店门口迎接客人时说："您好，我们已恭候多时，欢迎您光临本店！"早上向贵宾问候时说："先生，休息得好吗？"天气不好时，客人如外出则说："请多加保重，注意安全。"等。

（2）称呼礼节。称呼礼节是在酒店服务和日常交往过程中向客人表示尊重的一种礼节。例如，对国内客人一般称"同志"，对外国客人一般称"先生"或"小姐"，对有一定身份的政府官员要称"阁下"。称呼时要留心准确记住客人的姓名。因为，外国人的姓名写法和中国的不同，一般由2～3部分组成，有的名在前、姓在后，有的则姓在前、名在后，还有的既有父姓又有母姓。例如，北美和大洋洲客人，名在前、姓在后；葡萄牙客人则姓在前、名在后；拉美和西班牙客人，姓名除父姓外还有母姓。所以，酒店员工一定要称呼准确，不要因顺序搞错而引起客人反感。

(3) 应答礼节。应答礼节是在客人交谈和服务交往中的一种礼仪形式。其总的要求是表情自然，语言亲切；态度和蔼，面带微笑；两眼注视客人，集中精力倾听客人谈话，然后有针对性地给予回答或提供某种服务。要求语调温和、语气婉转，给客人以熟悉、亲切的感觉。如有事打扰客人时应说："对不起，打扰您了。"为听懂、听清客人问话时应说："很抱歉，请您说得慢一点好吗？"或者说："对不起，请您重复一遍好吗？"在酒店服务中，与客人交谈或服务交往中的具体情况同样十分复杂，正确运用应答礼节，主要取决于酒店职工，特别是广大服务人员的礼节礼貌知识和灵活反应程度。例如，在餐厅服务中，客人询问菜点和价格，这时要分析客人的需求和心理，灵活而有礼貌地介绍。提供某种服务后，客人表示感谢并赠送礼物时，应谦虚地说："您过奖了，这是我应该做的。"并婉言谢绝。如果服务工作太忙，不能及时为客人提供某种服务，应礼貌地说："对不起，请您稍候，我马上就来。"等。

(4) 迎送礼节。迎送礼节是迎接和送别客人时的一种礼仪形式，也是酒店提供旅游服务、注重礼节礼貌的重要内容。迎送礼节既可以给客人形成良好的第一印象，又可以使客人对酒店服务产生依恋之情。正确运用迎送礼节，首先要讲究礼仪顺序，如在酒店门口、餐厅或其他场所迎接客人要坚持先主宾后随员、先女宾后男宾、老弱病残优先的顺序；其次要讲究礼仪形式，如对特别重要的客人有时要举行某种欢迎仪式；有的重要客人到店需要总经理出面迎接；和酒店有特别关系的客人住店，总经理或部门经理要出面拜访等；第三要在迎送过程中给予必要的关照，如在门口迎接客人要主动拉车门，主动提行李；陪客人乘电梯，要主动报楼层，主动伸手示意；送别客人时要表示祝愿，挥手致意，说声"祝您旅途愉快，欢迎下次光临！"等。

(5) 操作礼节。操作礼节是日常服务操作过程中的礼节礼貌形式，和酒店服务操作劳动结合，形成一种良好的礼貌气氛，给客人以舒适、亲切、愉快的感受。其基本要求是在遵守劳动纪律和服务规程的前提下，做到仪容整洁、礼貌大方，保持良好的气氛。在服务操作中不大声喧哗、聚众说笑，不随意打扰客人；进入客人房间要先敲门，敲门时不可过急过重；清扫客房时，不乱翻客人行李物品；餐厅操作服务中，主动替客人领位、拉椅让坐，并且动作轻稳、语言温和等。

2) 旅行社（业）礼貌用语

(1) 称呼语。一般称呼语有小姐、夫人、太太、先生、同志、首长、那位先生、那位女士、那位首长、大姐、阿姨等。

(2) 欢迎语。一般欢迎语有欢迎您到我们酒店、欢迎您入住本楼、欢迎光临等。

(3) 问候语。一般问候语有您好、您早、早安、午安、早、早上好、下午好、晚上好、路上辛苦了等。

(4) 祝贺语。一般祝贺语有恭喜、祝您节日愉快、祝您圣诞快乐、祝您新年快乐、祝您生日快乐、祝您新婚快乐、祝您新春快乐、恭喜发财等。

(5) 告别语。一般告别语有再见、晚安、明天见、祝您旅途愉快、祝您一路平安、欢迎您下次再来等。

(6) 道歉语。一般道歉语有对不起、请原谅、打扰您了、失礼了等。

(7) 道谢语。一般道谢语有谢谢、非常感谢等。

(8) 应答语。一般应答语有是的、好的、我明白了、谢谢您的好意、不要客气、没关系、这是我应该做的等。

(9) 征询语。一般征询语有请问您有什么事？我能为您做什么吗？需要我帮您做什么吗？您还有别的事吗？您喜欢（需要、能够……）？您……好吗？

(10) 基本礼貌用语。基本礼貌用语是 10 个字：您好、请、谢谢、对不起、再见。

在以上礼貌用语中，最常用的有：请、您、谢谢、对不起、请原谅、没关系、不要紧、别客气、您早、您好、再见。

3. 从表情达意上分类

1) 敬语

敬语是表示尊敬、恭敬的习惯用语。敬语表达方式的最大特点是当服务人员与宾客交流时，常常以"请"字开头，以"谢谢"收尾，而"对不起"则常挂嘴边。称呼客人需用尊称，如"您"、"阁下"、"贵方"、"尊夫人"等。

"请"字在旅游行业的服务术语中使用频率最高，如"请进。"、"请稍候。"、"请跟我来。"、"请问您几位？"、"请问您有什么需要帮忙的吗？"、"请问我能为您做点什么吗？"、"请问您有什么意见或要求？"、"请喝茶。"、"请慢用。"、"请走好。"，等等。

"请"字包含着接待与服务人员对客人的尊敬和敬重，以及服务人员希望通过优质服务让客人满意的诚意。

"谢谢"一词在旅游服务用语中，并不仅仅是接待与服务人员就某件具体事情向客人表示感谢，而是作为一种礼貌习语对客人的光顾、对客人的理解与配合、对客人的赞扬与认可，以及对客人在出现服务差错时表现出来的宽容大度表示的一种感激之情。例如，"谢谢您的光临！""谢谢您的合作。"、"谢谢您能体谅我们。"、"谢谢您的夸奖，这是我们应该做的。"、"谢谢您的提醒，下次我们一定改进。"、"谢谢您的建议，条件成熟我们一定采纳。"……

"谢谢"一词在旅游行业中的广泛运用，集中体现在接待与服务行业"客人至上"的待客服务原则上。

"对不起"这一道歉语用在日常生活和一般人际交往活动中，往往是在说了不该说的话或做了不该做的事之后向别人"赔礼"。但作为旅游行业用语，它却能表达多种含义。例如，由于各种原因，客人的要求未能得到满足；工作中需要客人的协助与配合给客人带来麻烦；婉拒客人的不合理要求；提醒客人一些注意事项时，都可用"对不起"表示歉意。又如，同时接待多名客人，需要客人等待时，可以说"对不起，耽误您的时间了"或"让您久等了"；客房服务人员为客人清扫房间而客人也在场时，离开前应说"对不起，打扰您了"；当必须拒绝客人的某些不合理要求时，可以说"对不起，我非常理解您的想法和愿望，但是……"

"对不起"这一习语用在接待服务工作中，集中体现了"退让以敬人"的待客服务礼仪的精髓。

使用敬语，应注意神态的专注和语气的真诚，应让宾客感受到敬语中所包含的真情实感，要根据时间、地点、环境、对象的不同准确地使用敬语。

2）谦语

谦语作为礼貌用语的一种，在旅游接待服务行业应用相当广泛。谦语是向人们表示谦恭和自谦的一种词语。谦语通常和敬语同时使用，在对宾客使用敬语的同时，在自我称呼、自我判断、自我评价、自我要求时，适于用谦语进行表达。例如，在交谈时自称常用"愚人"、"敝人"；自谦常用"寒舍"、"愚见"等；自评常用"一点小事不足挂齿"或"您过奖了，这是我应该做的。"、"招待不周，请多包涵。"等。

自谦体现着一种自律的精神。它以敬人为先导，以退让为前提。当然，随着东西方交流的日益频繁，随着东西方语言情感表达方式的相互交融，有些谦语的表达方式已经改变了，但其精神实质包含着东方民族谦虚、谨慎的传统美德，仍然值得人们继承和发扬。

3）雅语

雅语作为敬语的一种，是一种比较含蓄、委婉的表达方式。在旅游接待服务工作中，雅语往往用于那些在公众场合或社交活动中需要避讳的情况。例如，用"我去方便一下"或"去一趟洗手间"代替去上厕所；用"需不需要加一些主食"代替要不要添饭；用"不新鲜"代替臭了；用"这件衣服不太适合您"代替您穿这身衣服很难看；用"发福"代替发胖……

雅语的使用不是机械的、固定的，需要根据不同场合、不同人物和不同时间灵活运用。

5.5 培养良好礼貌用语习惯的途径

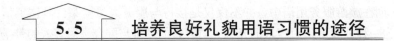

1. 树立良好的礼貌用语意识

古人云："礼义廉耻，国之四维"，荀子也曾说："人无礼则不生，事无礼则不成，国无礼则不宁。"当前，我国正在大力推进社会主义精神文明建设，有一个重要内容就是五讲四美（讲文明、讲礼貌、讲卫生、讲秩序、讲道德、心灵美、语言美、行为美、环境美）。良好的礼貌用语意识，是需要经过长期有意识的学习、实践、积累而逐渐形成的。首先，要进行理论学习，即利用图书资料、广播电视，系统全面地学习礼仪。其次，是向社会实践学习。实践是检验真理的唯一标准。通过实践，不仅可以使人加深对礼仪的了解，强化它的印象，而且还可检验其作用，增强文明礼貌意识，提高自己的文明素质。

俗话说："习惯成自然"。文明良好的习惯是从平时一点一滴做起的，不断地积累、升华，并抑制和纠正某些不良的习惯。作为现代大学生、新世纪的接班人，要以高度的自觉性和社会责任感，约束自己的行为，时刻保持清醒的头脑，谦虚谨慎，以礼待人，坚持从我做起、从现在做起，并持之以恒，养成良好的文明习惯，并成为自觉的行动。

2. 培养丰富的个人情感

口才，即较强的口头语言表达能力。口才是一个人素质的全面体现，它集中一个人的文化素质、心理素质、道德素质、智慧和才干。良好的口才素质需要具有较强的观察力、缜密的思维能力、超常的记忆力和语言的综合运用能力。

一个人的个人情感，决定了他（她）是否具有积极健康的生活态度。富有生活朝气、对生活充满热情和进取精神的人，始终积极地将自己融于社会、融于生活。生活的热情使人充满了灵感，同时也赋予人强烈的人际沟通意识。由于广泛的人际交往，才使得语言交流与表达能力不断得到完善。

反之，情感冷漠的人往往将自己封闭起来，拒绝接触社会，逃避人际间的沟通与交流，更不愿将自己融入社会，从而往往导致其在语言表达上的呆板、木讷、沉默寡言和枯燥乏味。

所以，要想具有良好的口才，应先从培养个人丰富的情感入手，从内心深处激发个人强烈的自我表达欲望和人际沟通与交往热情。

3. 博览群书丰富知识

良好的口才依赖于丰富而广博的知识积累，很难想象一个知识贫乏的人能够做到谈话时语言生动、妙语连珠，因为他（她）缺乏构成语言的最基本的东西——语言材料。人们时常惊叹那些有良好口才的人，说起话来口若悬河、滔滔不绝，成语警句信手拈来，名人名言、诗词歌赋旁征博引，这些语言功底无不来自于丰富的知识积累。

1）文化科学知识积累

文化科学知识包括政治、经济、军事、法律、历史、地理、自然科学知识、风土人情等，这些知识是一个人基本的文化素质修养所必须具备的。

2）社会学知识积累

社会学知识包括教育学、心理学、公共关系学等。通过以上学科知识的学习，可以进一步懂得人的需要，人的情感、气质、性格等心理特征，从而在人际交往活动的语言表达中做到知己知彼、游刃有余。

3）文学知识积累

文学知识赋予语言丰富的情感色彩，如名人名言、成语警句、名篇佳作、奇闻轶事等，大大地丰富了谈话的内容，增强了语言感染力，尤其在辩论、讲演中，适当地运用一些文学语言会收到意想不到的效果。

4）丰富词汇量

多阅读书籍报刊，对于新鲜有用的词汇不妨摘记汇集，时常翻阅，甚至可以查查字典，从而加深印象；平时多留意听取良师益友的精辟言辞，注意电视、广播及戏剧中精彩的对话和演讲，加以吸收和运用。

语言是一门应用的艺术，因而应时时联系和仿效。语言唯有常常运用才能属于自己。语言也是随着时代的演进而不断更新扩充的工具。青年人应注意吸收新的词汇、概念，使交谈充满时代气息。

4. 积极进行语言实践锻炼

语言表达是一种能力，能力的获得离不开实践的锻炼。语言的实践，很重要的一点是要勤讲多练。一个人从笨嘴拙舌到口若悬河的过程，实际上就是一个永不疲劳的锻炼与实践的过程。18世纪英国著名的宗教讲演家维士列就是通过勤奋实践创造奇迹的。据记载，维士列从小口舌笨拙，语言表达能力极差，但他不为艰难，吃苦耐劳精神之坚毅、演说之频繁，到了令人震惊的程度。他曾在一年中做了800余场布道讲演，不断地实践锻炼，使他终于成为了闻名世界的著名讲演家。

语言实践锻炼还应做到持之以恒，从时间的跨度来说，要求口才练习者持之以恒，不懈地努力、不断地进取。口才是一种能力训练，不可能在短时间内达到理想的境界。要想成功，就要有毅力，持之以恒。从空间的跨度来说，要求口才练习者严肃认真地对待每一次待人接物、登台发言的机会，充分利用这些机会来锻炼提高自己的语言表达能力。

总之，完美的服务礼貌用语不是一朝一夕可以学会的，它靠平时一点一滴的积累，首先要树立学习礼仪的意识；其次要陶冶尊敬他人的情感；第三要锻炼履行礼仪的意志；最后要培养遵从礼仪的行为。礼貌用语的使用已成为当代个人素质的全面体现，集中反映了一个人的文化素质、心理素质、道德素养、智慧和才干，是一个人综合素质的体现。

5.6 旅游服务人员语言规范原则

1. 以宾客为中心原则

俗话说，"礼貌待人敬为上"。在旅游行业中，接待与服务工作本身就是以满足客人的需要为前提的。而在宾客的各种需要中，对尊重的需要往往是第一位的。所以，旅游行业接待与服务工作的语言规范之一，即语言表达力求体现"以宾客为中心"的原则，讲求言辞的礼貌性。

旅游行业用语言辞的礼貌性，主要表现在尊敬语、谦让语、郑重语的使用上。敬语的最大特点是彬彬有礼，热情而庄重地使用敬语时，一定要注意时间、地点和场合，语调应甜美、柔和。

一般来说，将听者看做上位时使用尊敬语；要表明自己是下位时使用谦让语；郑重语则往往表示一种对对方的礼貌。

敬语只是一种语言形式，不一定都表示敬意。即使在宾客的行为不适合礼节规范要求，或者宾客无理取闹、故意挑剔时，选择提醒、规劝、暗示等语言，也一定要注意正确地使用敬语，以反映旅游行业员工的职业素养。

使用敬语时，称呼客人一定要注意用"您"而不是用"你"。按照行业规范要求，接待与服务人员一定要善于记住宾客的姓氏或姓名，但不能直呼其名。尊称客人时，在"先生、夫人、小姐"前加上客人的姓氏，会让客人有亲切感，要注意使用。

2. 赞誉原则

美国心理学家威廉·詹姆士说过:"人的本性上最深的企图之一,是期望被钦佩、赞美、尊重。"有人说得更直率:"无论是元首统帅、学者名流,还是深山居士、村妇顽童,都喜欢得到别人的称赞。"由此可见,被赞美是人们满足尊重需求的一个十分重要的方面。但是,如何赞美人才能真正打动对方,从而起到缩短彼此之间心理距离、沟通双方内心情感的作用,还须遵循一定的规则。

1) 出于真诚发自内心

赞美不能简单地等同于取悦于他人的方式,而应当作为一种语言交流的调味剂,在与客人沟通时适时采用。赞美一定要注意时间、条件、场合和事实情况,而不能毫无根据地盲目赞美,那样不仅达不到预期的效果,还会使对方形成"待人虚伪,没有诚意"的印象。

赞美应当出自真诚,应懂得适合对方的心理需求,如女性比较希望被人赞美的,往往是其魅力、风度、青春、容貌个性及打扮,甚至声音、肤色、服装式样等。对男性,一般则应着重赞美其体魄、气质、风度、事业的成功、学识、技能、谈吐,以及为人、作风等方面。

2) 明确具体,针对性强

空泛、含混的赞美,因为缺少明确的评价原因,常使人无法接受,有时甚至会让对方怀疑你的动机与意图,并由此而怀疑你的赏识力与判断力。所以,赞美对方一定要明确具体。例如,"真想不到你的工作效率这么高"、"这套衣服很适合你,让你看上去年轻了许多"、"这个计划立意非常好,市场前景分析得很透彻"等,这种赞美要比"你工作很不错"、"你今天很漂亮"、"你的计划很好"这种没有具体内容的赞美更易被人接受。

3) 选准时机,兼顾公平

要取得赞美的效果还必须相机行事、适时而为。例如,当你得知客人准备做一件有意义的事,你事前赞扬,能够促使和激励其下决心做出成果;事中赞扬,可使对方再接再厉;事后赞扬,可使其肯定成绩,明确进一步努力的方向。

在众多客人在场的情况下,如果只是赞扬其中一人,会引起在场其他人心理上的不快。这时,可以寻找别的理由或别的方面提及其他人,来消除他们的不快情绪。

4) 因人而异,突出个性

有特点的赞美比一般化的赞美更可贵、可信,更能起到赞美的效果。

对于老年客人,可以将他(她)引以为自豪的过去作为称赞的重点,这能迎合老年人喜欢怀旧的特点和引发他们老当益壮的豪气;对青年客人则可赞扬他(她)的创造才能和开拓精神,这可以激发他们不断进取、继续努力的士气;知识分子最希望自身价值得到别人的承认,所以可赞扬他(她)知识渊博,学术上硕果累累;商人最需要别人与其分享事业上的成就感,可从头脑灵活、生财有道的角度来赞扬他(她)。

总之,赞扬对方,一定要让人感觉到对他(她)的赞扬发自内心,还应把握期待有个性特点的心理需求。

5）雪中送炭

最有效的赞美不是"锦上添花",而是"雪中送炭"。最需要赞美的不是那些早已声名显赫的人,而是那些被埋没、内心有自卑感的人。他们一旦被当众真诚赞美,就好比干渴的心灵受到了甘露的滋润,重新找回自信心,从而会使他们精神振作。

对一个人来说,最值得赞美的,并不是其身上早已众所周知的长处。如能发掘出蕴藏在一个人身上的鲜为人知的优点,并及时予以肯定与赞扬,则其一定会倍加珍惜你的真诚,并对你的洞察力产生难忘的印象。

3. 得体和谦虚原则

旅游接待与服务用语的得体原则,要求服务人员的服务用语应符合各种礼貌规范的要求,消除一切违反礼貌规范要求的语言表达,做到有声语言与形体语言全都贴切、得当。

得体和谦逊是礼貌规范要求的重要内容,对旅游接待与服务人员而言,又是因职业特点而需要特别强调和必备的个人素质要求。因此,旅游从业人员在与宾客交流、沟通和处理与客人的关系时,应当对此引起高度的重视。

1）得体

（1）语言表达准确、规范。善于将"您"、"请"、"对不起"、"谢谢"这些常规礼貌习语运用到语言表达中去,使语言表达符合待客的规范要求。

（2）要将称呼语、问候语、应答语、欢迎语、欢送语,因时、因地、因人、因事灵活运用到日常语言表达之中,使服务用语充分体现出文明、亲切、细致、周到的职业特点。

（3）对客交流时,要充分运用语言、语气、语调、语感的变化,使旅游职业规范用语符合声调高低适中、自然柔和,语气热情亲切、充满诚意,语速不急不缓、生动清晰等得体原则。

（4）得体原则还要求接待与服务人员的体态语言表达运用得体；着装要整洁、规范；发式搭配符合职业要求；服务姿态（站、坐、走）标准到位,符合职业规范要求。

只有符合得体原则的礼貌服务——有声和无声语言,才能真正成为协调旅游者与服务接待人员之间关系的润滑剂。

2）谦逊

谦逊原则主要强调接待与服务人员在选择语言表达方式时,应尽量做到谦虚、恭谨,把"对"让给客人,不能凌驾于客人之上,更不能藐视宾客,以显示自己高明。其具体要求如下。

（1）与客人交流时,尽量以听为主,辅之以点头、微笑、眼神示意,而不应自以为是地在客人面前夸夸其谈。

（2）淡然对待客人的夸赞,不沾沾自喜。例如,当客人夸奖时,应当说"谢谢您的鼓励,这是我应该做的",或者说"您过奖了,这是我的职责"等。

（3）与客人交流时,语言表达应尽量显得宽容而又耐心。例如,当客人情绪激动时,要尽量宽慰与安抚客人,不得顶撞,更不应该和客人争执。如客人声音较大时,可以说"您别激动,有话好好说。",或者说"您的心情我可以理解,有什么事情慢慢对我说。"等等。

（4）谦逊并不意味着低声下气,或者放弃原则,一味迁就客人。而应是不卑不亢,即尊重客人，也不贬损自己，要显示出较高的人格修养。

4. 征询与委婉的原则

旅游接待与服务用语要注意采用征询与委婉的方式。

与客人交流，语气要温和，多采用商量式、询问式、建议式、选择式的方式进行表达，避免转达式、通知式、命令式、指责式的方法。让客人始终拥有角色意识，得到被尊重、被重视的精神享受和满足。

委婉语，也称"婉言"，是指讲话时出于对客人尊重的考虑，不直接说明本意，而是用婉转的词语加以暗示，既能达到使对方意会的语言效果，又不致让对方尴尬，甚至伤害对方的情感。委婉语通常在客人提出不合理要求时使用。

在旅游服务工作中，委婉语的作用不能低估，它可以减少刺激性，帮助消除矛盾，使交往双方免于难堪，或者给说话者留有余地，免于被动。

得体的委婉语，能表达善意和尊重，体现说话者良好的语言素养，进而显示出文明和高雅的风度。

5.7 旅游服务人员的语言艺术与修养

语言是人们表达思想感情和进行交流的重要手段与工具，"言为心声"，人们的思想、品德、情操、志趣、文化素养以至人生观和世界观等，都可以通过语言得到一定的表现。

高尔基说："作为一种感人的力量，语言真正的美，产生于言辞的正确、明晰和动听。"语言可以表达一个人的心灵，美的语言能表达美的心灵。

语言是人类交际的工具和媒体，也是人类思维赖以生存的工具。当今世界，有三大威力之说，即"舌头、原子弹、金钱"。舌头代表语言，原子弹象征科技水平，金钱表示经济基础。把这三者放在一起，可见语言在现今社会的地位与威力，也足以说明语言技巧的潜在力量。在旅游接待服务中要审时度势，根据不同的对象、场合等，恰当运用语言，从而不断提高服务水平。

要做到语言美，首先应努力提高自己的道德修养，塑造美好的心灵，加强自身的文化素养和表达能力的锻炼培养。力求做到语言简洁、明快、准确，并尽可能做到鲜明、生动、流利、词汇丰富、幽默风趣、有感染力；语音、语气和语调要讲究清晰、优美、有节奏，做到文雅、和气、谦逊。要坚决杜绝粗话、脏话等不文明语言和说空话、假话的毛病。一个人如果缺乏语言方面的修养和能力，即使心灵很美，也不能准确地表达出来，在与人交流中，会遇到很大的障碍。旅游的职业特点决定了旅游接待人员必须与人进行广泛的接触和交流，因此在加强道德修养的同时，加强自己语言能力的锻炼，力求达到心灵美与语言美的统一是十分重要的。

1. 旅游服务人员言谈的基本礼仪

首先，要掌握语言技巧，尤其是口语的表达能力，必须以语言的"礼"吸引人，以语言的"美"说服人。首先，要考虑心理因素。成功、有效的语言能使交流双方达到心理认同，给对方以满足或愉悦、亲近的目的。例如，交通广告用语中，一改以往"宁停三分，不抢一秒"、"禁止在此区域高速行驶"、"当心车祸"的口吻，变成"母亲、妻子、儿女盼您平安回家"等充满感情的广告，更易于被接受。

在运用语言进行交流时，应尽量合乎交流对方的特点，如性格、心理、年龄、身份、知识面、习惯等。有一个笑话说在一只游艇上，来自各国的一些实业家边观光边开会。突然，船出事了，慢慢往下沉，船长命令大副："赶快通知那些先生们，穿上救生衣，马上从甲板上跳海。"几分钟后，大副回来报告："真急人，谁都不肯往下跳。"于是，船长亲自出马，说来也怪，没多久，这些实业家们都顺从地跳下海去。"您是怎样说服他们的呀？"大副请教船长，船长说："我告诉英国人，跳海也是一项运动；对法国人，我说跳海是一种别出心裁的游戏；我同时警告德国人，跳海可不是闹着玩的！在俄国人面前，我认真地表示：跳海是革命的壮举。""你又怎样说服那个美国人呢？""那还不容易，"船长得意地说："我说已经为他办了巨额保险。"这纯粹是个笑话，然而笑话里包含了一个道理：说话的内容和方式应尽可能地合乎对方的心理需要，这样才会取得令人愉快和满意的效果。

同样，语言的心理调节作用也是显而易见的，在人们的日常生活中，把光面称阳春面，把劳教所中的囚犯称"触犯了法律的朋友们"等，都收到了意想不到的效果，显示了说话者高雅、诚挚、宽容的生活情趣和教养。在产品推销时，"您是否需要鸡蛋？"和"您要几个鸡蛋，一个还是两个？"后者把心理引导术结合在推销艺术中，其结果可想而知。

其次，还要考虑到交流双方的文化因素差异，地区的文化使用不当会使语言沟通受阻。在上海见人称"师傅"习以为常；而对北方人称师傅，会让人觉得非常正式客套；对广东沿海等地人称师傅，则会让人觉得粗俗和不近人情。文化背景、个人资历、阅历等都会影响语言的交流，而对知识层次较高的人语无伦次地漫天闲聊，也会使对方听而生厌、无所适从。只有明确交谈的"关系"与"差异"，才能找到共同的话题，并由此萌生交往欲望，拓宽交流的内容范围，并逐步深入。

再次，为了时时处处体现"礼"的内涵，要有谦虚和谨慎自律的态度，语言条理清楚，目的明确，简洁明了，适应不同对象的理解程度，且三思而后言，避免"祸从口出"，有意识地控制谈话的力度、情绪和节奏。

2. 旅游服务人员的言谈技巧

1) 学会使用机智和幽默的语言

要提高运用语言的技巧，还必须学会正确使用机智和幽默的语言。

一位年轻美貌的姑娘对 50 多岁的作家萧伯纳说："我们结婚吧，亲爱的肖！"作家问："为什么呢？"小姐说："这样，我们生的孩子有我这样的美貌，有你那样的聪明。"作家说："不行啊，如果生下的孩子像我一样丑陋，像你一样愚蠢呢？"幽默的语言是多么风趣而又令人回味啊！

第5章 旅游服务人员服务礼貌用语

恩格斯认为，幽默是"具有智慧、教养和道德上的优越感的表现"。在言谈中，幽默确实具有妙不可言的功能，同时也是一种含蓄而充满智慧的境界。幽默和机智常常是密切联系在一起的。幽默和机智的结合，能使人在不同场合具有较强的语言应变能力和较高的语言艺术性。

幽默能活跃气氛。一个外国旅游团在中国游览时，一位美国姑娘不慎扭伤了脚，导游和其他游客都很着急。这时，同行的几个美国男青年就对她说："哈哈，这下子我们有机会背你啦！"姑娘也诙谐地回答："可只许你们背我的脚和皮鞋！"大家在愉快的气氛中继续游览。

幽默使批评变得委婉而有效果。幽默也往往是紧张气氛的缓冲剂，既能使对方摆脱窘境，又能自我解嘲。在公共汽车上，一位姑娘不小心踩了小伙子一脚，姑娘神色紧张，慌忙道歉："对不起，我踩了你！"那小伙子风趣地回答："不，是我的脚放错了地方。"这时，姑娘如释重负地笑了。具有这种幽默感的人，有一种宽容、豁达大度的风度。

据说大文豪歌德有一天在公园散步，碰到了一位曾经恶意攻击过他的批评家。那位批评家傲慢地说："我是从来不给傻子让路的。"歌德立即回答："而我却完全相反。"说完就转到一边去了。这幽默的回答充分显示了歌德机智敏捷的风度。语言的幽默和机智绝不仅仅是言谈技巧的问题，而是一个人智慧、胸怀、性格诸因素的综合体现。因此，要做到语言的幽默机智，关键在于丰富、充实、完善自己。

幽默的语言是建立在自信、自尊基础上的机智和聪慧的产物。有一次，英国著名剧作家萧伯纳在街上被一骑车人撞倒。骑车人慌忙下车，扶起萧伯纳，并再三表示歉意，表情十分紧张。萧伯纳笑着说："不，先生，您比我更不幸，要是您再加点劲儿，那就会作为撞死萧伯纳的好汉而名垂青史啦。"又如，一位先生在饭店就餐时，点了一道菜汤，正要入口，发现汤中漂着一只死苍蝇，他不动声色，只是照常唤来侍者，告诉他，"先生，我点的是素菜汤。"那位侍者心领神会，感激不尽地把汤端走，从而避免了尴尬的场面发生。

阅读资料 5—5

景泰蓝食筷

在一家涉外宾馆的中餐厅里，正值中午时分，用餐的客人很多，服务小姐忙碌地在餐台间穿梭着。

在一桌的客人中有好几位外宾，其中一位外宾在用完餐后，顺手将自己用过的一双精美的景泰蓝食筷放入了随身带的皮包里。服务小姐在一旁将此景看在眼里，不动声色地转入后堂。不一会儿，她捧着一只绣有精致花案的绸面小匣，走到这位外宾身边说："先生，您好，我们发现您在用餐时，对我国传统的工艺品——景泰蓝食筷表现出极大的兴趣，简直爱不释手。为了表达我们对您如此欣赏中国工艺品的感谢，餐厅经理决定将您用过的这双景泰蓝食筷赠送给您,这是与之配套的锦盒,请笑纳。"

这位外宾见此状、听此言,自然明白自己刚才的举动已被服务小姐尽收眼底,颇为惭愧。他只好解释说,自己多喝了一点,无意间误将食筷放入了包中。感激之余,他执意表示希望能出钱购下这双景泰蓝食筷,作为此行的纪念。餐厅经理亦顺水推舟,按最优惠的价格,记入了宾馆餐厅的账上。

聪明的服务小姐既没有让餐厅受损失,也没有令客人难堪,圆满地解决了事情,并收到了良好的交际效果。

资料来源:职业餐饮网. 服务礼仪案例40例.

2) 学会礼貌拒绝对方

在交往中,有时会碰到一些较复杂的情况,如想拒绝对方,又不想损伤对方的自尊心;想吐露内心的真情,又不好意思表达得太直露;既不想说违心之言,又不想直接顶撞对方。要适应各种不同的情况,就要重视培养自己在语言表达上的机智应变能力,技巧地掌握拒绝语言,学会说"不"字。从礼仪的角度,不提倡用身体姿势、道具等非语言的行为拒绝对方,而应用语言实施拒绝的技巧和艺术。在用语言交流时,心理潜意识中要有足够的勇气和自信,不要顾忌太多,心里是怎么想的就尽可能地表达出来。重要的是,要讲究表达的方式和方法,既把拒绝融于情理之中,一方面表达了自己的原则和态度;另一方面又保持了对方的自尊心和面子,切忌断然拒绝和颠三倒四言不尽意。为了达到不说"不"而达到"不"的目的,生活中有许多巧妙的做法,如迂回寓意,抓对方的语病,或者偷换概念,反被动为主动。有一次,陈毅在记者招待会上,有位外国记者问他:"陈毅市长,中国已成功地发射了第一、第二颗人造卫星,请问第三颗人造卫星什么时候发射?"陈毅微微一笑,很坦然地说:"我不知道这是不是秘密?"记者说:"不是。","那么,既然不是秘密,你肯定知道了。"陈毅镇定自若地回答了记者有意刁难的问题。

言谈中采用客套的敬语,拉开与对方的情感距离,让对方知难而退,见机行事。必要的时候,可以转移对方的注意力,并补偿对方的心理损失。美国前总统罗斯福当海军军官时,一次有位好友向他问及有关美国新建潜艇基地的情况。罗斯福不好正面拒绝,就问他:"你能保守秘密吗?""能。"罗斯福微笑地说:"那么,我也能。"他机智而含蓄地拒绝了对方的要求。

3) 善于聪明地提问

提问是引导话题、转换话题的好办法。可以通过发问来了解自己不熟悉的情况,可以把对方的思路引到某个要点,可以打破冷场避免僵局。当然,发问应首先注意内容,不要问对方难以应付的问题。

本章小结

本章主要介绍了礼貌用语的基本特点、主要内容及其分类、培养良好礼貌用语习惯的途径等几个方面,基本涵盖了旅游服务工作中的常用礼貌用语,为旅游服务人员的文明服务提供了学习的范本。

语言技巧具有巨大的潜在力量,掌握语言技巧,首先要考虑心理因素;其次要考虑交流双方的文化因素差异;再次要体现语言的"礼"的内涵。良好语言能力的培养与锻炼始终应当作为旅游接待与服务人员素质提高的一个至关重要的环节,尤其是礼貌用语的学习与运用,更是应当作为一种语言习惯去进行培养。良好的语言能力会使接待人员与客人之间的沟通更加容易,使服务工作更能得到客人的接受和认可。

思考与练习

一、单项选题

1. 说话人不表明与听话者是否为上下级关系,使用客气、礼貌的语言间接向听话者表示敬意称(   )。
   A. 郑重语   B. 尊敬语
   C. 谦让语   D. 委婉语

2. (   )是在酒店接待服务过程中同客人见面时表示尊重、问候、关心等的一种礼仪形式,它主要由语言和动作组成。
   A. 操作礼节   B. 称呼礼节
   C. 应答礼节   D. 问候礼节

3. 在旅游接待中,广泛应用(   )和委婉语是与宾客沟通思想感情的有效手段。
   A. 谦让语   B. 问候语
   C. 致谢语   D. 请托语

二、多项选择题

1. 礼貌用语的作用有(   )。
   A. 畅通信息传播   B. 协调与宾客的关系
   C. 激发旅游者的行为   D. 树立旅游企业的良好形象

2. 以下属于旅游服务人员语言规范原则的是(   )。
   A. 以宾客为中心原则   B. 以服务规范为原则
   C. 赞誉原则   D. 得体和谦虚原则

3. 致谢用语的形式有(   )。
   A. 标准式致谢用语   B. 加强式致谢用语
   C. 具体式致谢用语   D. 过程式致谢用语

4. 敬语的基本内容包括(   )3个方面。
   A. 尊敬语   B. 郑重语
   C. 谦让语   D. 致谢语

5. 礼貌用语从用法上分类，包括（　　）。
   A. 问候用语　　　　　　　　　B. 请托用语
   C. 迎送用语　　　　　　　　　D. 致谢用语

三、判断题（正确的画√，错误的画×）

1. 在为外国友人服务时，讲究的位次排列规范是"左高右低"。（　　）
2. 要掌握语言技巧，尤其是口语的表达能力，必须以语言的"美"吸引人。（　　）
3. 雅语作为敬语，是一种比较含蓄、委婉的表达方式。（　　）
4. 恩格斯认为，语言是"具有智慧、教养和道德上的优越感的表现"。（　　）
5. 得体的委婉语，能表达善意和尊重，体现说话者良好的语言素养，进而显示出文明和高雅的风度。（　　）

四、简答题

1. 简述旅游服务人员的言谈技巧。
2. 常用的请托用语有哪几种形式？
3. 需要使用征询用语的主要情况有哪些？

五、案例分析题

案例 5-1

有一天，一对从南方来北方旅游的夫妻到当地一家餐厅用餐，餐厅服务员小张为他们提供点菜服务，客人要求要清淡一点的菜，小张马上热情地向客人介绍店里的招牌菜："我们这里有鱼翅、燕窝、龙虾、牡蛎等"，男客人不耐烦地打断小张的话："先生啊，我们是刚从海边过来的，海鲜吃得太多了，我们不吃海鲜了。再说你们这里的海鲜都是从我们南方运过来的，不新鲜了，没有什么好吃的。"服务员小张马上说："先生，您此言差矣，难道我们北方的海就不出产海鲜了吗？告诉您，我们北方的海出产的海鲜是个大肉肥，而你们南方的海出产的海鲜是小巧玲珑，这就正像你们南方人和我们北方人一样，是有区别的。今天，你们不妨尝尝我们北方的海鲜。"女客人不满地说："你这个小伙子真是有意思，这套歪理我还是头一次听说，我看你去说相声好了。"小张马上笑着说："小姐，您真是有眼光。不过，说相声谈不上，我们做服务员都是要有一点口才的。"男客人烦躁地打断小张的话："我们是来吃饭的，不是来听你演讲的。"

思考分析：

1. 服务员小张为客人提供服务时，在礼貌用语方面，有哪些地方做得不妥？
2. 服务员应如何培养良好的礼貌用语习惯？

案例 5-2

G先生入住一家五星级酒店，头天晚上11时左右曾委托总台李小姐叫醒，但李小姐未能准时叫醒客人，从而耽误了航班，引起了客人的投诉。下面是大堂副理（A）与客人（G）的一段对话。

A：G 先生，您好！我是大堂副理，请告诉我发生了什么事？

G：什么了你还不知道？我耽误了飞机，你们要赔偿我的损失。

A：你不要着急，请坐下慢慢说。

G：您别站着说话不腰疼，换你试试。

A：如果这件事发生在我身上，我肯定会冷静的，所以我期望你也冷静。

G：我没你修养好，你也不用教训我。我们没什么好说的，去叫你们经理来。

A：叫经理来可以，但你对我应有起码的尊重，我是来解决问题的，可不是来受你气的。

G：你不受气，难道让我这花钱的客人受气，真是岂有此理。

A：……

思考分析：

1. 大堂副理在处理客人投诉时有什么问题？
2. 写出正确的处理方法（模拟情景对话形式）。

六、实训题

1. 说几句表示欢迎、送别、祝愿的话。
2. 客人正在谈话，当有急事找他时，应如何向客人表达？
3. 在行走中，有急事需要超越客人时，应如何处理，怎样对客人说？
4. 用一句话赞美自己的同学。要求是能令对方欣然接受，师生认可。
5. 婉拒同学的"不合理"要求。言词要令对方能够接受，不伤自尊，师生认可。
6. 结合旅游行业不同岗位的要求，进行礼貌语言和礼貌行动的模拟训练。

第 6 章

旅游饭店服务礼仪

明确并牢记旅游饭店服务人员的基本素质。

熟悉饭店前厅、客房、餐饮、康乐、商场、保安等部门员工的工作规程和服务礼仪。

6.1 旅游饭店服务人员基本素质

旅游饭店服务礼仪,是衡量饭店服务质量的重要标志之一。它贯穿于饭店服务的各个岗位及其全过程,目的是使旅客有"宾至如归"的感受,从而赢得更多的回头客,提高饭店的经济效益和社会效益。

饭店服务人员的综合素质是决定饭店服务质量和服务效益的重要因素。旅游饭店服务人员应具有良好的职业道德、正确的思想观念、优美的仪表仪容、高尚的道德品质和优良的服务技能。

1. 良好的职业道德

职业道德是社会道德在职业活动中的体现,是行业人员必须遵守的道德信条。它是推动饭店物质文明建设的重要力量,是形成饭店良好形象的重要因素。旅游饭店服务人员应具有的职业道德如下。

(1) 热爱本职,忠于职守。以一种职业情感和正确的态度对待自己所从事的本职工作,增强幸福感和荣誉感,忠实地履行职业责任,在平凡的岗位上努力工作,作出不平凡的业绩。

(2) 热情周到,文明服务。以主动诚恳、热情周到的服务态度和勤奋细致的服务工作,创造整洁、安全、舒适、优美的生活环境,让旅客享受温馨服务。

(3) 真诚公道、信誉第一。在服务中坚持始终如一的真诚态度和诚信作风,无微不至的关怀体贴宾客,在收费方面严格遵守物价政策,坚持按质定价,公平合理。

(4) 遵纪守法,廉洁奉公。遵纪守法是指每个职业劳动者都要遵守职业纪律,遵守与职业活动相关的法律、法规;廉洁奉公是高尚道德情操在职业活动中的重要体现,是旅游饭店服务人员应有的思想道德品质和行为准则，也是抵制行业不正之风的重要内容。

（5）互助友爱，团结协作。互助友爱、团结协作作为社会主义职业道德的基本规范，要求人们正确地处理各种关系，以利于构建和谐社会。旅游饭店服务人员要本着互助、团结协作的精神，做到识大体、顾大局，妥善处理好宾主关系、上下级关系、同事关系和协作单位之间的关系，自觉维护集体和同事间的团结，主动与他人亲密合作，共同完成任务。

（6）艰苦奋斗，厉行节约。旅游饭店服务人员要自觉培养艰苦奋斗的工作精神和勤俭朴素的生活作风，工作上不怕苦累，向高标准奋进，生活上不奢侈铺张，向低标准看齐，抵制腐朽生活方式的影响。

2. 正确的思想观念

饭店服务人员应树立以下正确的思想观念。

（1）"顾客是上帝"的观念。以客为"尊"、"顾客至上"、"来者都是客"、"顾客是上帝"，这是饭店服务人员必须牢固确立的观念，拥有这种思想观念才能主动地、真诚地、热情地为客人服务。

（2）优质服务观念。饭店是为宾客服务的场所，服务人员为宾客服务是天经地义的，但在饭店业激烈竞争的今天，一般化应付式服务显然是不够的，还必须实行优质服务。从心理和生理两方面使客人最大限度地得到满足。

（3）双重效益观念。旅游饭店作为盈利性企业，必须注重经济效益，但其又是社会主义企业，必须兼顾社会效益。饭店的服务人员必须确立这种双重效益观念，为饭店的经济效益而奋斗，又为饭店的社会效益而效劳。

（4）改革创新观念。在工作中始终坚持实事求是的原则，一切从实际出发，既坚持和发扬优良服务传统，又勇于破除各种陈规陋习的束缚，自主创新现代服务方式与方法，这既是做好本职工作，把自己培养成为自主创新型人才所必需的，也是迎接新技术革命挑战、参与国际竞争的需要。

阅读材料 6-1

玉帛成干戈

公元前592年，当时的齐国国君齐顷公在朝堂接见来自晋国、鲁国、卫国和曹国的使臣，各国使臣都带来了墨玉、币帛等贵重礼品献给齐顷公。献礼的时候，齐顷公向下一看，只见晋国的亚卿郁克是个独眼，鲁国的上卿是个秃头，卫国的上卿孙良夫是个跛脚，而曹国的大夫公子首则是个驼背，不禁暗自发笑，怎么4国使臣都是有毛病的。

当晚，齐顷公见到自己的母亲萧夫人，便把白天看到的4个人当笑话说给萧夫人听。萧夫人一听便乐了，执意要亲眼见识一下。正好第二天是齐顷公设宴招待各国使臣的日子，于是便答应让萧夫人届时躲在帷帐的后面观看。第二天，当 4 国使臣的车子一起到达，众人依次入厅时，萧夫人掀开帷帐向外望，一看到 4 个使臣便忍不住大笑了起来，她的随从也个个笑得前仰后合。笑声惊动了众使者，当他们弄明白原来是齐顷公为了让母亲寻开心，特意做了这样的安排时，个个怒不可遏，不辞而别。4 国使臣约定，各自回国请兵伐齐，血洗在齐国所受的耻辱。4 年后，这 4 国联合起来讨伐齐国，齐国不敌，大败，齐顷公只得讲和。这便是春秋时著名的"鞍之战"。

资料来源：陈萍. 最新礼仪规范. 北京：线装书局，2004.

3. 美的仪表仪容

仪表仪容是一个人精神面貌和内在气质的外观体现，是一个人的"门面"或"招牌"，它与一个人的道德修养、文化水平、审美情趣有着密切的关系，是人际交往中不可忽视的重要因素。仪表即人的外表，包括容貌、姿态、服饰 3 个方面，是形体美、服饰美、发型美、仪容美的有机综合。仪容主要是指人的面容，包括头发、面部、手部的美化，也包括人的面部表情。仪表仪容美包括人的自然美、修饰美和内在美。它使对方产生好感，从而有益于旅游活动的开展。由此可见，在当前旅游业竞争日趋激烈的情况下，员工的仪表仪容事关旅游业兴衰，同时也反映一个国家和民族的道德水准与文明程度。因此，旅游饭店员工必须着眼于国家和民族的利益，为维护本企业声誉和经济效益，注意搞好自己的仪表仪容，力求做到以下几点。

1）整洁

整洁是个人礼仪的最基本要求。面容应当润泽光洁，耳朵脖子应当干干净净，头发松软亮泽，双手要清洁，口腔卫生要好，服饰穿戴应保持干净整齐，皮鞋应保持鞋面光亮。

2）端庄

在整理、修饰仪表仪容时，要力求简练、明快、方便、朴素、实用，充分显示端正、庄重、斯文、雅气，而不要花哨、轻浮、怪异、小气。例如，通常情况下，发型要符合美观、大方、整洁的原则，而不应把头发染成其他颜色；面部化妆要少而精，一般以简妆淡妆为宜，不要浓妆艳抹；着装要整齐、清洁、挺括、大方，颜色搭配适当，与年龄、体形、职业、环境相协调，而不要穿着奇装异服。

3）自然

自然是美化仪容的最高境界，它使人看起来真实而生动。失去自然的就是假，就无生命力和美了。有位化妆师说："最高明的化妆术，是经过非考究的化妆，让人家看起来好像没有化过妆一样，能自然表现个人的个性和气质。"

4）协调

美化仪容的协调包括妆面协调，即化妆部位色彩搭配、浓淡协调；全身协调，即脸部化妆、发型与服饰协调，力求取得完美的效果；角色协调，即针对自己在社交中扮演的不同角色，采用不同的化妆手法和化妆品；场合协调，即化妆、发型要与所在场合气氛要求一致。

5）美观

漂亮、美丽、端庄的外观仪容，是形成优美良好的社交形象的基本要素之一。人们都希望自己在社交或公共场合中变得更美丽。但有些人以为把发胶、摩丝喷在头上，把各种色彩抹在脸上的相应部位就美了，其实这样做反而不美了。

4. 高尚的道德品质

道德是调整人与人、个人与社会之间的行为规范的总和。它是做人的规矩和行为准则，是人们判别善恶的基本尺度，也是人们选择应当怎样做和不应当怎样做的基本标准。

道德品质反映一个人的本质，是选择旅游从业人员的首要条件。旅游饭店服务人员，首先应当是一个道德高尚的人，因为德与礼互为里表，道德是礼仪的内在灵魂，而礼仪是道德的外在表现。一般来说，一个有道德的人，往往是一个礼貌有加的人。饭店服务员要成为优秀的礼仪服务者，首先要遵守中共中央在《公民道德建设实施纲要》中提出的道德规范，切实做到以下几点。

（1）爱国守法。把爱国守法作为起码道德要求和必备的道德品质来规范自己的言行，处理好人与国家的关系。

（2）明礼诚信。坚持"明礼"，规范自己在公共场合的公共道德行为；坚持"诚信"，规范自己在公共关系中的道德行为。

（3）团结友善。无论何时何地，都本着团结友善的精神，搞好人与人之间的亲善关系，加强人与人之间的亲和力。

（4）勤俭自强。做到勤劳、勤奋、勤勉、俭朴、俭约、节制，坚持自尊、自立和自信，规范自己对待工作、学习和生活的态度。

（5）敬业奉献。坚持"敬业"是规范好自己的职业行为；"奉献"是不断提高自己的道德境界，处理好自己与职业、与社会的关系。

（6）为人民服务。这是道德建设的核心。尽职尽责，服务社会，这体现着为人民服务的要求，而一个具有高尚道德品质的人，无论何时何地，都将全心全意、完全彻底地为人民服务。

阅读材料 6-2

"女士优先"应如何体现

在一个秋高气爽的日子里，迎宾员小贺着一身剪裁得体的新制衣，第一次独立地走上迎宾员的岗位。一辆白色高级轿车向饭店驶来，司机熟练而准确地将车停靠在饭店豪华大转门的雨棚下。小贺看到后排坐着两位男士、前排副驾驶座上坐着一位身材较高的外国女宾。小贺一步上前，以优雅姿态和职业性动作，先为后排客人打开车门，做好护顶关好车门后，小贺迅速走向前门，准备以同样的礼仪迎接那位女宾下车，但那位女宾满脸不悦，使小贺不知所措。

通常轿车中的后排座为上座，一般凡有身份者皆在此就座。优先为重要客人提供服务是饭店服务程序的常规，这位女宾为什么不悦？小贺错在哪里？

资料来源：陈刚平，周晓梅. 旅游社交礼仪. 北京：旅游教育出版社，2000.

5. 优良的服务技能

服务人员的服务技能直接影响饭店的服务效率和服务效果。一个出色的服务人员应具备以下一些技能。

（1）精湛的专业技能。饭店各岗位的服务人员应是一专多能的多面手，如迎宾员既要精通迎宾工作规程和礼仪，又要熟悉引领员、行李员的业务技能；客户服务员既是客户服务的能手，又熟悉餐饮服务专业知识。

（2）流畅的表达能力。饭店服务人员在为宾客服务的过程中，应善于通过通俗、严谨、风趣的语言，达到服务热忱，展现服务礼仪，活跃现场气氛，融洽宾主关系。接待外宾的员工还应具备一定的外语表达能力。

（3）熟练的交际能力。善于在各种场合与各界人士打交道，具有结识朋友、建立业务联系的能力；善于冷静思考和分析问题，具有妥善处理各种矛盾的技巧；善于吸引宾客，具有招徕宾客的本领。

（4）良好的记忆力。既要对本职业务知识烂熟于心，成为"活字典"，对客人有问必答；又要记住有关宾客的资料，如客人的姓名、职业、职务、爱好、禁忌等，这样才能为宾客提供有针对性的服务。

阅读材料 6-3

最好的介绍信

一位老板登报为公司招聘一名勤杂工，有30余人前来应聘。这位老板从中挑选了一个男孩。他的同伙问他："你为什么单单挑中了这个男孩呢？他既没有带介绍信，也没有人推荐他。"

"实际上，他带来了不少介绍信。"这位老板说："他进门前，先在门口蹭掉了脚下带的土，进门后随手关上了门，这说明他做事仔细小心。当他看到了那个跛脚的老人时，立刻起身让座，说明他心地善良，关心别人。进了办公室，他先将帽子脱去，我让他坐下时，他道谢后才入座。我问他的几个问题，他都回答得干脆果断，说明他是一个懂礼貌、有教养的人。还有，我故意放了今天的报纸在地板上，其他的应聘者不是从报纸上迈过去，就是看到了也没反应。只有他俯身捡起报纸把它放到桌子上。而且，他虽然不是衣着光鲜，但是十分整洁，不仅头发梳得整整齐齐，连指甲都修剪得干干净净。这样的一个年轻人，你难道会认为它没有带来合适的介绍信吗？我相信，勤杂工对他只是一个开始,将来一定会大有前途。"

资料来源:陈萍. 最新礼仪规范. 北京:线装书局,2004.

6.2 前厅部服务礼仪

前厅部也称客务部、前台部或大堂部,其主要机构位于饭店最前部大厅,通常包括接待、订房、问讯、行李、总机等职能部门,是饭店组织客源、销售客房商品、沟通和协调各部门的对客服务,并为宾客提供前厅系列服务的综合性部门。前厅部是饭店业务活动的中心,也是饭店形象的"窗口",更是饭店创造经济收入的关键部门,还是饭店管理的参谋和助手。因此,前厅部在现代饭店中有着举足轻重的地位和作用。

1. 敬人三A理论

饭店服务人员向客人表达尊敬之意时,应善于抓住以下3个重点环节,即接受对方、重视对方、赞美对方。由于在英文中,这3个词汇都以A字母打头,所以被称为"三A原则"。

1) 接受服务对象

接受服务对象主要表现为服务人员热情、主动地接近宾客,淡化彼此之间的戒备,恰到好处地向对方表示亲近友好之意,将客人当做自己人来看待。同客人交谈时,即使见解截然相反,也要尽可能地采用委婉的语气进行表达,切不可针锋相对地抬杠。

2) 重视服务对象

要通过服务使客人真切地感受到自己备受关注。服务人员在工作岗位上要真正做到重视服务对象,首先应当做到目中有人,招之即来,有求必应,有问必答,想对方之所想,急对方之所急,认真满足对方的要求,努力为其提供良好的服务。重视服务对象的具体方法如下。

(1) 牢记服务对象的姓名。对于每一个人来说,姓名都是自己百听不厌、百看不烦的最美妙的词汇。牢记交往对象的姓名,这件事本身就意味着对对方重视有加,另眼相看;反之,连一个常来常往的客人姓名都记不住,恐怕是难言重视的。服务人员要牢记服务对象的姓名必须要注意两个问题,首先,千万不要记错了服务对象的姓名,将服务对象的姓名张冠李戴,无疑,会使双方都感到尴尬;其次,绝对不要读错了服务对象的姓名。

(2) 善用服务对象的尊称。

(3) 倾听服务对象的要求。从某种意义上,耐心倾听服务对象的要求,本身就会使对方在一定程度上感到满足。一般来说,当服务对象阐明己见时,服务人员理当暂停其他工作,目视对方,并以眼神、笑容或点头来表示自己正在洗耳恭听,如有必要的话,服务人员还可以主动地与对方进行交流。

3) 赞美服务对象

从心理上说,人们都希望自己能得到别人的欣赏与肯定,他人的赞美就是对自己最大的欣赏与肯定。一个人在获得他人中肯的赞美时，内心的愉悦程度是任何物质享受都难以比拟的。服务人员在有必要赞美客人时，要注意以下3点。

（1）适可而止。服务人员在具体运用赞美语言时，必须有所控制，把握分寸。若是赞美之词用得太多太滥，不但会令人觉得肉麻，而且也会使赞美本身贬值。

（2）实事求是。真正的赞美是建立在实事求是的基础之上的，是对他人优点的认同。如果夸大其词地恭维和奉承，就违背了旅游业"诚实无欺"的宗旨，绝对不可取。

（3）恰如其分。赞美要想被对方接受，就一定要了解对方的情况，赞美对方确有的长处。例如，赞美一位皮肤保养得很好的女士时，说她"深谙护肤之道"，一定会让她非常高兴。

2. 客房预订服务礼仪

1) 电话预订

电话预订时，按照接电话的礼节，敬语当先，礼貌接待，询问需求，订房的内容要认真记录，并向客人复述一遍。若有客人要求的房间，主动介绍设备、询问细节、报价，并帮助客人落实订房，必要时请预订人来店面谈、填写预订单。若因客满无法接受预订时，应表示歉意，礼貌回绝客人或介绍其他酒店。

2) 函件预订

函件预订时，先将预订分为新订、更改或取消，然后根据房间有无迅速回答客人。各种函件处理当天完成，最长不超过24小时。

3) 柜台预订

柜台预订时，要主动热情接待客人，询问细节，如有房间，当即填写订单，并对客人表示感谢。如因客满无法接受预订时，应表示歉意，并说："请您稍等，我再仔细给您查一下。"确定无房后再说："对不起，客已满，谢谢您，请您以后光临。"并热情为客人介绍其他饭店。

在受理预订中，要做到接待热情、报价准确（包括协议价、公司价、团队价、散客价），记录清楚，手续完善，处理快速，信息资料输入计算机或预订控制盘，订单资料分类摆放，整齐规范，为后面的预订承诺、订房核对提供准确的信息。

预订中对要求到机场、车站、码头接送的客人，每周打印接送客人名单、接送地点、航班班次，并安排好车辆和接送人员。按规定时间提前到达接送地点，接客准确，接待礼貌、周到，无错接、漏接现象发生。

客房预订后，应信守契约，恪守时间，待客人到来时，切实做到按预订的客房要求安排。如因各种原因出现订房纠纷，要冷静分析，查找原因，区别对待，灵活处理，要特别注意礼貌，对客人耐心解释，切忌争吵。凡属饭店的责任，要主动承担，并深表歉意；如属宾客的责任，要牢记"客人是上帝，得理也得让人"的格言，妥善处理，以提高饭店的声誉。

3. 门厅服务礼仪

门厅服务是饭店服务的第一站。客人到饭店首先遇到的是门厅内外的服务，宾客对饭店服务质量的评价和最终满意程度，都要从这里开始。门厅各岗位服务人员务必认真履行职责,做到文明服务。

1) 大门迎接员

大门迎接员的主要职责是负责宾客进出大门的迎送工作,在服务中应做到以下几点。

(1) 仪表整洁,仪容端庄,精神饱满,立姿规范,面带微笑地站在正门前,恭候宾客的光临。

(2) 客人来到门口时,要主动问好,欢迎客人光临,开门引导及时,动作轻稳;如果见到宾客乘车抵达时,要立即迎上去,引导车辆停好,接着拉开车门,面带微笑地说:"您好,欢迎光临!"并致以15度鞠躬礼。如见到老人、儿童、残疾客人,则要主动搀扶,热情照顾。

(3) 遇到众多客人集中到达时,应不厌其烦地向宾客微笑、问候、点头示意,尽可能地使每位宾客都能得到亲切的问候。

(4) 如遇雨天,要撑伞迎接,如果客人有伞,则应把客人的伞收放在专设的伞架上,并代为保管。

(5) 在客人离店时,要向客人微笑道别:"谢谢光临,欢迎下次再来,再见!"并招手致意,目送离去。若客人乘车离店时,要把车子引导到客人易上车的位置,拉门请客上车,看清客人已坐好、衣裙不影响关门时,再轻关门并礼貌告别:"谢谢光临,欢迎下次再来,再见!"关车门也要恰到好处,太轻关不上,太重则惊吓客人。招手致意时,可说:"再见!"、"一路顺风!"、"一路平安!"当车辆启动时,挥手告别,目送离去。

(6) 主动认真地做好日常值勤工作,按规定热情礼貌地接待来访者,帮助他们寻人、回答客人的问题,绝不能置之不理,冷漠旁视。

阅读材料 6-4

客人为什么又留下了

一个下雨的晚上,机场附近某大酒店的前厅很热闹,接待员正紧张有序地为一批误机团队客人办理入住登记手续,在大厅的休息处还坐着五六位散客等待办理手续。此时,又有一批误机的客人涌入大厅。大堂经理小刘密切注视着大厅内的情景。

"小姐,麻烦您了,我们打算住到市中心的酒店去,你能帮我们叫辆出租车吗?"两位客人从大堂休息处站起身来,走到小刘面前说。"先生,都这么晚了,天气又不好,到市中心去已经不太方便了。"小刘想挽留住客人。

"从这儿打的士到市中心不会花很长时间吧,我们刚联系过,房间都订好了。"客人看来很坚决。

"既然这样,我们当然可以为您叫车了。"小刘彬彬有礼地回答道,她马上叫来行李员小秦,让他快去叫车,并对客人说:"我们酒店位置比较偏,可能两位先生需要等一下,我们不妨先到大堂等一下好吗?"

"那好吧,谢谢。"客人被小刘的热情打动,然后和她一起来到大堂的休息处等候。

> 天已经很黑了，雨夹着雪仍然在不停地下，行李员小秦始终站在路边拦车，但十几分钟过去了，也没有拦到一辆空车。客人等得有些焦急，不时站起身来观望有没有车。小刘安慰他们说："今天天气不好，出租车不太容易叫到，不过我们会尽力而为的。"然后又对客人说："您再等一下，如果叫到车，我们会及时通知您的。"
> 　　又是15分钟过去了，车还是没拦到。客人走出大堂门外，看到在风雪中站了30多分钟脸已冻得通红的行李员小秦，非常抱歉地说："我们不去了，你们服务这么好，我们就住这儿吧，对不起。"另一位客人亲切地把小秦拉进了前厅。
> 　　资料来源：职业餐饮网．服务礼仪案例40例．

2）梯口迎接员

现代饭店均使用自动电梯，一般不需要专人看管，但饭店为了对客人显示礼遇的高规格，专派梯口迎接员接待宾客。梯口迎接员在服务中应做到以下几点。

（1）身着华丽、挺括的识别服，在电梯厅的中央，面带笑容，目视前方，精神饱满，思想集中，恭候客人的光临。

（2）见到客人来时，要主动热情问候，并按动电梯控制钮，等候电梯的到来。

（3）当电梯来到、自动门启开后，用手挡住梯门，敬请客人步入电梯。

（4）客人乘电梯到达底楼时，待电梯自动门打开，客人步出电梯时，应面带微笑礼貌道别。

3）大堂清洁员

大堂是饭店的"脸面"，是客流密集的公共区域。整理工作大部分在客人面前进行，因此清洁员在操作时应做到以下几点。

（1）穿着的制服应保持整洁，讲究个人卫生。

（2）在清除地面浮尘时，要留意周围走动的客人，主动让道，不要妨碍客人的自由走动。

（3）在客人休息处清理烟缸、废纸杂物时，次数要勤，动作要轻、要快。对客人要微笑点头，主动问候。

（4）在高处擦拭玻璃幕墙、雨天揩拭大理石地面积水时，要注意客人及自身的安全。

（5）清扫整理要认真细致，石面地板要光亮如镜，玻璃幕墙、玻璃门、栏杆、柱面、台面要明净无尘，使客人有清静感和舒适感。

4）饭店代表

饭店代表是专门在机场提供店外接送服务，争取客源，提高服务质量的一项重要工作，其礼貌礼节尤为重要。饭店代表在服务中应做到以下几点。

（1）服饰鲜明、整洁、挺括，手持独具特色、有饭店店徽的欢迎牌，恭候客人的光临。

（2）客人抵达时，要主动迎上前去，并做自我介绍，说："您是××先生（小姐）吗？"、

"欢迎您光临！我是××饭店代表。您有托运行李吗？请将行李牌给我，我们帮您领取。"如果客人要自领行李，应尊重客人意愿。

（3）礼貌地引领客人到车上就座，点清行李放好后，轻关车门，陪送客人到饭店。

（4）送客的礼貌礼节基本上与接客相同，主要是了解客人离店情况，事先向车队订车。送客路上，应礼貌地征求客人对饭店的意见，欢迎客人再次光临。

4. 总台接待礼仪

饭店总台是饭店的"窗口"，又可称为饭店的"神经中枢"，是客人进店和离店的必经之地。饭店能否给客人来时有"宾至如归"之感，离别时有"宾去思归"之念，在很大程度上取决于总服务台的服务质量。因此，总台各岗位的服务员必须认真履行职责，文明礼貌服务。

1）接待员

客人来到饭店住宿时，留下较深第一印象的往往是总台接待员。因此，接待员应做到以下几点。

（1）着装整洁，仪容端庄，礼貌站立，精神饱满，面带微笑地恭候宾客的光临。

（2）客人来到总台时，应热情问候招呼："您好，欢迎光临！"、"请问，您预订过房间吗？"、"我能为您做些什么吗？"

（3）遇到较多客人抵达而工作繁忙时，要按顺序依次办理住宿手续，做到办理一个，接待另一个，招呼后一个，务必使客人不受冷落。

（4）敬请客人填写住宿登记单后，应尽可能按客人要求（楼层、朝向等）安排好房间，提供满意的服务。

（5）验看、核对客人的证件与登记单要注意礼貌，确认无误后，要迅速交还证件，并表示感谢。当知道客人姓氏后，要尽早称呼为好，这是尊重客人的表现。

（6）把住房钥匙交给客人时，不可一扔了之，而应有礼貌地说："××小姐（先生），我们为您准备一间朝南房间，舒适安静，房号是×××，这是房间钥匙，这位服务员马上陪您去，祝您愉快！"或者说："请慢走！"

（7）重要客人进房后，要及时用电话询问客人："××小姐（先生），您对这个房间满意吗？"、"您还有什么事吗？请您吩咐，我们随时为您服务。"以体现对客人的尊重。

（8）客人对饭店有意见来接待处陈述时，要面带微笑，以诚挚态度表示欢迎，应认真倾听，绝不能跟客人争辩或反驳；要以真挚的歉意，妥善处置问题。

（9）如果客房已满，有宾客来住时，要耐心解释，并请客人稍等，如客人不需要帮助，应说："对不起，下次光临，请先预订，我们一定为您保留。"

（10）及时做好客人资料的存档工作，以便在下次接待时能有针对性地进行服务。

2）结账员

结账员在服务中应做到以下几点。

（1）服饰整洁，仪容端庄，精神饱满，恭候客人的到来。

（2）客人来总台付款结账时，要笑脸相迎，热情问候，服务迅速、准确，切忌漫不经心，造成客人久等的难堪局面。

（3）客人住店日期要当场核实，收款项目要当面说清，不能有丝毫含糊不清。

（4）遇到结账客人较多时，要礼貌地示意客人依次结账，有序进行。

（5）当有客人提出饭店无法接受的要求时，应耐心予以解释，以求得客人的谅解。

（6）结账完毕后，应向客人礼貌地告别："谢谢，欢迎您再次光临，再见！"

（7）前台收银作业忙闲不等，即使在工作空闲时，也要坚守岗位，切忌几个人在一起闲聊，以免引起客人的反感。

3）外币兑换员

外币兑换员在服务中应做到以下几点。

（1）宾客到来，礼貌问候，主动招呼，并提供迅速、准确、周到的服务。当客人兑换外币时，当场各自填写兑换单，经过认真复核后，兑换员必须对外币数目两次当面点清，并唱收唱付。给客人一种服务态度认真负责的信任感。

（2）对兑换的外币如有疑点，应由识别机鉴别，切勿武断处置或与客人争吵。并应立即与同事或主管商讨，妥善解决。

（3）坚持原则，执行外汇政策，讲究职业道德，不得与客人私下交易，暗中套汇谋利，做出有损于人格国格的事来。

（4）宾客离去，热情告别。

5. 行李部服务礼仪

行李部的主要职责是负责客人的行李接送工作。行李服务员应着装整洁，仪容端庄，精神饱满，礼貌值岗。其服务礼仪规程如下。

（1）客人抵达时，热情相迎，微笑问候，主动帮客人提携行李，并问清行李件数。如果客人坚持要自携行李，应尊重客人意愿，不可强行接过来。在推车装运时，要轻拿轻放，对贵重且又易碎的行李物品更不能乱扔或重压。

（2）陪同客人到总服务台办理入住手续时，应侍立在客人身侧后几步处等候，看管好客人行李，并随时接受客人的吩咐。

（3）引领客人时要走在客人左前方两三步处，随着客人的步子徐徐前进，遇到转弯时，要微笑向客人示意，以体现对客人的尊重。

（4）陪送客人乘电梯时，应按动电梯控制钮。电梯门开后，应用手挡住梯门敬请客人先入电梯，随后携行李跟进。电梯到达指定楼层后，应关照客人先出电梯，再将行李运出。

（5）引领客人进入住房时，应先按门铃或敲门通报，里面没有回应再开门。开门后打开过道灯，扫视房间确无问题后，退至房门一侧，请客人进房。

（6）行李携进房间后，应与客人核对清楚，然后将客人的行李轻放在行李架上，箱子的正面朝上，箱把手朝外，便于客人取用。

(7) 退出房间时，应微笑地向客人告别："小姐（先生、夫人等），请您好好休息，再见！"面对客人，后退一步，再转身走出房间，并将房门轻轻关上。

(8) 当客人离开饭店时，行李员在接到搬运行李的通知后，应立即到客人房间报到。在进入客房之前，无论房门是关着还是开着，都要按门铃或敲门通报，听到"请进"后方可进入房间，并说："您好，我是来运送行李的，请您吩咐。"在双方清点行李件数后，提携行李运送到车上。如果客人跟行李一起走，客人离开房间时，行李员应将客房门关上，尾随客人到大门口，安放好行李后，与大门迎接员一起，向客人热情告别，祝客人"旅途愉快，欢迎再次光临！"

6. 问讯服务礼仪

为了体现"宾客至上，便利客人"的服务宗旨，一些较大规模的饭店专设有问讯处，为客人提供咨询服务。其服务人员应着装整洁，仪态端庄，精神饱满，站立服务，随时接受宾客的问讯。

(1) 客人来到问讯处，应主动招呼，热情问候，依次接待。

(2) 接待问讯时，面带微笑，两眼注视客人，听清客人问讯内容与要求。对于长话慢讲、细述的客人要耐心听，对语言难懂的客人要仔细弄清，绝不可敷衍了事。待客服务应做到语调柔和、亲切，"请"字当头，"谢谢"收尾，"对不起"常挂嘴边，送客人不忘记"再见"。

(3) 答复客人的问讯，要有问必答，百问不烦，语言简明，不能用"大概"、"也许"、"可能"之类的含糊词敷衍客人，如果是难以回答的问题，也不要轻率地说"我不知道"，而要想方设法尽最大努力，确实无法回答时，应表示歉意，待了解清楚后再告诉客人。

(4) 要及时地向客人提供游览景点、往返路线、交通工具、购物商店、娱乐场所、风味小吃等有关信息，对左右为难、举棋不定的客人，要选择适当的时间主动介入，热心做好客人的参谋，成为客人的"隐性向导"。

(5) 要及时地把客人的信件、电报、邮件等交给本人。对离店客人的信件等，要及时按客人留下的地址转去或退回原处。

(6) 客人较多时，接待工作应忙而不乱，条理清楚，井然有序；接待服务要做到"点面"结合，即办理第一位，询问第二位，再招呼第三位。

(7) 接受来电查询时，要做到件件有回音、有结果。如果不能马上回答的，要向对方讲明等候时间，以免对方久等而引起误会。

(8) 遇到个别过分挑剔、有意为难的客人，仍要坚持以诚相待，晓之以理，动之以情。

7. 总机服务礼仪

总机服务员虽然不经常和客人直接见面，但通过声音传播，也能从另一个侧面反映饭店的服务质量。因此，话务员在服务过程中应做到以下几点。

（1）坚持使用礼貌用语，如"您好"、"请讲"。接外线电话，应立即问候，并报出饭店的英文、中文名称，并说"早上好！××饭店"。

（2）熟悉常用电话号码，电话铃3声响内接听，自报店名或岗位，听清客人要求，迅速准确接转电话，如果无人接听时，应迅速转告来电人，并问对方是否需要留言，如需代客留言，一定要认真听清，做好记录，复核认可，以避免差错。

（3）话务员的发音要准确、清晰，语速快慢适中，保证客人听得懂、听得清楚，音质要甜润、轻柔，语调要委婉、亲切，语气要友好、诚恳。接线中要避免使用"我不知道"、"我现在很忙"、"什么？"、"听不到！"等不耐烦的语句；连线中应常用"请稍候"、"我立即为您查询"、"对不起，他不在，请稍候再拨"等。

（4）客人打国际或国内长途电话时，应主动提供国家或地区电话号码，问清客人姓名、房号和具体要求，及时拨通长途台，通报本机号码、分机号码，话务员代号和长途台话务员代号，做好记录或输入计算机。电话接通后请客人讲话。若客人直接拨通长途电话，要做好记录或开通计算机。通话结束后，准确及时通报客人讲话时间，办理挂账或收款手续。

（5）遵守职业道德，绝不偷听他人电话，若操作中偶然听到一些内容，应严守他人秘密。

（6）通话结束后，应热情道谢告别，待对方挂断电话时，方可关掉电键。

（7）当客人要求叫醒服务时，应问清客人姓名、房号、叫醒时间，将信号输入计算机或做好记录。若是贵宾、重要客人，则要派专人叫醒。

8. 商务中心服务礼仪

为满足宾客的需要，现代饭店都设有商务中心，为宾客提供复印、传真、电传、电报、文字处理、翻译、文件抄写核对、会议记录、代办邮件和秘书工作等服务。

1）复印、装订服务程序

（1）主动问候客人，介绍收费标准，按要求受理此项业务。

（2）核对客人复印件的张数、型号及规格等。

（3）复印操作（略）。

（4）复印完毕，将原件交给宾客。

（5）问明是否装订，如需要则替客人装订。

（6）复印后清点，按规定价格计算费用，办理结账手续（现付/挂账）。

（7）在《宾客复印登记表》中登记。

2）打印服务程序

（1）主动问候客人，介绍收费标准，按要求受理此项业务。

（2）接过原稿，问明打字要求，浏览核对原稿有无不清楚字符等。

（3）告知大概完成时间，并开始操作。

（4）打字完毕，请客人核对。修改后再检查，确保无差错。

(5) 将打印好的文件交给客人。按规定价格、字数、页数，开单收费。
(6) 询问客人是否存盘及保留时间，若不保留，则应删除该文件。
(7) 填写打字报表。

3）发送电传服务程序
(1) 主动问候客人，按要求受理业务。
(2) 根据客人的手稿原件做孔，请客人核对，若有修改，则在机器上作相应更改。
(3) 放好孔带，按呼叫键，打出要发送的电传号码。
(4) 孔带放完后，按下撤线键，进行撤线。
(5) 按自报键，显示本机电传号。
(6) 机器自动显示当时的日期及发送的时间。
(7) 根据显示的发传时间进行计费，办理结账手续。
(8) 在《宾客发电传登记表》上进行登记。

4）电子邮件服务程序
略。

5）受理票务服务程序
(1) 主动问候客人；
(2) 了解客人订票需求，包括航班、线路、日期、车次、座位选择及其他特殊要求等。
(3) 查询票源情况，如遇客人所期望的航班、车次已无票源，应向客人致歉，并作解释，同时征询客人是否延期或更改航班、车次。
(4) 办理订票手续，应礼貌地请客人出示有效证件。
(5) 出票后，应礼貌地请客人支付费用，仔细清点核收，认真填写好机票并及时将订票信息输入计算机。
(6) 向客人致谢，同时送客人离去。

6）其他注意事项
商务中心在为客人提供商务服务时，还应注意以下事项。
(1) 守时。守时是对客人尊重的体现。现代生活的特点是快节奏。商场上最看中的莫过于守时守信。因此，商务中心员工一定要有时效观念，尽快地完成客人交办的任务。
(2) 准确。在现实生活中，往往是一字之差损失很大。因此，商务中心员工在受理任务时，务必要把事情搞得一清二楚，切不可自以为是；在操作时严肃认真，一丝不苟，切忌粗枝大叶；任务结束时，一定要反复检查，避免出错。
(3) 保密。绝对不外泄客户的商务秘密。
(4) 守纪。不利用工作之便谋取私利，也不能因为对客户服务而谋取客户的好处。

阅读材料 6-5

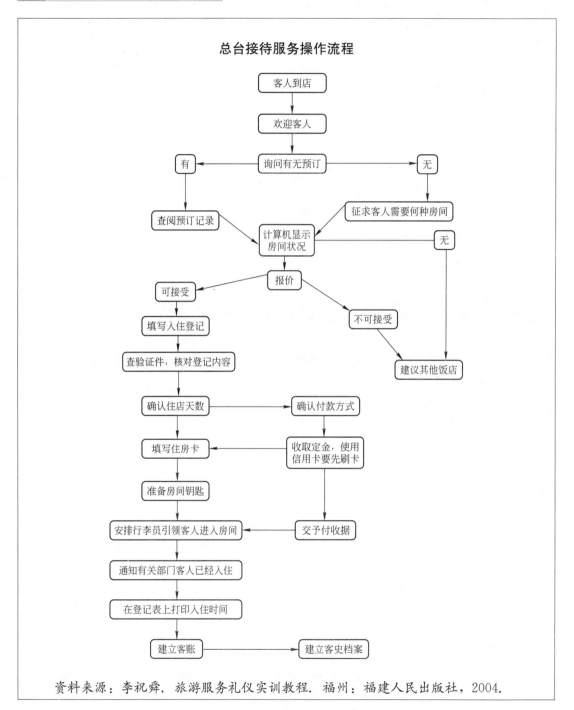

资料来源：李祝舜．旅游服务礼仪实训教程．福州：福建人民出版社，2004．

9. 大堂副理处理投诉的技巧

投诉是指宾客对饭店提供的产品和服务不满而提出的批评意见、抱怨或控告。由于饭店是一个复杂的运作系统，而客人对服务需求又是多样的，要百分之百地让客人满意是难以做到的，因此客人投诉是不可能完全避免的。饭店投诉管理的目的是尽量减少投诉，妥善处理投诉，从而让客人感到满意。

根据饭店岗位职责分工，大堂副理代表饭店受理客人的投诉。大堂副理在处理投诉时，首先要正确看待投诉，应以"闻过则喜"的态度欢迎客人投诉；其次要坚持3条原则，即真诚帮助客人解决问题；绝不与客人争辩，不损害饭店的利益和形象；要认真坚持处理投诉基本程序。

处理投诉的基本程序如下。

(1) 虚心诚恳地听取意见。以积极的态度听取和处理客人的投诉。

① 保持冷静。客人投诉时往往是充满怒火，切忌跟客人争辩、反驳，而应想办法让客人"降温"。最好不要在公众场合处理，可请客人到办公室个别交谈。

② 表示同情。采取"替代"方法，设身处地从客人角度考虑问题，可用适当语言安慰客人，如"我完全理解您的心情"、"对不起，发生这类事，我感到很遗憾"等。宽容、忍耐，无论何种原因不和客人争执。尽量维护客人的自尊，哪怕错在客人，也尽量"搭梯"让客人下台。

(2) 耐心倾听，并做好详细笔录。把客人投诉的要点记录下来，不但可使客人讲话的速度放慢，缓和客人的情绪，还可使客人确信，饭店对其反映的问题非常重视。另外，记录资料可作为解决问题的根据。

(3) 在不违反规章制度的前提下，尽可能满足客人的要求。把将要采取的措施和所需时间告诉客人，并征得客人的同意。既不要表示"由于权力有限，无能为力"，又不能作出不切实际的许诺。采取行动，实事求是地解决问题。在搞清问题的前提下，凡能解决的问题应抓紧解决，以取信于客人；凡属饭店工作失误造成的问题，应诚恳地向客人致歉，并作出相应的补偿性处理。对客人的任何意见和投诉，均应给予明确合理的交代，并尽量提出两个以上的处理方法供客人选择。

(4) 对客人提出的善意批评、合理建议和可以理解的投诉表示感谢。

(5) 检查落实并记录存档。检查核实投诉问题是否圆满解决，并将过程写成报告存档，使饭店吸取教训。将客人的投诉分类、存档，并及时向有关部门反馈信息，督促部门改进工作。

(6) 维护酒店的形象和声誉。原则问题不放弃立场，但时刻注意语言表达的艺术性，可用强调、比喻、暗示等语言表达法使客人知难而退。

(7) 定时、定期小结或总结。将饭店的服务质量信息整理成书面材料，向总经理和分管副总经理汇报，提出合理的改进意见或建议。

案例分析 6-1

一份特殊快递的启示

叶先生是某丝绸进出口公司的项目经理，因业务需要，欲把一包物品转交给下榻在A饭店的美国客商理查德先生。征得总台Y小姐同意后，就把物品放在总台，并再三嘱咐一定要尽快转交给客人，因为理查德先生第二天就要去上海。Y小姐点头答应，并立即打电话到理查德先生的房间，但客人此时不在房间，随后她又几次打电话，到晚上10点客人仍未回房间，她便忙于其他事情了。第二天早上8点半，叶先生打电话到饭店询问物品是否转交给客人了，得到的答复是物品仍在总台，客人已在7点半退房离开了。叶先生听后大怒，声称饭店这样的做法影响了他的大笔生意，要求饭店给他满意的答复。面对非常生气的叶先生，大堂副理首先表示了诚恳的歉意，接着询问有无补救办法，饭店将尽一切努力挽回他的损失，并建议告知理查德先生下榻上海饭店的地址，以便用特快专递的方式寄出物品，或者派专人或托人当天直接将物品送到上海理查德先生下榻的饭店。鉴于饭店的一片诚意，叶先生将理查德先生住在上海的地址、邮编及电话号码告知饭店，并告知理查德先生在上海停留两天后去香港，若以特快专递寄出，他肯定能在上海收到物品。事后，叶先生建议饭店从中吸取教训，把服务工作做精做细；同时他也感谢饭店的一片诚意，认为饭店确实把"宾客至上，服务第一"放在了首位。

案例评析：

在饭店的服务过程中，经常会碰到类似问题。Y小姐虽然态度很好，也曾努力地与客人联系过，但却忽视了重要的一点：没有给理查德先生留言，也没有在交接班本上向其他同事就此事进行交接，导致发生此类不快事件，直接影响了服务质量。好在大堂副理妥善处理了叶先生的投诉，赢得了叶先生的满意。

资料来源：职业餐饮网. 服务礼仪案例40例.

案例分析 6-2

难道这就是五星级的服务

一天上午，某公司在一家五星级酒店的多功能会议厅召开会议。其间，该公司职员李小姐来到商务中心发传真，发完后李小姐要求借打一个电话给总公司，询问传真稿件是否清晰。

"这里没有外线电话"。商务中心的服务员说。

"没有外线电话稿件怎么传真出去的呢?"李小姐不悦地反问。

服务员:"我们的外线电话不免费服务。"

"我已预付了20元传真费了。"李小姐生气地说。

服务员:"我收了你的传真费,并没有收你的电话费啊?!更何况你的传真费也不够。"

李小姐说:"啊,还不够?到底你要收多少呢?开个收据我看一看。"

"我们传真收费的标准是:市内港币10元/页;服务费港币5元;3分钟通话费港币2元。您传真了两页应收港币27元,再以1:1.08的比价折合成人民币,我们要实收人民币29.16元。"服务员立即开具了传真和电话的收据。

李小姐问:"传真收费了还电话收费是根据什么规定的?"

"这是我们酒店的规定。"服务员出口便说。李小姐:"请您出示书面规定。"

"这不就是价目表嘛。"服务员不耐烦地回答说。李小姐:"你的态度怎么这样?"

"您的态度也不见得比我好呀。"服务员反唇相讥。

李小姐气得付完钱就走了。心想:五星级服务,难道就是这样的吗?

案例评析:

本案例中的服务员不具备一名合格商务人员的基本素质。接待服务工作是一门综合艺术,是非常讲究接待服务的方法、技巧的。要提高服务质量,服务人员必须接受专业的训练,才能使他们无愧于五星级的标志。

资料来源:职业餐饮网. 服务礼仪案例40例.

6.3 客房服务礼仪

饭店的客房是宾客的临时之家,是客人逗留时间最长的地方,也是客人主要的休息场所。所以,搞好客房服务工作有着重要的意义。

1. 客房服务的目的

客房是饭店的一个组成部分。客房服务主要是围绕客人住宿活动展开的,其主要目的如下。

(1) 以完好的设备、设施和优质服务,为客人提供一个温馨、舒适、幽静、安全的居住环境,体现出"家"的氛围,使客人"高兴而来,满意而归"。

(2) 为饭店创造经济收入,因为客房收入是饭店经济收入的主要来源之一,客房服务搞好了,饭店经济收入就提高了,经济效益提高了,职工的工资福利待遇就有了。

搞好客房服务,有利于促进社会主义精神文明建设,有利于构建和谐社会。

2. 客房服务的基本要求

客房部的对客服务要以相应的服务制度及程序为基础,以整洁、舒适、安全和具有魅力的客房为前提，随时为客人提供优质服务，其基本要求如下。

（1）真诚主动。真诚是员工对客人态度好的最直接表现形式，因此要突出"真诚"二字，变单纯任务服务为热情自然的亲切服务，想客人之所想，急客人之所急，主动把服务工作做在客人开口之前。

（2）热情礼貌。服务员"对待客人有礼貌，敬语称呼面带笑"，外表整洁亮丽，讲话自然得体，态度落落大方，这些言行会使客人消除异地的陌生感和不安全感，增强对服务人员的信赖。

（3）耐心周到。客人的多样性和服务工作的多变性，要求服务人员能够正确处理各种各样问题，尤其要经得起责备、刁难，特别能忍耐，在任何情况下都要耐心周全地做好服务工作，从各方面为客人创造舒适的住宿环境。

（4）尊重隐私。客房是客人的"家外之家"，客人是"家"的主人，而服务人员则是客人的管家或侍者，尊重主人隐私是管家和侍者应具备的基本素质。因此，作为客房部员工有义务尊重住店客人的隐私，切实做到不打听、不议论、不传播客人隐私，不翻看客人的物品、资料等，绝对为客人保密。

（5）准确高效。要为客人提供快速而准确的服务。效率服务是现代快节奏生活的需要，是优质服务的重要保证。在追求快速的同时，要力求准确，确保服务质量。

3. 服务员进入客房的礼仪

（1）客房服务员有事要进入客房时，一定要先敲门或按门铃。正确方法是用食指关节，力度适中，缓慢而有节奏地敲两次，每次3下，即"咚、咚、咚"、"咚、咚、咚"。按门铃按3下，在3下之间要稍稍停顿，不可按住不放。

（2）敲门（按铃）后，客人来开门时，应有礼貌地说："对不起，打扰了，我是客房服务员，现在可以打扫房间吗？"在客人同意后，方可进入房间，并把门半掩着。

（3）敲门（按铃）后，房间没有动静，可用钥匙开门，若发现客人正在睡觉或在卫生间衣冠不整，则应马上退出，轻轻将门关上；如房内无人，则可开始打扫，但必须把门全开着。

（4）若房门上挂着"请勿打扰"牌时，服务员不应打扰。"请勿打扰"牌一直挂到下午2点后，则应由客房部主管或大堂副理打电话询问客人，并约定整理房间的时间；若房间无人接电话，则由客户部主管、大堂副理、保安人员一起开门入房。若有异常现象，则由大堂副理负责协调处理。若客人忘记取下"请勿打扰"牌，则客房服务员可以安排房间清理。

4. 整理客房过程中应注意的问题

（1）整理房间，应尽量避免干扰客人的休息与工作，最好选在客人外出时进行。如果客人整天在房间内，应主动征求客人意见，约定时间整理。

（2）在整理客房时，房门应全开着，动作要轻、要迅速，不要东张西望，不要与客人长谈；如果客人问话，应礼貌地注视客人并回答；不得擅自翻阅客人的文件，移动客人的物品，更不能接听客人的电话。

（3）在清理房间时，客人从外面回来，应有礼貌地请客人出示房间钥匙或房卡，确定其是该房间的客人后，应询问客人是否稍后再整理房间，如同意继续整理，则应尽快整理完，以便客人休息。

（4）在整理客房时如发现房内有大量现金，应及时通知领班、保安部和大堂副理，由他们将房门反锁，待客人回来，由大堂副理开启房门，请客人清点现金，并提醒其将现金存放在饭店保险箱内。

阅读材料 6-6

这样的服务怎能不令人满意呢？

美国休斯敦市的一家饭店。有一天，一位客人结了账，离店去了俄亥俄州，他下了飞机才发现，公文包忘在了饭店。他立即打电话给饭店。正在收拾房间的客户服务员发现了公文包，在电话里问是尽快将公文包寄去还是等他下次来取。当问明公文包里有客人在晚上的演讲会上必须要用的幻灯片和资料时，服务员问清了地址，连工作服都未换便直奔机场，兼程1000多公里赶到俄亥俄州，将公文包及时送到客人手中。接着，她又马不停蹄地赶回休斯敦市。当她向经理解释完情况后，经理一言未发，当即拿出500美元作为服务员的奖金。有这样认真负责的服务员，有这样善解人意的经理，有这样周到的服务，饭店的生意和声誉怎么会不好呢？

资料来源：张四成. 现代饭店礼貌礼仪. 广州：广东旅游出版社，1996.

5. 客户其他服务礼仪

1）来访客人服务礼仪

（1）有访客来访时，应向访客问好，询问访客要拜访哪位客人，核对被访客人姓名、房号是否一致。在征得房间客人同意后，方可请访客办理登记手续，引领访客到客人房间。

（2）遇到住客不愿见访客时，应礼貌地向访客说明住客需要休息或正在办事情，不便接待，并请访客到大堂问询处，为其提供留言服务。如果访客不愿离开并有骚扰住客的迹象，应及时通知保安部或大堂副理。值得注意的是，不要对访客直接说住客不愿意会见，即不要把责任推给住客，同时也不能让访客在楼层停留等待住客。

（3）如果访客带有住客签名的便条但无钥匙，要进入房间取物品，应先将便条拿到总台，核对签名无误后办理访客登记手续，然后陪同访客到客房取便条上所标明的物品，待住客回店后即作说明。

（4）住客外出时告诉服务员，如有来访客人可以在其房间等待，服务员应向住客问请访客姓名及主要特征。访客到达时，经辨别确认后方可请来访者办理访客登记。来访者到房间后，住客未回来时，如访客要带住客物品外出，服务员应礼貌地询问清楚，并做好记录。

阅读材料 6-7

访客晚间 11 点还未离店怎么办?

饭店规定晚间 11 点为访客离店时间,但打电话请访客离店时,常常会引起客人的不满,怎么办?

(1) 了解楼层登记记录,确认未走访客所在房间。
(2) 了解访客所在房间的住客身份,用电话与该房间联系,通话时应注意语气和技巧。
(3) 若房客否认有访客时,可找理由进房查看,再次请访客离店。
(4) 若客人仍不听劝时,可通知保安处理。
(5) 做好离店访客的记录并备案。

资料来源:宋晓玲. 饭店服务常见案例 570 则. 北京:中国旅游出版社,2001.

2) 残疾客人服务礼仪

接待残疾客人住店,是饭店的一项特别服务,其注意事项如下。

(1) 在任何时候、任何场所都不允许投以讥笑或歧视的眼光,而应表示尊重。
(2) 指定责任心强、热情礼貌的服务员专人护理接待。客人上下楼、进餐厅、购物等不方便时,由专职服务员提供帮助。
(3) 在接待过程中,客人如不主动介绍,切不可打听客人残疾的原因,以防引起客人不愉快。

3) 醉酒客人服务礼仪

(1) 对醉酒后大吵大闹的客人要留意注视,一般不予干涉,但要报告部门办公室,并通知保安部。
(2) 对随地呕吐的醉客要视情况处理。对呕吐物要及时清理。
(3) 对纠缠不休的醉客,要机警应付,礼貌回避,不要说"您喝多了"之类的话,而要说"您用茶吗?"、"请您早点休息吧"。
(4) 对倒地不省人事的醉客,要同保安人员一起将客人搀扶到客房,同时报告上级领导,切不可单独搀扶醉客进房或帮其入寝。
(5) 对破坏公物或侵害他人的醉客,要通知保安人员出面处理。夜班人员要注意勤在醉客房间外巡视,防止客人发生伤害事故或出现意外火灾。

4) 客人旅行结婚服务

客人旅行结婚在饭店举行婚礼,要问清客人国籍、姓名、房号、结婚时间、婚礼仪式、客房布置等,制订客房布置方案,房间要布置得整齐、美观、高雅,有浓厚的婚礼气氛。要组织服务员参加婚礼,送贺卡、纪念性礼物,让客人终生难忘。

5) 客人生日服务

客人在住店期间正逢生日,应为客人送上生日蛋糕、鲜花,或者饭店的一些纪念品或小礼物，使客人感到"宾至如归"，给客人留下永恒的思念。

> **阅读材料 6-8**

> **遇到临时停电怎么办？**
>
> 1. 客房服务员应保持镇定。
> 2. 清理过道，将放在走廊的工作车、吸尘器推到就近空房间，或者由服务员站在旁边，以防客人碰撞。
> 3. 楼层领班应向客人做好解释工作，并劝客人不要离开房间。
> 4. 客房服务中心应向工程部了解停电原因和停电时间，以便做好解释工作。
> 5. 正常供电后，应全面检查所属区域的安全情况。
>
> 资料来源：宋晓玲. 饭店服务常见案例 570 则. 北京：中国旅游出版社，2001.

6.4 餐饮部服务礼仪

餐厅是宾客用膳的主要场所，是饭店的重要服务部门，直接对客人提供面对面服务，具有面广量大、时间长、需求多的服务特点。搞好餐饮部服务，对于提高饭店声誉，增加饭店收入，促进社会文明，都具有重要意义。

1. 客餐服务礼仪

散客就餐是饭店餐饮部门的重要任务，涉及面广，客流量大，需求多样，服务时间长，必须照章办事，文明服务。

1) 订餐服务礼仪

(1) 宾客前来订餐，要拉椅让座，使用服务敬语，微笑服务。对于宾客的询问，要礼貌地应答，不清楚的问题要想方设法查清，不能使用否定语或含糊不清的答复。

(2) 主动介绍餐厅情况，推荐餐厅的菜点、食品；介绍餐厅的特色；明码报价，有针对性地提供适合客人口味的餐食，供客人选择；主动在就餐时间和方式上方便客人。

(3) 在与宾客达成口头订餐协议后，可请客人逐项填写订餐单。对于可能出现的问题，要与客人讲清后再请客人填写，不要留下可能发生纠纷的隐患。特别要写清就餐标准、就餐人数、就餐时间、就餐地点、付款方式、就餐布置及要求，一并请客人签字。

(4) 遇有外宾前来订餐，要使用外语进行服务，最好能用该宾客本国语言进行接待服务。

2) 迎宾服务礼仪

(1) 着装华丽，整洁挺括，仪容端庄，站姿优美。开餐前几分钟恭候在餐厅大门两侧，做好拉门迎宾的准备。

（2）神情专注，反应灵敏，注视过往宾客，当客人走近餐厅约1.5米处，应面带微笑，热情问候："小姐（先生）您好，欢迎光临！"客人离开餐厅时，应礼貌地道别："小姐（先生）谢谢您的光临，请慢走，再见！"

（3）迎宾要积极主动，答问要热情亲切，使客人一进门就感觉到自己是最受欢迎的尊贵客人，从而留下美好的第一印象，使客人进餐厅用餐变成一种美的享受。

3）引位服务礼仪

（1）客人进门后，立即迎候，面带微笑地说："小姐（先生），您好！"或"晚上好！"、"请问，预订过吗？"、"请问一共几位？"如果是男女宾客一起进来，按先女后男礼仪规范问候。

（2）引位时应说："请跟我来"、"这边请"、"里边请"，并用手示意，把客人引领到适当的位置入座或进入包房。不同的客人引领到不同的位置，如重要客人可引到餐厅最好的靠窗靠里的位置，以示恭敬；夫妇或情人到来，可引领到一角安静的餐桌就座，便于小声交谈；年老、体弱的客人，尽可能安排在离入口较近的位置，便于他们出入，等等。

（3）当客人要求指定位置时，应尽量满足其要求，如其他客人已经占用，应抱歉地说明："小姐（先生），对不起！请跟我来，这边请！"对因就餐人多被安排在厨房出入口处的客人，应多说几句礼貌话："小姐（先生），十分抱歉，今天客人太多，委屈您了，下次光临一定为您安排个好座位。"

4）值台服务礼仪

（1）当客人走近餐桌时，应按先主宾后主人、先女宾后男宾的顺序拉椅让座，并主动协助客人脱衣摘帽。

（2）客人就座后，应及时递香巾、茶巾，按顺时针方向从右到左进行，并招呼客人："小姐（先生），请！"端茶时，切忌将手接触杯口。

（3）请客人点菜，应将菜单递上。接受客人点菜时，应微笑地站在客人一侧，上身稍向前倾，认真听取客人选定的菜肴，并做好记录。当客人一时不能决定点什么菜时，一定要耐心等待，不要催促，让客人有充分的时间选择，或者为客人当参谋，推荐本店特色菜、创新菜，但要讲究方式，注意客人的反应，充分尊重客人的意愿。当客人点的菜在菜单上没有列出，不可一口回绝"没有"，而应说："请您稍等，我马上和厨师商量一下，尽量满足您的要求。"如确有困难，应向客人致歉。当客人点菜完毕，还应主动征询客人需要什么酒水。全部记好后，再礼貌地复述一遍，得到客人确认后，开出一式三联单据，并迅速将菜单送到厨房，尽量减少客人等候的时间。

（4）上菜上酒要按操作规程进行，切忌越过客人头顶上菜。上每一道菜时应简介菜名及特色，并将菜肴的最佳部位对向主宾和主人。斟酒要按先主宾后主人、先女宾后男宾的次序进行。斟酒时要用餐巾包好酒瓶再倒，以免酒水滴落在客人身上。上菜要把握时机和间隔，不要造成桌面上盘叠盘的零乱现象。如有客人用餐不慎将餐具掉落在地，要迅速上前取走并更换。用餐中如有电话找客人，应走近客人身旁轻声告知，绝不可在远处高呼。如有客人对某一道菜特别喜爱，想再买一份带走，应尽量满足要求，并主动为其提供食品袋。客人用餐没有结束，即使营业时间已过，也不可催促客人，或者出现忙于收盘、打扫等逐客之举。整个餐厅的清扫，应在所有客人离开后进行。

（5）结账时，应把账单放在垫有小方巾的托盘上或放在账单夹内从左侧送上，或者放在主人的餐桌边，不要直接交到客人手里。当客人付款后，应表示感谢。客人起身离座时，应及时拉椅让路方便客人离开，并礼貌告别："欢迎您下次再来！"目送离去。

阅读材料 6-9

客人提出食物变质怎么办？

宴会中，客人提出食物变质，要求取消时可按以下程序办理。
（1）应耐心聆听客人的意见，并向客人致歉。
（2）把食物立即撤回厨房，由厨师长或餐厅经理检验食物是否真的变质。
（3）若食物确已变质，立即给客人免费赠送类似的菜肴。
（4）若食物并未变质，应由餐厅经理出面向客人解释该食品的原料、配料、制作过程和口味特征等。
资料来源：宋晓玲. 饭店服务常见案例570则. 北京：中国旅游出版社，2001.

2. 宴会服务礼仪

宴请是以餐饮为中心的社交聚会，是人际交往乃至国际交往中常见的交际活动形式之一。就宴请活动的性质而言，大体有以下3种。第一种是礼节性的，如迎接外国领导人；为大工程竣工或大型国际会议举行的宴请。第二种是交谊性的，如迎宾洗尘、送客送行、庆祝贺喜等。第三种是工作性的，主人和参宴者为解决某一工作问题而举行的宴请，以便在席间进行商谈。无论是宴请的主人还是客人，都应遵循宴请礼仪，才能表达交往的友好情意。

1）宴会种类

宴会的种类繁多，按规格划分有国宴、正式宴会、普通宴会和家宴；按时间划分有午宴和晚宴；按餐型划分有中餐宴会和西餐宴会；按宴请目的划分有欢迎宴会、答谢宴会、告别宴会、团聚宴会，以及寿宴、婚宴等。

2）宴会准备

（1）确定宴请目的、对象与形式。宴请的目的多种多样，有礼节性的、有交谊性的，也有工作性的。明确宴请对象，即了解主宾的身份、国籍、习俗、爱好与忌讳，以便确定宴会的规格、主陪人员及餐式等。

（2）选择时间、地点。应从宾主双方都能接受来考虑，如宴请外宾的时间最好安排在双方合作取得了一定进展；宴请地点最好选在大型饭店，不宜在外宾住宿的宾馆举办。

（3）发出邀请。请柬内容包括宴请主题、形式、时间、地点、主人姓名。请柬应打印精美，书写清晰美观。请柬应提前一二周发出。

> **阅读材料 6-10**

宴会邀请

一般情况下，各种宴请都应发出请柬或邀请卡，邀请宾客出席。这既是礼貌，也是对客人的提醒备忘。请柬或邀请卡一般提前一二周发出，以便被邀请人及早安排。经口头约妥的活动，仍应补送请柬。

请柬或邀请卡一般分为以下两种。

（1）酒会、茶会邀请。请柬或邀请卡的内容包括：①宴请的事由；②宴请的日期、时间；③宴请中的活动项目；④请了哪些人；⑤为表示诚意，可加上"如蒙造访，深感荣幸"之类的字样。

（2）宴会邀请。请柬或邀请卡的内容包括：①说明宴会的性质；②宴会的目的；③被邀请的贵宾有哪些人；④宴会的日期、时间；⑤宴会的地点，注明某饭店某个厅；⑥恳请对方准时光临。行文一般不用标点符号，文中的单位名、节日名、人名都须用全称。

资料来源：陈萍. 最新礼仪规范. 北京：线装书局，2004.

> **阅读材料 6-11**

请　柬

　　谨定于××××年××月××日下午××时在布里奇斯酒家举行宴会欢迎××能源研究所高级工程师×××先生及夫人。

　　敬请

　　光临

　　迪肯林先生和夫人

××能源研究所所长

罗伯特·申斯通　谨订

　　如不能出席请赐复为盼

　　电话：××××××　　　　衣着：听便

资料来源：詹晓娟，李萍. 社交技巧·礼仪. 北京：人民日报出版社，2000.

（4）选定菜单。根据宴请规格和形式，即要符合"餐饮适量"的原则，又要看对象、讲搭配、有新意。选定菜单后，应事先用中英文对照制作精美菜单（卡）每桌放一二份，也可每人一份。

(5) 桌次位次安排。中式宴请，首先必须把主桌放在最显眼的位置；其次餐桌排列力求整齐有序。如办两桌，横排以右为尊，竖排以远为上；三桌可排成品字形或一字形；四桌可排列成菱形；五桌可排成立字形或日字形；六桌可排列成金字形或梅花形。每张桌上的位次，一般按面门为主，右高左低、由近而远的惯例排列，如图6-1、图6-2、图6-3所示。

3) 中餐宴会服务礼仪

中餐宴会的特点是提供中式菜肴，使用中式家具、餐具、茶具和提供中式服务。

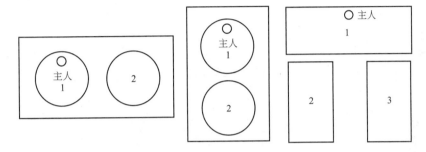

图6-1　2~3桌的桌次安排

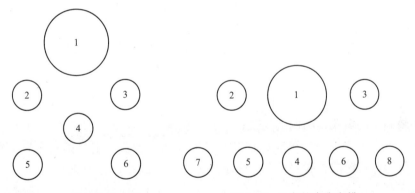

图6-2　6桌的桌次安排　　　　图6-3　8桌的桌次安排

(1) 摆台模式。摆台是把各种餐具按一定的规范摆在桌席上，这是宴请活动中必要的礼仪程序。个人席位上的餐具主要有垫盘、汤匙、小饭碗、酒杯、水杯、筷子、筷架及餐巾等。餐具距桌缘保持1~2厘米的距离，另有公筷、公勺（一般以2~4人共用一副）及调味品，如图6-4所示。

(2) 用餐方式。一种是共餐式，但不是各人用自己的筷子去夹菜，而是用公筷、公勺、公匙去取菜，也可由主人为客人分菜；另一种是转盘式，适用于大圆桌的多人用餐；还有一种是分餐式。

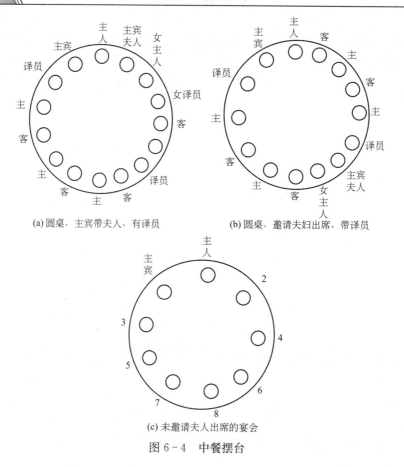

图 6-4 中餐摆台

(3) 上菜顺序。首先上冷荤菜肴；其次上热菜，通常有四、六、八道至十二道菜；第三上主菜，即较高贵的名菜；第四上汤菜；第五上甜菜；最后上水果。上菜时还应注意位置、方向，如大拼盘、大菜中的头菜应放在餐桌中间，如用转盘，则要摆到主宾面前；如上整鸡、整鸭、整鱼，传统的礼貌习惯是"鸡不献头、鸭不献掌、鱼不献背"，应把最优的部位朝向主宾以求尊重。

(4) 文雅进餐。餐桌上应注意自己的"吃相"，应做到：使用公筷，举箸得当；取菜文雅，注意礼让；闭嘴细嚼，不发响声；嚼食不语，唇不留痕；骨与秽物切莫乱扔。

(5) 让菜礼节。为了表示对客人的尊敬，作为主人应主动劝客人用菜。当一道菜上桌时，主人可介绍这道菜的特色，招呼客人动筷；每道菜上来，主人应先请主客或长者首先品尝；当客人谦让不肯下筷时，主人可站起来用公筷、公匙为客人分菜。

(6) 敬酒适度。"酒能成礼，过则伤德。"所以，在饮酒过程中应坚持"客各尽欢，不必主劝"的原则。作为每个赴宴者，饮酒既要尽兴，又要留有余地，切不可喝得酩酊大醉；作为主人，既要礼貌地奉劝客人开怀畅饮，又要适可而止，不宜提倡"宁可伤身体，不可伤感情",敬酒只是礼仪,不可强求客人"一醉方休",勉强劝人喝醉了也是失礼的行为。

阅读材料 6-12

交际生活的钥匙

30多年前,当时的美国总统尼克松为了准备他"改变世界的一星期"的中国之行,费尽了心机。他知道到了中国免不了要用筷子,临行前就专门练习了一番。1972年,尼克松一行抵达北京的当天晚上,周恩来总理设宴款待他们。宴会上,尼克松自如地用筷子夹取食品,使在场的人大感意外。中国古代《礼记》中有一句话:"入境而问禁,入国而问俗,入门而问讳。"尼克松的这一举动在客观上与这句话的精神是一致的,所以能够收到预期的外交效果,为世人所津津乐道。

资料来源:李鸿军. 交际礼仪学. 武汉:华中理工大学出版社,1997.

4) 西餐宴会服务礼仪

西餐是西方国家的一种宴请形式,其餐具、摆台、酒水菜点、用餐方式、礼仪等,都与中餐有较大区别。

(1) 摆台。摆台是必不可少的礼仪程序。西餐的摆台因国家不同也有所不同,常见的有英美式、法国式、国际式。这里介绍一下国际式摆台:座位前正中是垫盘,垫盘上放餐巾,盘左放叉,盘右放刀、匙,刀尖向上,刀口朝盘,主食靠左,饮具靠右上方。正餐的刀叉数目应与上菜的道数相等,并按上菜顺序由外至里排列,用餐时也从外向里依次取用。饮具摆放顺序从右起依次为葡萄酒杯、香槟酒杯、啤酒杯。西餐的座位安排和摆台分别如图6-5和图6-6所示。

(2) 点菜服务礼仪。请客人点菜时注意女士优先,站在客人右边聆听;详细记录,特别是特殊要求,首先询问主人是否开始点菜,每位客人点菜后都应向其重复一遍。

(3) 用餐服务礼仪。客人入座后先取下餐巾,打开铺在客人双腿上。上菜顺序:开胃前食、汤、鱼、肉、色拉、甜点、水果、咖啡或茶水。菜肴从左边上,饮料从右边上。上菜时应报菜名。

吃西餐时,通常用左手持叉、右手持刀,用叉按住食物,用刀子切割,再用叉子叉起食物送入口中。如果只用叉子,也可用右手使用叉子。使用刀叉时应避免发出碰撞声,若想放下刀叉,应将刀叉呈"八"字形放在盘子上。喝汤时不能发出声响;面包应用手掰着吃;吃色拉只能使用叉子;吃水果应先切成小瓣吃,不可整个咬着吃;若不慎将餐具掉在地上,可由服务员更换;若将油水或菜汤溅到邻座身上,应表示歉意,并由服务员协助擦干。

(4) 饮酒服务礼仪。西方世界视饮酒为品酒,不但讲究饮酒的器皿,如酒杯、酒壶等,而且对饮酒的场合、气氛也十分重视。几乎每一种酒都有适合该酒特性的酒杯,如

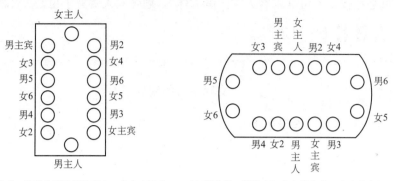

(a) 长桌，邀请夫妇出席的宴会，主人坐两头　　(b) 椭圆桌，邀请夫妇出席的宴会，主人坐中间

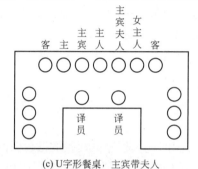

(c) U字形餐桌，主宾带夫人

图 6-5　西餐的座位安排

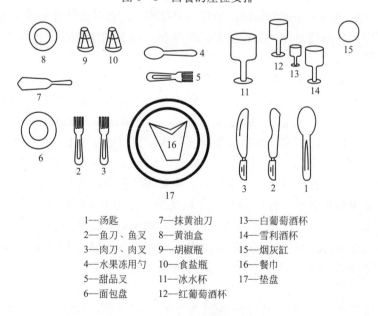

1—汤匙　　　　7—抹黄油刀　　13—白葡萄酒杯
2—鱼刀、鱼叉　8—黄油盒　　　14—雪利酒杯
3—肉刀、肉叉　9—胡椒瓶　　　15—烟灰缸
4—水果冻用勺　10—食盐瓶　　　16—餐巾
5—甜品叉　　　11—冰水杯　　　17—垫盘
6—面包盘　　　12—红葡萄酒杯

图 6-6　西餐的摆台

啤酒杯、白兰地杯、威士忌杯、鸡尾酒杯等，如果配错用错酒杯，会被认为不懂饮酒礼仪。西洋人也常敬酒，但只敬不干，不兴拼酒、斗酒。敬酒必须从自己身旁的人开始敬起，女士优先，由近而远逐一敬酒。敬酒时只以唇碰酒杯，饮下少量酒即可，不必大口大口地喝。如果有饮酒过量的症状出现，店员可以拒绝再卖酒给客人，否则有可能触犯法律。

阅读材料 6-13

不慎将酒水洒到客人衣服上怎么办

服务员在服务过程中，不小心打翻托盘，将酒水洒到客人衣服上，此时应采取以下处理方法。

（1）诚恳地向客人道歉。
（2）马上用干净的毛巾为客人擦干衣服。
（3）征求客人意见，为其免费清洗。
（4）若客人仍十分恼火，应暂时回避，请上级出面妥善处理。

资料来源：宋小玲. 饭店服务常见案例570则. 北京：中国旅游出版社，2001.

3. 酒吧间、咖啡厅服务礼仪

酒吧间和咖啡厅是宾客休闲、娱乐、交际的场所，其环境幽静、格调雅致，并伴有轻松的音乐，能使宾客尽情享受。因此，酒吧间和咖啡厅必须严格按照服务礼仪，为客人提供高标准的服务。

1）酒吧间服务礼仪

（1）服务人员着装整洁，仪容端庄，精神饱满，和蔼可亲，使客人一进吧间就有一种美的享受。

（2）客人到来时，笑脸相迎，热情问候，礼貌地引领到客人满意的座位，恭敬地用双手递上酒单，站立一旁听候客人的吩咐，必要时向客人介绍新的饮料和风味小吃。客人点单时，服务人员要上身略前倾，神情专注地按照客人的要求做好记录，并复述一遍，以防差错。

（3）上酒水饮料、食品时，一律使用托盘，从客人的右侧呈上，以方便客人使用。放酒杯时，不宜拿得过高，要从低处慢慢地送到客人面前。对背向坐的客人，上酒水时要注意提醒客人，以免碰洒酒水滴在客人身上。若客人需用瓶装酒时，应以左手托瓶底，右手扶瓶口，酒标面向客人，经客人查验确认后，方可当面打开瓶盖斟酒，使客人放心饮用。

（4）调酒师在台吧面对客人调制各种饮品时，要按要求和标准严格操作，讲卫生，讲文明，摇晃调酒壶的动作要适度。

（5）斟酒时，要按先宾后主、先女后男、先老后少的次序进行，以示尊重与礼貌。

（6）招呼客人接电话时，要快步走到客人右侧轻声告知，并留心照看放在座位上的物品；当客人有事吩咐时，应迅速上前服务，不得漫不经心，拖拖拉拉。

(7) 客人之间谈话时，不能侧耳旁听，更不能打断或插话，当客人低声交谈时，应明智地主动回避。

(8) 客人在酒吧逗留时间较长，无意离去时，只要不超过营业时间，切不可催促客人立即结账，也不可因客人点酒太少或喝酒时间太长而流露出不耐烦的情绪。对喝酒过多的醉客，即使其有失常的言行，也应以礼相待，如发生意外情况，要保持冷静，及时向部门经理或有关部门反映，以便妥善处理。

(9) 当客人示意结账时，应尽快用托盘递上账单，请客人核查。客人付款时，要视情况小声唱收，如付款的客人醉了，则要当着他的同伴"唱票"，以免发生误会。客人离开时，要热情送别，欢迎客人再次光临。

阅读材料 6-14

客人醉酒时怎么办

1. 见客人有喝醉酒的迹象时，服务员应礼貌地拒绝给客人添加酒水。
2. 给客人递上热毛巾，并介绍一些不含酒精的饮料。
3. 如客人呕吐，应及时清理污物，并提醒醉客的朋友给予关照。
4. 如有客人在餐厅酗酒闹事，应报告大堂副理和保安部，以便及时处理。

资料来源：宋小玲. 饭店服务常见案例570则. 北京：中国旅游出版社，2001.

2) 咖啡厅服务礼仪

(1) 客人到来时，笑脸相迎，敬语问候，礼貌地将客人引领到合适的座位。

(2) 根据客人所点的咖啡（牛奶咖啡或清咖啡），按照调制方法迅速调制好，将咖啡杯和咖啡匙放进托盘，递送到客人桌上，敬请客人饮用。

(3) 按要求站立在服务台前，随时接受客人的服务吩咐。

阅读材料 6-15

咖啡服务知识

1. 咖啡的原产地是哪里？
非洲埃塞俄比亚
2. 咖啡的三大原种是什么？
阿拉比卡、罗伯斯塔、利毕瑞卡
3. 咖啡的基本口味是什么？
酸、甘、苦、醇、香

4. 如何品咖啡？

闻——气味；看——颜色；尝——味道。

5. 冲煮一杯好咖啡的程序？

①咖啡豆的选购。②冲煮器具的选择。③咖啡豆的研磨。④咖啡杯的选用。⑤咖啡的冲煮。

案例分析 6-3

微笑也要有分寸

某日华灯初上，一家饭店的餐厅里客人满座，服务员来回穿梭于餐桌和厨房之间，一派忙碌气氛。这时一位服务员跑去向餐厅经理汇报，说客人投诉有盘海鲜菜中的蛤蜊不新鲜，吃起来有异味。

这位餐厅经理自信颇有处理问题的本领和经验。于是，他不慌不忙地向投诉客人的餐桌走去。一看，那不是熟主顾张经理吗！他不禁心中有了底，于是迎上前去一阵寒暄："张经理，今天是什么风把您给吹来了，听服务员说您老对蛤蜊不大对胃口……"这时张经理打断他说："并非对不对胃口，而是我请来的香港客人尝了蛤蜊后马上讲这道菜千万不能吃，有异味，变了质的海鲜，吃了非出毛病不可！我可是东道主，自然要向你们提意见。"餐厅经理接着面带微笑，向张经理进行解释，蛤蜊不是鲜货，虽然味道有些不纯正，但吃了不会要紧的，希望他和其余客人谅解包涵。

不料此时，在座的那位香港客人突然站起来，用手指着餐厅经理的鼻子大骂起来，意思是，你还笑得出来，我们拉肚子怎么办？你应该负责任，不光是为我们配药、支付治疗费而已。这突如其来的兴师问罪，使餐厅经理一下子怔住了！他脸上的微笑一下子变成了哭笑不得。到了这步田地，他揣摩着如何下台阶，他想，总不能让客人误会刚才我面带微笑的用意吧，更何况微笑服务是饭店员工首先应该做到的。于是，他仍旧微笑着准备再作一些解释。不料，这次的微笑更加惹恼了那位香港客人，甚至于流露出想动手的架势，幸亏张经理及时拉拉餐厅经理的衣角，示意他赶快离开现场，否则简直难以收场了。事后，这一微笑终于使餐厅经理悟出了一些道理来。

思考分析：

1. 出现错误的主要原因是什么？

2. 如果你是餐厅经理，应如何做？

资料来源：职业餐饮网．服务礼仪案例40例．

案例分析 6-4

如此餐饮销售

宾馆里气派豪华、灯红酒绿的中餐厅，客人熙熙攘攘，服务员小姐在餐桌之间穿梭忙碌。一群客人走进餐厅，引位员立即上前，把客人引到一张空桌前，让客人各自入座，正好10位坐满一桌。

服务员小李及时上前给客人一一上茶。客人中一位好像是主人的先生拿起一份菜单仔细翻阅起来。小李上完茶后，便站在那位先生的旁边，一手拿小本子，一手握支笔，面含微笑地静静等待先生点菜。那位先生先点了几个冷盘，接着有点犹豫起来，似乎不知点哪道菜好，停顿了一下，便转向小李说："小姐，请问你们这儿有些什么海鲜菜肴？""这……"小李一时有点回答不上来，"这就很难说了，本餐厅海鲜菜肴品种档次各有不同，价格也不同，再说不同的客人口味也各不相同，所以很难说哪个海鲜菜肴特别好。反正菜单上都有，您还是看菜单自己点吧。"小李的一席话说得似乎头头是理，但那位点菜的先生听了不免有点失望，只得应了一句："好吧，我自己来点。"于是，他随便点了几个海鲜和其他一些菜肴。

当客人点完菜肴后，小李问道："请问先生要什么酒水和饮料？"客人答道："一人来一罐青岛啤酒吧。"接着客人又问："饮料有哪些品种？"小李一下子来了灵感，忙说道："本餐厅最近进了一批法国高档矿泉水，有不冒汽的 eviau 和 perrier，以及冒汽的 perrier 两种。""矿泉水？"客人听了感到意外，看来矿泉水不在他考虑的饮料范围内。"先生，这可是全世界最有名的矿泉水呢。"客人一听，觉得不能在朋友面前丢了面子，便问了一句："那么哪种更好呢？""那当然是冒汽的那种好了！"小李越说越来劲。"那就来10瓶冒汽的法国矿泉水吧。"客人无可选择地接受了小李的推销。

服务员将啤酒、矿泉水打开，冷盘、菜肴、点心纷纷上来，客人们在主人的盛情下美餐一顿……

最后，当主人结账时一看账单，不觉大吃一惊，原来1 400多元的总账中，10瓶矿泉水竟占了350元。他不由得嘟囔一句："矿泉水这么贵呀！""那是世界上最好的法国名牌矿泉水，卖35元一瓶，是因为进价就要18元呢。"收银员解释说。"原来如此，不过刚才服务员可没告诉我价格呀。"客人显然很不满意，付完账后便很快离去。

思考分析：

用学过的知识分析服务员小李在服务过程中的不当之处。

资料来源：职业餐饮网．服务礼仪案例40例．

6.5 康乐部服务礼仪

康乐部作为向客人提供娱乐、健身、美容美发等服务的部门,其特点是服务项目较多、设备、设施精良,岗位分工较细,人员较为分散,独立操作性强。要满足宾客娱乐健身、美发美容的要求,康乐部门各岗位工作人员必须认真履行职责,提供文明礼貌服务。

1. 健身房服务礼仪

(1) 着装整洁,仪容端庄,笑脸相迎,礼貌问候。

(2) 主动热情地向客人介绍器材设备的性能及操作方法,如有客人要求示范,应立即操作,并予以讲解。

(3) 当客人操作运动时,应特别注意客人的安全,随时准备安全保护,以防意外事故发生。

(4) 有客人在玩桌球、壁球、网球、乒乓球时,如需要记分,服务员应热情相助;如需陪练,服务员可按规定,请客人办理付费手续后进行陪练。

(5) 应注意处理好几个具体问题:①遇有个别客人穿硬底鞋进入网球场时,应礼貌地请客人换上胶底鞋打球;②天还没黑,但有客人要求开灯时,应满足要求,但要说明按夜场收费标准收费;③发现客人在健身房抽烟时,应礼貌地劝阻;当客人把烟灭熄后,应表示感谢;如客人不听劝阻,应报告大堂副理处理。

(6) 客人健身完毕后,要礼貌相送,热情告别。

2. 游泳池服务礼仪

(1) 服务人员应端庄站立在服务台旁,恭候客人的到来。

(2) 礼貌地引领客人到更衣室,递送衣柜钥匙和毛巾,并提醒客人妥善保管好自己携带的物品,贵重物品可建议客人交由服务员保管。

(3) 确保安全为第一要务,视为对客人最大的尊敬,不断地巡逻,时刻注视游泳者的动态,特别是对老人、妇女和小孩要重点关照。

(4) 客人离开时,应主动收回衣柜钥匙,提醒客人是否遗忘衣物,并向客人表示谢意,礼貌送客,欢迎再次光临。

3. 桑拿浴服务礼仪

(1) 客人到服务台时,要热情欢迎、问候,对新来的客人应主动介绍桑拿浴的特点、方法和注意事项。

(2) 主动征询客人意见,尤其要注意把温度控制选择盘转到客人所需要的温度上。

(3) 客人桑拿浴时,要密切观察客人的动静,每隔几分钟就要从玻璃口进行观察,注意客人浴程是否适宜,防止发生意外。如发现有客人晕倒时,要做到以下几点:

① 立即关闭桑拿电源,打开桑拿室门。

② 将晕倒者抬出桑拿室,用浴巾铺地,让客人平躺下来。

③ 立即通知饭店医生和大堂副理到场急救。
(4) 注意做好清洁卫生，还要不时地喷洒香水，提供干净浴具，以示对客人的尊重。
(5) 客人洗浴完离开时，要提醒客人查看是否遗忘物品，并热情道别，欢迎再次光临。

阅读材料 6-16

客人对女按摩师动手动脚怎么办？

女按摩师在为客人服务过程中，如遇个别客人动手动脚时，应采取以下办法。
(1) 尽量给这样的客人做背部按摩，使其手脚不便施展。
(2) 礼貌地加以劝阻，说明饭店只提供正规的按摩服务。
(3) 如果客人不听劝阻，可找借口退出，请上级酌情处理。
(4) 可以酌情在这个客人旁边再安排一位客人按摩，改变现场环境。

资料来源：宋晓玲. 饭店服务常见案例570则. 北京：中国旅游出版社，2001.

4. 保龄球服务礼仪

(1) 客人到来时，应热情欢迎问候，并双手把完好干净的球鞋递给客人。
(2) 敬请客人选择适量的保龄球，分配好球道，送上记分单。对初次来的客人，要向他们介绍保龄球操作规则和方法，帮助他们选择适量的保龄球。客人要求协助记分时应热情予以协助。
(3) 适时有礼貌地询问客人需要什么饮料，提供热情周到的服务。
(4) 活动结束时，要礼貌地收回球鞋，恭请结账，礼貌地道谢、告别。

阅读材料 6-17

歌舞厅的礼仪

1. 女士的服饰可以更艳丽，化妆可采用浓妆。
2. 男士应尽可能多邀请女士跳舞。
3. 对于客人的邀请，不管是否会跳，应表现出乐于陪同，礼貌迎合。
4. 招待客人点歌曲目，应征求客人的喜好。
5. 对演员和服务员要用语文明、举止得体。
6. 在客人尽兴时，提出结束玩乐。

资料来源：陈萍. 最新礼仪规范. 北京：线装书局，2004.

5. 卡拉OK舞厅服务礼仪

(1) 客人来到舞厅、包房时，应热情接待，礼貌问候，引领客人到厅房适当的位置上。

(2) 迅速将酒水、食品等从右侧送到客人的桌上，恭候客人的吩咐。

(3) 随时准备为客人提供所需服务，服务员应细心观察客人的动态，如客人需添加饮料或食品，应迅速予以添加，如客人询问应热情予以回答。

(4) 当舞厅收档时间已到，但客人余兴未尽，没有离开的意思时，应婉转地暗示客人收档时间已到；如客人仍无离开的意思，就不要催赶客人，而应派人留下值班，继续提供服务，并通知音响师控制好音量，以免影响客楼客人的休息。

(5) 歌舞结束后，全体服务员应到门口欢送，或者在扩音器里用温柔的语调表示感谢，欢迎各位再次光临。

阅读材料 6-19

包房客人要服务员整晚坐在身旁服务怎么办？

如遇KTV包房客人要求服务员整晚坐在他旁边为其点歌时，服务员应采取以下办法。

(1) 要冷静判别客人的用意，是善意还是刁难。

(2) 如果客人是善意，应婉言谢绝，礼貌地告诉客人：服务员上班不能坐在客人厅房内，如果站在旁边会影响您的雅兴，并巧妙地借故离开。

(3) 如果客人心怀邪意，有意刁难，应立即报告上级前来处理。

资料来源：宋晓玲．饭店服务常见案例570则．北京：中国旅游出版社，2001．

6. 美容美发服务礼仪

(1) 客人到来时，应热情问候，帮助接挂衣帽，并将客人引领到合适的座位上，如客已满，应将客人引领到休息室，用托盘递香巾让客人擦手，再送上当天的报纸或杂志，并向客人致歉，请客人稍等。

(2) 操作时，应严格按客人的要求，神情专注地进行美容美发服务。操作中，要尊重客人的意愿，切勿自以为是，强加于人，以免引起客人的反感。

(3) 美容美发完成后，应主动帮助客人用镜子从侧面、后面检验面容和发型效果，礼貌地征求意见，当客人提出修饰要求时，应热情地进行修饰，直到客人满意为止。

(4) 收款时应用托盘进行，并向客人致谢，主动取递衣帽，目送客人离店。

阅读材料 6-19

客人在舞厅打架怎么办？

当客人在舞厅出现打架等行为时，服务员应采取以下措施。

(1) 立即报告上司、保安部和大堂副理,将所有灯光打开。
(2) 立即将桌上的酒瓶、酒杯、烟缸等可能作为凶器的物品撤离。
(3) 协助保安上前劝解,将双方隔离,并劝围观者远离现场。
(4) 协同保安将肇事者带离现场。
(5) 发现物品、设备损坏,立即报告大堂副理,请其向当事人索赔。
(6) 清理现场,记录事件发生经过。

资料来源:宋晓玲. 饭店服务常见案例570则. 北京:中国旅游出版社,2001.

案例分析 6-5

商场售货的推销术

一天,住在某大饭店的日本母女两人到饭店的商场部选购货品。她们来到针织品柜台,目光集中在羊毛衫上面。服务员小刘用日语向她们打招呼,接着热情地把不同款式的毛衣从货架上取下来让客人挑选。当小刘发现客人对选购什么颜色犹豫不决时,便先把一件灰色的毛衣袖子搭在那位中年母亲的肩上,并且说:"这件淡雅色的毛衣穿起来更显得文静苗条。"接着拉过镜子请她欣赏。同时,她又拿起一件粉色的毛衣对旁边的女儿说:"这件毛衣鲜艳而不俗气,很适合你的年龄穿。"母女俩高兴地买下来,另外还挑选了6件男女羊毛衫准备带回日本给家人和亲友。

随后,那位中年母亲把小刘拉出柜台,让她陪着一起到其他柜台看看,小刘对旁边站柜台的同事打了个招呼,便欣然同意为她们母女当参谋。这时,那位日本母亲说:"我想买两方砚台送给我热爱书法的丈夫。"于是,她们来到工艺品柜台,母亲指着两方刻有荷花的砚对小刘说:"这两方砚台大小正合适,可惜的是造型……"客人的话立刻使小刘想到,在日本荷花是用来祭奠死者的不吉之物,看来只有向她推荐别种造型的砚台。于是,小刘与工艺品服务员商量以后,回答说:"书画用砚台与鉴赏用砚台是不一样的,对石质和砚堂都十分讲究,一般以实用为主,您看,这方鱼子纹歙砚,造型朴实自然,保持着砚石自身所固有的特征,石质又极为细腻,比方荷花砚更好,而且砚堂平阔没有雕饰,用这样的砚台书写研墨一定能得心应手、使用自如。"服务员小张将清水滴在3方砚台上,请客人自己亲自体验这3方砚石在手感上的差异。最后,客人满意地买下了这方鱼子纹歙砚,并连声向小刘和小张道谢,还拉着小刘的手说:"你将永久留在我的记忆中。"

思考分析:

涉外商场的商品推销是一门综合艺术,结合上述案例,说明优秀的商场服务员应具备的素质和能力有哪些?

资料来源:职业餐饮网. 服务礼仪案例40例.

6.6 商场部服务礼仪

饭店的商场是为宾客提供购物的场所,具有其他商店无法具备的方便条件,因为它不仅能使客人充分利用空闲时间,在下榻的饭店商场就近精心挑选称心如意的商品,又能使客人在购物过程中再一次领略到高品位的接待服务。

1. 零度干扰理论

所谓干扰服务对象,是指由于服务员在服务过程中的某些表现,有意无意地扰乱了客人对服务的享受,败坏了心境,甚至因此而使服务难以正常顺利地进行。

零度干扰也称做零干扰,其基本主张是服务人员在向客人提供服务的过程中,必须将对方所受到的有形或无形的干扰,积极减少到最低限度,即力争达到干扰为零的程度。零度干扰理论的主旨,是要求服务人员在服务过程中,为客人创造一个宽松、舒畅、安全、自由、随意的环境。使客人在享受服务的过程里,尽可能地保持良好的心情,始终能够逛得惬意、选得满意、买得称心。这就要求服务员做到以下几点。

1) 保持适度的服务距离

心理学实验证明,人际跨度过大,容易使人产生疏远之感;人际跨度过小,又会使人感到压抑或被冒犯。服务人员在工作岗位上需要与顾客保持的人际距离,可分为以下6种。

(1) 服务距离。服务人员为顾客直接提供服务时,距离以0.5~1.5米为宜。

(2) 展示距离。服务人员在客人面前进行操作示范,以便客人对服务项目有更直观、更充分、更细致的了解时,展示距离以1~3米为宜。

(3) 引导距离。服务人员为顾客带路,在顾客左前方1.5米左右为宜。

(4) 待命距离。顾客尚未要求提供服务时,服务人员应在3米之外,只要顾客能看到即可。

(5) 信任距离。为使顾客浏览、选择更专心致志,可以采取离顾客而去,服务人员从顾客的视线中消失。

(6) 禁忌距离。禁忌距离是双方身体过近甚至可能直接接触,即小于0.5米。

2) 热情服务无干扰

热情服务是对的,但务必谨记热情有度,把握好热情的具体分寸。若热情过度,不仅不合乎人之常情,而且还会使客人产生心理压力,甚至误以为热情背后有什么企图,担心"挨宰"而不敢消费。

2. 注重优化环境

饭店商场一般设于饭店的公共区域内,其位置引人注目,因此要注重美化商场的环境。首先,要设计和装潢好门面,包括醒目的招牌,明亮的灯光,鲜明的色彩等,让客人产生美的观感。其次,要布置好橱窗,做到构思新颖、主体鲜明,以商品为主体,配合文字、图案和各式各样的陈列道具,布置出一个烘托整体风格的优美画面。第三,要切实搞好商场的清洁卫生，每天营业之前，要把柜台和货架擦洗一遍，并始终保持地面干净。第四，要保持店内有适宜的温度，保证客人夏季购物凉爽，冬季购物暖和。第五，要精心陈列商品，既便于客人观看和选择，又让客人赏心悦目，增强商品的展示效果。

3. 商场服务礼仪

1）主动迎客

营业员站在柜台里，要眼观四面，耳听八方，面带微笑，站立服务。一旦客人走近柜台，应主动迎接客人，微笑点头问候，给人以亲切感。一个称职的营业员还应该从客人的眼神中预测到其购物意图，进而有针对性地做好服务工作。

2）热情服务

（1）礼貌答问。在回答客人提问时，声音要轻柔，答复要具体，做到"百问不厌，百挑不烦"。介绍商品应以诚为本，实事求是。

（2）一视同仁。坚持经商的基本道德，做到不以年龄取人，不以服饰取人，不以职位取人，不以地域取人，不以性别取人。

（3）当好参谋。主动介绍商品的性能、特点，比较同类商品的特色，解答客人的疑问，帮助客人作出购物的判断。

（4）得理让人。营业员在遇到个别过分挑剔，甚至胡搅蛮缠的客人时，应态度冷静，理直气和，得理让人，礼让三分。这种服务行为其实是对素质较差客人的无声批评。

3）礼貌送客

客人购物离开柜台时，应致谢道别，目送客人离去。对拿大件物品的客人，应主动关切和帮助。对老、弱、病、残、幼的客人，要倍加照顾，以示体贴。

总之，饭店商场服务人员应做到主动微笑迎客，给人以亲切感；使用敬语待客，给人以温暖感；实事求是地介绍商品，给人以诚实感；热心为客人当好参谋，给人以信任感；热情礼貌地送别客人，给人以留念感。只有这样，才是真正做到了优质服务。

阅读材料 6-20

售货员的礼仪规范

1. 当客人走过柜台时，要将视线迎向客人，亲切自然地问好或微笑点头致意。注意不要不理客人，也不要咄咄逼人。对神态悠闲随便逛商场的客人既不要随便发问，又要保持随时服务的状态。

2. 在为客人拿取和递送商品时，动作要轻巧，切忌随意地扔给客人，因为这是极不礼貌的行为。轻拿轻放、送到客人面前，会显示对客人的尊重。

3. 在客人挑选商品时，要保持耐心，细心服务，不要因为对方过多的发问或多次的挑选而不耐烦。即使客人挑选了半天仍然不买，也应同样热情接待，微笑道别。对于客人挑选好的商品，要精心进行包装。

4. 如果客人很多，一时忙不过来，一定要注意对久等的客人说："对不起，让您久等了。"或者说"请稍等一会儿。"不要冷落了任何一位客人。

5. 客人离开柜台时，无论其买东西多少或是否买了东西，都应热情地说声"再见"，或者说："欢迎再来。"

资料来源：陈萍. 最新礼仪规范. 北京：线装书局，2004.

6.7 保安部服务礼仪

对于在旅途之中，身处异国他乡的旅客来说，安全需求尤为突出。作为宾客，"家外之家"的饭店必须是一个安全的场所。安全也是饭店各项服务活动的基础，只有在安全的环境中，各种服务活动才能顺利开展，并确保其质量。

1. 保卫部的工作特点

饭店的安全保卫部是承担维护饭店内部安全的一个重要职能部门，它的工作关系到饭店的安全状况。在一定意义上，"没有安全就没有旅游业"。可以说，饭店的安全是饭店一切工作的基本保障。与此同时，安全保卫工作也有其服务性，没有优质的服务，也很难取得宾客和其他工作部门的支持与配合，安全保卫工作任务就无法顺利完成。由此可见，饭店的安全保卫工作是与饭店开展优质服务活动密切相关的。因此，全体安全保卫人员必须贯穿服务思想，实行文明礼貌服务。

2. 饭店安全工作范围及要求

饭店安全既包括客人的人身、财产安全，又包括客人的心理安全，还包括饭店员工及饭店的安全。一方面，是指饭店区域内应保持良好的秩序和状态，客人、员工的人身和财物，以及饭店的财产安全不受侵犯；另一方面，是指饭店区域内应处于一种既没有危险，也没有可能发生危险的状态。这就要求必须认真抓好以下几项重点工作。

1) 完善安全设施的配备

（1）安装安全报警系统。这是由警报器组成的自动报警系统，常用的是微波报警器、红外线报警器、声控报警器等，一般设置在收银处、贵重物品和财物集中处及消防通道。

（2）安装电视监控系统。这是由摄像镜头、控制器、监视器和录像机组成的闭路电视系统，主要分布在前厅大堂、客用电梯、楼层过道、娱乐场所和贵重财物集中场所。

（3）安装消防监控系统。这是由火灾报警器、灭火设施和防火设施组成的监控系统，主要安置在客房、餐厅和走廊等处。

（4）安装通信联络系统。这是由电话机、传呼机、对讲机形成的联络网络，使饭店具有快速反应能力。

2) 抓好防盗工作

发生在饭店中的盗窃现象有4种类型：外部偷盗、内部偷盗、内外勾结、旅客自盗。饭店应着重从以下3个方面入手。

（1）加强对员工的职业道德教育。

（2）抓好饭店钥匙的管理。

（3）加强对访客的管理。

此外，一旦发生盗窃案件，要在迅速报告领导的同时，主动保护好现场，并不要向外人传播。

阅读材料 6-21

警惕冒名顶替的犯罪活动

一天傍晚，北京某酒店服务总台的电话铃响了。服务员小姚马上接听，对方自称是住店的一位美籍华人的朋友，要求查询这位美籍华人。小姚迅速查阅了住房登记有关资料，向他报了几个姓名，对方确认其中一位就是他要找的人，小姐未假思索，就把这位美籍华人所住房间的号码818告诉了他。

过了一会儿，酒店总服务台又接到一个电话，打电话者自称是818房间的"美籍华人"，说他有一位谢姓的侄子要来看他，此时他正在谈一笔生意，不能马上回来，请服务员把他房间的钥匙交给其侄子，让他在房间等候。接电话的小姚满口答应。

又过了一会儿，一位西装笔挺的男青年来到服务台前，自称小谢，要取钥匙。小姚见了，以为就是刚才电话中说的客人，就把818房间钥匙交给了那位男青年。

晚上，当那位818房间美籍华人回来时，发现自己的一只高级密码箱不见了，其中放有一份护照，几千美元和若干首饰。

以上即是由一个犯罪青年分别扮演"美籍华人的朋友"、"美籍华人"和"美籍华人的侄子"3个角色，演出了诈骗酒店的丑剧。

几天后，当这位神秘的男青年又出现在另一酒店，用同样手法进行诈骗活动时，被具有高度警惕性、严格按酒店规章制度、服务规程办事的总台服务员和大堂保安员识破，当场抓获。

资料来源：孟庆杰，唐飞. 前厅客房服务与管理. 2版. 大连：东北财经大学出版社，2002.

3）抓好防火工作

（1）客房内禁止使用电炉、电饭锅、电暖器等电器，发现客人使用时要立即阻止。

（2）及时检查易燃物品，以减少起火因素。

（3）注意检查房内电器电线和插头，如有短路、漏电、线头脱落等现象要及时修好。

（4）一旦发生火灾，应及时发现火源、及时报警、及时扑救，并及时疏导宾客。

阅读材料 6-22

发现员工携带饭店物品离店怎么办？

1. 检查是否持有"携带物品出店批准单"，并核对物品数量。
2. 如不能出示"携带物品出店批准单"，不予放行，请其说明物品的来源，私拿或偷窃物品的手法、途径，内部何人提供等。
3. 做调查笔录，请当事人签押。
4. 暂扣物品，请有关部门前来认领。
5. 调查材料报告有关部门和人事部。
6. 如属重大偷窃，报公安机关处理。

资料来源：宋晓玲. 饭店服务常见案例570则. 北京：中国旅游出版社，2001.

3. 保安部服务礼仪

(1) 值勤时，要仪表整洁，仪态端庄，符合《饭店员工守则》中有关规定的要求。

(2) 精神振作，思想集中，保持警惕，加强巡视，并随时能赶到现场处理突发事件；当宾客有事求助时，应热情相助，排忧解难。

(3) 讲究文明礼貌，注意礼节，使用敬语，尊重宾客。待人诚恳、谦逊；做人正直、诚实。

(4) 严格执行国家的政策、法规和店纪店规，不做超越职权范围的事，不做有损人格、国格的事。

(5) 依法办事，不徇私情，实事求是，态度和善，举止文明，以理服人，不得粗暴对待宾客。

(6) 自觉维护宾客的合法权益，不得利用职务之便擅自闯入客房，不许窥视宾客在店内的日常活动，不许随意盘问宾客，不许擅自扣压客人的证件，更不许限制客人的人身自由。

阅读材料 6-23

饭店安全保卫工作

1. 饭店安全保卫工作的主要任务

(1) 保障客人的安全。①保障客人的人身安全；②保障客人的财产安全；③保障客人心理上的安全感。

(2) 保障员工的安全。①保障员工的人身安全；②保障员工的合法权益。

(3) 保障饭店的安全。①为维护饭店形象不受破坏而开展的一系列工作；②保障饭店的财产不受损失。

2. 饭店安全保卫工作的基本环节

（1）消防工作。①坚持依法管理，制定消防管理制度；②制定防火措施，从制度上预防火灾事故的发生；③配备必要的消防设施；④发动群众及时消除火灾苗头和隐患。

（2）治安管理。①配备必要的设施；②加强对客人的管理；③建立财物管理制度；④突发事件的处理。

（3）劳动保护。①坚持安全生产，防止工伤事故；②改善劳动环境，预防职业疾病；③实行劳逸结合；④注意保护女工的健康。

3. 饭店安全保卫工作的具体内容

（1）制订消防计划。①消防安全告示；②火灾报警；③火灾发生时应采取的行动。

（2）客人安全控制。①抓好入口控制；②抓好电梯控制；③确保客房走道安全；④确保客房安全；⑤抓好客房门锁与钥匙控制；⑥管好旅客财物安全保管箱；⑦抓好客人伤病处理。

（3）员工安全控制。①落实劳动保护措施；②保护员工个人的财物安全；③保护员工免遭外来侵袭。

（4）饭店财产安全控制。①防止员工偷盗行为；②防止客人偷盗行为；③防止外来人员偷盗行为。

资料来源：余炳炎，朱承强. 饭店前厅与客房管理. 天津：南开大学出版社，2001.

本 章 小 结

本章简述了旅游饭店人员的基本素质要求，包括职业道德、仪容仪表、思想品德、服务技能素质要求，着重介绍了饭店前厅、客房、餐饮、康乐、商场、保安等部门及其各岗位的工作规范、服务礼仪和基本技巧。

思考与练习

一、选择题

1. （　　）是饭店的"窗口"，又可称为饭店的"神经中枢"。
   A. 门厅服务　　　　　　　　B. 饭店总台
   C. 餐厅服务　　　　　　　　D. 客房服务

2. 为了体现"客人至上、便利客人"的服务宗旨，一些较大规模的饭店专门设有（　　），为客人提供咨询服务。
   A. 迎宾员　　　　　　　　　B. 行李部
   C. 问讯处　　　　　　　　　D. 前厅部

3. 在餐厅迎宾时，当客人走近餐厅约（　　）处，应面带微笑，热情问候。
   A. 1.5 米　　　　　　　　　　　B. 2 米
   C. 1 米　　　　　　　　　　　　D. 3 米

二、多项选择题

1. 饭店服务的敬人三 A 理论是指（　　）。
   A. 接受服务对象　　　　　　　　B. 重视服务对象
   C. 赞美服务对象　　　　　　　　D. 热情服务服务对象
2. 饭店服务人员重视服务对象的具体方法有（　　）。
   A. 倾听服务对象的要求　　　　　B. 牢记服务对象的姓名
   C. 善用对服务对象的尊称　　　　D. 赞美服务对象
3. 商务中心在为客人提供商务服务中，应注意的事项是（　　）。
   A. 守纪　　　　　　　　　　　　B. 准确
   C. 保密　　　　　　　　　　　　D. 守时
4. 就宴会活动的性质划分，宴会可分为（　　）。
   A. 礼节性的　　　　　　　　　　B. 友谊性的
   C. 工作性的　　　　　　　　　　D. 主题性的
5. 客人在桑拿浴时晕倒，应采取的措施有（　　）。
   A. 立即关闭桑拿电源，打开桑拿室门
   B. 立即通知饭店医生到场急救
   C. 将晕倒者抬出桑拿室，用浴巾铺地，让客人平躺着
   D. 立即通知大堂副理到场急救

三、判断题（正确的画√，错误的画×）

1. 客房服务人员有事要进入客房时，一定要先敲门或按门铃。（　　）
2. 一般来说，当服务对象阐明己见时，服务人员理应暂停其他工作。（　　）
3. 服务人员为客人直接提供服务时，距离以 1～3 米为宜。（　　）
4. 问讯处在给客人提供接待服务时要做到"点面"结合，即招呼第一位、询问第二位、办理第三位。（　　）
5. 餐厅引位时，对年老、体弱的客人应尽可能安排在离入口较近的位置，便于他们出入。（　　）

四、简答题

1. 简述客房服务的基本要求。
2. 大堂副理处理投诉的基本程序有哪些？
3. 咖啡厅的服务礼仪有哪些？

五、案例分析题

在沿海一家五星级宾馆的客房部里，一天，客房服务员小郑在 905 房间打扫卫生，听到

走廊内有人叫服务员。她便立即放下手中的工作，快步走出房间。906房间门口站着一位先生，手里拎着很多东西。小郑微笑着迎上去问候客人，并询问有什么事需要帮助。站在906房间门口的先生说，他的一位朋友住在906房间，早上打电话给他，让他把东西送过来，并在这里等朋友回来。"先生，请问你朋友贵姓？"小郑微笑着问客人。"怎么，不信任我。"客人用质疑的语气反问小郑，并把手里提的东西往地毯上一放，从上衣口袋里掏出他的证件，伸到小郑面前，是警官证。小郑明白客人误解了自己的意思，但还是有礼貌地对客人笑着说："先生，您误会了，首先我对您肯定是信任的，但是您的朋友住我们的酒店，这个房间目前的使用权归他，如果不经本人同意，我们是无权为任何人开门的。您想，如果这个房间是您的，而在您不在的情况下，我们服务员……"客人听完小郑的一席话后，脸上流露出了温和的笑容。他拿起手机拨通了朋友的电话，讲明情况，并把电话递给了小郑。客人在电话里说："小姐，谢谢你，我是906房间的客人，叫××，麻烦你把房间门打开，让我的朋友进去，我马上就回来，谢谢。"挂断电话后，小郑对访客说："先生，对不起，请稍等，我去拿钥匙。"小郑借机打电话到总台，对906房间的情况再次进行了确认，并在最短的时间内来到客人面前，并打开房门，帮客人把东西提进房间。放好东西后，小郑礼貌地为客人沏了一杯茶，放到客人面前。来访的先生微笑着对他说："小姐，你这样对工作认真负责的态度，我的朋友在这里住，还有什么不放心、不满意的，谢谢你。"小郑听到客人的赞赏，心里感到十分高兴，并对访客说："应该谢谢的是您，谢谢您对我们工作的支持和理解，耽误了您这么长的时间，实在抱歉，您先休息一下，喝点茶水，如有什么事情，可以拨打电话'8686'，我们随时为您提供服务。"说完之后，小郑便退出房间，并帮客人带好房门，继续干自己的工作。

分析思考：

1. 在处理事件的过程中，服务员小郑是怎样展示语言艺术的重要性的？
2. 在服务过程中，服务员小郑做得好的地方表现在哪里？

六、实训题

1. 实战训练

学生科学分组，进行餐饮部引位员服务礼仪训练，其目的是让学生通过训练掌握餐饮部引位员岗位的服务礼仪要求，具体要求见餐饮部引位员服务礼仪训练表。

餐饮部引位员服务礼仪训练表

实训内容	操作规范	实训效果评估		
		满分	扣分	备注
引客问候	（1）客人到来时，亲切问候：您好！请问有预订吗？	20		
	（2）客人到来时，亲切问候：先生（女士），欢迎光临！请问有预订吗？			
	（3）客人到来时，亲切问候：早上/中午/晚上好，请问有预订吗？			

第6章 旅游饭店服务礼仪

续表

实训内容	操作规范	实训效果评估		
		满分	扣分	备注
安排座位	（1）引位时说："请跟我来"或"这边请"，并用手示意。	20		
	（2）若客人对位置不满意，引位员说："对不起，我为您安排一个更好的位置好吗？请跟我来。"	20		
	（3）若无法满足客人所需，引位员说："十分抱歉，今天客人太多了，您想要的位置已经没有了，您看坐这里可以吗？"	20		
	（4）如暂无空位，引位员说："对不起，暂无空位，请您到休息室稍候，好吗？一有空位，我就为您安排。"若客人同意，就引领客人到休息室。	20		
说明	以上满分为100分，得分在90分以上为优秀，70～89分为良，60～69分为合格，60分以下为不及格			
总分		考评员签字		

2．模拟训练

在老师的具体指导下，全班分成若干小组，结合饭店各岗位的实际，进行服务礼仪模拟训练。

1）前厅部服务礼仪训练

（1）实训安排如表6-1表示。

表6-1 前厅实训安排

实训时间	前厅各岗位服务礼仪各0.5小时
实训目的	熟练掌握前厅各岗位人员礼仪要求及注意事项
实训要求	按教材的讲解要求

（2）实训准备：利用饭店前厅客流少的时间，设计前厅各岗位的模拟接待程序。

（3）操作规范如表6-2～表6-5所示。

表6-2 大堂迎接员服务礼仪训练

实训内容	操作标准	基本要求
站岗	站立门厅两侧	符合规范
宾客光临时迎接	（1）用敬语问候："小姐（先生、女士），早上（晚上）好，欢迎光临。"用手示意，请客人进入 （2）若是常客，问候时应以姓名招呼："王先生，您好！" （3）如客人行李较多，应帮助提拿	主动招呼，热情问候
散客乘车到达迎接	（1）引导车辆停妥 （2）为宾客开启车门，一手将车门打开70度，另一手指并拢伸直，置于车门框上沿，两脚稍分开站立，上体微微前倾，两眼余光注视车门上沿，轻声提醒客人小心，以免碰头部	主动热情为客人打开车门，并向客人问候

续表

实训内容	操作标准	基本要求
团体客人到达迎接	(1) 事先做好准备 (2) 对客人点头问好 (3) 车子停稳后，站立车门一侧，维持秩序 (4) 对行动不便的客人或行李较多的客人提供帮助 (5) 客人全部下车完毕，指挥司机将车开走	

表6-3　行李服务员接待礼仪训练

实训内容	操作标准	基本要求
引导客人办理登记	(1) 携带客人行李，在客人左前方的两三步处引领，并不时向后用点头或微笑保持接触 (2) 遇到拐弯处，要用手势向客人示意 (3) 在客人登记时，等候在客人身后1.5米处，替客人看管行李	为客着想 让客放心
陪送客人上电梯	(1) 用一只手挡住梯门请客人进入 (2) 电梯到达时，应示意客人先出电梯	安全第一
离开客房	(1) 将客人行李放妥 (2) 微笑地向客人道别："小姐（先生），请您好好休息，再见！" (3) 面对客人后退一步，再转身出房，将门关上	礼貌得体

表6-4　大堂清洁员服务礼仪训练

实训内容	操作标准	基本要求
清理地面	在大堂用拖把来回清除地面浮尘脏物，但不得妨碍客人自由走动，如客人朝自己方向走来应主动让道，并提醒客人注意防滑	主动礼让
清理烟缸	在客人休息处清理烟灰缸、废纸及其他杂物时，动作要轻快，遇到客人要点头示意，或者打招呼："打扰您了。"	动作轻快
高处作业	在高处擦拭玻璃幕墙时，要注意下面有无客人经过，避免工具不慎掉落伤及客人	安全第一

表6-5　总台接待服务礼仪训练

实训内容	操作标准	基本要求
接待客人，办理入住手续	(1) 敬请客人填写住宿登记单，尽可能按要求安排房间 (2) 当宾客较多时，要按先后顺序依次办理入住手续，做到办理一个、接待一个、招呼一个，务必不使客人感到受冷落 (3) 在不失礼的情况下，仔细验看，核对客人的证件与登记单。确认无误后，迅速交还并致谢 (4) 如当天住房已满，要耐心解释，同时热情为客人推荐其他饭店 (5) 把住房钥匙交给客人时，应有礼貌地双手递给，并祝客人住宿愉快 (6) 重要客人进房后，要及时用电话询问客人："您还有什么事情，请尽管吩咐，我们随时为您服务。" (7) 遇到客人投诉时，要耐心倾听，绝不争辩或反驳 (8) 及时做好客史档案工作	热情接待，妥善安排

2) 客房部服务礼仪训练

(1) 实训安排如表6-6所示。

表6-6 客房服务礼仪训练

实训时间	每个项目各1小时
实训目的	熟练掌握客房部各岗位人员的礼仪要求
实训要求	严格按照实训规范要求进行

(2) 实训准备：利用饭店客房部客流少的时间，设计客房各岗位的模拟接待程序。

(3) 操作规范如表6-7和表6-8所示。

表6-7 楼层接待服务礼仪训练

实训内容	操作标准	基本要求
迎宾入住，送客离店	(1) 热情问候入住客人，并行15度鞠躬礼 (2) 对客人手中的行李物品，主动提供帮助，但要尊重客人意愿 (3) 遇到老、幼、病、残客人，要及时搀扶 (4) 开门后要侧身一旁，请客人先进房间 (5) 在客人没有其他需求后，应立即离开，退后一步，再转身走出，把门轻轻拉上 (6) 当客人离开时，应送客人到电梯旁，并祝客人"旅途愉快"，道声"再见！"	主动、热情、细致

表6-8 客房服务员服务礼仪训练

实训内容	操作标准	基本要求
客房服务要点	(1) 进门前，要看房门是否挂有"请勿打扰"牌子，绝不要擅自入门 (2) 进房间时须按门铃或用中指关节轻敲房门3下，征得客人同意后方可进入 (3) 打扫客房时，不得擅自翻阅客人的物品，也不得在房内看电视或使用电话 (4) 不得向客人打听私事，或者开玩笑或喧哗 (5) 宾客与人交谈时，不得随便插话或进行干扰 (6) 如客人身体不适，要主动热情询问是否需要医生诊治 (7) 工作中如有差错，要诚恳地道歉，求得客人的谅解 (8) 客人离店时，要送客告别，并祝旅途愉快	细致入微，文明礼貌

3) 餐饮部服务礼仪训练

(1) 实训安排如表6-9所示。

表6-9 餐饮部服务礼仪训练

实训时间	每个岗位各0.5~1.0学时
实训目的	掌握餐厅部各岗位的礼节礼仪要求
实训要求	按实训规范要求进行

(2) 实训准备：利用饭店餐饮部客流少的时间，设计餐饮部各岗位的模拟接待程序。

(3) 操作规范如表6-10~表6-12所示。

表 6-10　迎宾员服务礼仪训练

实训内容	操作标准	基本要求
迎来送往	（1）着装整洁，仪容端庄，站姿优美，在餐厅大门两旁恭候来宾 （2）当客人走近餐厅约 1.5 米处，热情问候："小姐（先生），您好，欢迎光临！" （3）客人离开餐厅时礼貌道别："小姐（先生）谢谢您的光临，请慢走，再见！"并致鞠躬礼	举止文雅、语调柔和

表 6-11　引位员服务礼仪训练

实训内容	操作标准	基本要求
引客问候	（1）客人进店，立即迎上，微笑问候："请问，预订过吗？"、"请问，一共几位？" （2）多人同时到达，应先问候女宾，再问候男宾	热情礼貌得体
安排座位	（1）开始引位时应说："请跟我来"、"这边请"，并用手示意 （2）根据不同宾客的具体情况，把客人引到适当的位置入座或进入包厢 （3）当客人要求到某位置时，应尽量予以满足，如已被其他客人占用，则应礼貌地说明 （4）对被安排在厨房出入口处的客人，应多说几句客气话，如"小姐（先生），十分抱歉，今天客人太多，委屈您了，下次光临一定为您安排个好座位。"	察言观色，根据不同客人适当安排
送客	客人餐后离开时，应礼貌送客，主动话别	

表 6-12　值台员服务礼仪训练

实训内容	操作标准	基本要求
热情迎宾	（1）客人走近餐桌，应微笑问候，拉椅助坐 （2）客人脱衣摘帽时，应予以协助，按顺序挂好 （3）及时递香巾、茶水，注意从右至左并有招呼声	热情稳重紧张有序
恭请点菜	（1）当客人示意点菜时，应用双手将菜单从左侧递上 （2）接受客人点菜时，应站在客人左侧，上身稍向前倾，认真听取客人点菜，并做好记录 （3）当客人一时难以决定时，不要催促，而应当好参谋，但必须充分尊重客人的意愿 （4）客人点菜完毕，还应征询需要什么酒水和主食。全部记录后再复述一遍，得到客人确认后，迅速将菜单送到厨房	尊重客人适度推销
席间服务	（1）取出餐巾，安放在客人腿部 （2）斟酒上菜，严格按操作规范进行。上每一道菜，要简介菜名及特色，并将菜肴的最佳部位对着主宾和主人 （3）宾主祝酒时，应站在适当位置，保持场面安静 （4）斟酒水时，应用餐巾包好酒水瓶，以免滴落在客人身上 （5）要掌握上菜时机，快慢适度；拿走剩菜要征得客人同意 （6）如客人餐具掉落在地，应迅速取起并更换 （7）如有来电找客人，应走近客人身旁轻声告知 （8）当有醉意的客人粗鲁时，应尽量忍让，请餐厅经理处理 （9）即使营业时间已过，客人未散席，也不得有逐客之举。	细致周全，文明服务
结账送客	（1）客人餐毕，应把账单放在托盘上或账单夹内，从客人左侧递上 （2）当客人付款或签单后，要表示感谢 （3）客人起身离座时，应及时拉椅让路，并热情话别，躬身施礼	善始善终

（4）模拟饭店康乐部服务人员迎宾、问候、服务、送客训练。

（5）模拟饭店商场营业人员有礼貌地做好销售工作的训练。

（6）模拟饭店保安人员进行服务礼仪训练。

导游服务礼仪

掌握导游迎送礼仪、与游客的沟通协调礼仪、讲解礼仪。
了解导游现场处理突发事故的礼仪。

7.1 亲和效应理论

在人们的日常交往和认知过程中,每个人都具有一定的心理定势。社会心理学家发现,心理定势在人际交往和认知过程中是普遍存在的。

心理定势在有些情况下也被称做心向。它是指一个人在一定的时间内所形成的一种具有一定倾向性的心理趋势。即一个人在其过去已有经验的影响下,心理上通常会处于一种准备的状态,从而对其认识问题、解决问题带有一定的倾向性与专注性。一般来说,在人际交往和认知过程中,人们的心理定势大体上可以分为肯定与否定两种形式。肯定式的心理定势主要表现为对于交往对象产生好感和积极意义上的评价;否定式的心理定势则主要表现为对于交往对象产生反感和消极意义上的评价。

人们在人际交往和认知过程中,往往存在一种倾向,即对于自己较为亲近的对象,会更乐于接近。人际交往和认知过程中的较为亲近的对象,俗称"自己人"。在其他条件大体相同的条件下,所谓"自己人"之间的交往效果一般会更为明显,其相互之间的影响通常也会更大。在"自己人"之间的交往中,对交往对象属于"自己人"的这一认识本身,大都会让人们形成肯定式的心理定势,从而对对方表现得更加亲近和友好,并且在此特定的情境中,更加容易发现与确认对方值得自己肯定和引起自己好感的事实。所有这一切,反过来又会进一步巩固并深化自己对对方原来已有的积极评价。在这一心理定势的作用下,"自己人"之间的相互交往与认知必然在其深度、广度、动机、效果上,都会超过非自己人之间的交往与认知。由此可见,人们在与"自己人"的交往、认知中,肯定式的心理定势发挥着一定的作用。

上述情况给服务人员最重要的启迪是，为了更好地、恰如其分地向服务对象提供良好的服务，为了使自己的热情服务获得服务对象的正面评价，服务人员有必要在服务过程中积极创造条件，努力形成双方的共同点，从而使双方都处于"自己人"的情境之中。

所谓亲和效应，是对以上情况所进行的一种概括。它的主要含义是，人们在交际应酬中往往会因为彼此之间存在着某些共同之处或近似之处，从而感到相互之间更加容易接近。而这种相互接近、则通常又会使交往对象之间萌生亲切之感，并且更加相互接近、相互体谅。交往对象由接近而亲密、由亲密而进一步接近的这种相互作用，有时被人们称为亲和力。

1. 近似性

亲和效应是以交往对象之间存在着某些共同之处或近似之处为基础的。

在理论上，人与人之间的一定相近之点，会给其交际关系的建立提供极大的方便，并且会给双方之间的正常交往带来积极的促进作用。这主要是因为在自己信任的人，或者是自己产生好感的人面前，人们往往更容易放松自己，并且与对方主动接近，甚至进行更加深入的交往或合作。

2. 间隔性

亲和效应是在人际交往的过程中逐渐形成的，而不是产生在人际交往的起始阶段。所以，有专家指出，亲和效应实际上是在首轮效应产生之后，人们对于交往对象所形成的一种崭新的印象。

如前所述，亲和效应主要是以交往对象之间存在着某些共同之处或近似之处为基础的，而这种交往对象之间存在着的某些共同之处或近似之处，若无交往双方之间一定时间的接触、了解，是难以发现或感觉到的。换句话说，人们在与他人初次交往时，在双方见面之初的一刹那时间里，是不大有可能发现或感觉到彼此双方之间的共同之处与近似之处的。发现或感觉到彼此之间的共同之处与近似之处，是需要一段时间的。亲和效应这一特征，被称为间隔性。

由于种种原因，在人际交往中，人们对于交往对象所产生的初始印象，难免会存在某些片面、偏颇之处，况且这一印象通常还有待深化或加强，所以相对于首轮效应而言，亲和效应有时会更为全面，并且往往更加令人信服。

间隔性亲和效应产生于人际交往的过程之中，这一点值得服务人员认真予以关注。它告诉服务人员，在服务于消费者的过程中力争创造一个良好的开端、争取为服务对象留下一个良好的第一印象，十分重要。即使做不到这一点，在服务工作开端表现得不尽如人意，或者因为自己的服务方式不为服务对象所接受，或者自己的服务确有欠妥之处，服务人员也并非回天乏术，绝不可将错就错，破罐子破摔。

3. 亲和力

亲和效应在人际交往的过程中逐渐形成之后，往往会在交往对象之间产生一种无形的凝聚力和向心力。这种交往对象因亲和效应而产生的凝聚力和向心力，通常具有重大的作用。

它即可以促使交往对象之间实现进一步的相互理解、相互接受,而且还可以促使交往对象之间相互支持、相互帮助,并且还有可能同甘共苦、风雨同舟。这种重大的作用,就是人们平常所提及的亲和力。

服务行业、服务人员与服务对象,尤其是常来常往的服务对象彼此之间形成亲和力,在当前无疑是非常有必要的。要做到这一点,特别有必要在以下3个方面加以注意。

(1) 待人如己。在正常情况下,人们通常都会优先考虑自己的处境。爱护自己,保护自己,善待自己,是人类的一种共性。在服务岗位上,服务人员要使服务对象真正感受到自己在服务工作中所表现出来的亲和力,就必须要做到待人如己。即服务人员在接待服务对象,为其提供服务时,要像对待自己一样,而不是将其视为与自己毫不相干的路人。

(2) 出自真心。服务人员在为服务对象进行服务时,还必须认真注意,自己对对方的友善之意要出自真心,实心实意。切勿以假乱真,假情假意,利用对方对自己的信任去欺骗、愚弄对方。那样即使可以得逞于一时,但终有一天会因为真相大白而遭人唾弃,自毁信誉,因此是得不偿失的。

(3) 不图回报。尽管从经营的角度来说,服务行业是注重投入与产出比例的,但是这只是就总体而言。具体到服务人员的每一项日常行为,如对服务对象的待人如己、亲密无间等,就不能立即要求回报。事实上,出自真心的热情服务是难以计价,不可用金钱来衡量的。否则,它自身便失去了存在的价值。

阅读材料 7-1

辨证的解释

一个旅游团因订不到火车卧铺票而改乘轮船,游客十分不满,在情绪上与导游形成了强烈的对立。导游面带微笑,一方面向游客道歉,请大家谅解,由于旅游旺季火车的紧张状况导致了计划的临时改变;另一方面,耐心开导游客,乘轮船虽然速度慢一些,但提前一天上船,并未影响整体的游程,并且在船上能够欣赏到两岸的风光,相当于增加了一个旅游项目……使游客渐渐与导游缓和了关系。

资料来源:百度文库. 礼仪故事.

7.2 导游员及其基本素质

1. 导游员及其职责

1) 导游人员的概念

为了规范导游活动,保障旅游者和导游人员的合法权益,促进旅游业的健康发展,国务院于 1999 年 5 月 14 日修订发布了《导游人员管理条例》，自 1999 年 10 月 1 日起实施。

导游人员是指依照《导游人员管理条例》规定取得导游证，接受旅行社委派，为旅游者提供向导、讲解及相关旅游服务的人员。这一概念包含以下 3 层含义。

(1) 导游人员是指依照条例规定取得导游证的人员。这是从事导游业务的资格要件。

(2) 导游人员进行导游服务必须接受旅行社的委派。这是导游人员从事业务活动的方式要件。

(3) 导游人员是指为旅游者提供向导、讲解及相关旅游服务的人员。这是导游业务活动的内容要件。所谓"向导"，一般是指为他人引路、带路；而"讲解"是指为旅游者解说、指点风景名胜；而"相关旅游服务"，一般是指为旅游者代办各种旅行证件，代购交通票据，安排旅游食宿、旅程等与旅行游览有关的各种服务。

2) 导游人员的分类

导游人员由于业务范围、业务内容的不同，服务对象和使用的语言各异，其业务性质和服务方式也不尽相同。下面从不同角度对中国导游人员进行分类。

(1) 按业务范围划分，导游人员分为海外领队、全程陪同导游人员、地方陪同导游人员和景点景区导游人员。

① 海外领队。海外领队是指经国家旅游行政主管部门批准可以经营出境旅游业务的旅行社的委派，全权代表该旅行社带领旅游团从事旅游活动的工作人员。

② 全程陪同导游人员。全程陪同导游人员（简称全陪）是指受组团旅行社委派，作为组团社的代表，在领队和地方陪同导游人员的配合下实施接待计划，为旅游团（者）提供全程陪同服务的工作人员。

③ 地方陪同导游人员。地方陪同导游人员（简称地陪）是指受接待旅行社委派，代表接待社实施接待计划，为旅游团（者）提供当地旅游活动安排、讲解、翻译等服务的工作人员。

④ 景点景区导游人员。景点景区导游人员亦称讲解员，是指在旅游景区景点，如博物馆、自然保护区等为游客进行导游讲解的工作人员。

前两类导游人员的主要业务是进行旅游活动的组织和协调。第三类导游人员既有当地旅游活动的组织、协调任务，又有进行导游讲解或翻译的任务。第四类导游人员的主要业务是对所在景区、景点的导游讲解。

(2) 按职业性质划分，导游人员分为专职导游人员和兼职导游人员。

① 专职导游人员。专职导游人员是指在一定时期内以导游工作为其主要职业的导游人员。专职导游人员是当前我国导游队伍的主体。

② 兼职导游人员。兼职导游人员也称业余导游人员，是指不以导游工作为其主要职业，而利用业余时间从事导游工作的人员。目前，这类人员分为两种：一种是通过了国家导游资格统一考试取得导游证而从事兼职导游工作的人员；另一种是具有特定语种语言能力而受聘于国际旅行社，领取临时导游证，临时从事导游活动的人员。

(3) 按导游使用的语言种类划分，导游人员分为中文导游人员和外语导游人员。

① 中文导游人员。中文导游人员是指能够使用普通话、地方话或少数民族语言，从事导游业务的人员。

② 外语导游人员。外语导游人员是指能够运用外语从事导游业务的人员。

(4) 按技术等级划分，导游人员分为初级导游人员、中级导游人员、高级导游人员和特级导游人员。

① 初级导游人员。获取导游人员资格证书一年后，就技能、业绩和资历对其进行考核，合格者自动成为初级导游人员。

② 中级导游人员。获取初级导游人员资格两年以上，业绩明显，考核、考试合格者晋升为中级导游人员。中级导游人员是旅行社的业务骨干。

③ 高级导游人员。获取中级导游人员资格4年以上，业绩突出，水平较高，在国内外同行业和旅行商中有一定影响，经考核、考试合格者晋升为高级导游员。

④ 特级导游人员。获取高级导游人员资格5年以上，业绩优异，有突出贡献，有高水平的科研成果，在国内外同行和旅行商中有较大影响，经考核、考试合格者晋升为特级导游人员。

(5) 按年度量化考试考核的综合分数划分，导游人员分为一级导游员、二级导游员、三级导游员、四级导游员和少数离岗培训导游员。

3) 导游人员的基本职责

依据《导游人员管理条例》，并根据我国当前旅游业发展的实际和各类导游人员的服务对象，导游人员的基本职责可概括如下。

(1) 根据旅行社与旅游者签订的合同或约定，接受旅行社分配的导游任务按照接待计划安排和组织旅行者参观、游览。

全陪作为旅行社的代表，自始至终应参与旅游团全旅程的活动；地陪应严格按照接待计划，做好旅游团（者）参观游览过程中的导游讲解工作和计划内的食宿、购物、文娱等活动的安排，妥善处理各方面的关系和出现的问题。

(2) 负责向旅游者导游、讲解、介绍中国（地方）文化和旅游资源。

导游在带领旅游者参观游览时，应向旅游者介绍本地区的风土民情和自然景观，人文景观的历史背景、特色、地位、价值等方面的内容，将优美的风光、悠久的历史、动人的故事等内容讲解给旅游者，使他们增长知识，开阔眼界，受到美的熏陶，获得满意的感受。

(3) 配合和督促有关部门安排旅游者的交通、食宿，保护旅游者的人身和财物安全等事项。

旅游团（者）在旅游过程中涉及的食宿、交通、游览、文娱活动等，是在旅游者出发前由旅行社事先安排好的，但旅游计划的具体实施，需要导游人员与各有关部门互相配合。为了保证旅游的顺利进行，也需要导游的督促和协调。旅行社负有保护旅游者人身和财物安全的义务,而具体的操作更多地要靠带领旅游团(者)外出的导游人员,这是导游员的职责之一。

(4) 反映旅游者的意见和要求,协助安排会见、座谈等活动。

旅游团(者)在旅游中会有各种意见和要求,导游人员作为旅行社的代表,应将旅游者的意见和要求反映给旅行社或有关部门。对属于接待计划内的,应尽量满足旅游者的要求;对超出计划的,应做好解释和协调;对一些专题旅游,如修学旅游、商务旅游、保健旅游等,导游人员应妥善安排各项接待活动。

(5) 耐心解答旅游者的问询,协助处理旅途中遇到的问题。

导游人员要热情解答旅游者有关旅游内容的问询,同时要维护国家的利益、民族的尊严和个人的名誉。

在旅游过程中,会遇到各种各样的问题,如游客生病、走散丢失、因故变更旅游计划、游客要求增加旅游景点、某游客因故要求退团提前返回等。导游人员应积极协助游客解决问题,对突然生病的游客要利用客人自备急救药品进行治疗,在领队或患者亲友陪同下到医院治疗等。

上述 5 项职责是对导游人员提出的基本要求。一方面,这些是导游人员的工作职责,即从事导游工作应该做到的;另一方面,这 5 项职责是以国家法规的形式确定下来的,因而成为导游人员必须履行的法律义务,要不折不扣地执行,否则,将被视为一种失职行为,要受到不同形式的处罚。

2. 导游人员的素质

导游工作的特殊性在于其直接为人服务,最需要体现"以人为本"的精神,只有具备良好的整体素质才能高质量地进行导游服务。现代导游不仅是一种简单的服务,更是一门科学和艺术。一名合格的导游人员首先应该具有服务的意识、服务的技能,同时也应具有丰富的知识和较高的导游水平。具体来说,导游人员的素质可归纳为以下几个方面。

1) 良好的思想品德

在任何时代、任何国家,人的道德品质总是处于最重要的地位。中国导游人员的思想品德主要应表现在思想进步,品德高尚;爱国爱家,敬业爱岗;谦虚谨慎,遵纪守法。

(1) 爱国主义意识。导游人员应具有爱国主义意识,在为旅游者提供热情有效服务的同时,要维护国家的利益和民族的自尊。

热爱祖国是合格的导游人员的首要条件,在海外旅游者的心目中,导游人员是国家形象的代表,因此导游人员应把祖国的利益、社会主义事业摆在第一位,自觉地维护祖国的利益和民族的尊严。

(2) 优秀的道德品质。导游人员要发扬全心全意为人民服务的精神,并把这一精神与"宾客至上"的旅游服务宗旨紧密结合起来,热情地为国内外旅游者服务。

(3) 热爱本职工作,尽职敬业。导游人员应热爱本职工作,不断检查和改进自己的工作,努力提高服务水平。

(4) 高尚的情操。导游人员应讲文明,模范遵守社会公德;应有较高的职业道德,认真完成旅游接待计划规定的各项任务,维护旅游者的合法权益。对旅游者提出的计划外的合理要求,经主管部门同意,在条件允许的情况下应尽力予以满足。

导游人员应培养自我控制的能力,自觉抵制形形色色的精神污染,力争做到"财贿不足以动其心,爵禄不足以移其志",始终保持高尚的情操。

(5) 遵纪守法。遵纪守法是每个公民应尽的义务,作为旅行社代表的导游人员尤其应树立高度的法制观念,认真学习并模范、自觉地遵守国家的法律和法令,遵守旅游行业的规章,严格执行导游服务质量标准,严守国家机密和商业秘密,维护国家和旅行社的利益。对于提供涉外导游服务的导游人员,还应牢记"内外有别"的原则,在工作中多请示汇报。

阅读材料 7-2

恰当的解释

西方游客在游览河北承德时,有人问:"承德以前是蒙古人住的地方,因为它在长城以外,对吗?"导游员回答说:"是的,现在有些村落还是蒙古名字。"有人又问:"那么,是不是可以说,现在汉人侵略了蒙古人的地盘呢?"

导游回答说:"不应该这么说,应该叫民族融合。中国的北方有汉人,同样南方也有蒙古人。就像法国的阿拉伯人一样,是由于历史的原因形成的,并不是侵略。现在的中国不是哪一个民族的国家,而是一个统一的多民族国家"。客人听后连连点头。

资料来源:百度文库. 行为规范礼仪小故事.

2) 渊博的知识

导游人员应有较广泛的基本知识,尤其是政治、经济、历史、地理,以及国情、风土习俗等方面的知识。实践证明,丰富的知识是搞好导游翻译工作的前提。导游知识包罗万象,以下是导游人员必须掌握的一些主要知识。

(1) 语言知识。语言是导游人员最重要的基本功,是导游服务的工具。

(2) 史地文化知识。史地文化知识包括历史、地理、宗教、民族、风俗民情、风物特产、文学艺术、古建园林等诸方面的知识。这些知识是导游讲解的素材,是导游服务的"原料",是导游人员的"看家本领"。

(3) 政策法规知识。导游人员在导游讲解、回答游客对有关问题的问询或同游客讨论有关问题时,必须以国家的方针政策和法规作指导。对旅游过程中出现的有关问题,导游人员要以国家政策和有关的法律、法规予以正确处理。导游人员自身的言行更要符合国家政策法规的要求,做到遵纪守法。

总之,导游人员应该牢记国家的现行方针政策,掌握有关的法律、法规知识,了解外国游客在中国的法律地位,以及他们的权利和义务。只有这样,才能正确地处理问题,做到有理、有利、有节,导游人员自己也可以少犯或不犯错误。

(4) 心理学和美学知识。导游人员做的是和人打交道的工作，而且往往是与之短暂相处，因而掌握必要的心理学知识具有特殊的重要性。

旅游活动是一项综合性的审美活动。导游人员的责任，不仅是向游客传播知识，也要传递美的信息，让他们获得美的享受。

(5) 经济和社会知识。导游人员应掌握相关的社会学知识，熟悉国家的社会、经济体制，了解当地的风土民情、婚丧嫁娶习俗、宗教信仰情况和禁忌习俗等。

(6) 旅行知识。导游人员掌握必要的旅行知识，对旅游活动的顺利进行是十分重要的。旅行知识有交通知识、通信知识、货币保险知识、卫生防病知识、旅游业知识等。

(7) 国际知识。导游人员还应掌握必要的国际知识，要了解国际形势和各时期国际上的热点问题，以及中国的外交政策和对有关国际问题的态度；要熟悉客源国或旅游接待国的概况，知道其历史、地理、文化、民族、风土民情、宗教信仰、礼俗禁忌等。了解和熟悉这些情况不仅有利于导游人员有的放矢地提供导游服务，而且还能加强与游客的沟通。

阅读材料 7-3

谁第一个有到月亮上去的想法

一次，导游员王力接待一个美国旅游团，在旅游商店中看到一位美国游客在看一幅"嫦娥奔月"的国画，并在考虑是否要购买，王力便走上前去，向他介绍中国国画的艺术和与之相关的背景知识，客人听了很感兴趣。最后，王力告诉这位美国游客，在华盛顿的宇航馆里也有一幅"嫦娥奔月"图，图旁的说明是：在人类历史上，是谁第一个有到月亮上去的想法？是中国古代的嫦娥女士……这位美国游客非常感谢王力的帮助，终于买下了这幅"嫦娥奔月"的国画。

王力的介绍，把物品的文化价值与实用价值巧妙地结合起来，促成了这位美国游客的购买。

资料来源：职业餐饮网．服务礼仪案例40例．

3) 较强的独立工作能力和协调应变能力

独立工作能力和协调应变能力主要包括以下几点。

(1) 独立执行政策和独立进行宣传讲解的能力。

(2) 较强的组织协调能力和灵活的工作方法。

(3) 善于和各种人打交道的能力。

(4) 独立分析、解决问题，处理事故的应变能力。

4) 较强的语言运用能力

无论是外语、普通话、地方语和少数民族语言，导游人员都应做到语言准确、生动、形象，富有表达力，同时注意使用礼貌用语。

5）较高的导游技能

服务技能可分为操作技能和智力技能两类。导游服务需要的主要是智力技能。

语言、知识、服务技能构成了导游服务的三要素，缺一不可。导游人员的服务技能与其工作能力和掌握的知识有很大的关系，需要在实践中培养和发展。因此，导游人员要在掌握丰富知识的基础上，努力学习导游方法、技巧，并不断总结、提炼，形成适合自己特长的导游方法、技巧和自己独有的导游风格。

6）较强的竞争意识和进取精神

导游服务是一种高智商的服务，它以导游人员的智力资源为主要依托。"物竞天择，适者生存"，每个导游人员都必须牢记英国博物学家赫胥黎的这一名言。

7）身心健康

身心健康包括身体健康、心理平衡、头脑冷静和思想健康4个方面。

8）注重仪容、仪表

在旅游者面前，导游人员的仪容要求是容貌修饰要得体；仪表要求是应穿工作服或指定的服装，服装要整洁、端庄、得体；仪态要求是应举止大方、端庄、稳重，表情自然、诚恳、和蔼，努力克服不合礼仪的生活习惯。

7.3 导游迎送礼仪

1. 导游迎客礼仪

导游的迎接对象就团队而言，可分为一般旅游团队和重要旅游团队（VIP）两种。由于对不同类别的客人具有不同的接待规格，因此在迎接时同样有不同的礼仪要求。

1）对一般旅游团队的迎接礼仪

（1）旅游团队抵达前的服务安排。

① 确认旅游团所乘交通工具抵达的准确时间。接团当天，地陪在飞机抵达的预定时间前2小时，火车、轮船预定到达时间前1小时，向飞机场、车站、码头的问讯处问清飞机、火车、轮船到达的准确时间。

② 与旅行车司机联络。对有预约的接待计划，应事先准备好足够旅游客人乘坐的旅游车。接团导游人员应督促和协助司机清扫车辆，使其保持整洁、干净，并通知司机出发的时间，确定接头地点，并告知活动日程和具体时间。

③ 提前抵达迎接地点。地陪提前半小时抵达机场（车站、码头），若属首站接团，全陪与地陪同往，并掌握接团用车停放位置；再次核实旅游团抵达的准确时间；与行李员取得联系，通知行李送往地点；持接站标志迎候旅游团。

④ 提前在出站口迎候。旅行团所乘飞机（火车、轮船）抵达后，地陪应在旅行团出站前，手持写有团名、团号、领队或全陪姓名的接站牌站在出口醒目的位置，热情迎候旅游团。

(2) 旅游团队抵达后的接待服务。

① 认找旅游团。旅游者出站时，地陪一旦确认是自己迎接的旅游团后，应面带微笑，情绪饱满，热情、积极地举起接团标志，向到达的客人致意。与客人见面时，导游人员首先应向领队作自我介绍，若有比自己职位高的同事在场，应先把自己的同事介绍给领队。还要主动、热情招呼，并礼貌问候其他客人：“各位辛苦了”或"大家辛苦了"，而且还要保证在场的全体客人都能听到你的亲切问候。

在旅游旺季，旅游团摩肩接踵情况下，万一发生错接或空接，导游人员要及时请示汇报，不能自作主张擅自处理。对于前者，若错接发生在同一家旅行社，导游人员应速告本社，经领导同意，地陪可不交换旅游团，全陪则应交换旅游团，并向旅游者道歉；若错接的是另外一家旅行社的旅游团时，导游人员应立即向本社领导汇报，设法尽快交换旅游团，向旅游者实事求是地说明情况，并诚恳地道歉。若属后者，导游人员应立即与本社有关部门联系，查明原因。如旅游团抵站推迟时间不长，可留在接站地点继续等候，如推迟时间过长，导游人员要按本社有关部门的安排，重新落实接团事宜。若万一出现漏接，无论是何原因，导游人员都应首先向旅游者赔礼道歉，并进行耐心细致的解释，以免引起旅游者误会。此外，尽量采取弥补措施，以热情周到的服务，赢得信任，纠错补损。

② 核实人数。地陪在向客人问候后，应及时向领队或全陪核实实到人数。

③ 集中清点行李。地陪协助本团旅游者将行李集中放在指定位置，并提醒旅游者检查自己的行李物品是否完好无损；在与领队、全陪对行李件数核对无误后，移交行李员，双方办好交接手续。

④ 集合登车。在游客上车时，导游人员要恭候在车门旁，微笑并以手示意，招呼并搀扶或协助游客上车。导游人员待游客全部上车且确认地面无遗留物后再上车，上车后应协助旅游者就座，礼貌地清点人数。在清点人数时，切忌以手指点游客。待游客到齐坐稳后，方可请司机开车。在行车过程中，导游人员一般应站在车辆前部的驾驶员侧面或近门处，这样导游人员既与游客相互可见，便于情感交流，同时，也便于与司机联系，以处理随时发生的事情。

(3) 赴饭店的途中服务。

① 在乘车赴饭店途中，地陪首先应热情、友好地向游客致欢迎词。欢迎词一般包括以下内容。

- 代表所在的接待社、本人及司机欢迎客人光临本地。
- 介绍自己的姓名和所属单位。
- 介绍司机。
- 简介日程安排，希望得到大家的配合。
- 表示提供服务的诚挚愿望。
- 预祝各位旅游愉快，一切顺利。

对于欢迎词采用何种形式，则可根据具体情况而定。通常采取以下两种形式。一种是风趣式，目的是通过欢迎词来增强与旅客之间的感情，制造一种轻松、愉快的氛围，振奋游客的心情。这种方式通常在导游人员与团队游客之间有某种联系或关系时使用。另一种是简明扼要式，其形式简洁、明快，适用于在时间紧迫、游客长途旅行疲劳、渴望休息的情况下或晚间接待时使用。

② 调整时间。对入境旅游团，应介绍两国（两地）时差，请旅游者调整好时间。

③ 首次沿途导游。首次沿途导游主要是向客人介绍沿途风光、当地风情。抵达客人下榻的饭店前，应介绍饭店的名称、星级、位置及某些明显的标记。沿途导游语言节奏应明快、清晰，内容要简明扼要，要做到景物取舍得当，随机应变，见人说人，见物说物，与旅游者观赏同步，避免介绍和讲解那些客人看不到的东西。

导游人员在沿途导游时，应注意灵活掌握，必须根据游客的精神状态进行。如果是白天，游客的精神状态又较好，导游人员则可就沿途街景、下榻饭店等作一些介绍；如游客较为疲劳，尤其在夜晚，则可让游客休息。

④ 宣布集合地点及停车位置。当车行至下榻饭店，在游客下车前，应向全体游客讲清停车地点和集合时间，并请记清车牌号码。

2) 对VIP旅游团队的迎接礼仪

VIP是指重要客人，VIP团队即指由重要客人组成的旅游团队。对旅行社而言，VIP主要是指4种人：①对本旅行社经营和管理有极大帮助者；②各国部长级以上的领导人；③社会知名人士；④旅游行业和旅游企事业单位的各级经理与高级职员。

对VIP旅游团队的迎接应注意以下几点。

(1) 迎接贵客时，旅行社的总经理及相关人员一般应亲自率导游人员到机场（车站、码头）迎接客人；并应事先在机场（车站、码头）安排贵客休息室，并准备好饮料和接待人员。

(2) 如有条件，在贵客到达之前可将饭店的客房号码及所乘车辆的牌号通知客人。

(3) 派专人协助办理出入关手续。

(4) 客人抵达前，应派专人配合饭店对贵客准备入住的客房卫生和布置进行检查，并通知饭店在贵客准备入住的房间摆放鲜花、水果等。

(5) 注意陪乘车辆的礼仪。贵客上车时，旅行社的迎宾人员或导游人员要主动帮助打开车门，立于车门一侧，恭请客人上车，并要注意护顶；上车的顺序要遵循"尊者优先"原则，应是先宾后主，先女宾后男宾，先首长后随员。无论乘坐何种轿车，都应请贵客坐尊位。到达饭店时，陪乘人员要先下车，打开车门，照应好下车的贵客，同样要注意护顶。

(6) 贵客抵达住所后，一般不宜马上安排活动，陪同人员或导游员不宜在房间内久留，以便客人休息或更衣。

2. 导游送客礼仪

在旅游接待工作中，不仅要有合乎礼仪的迎接，还要有合乎礼仪的送行。只有这样，一次成功的旅游接待才算画上了一个完美的句号。

为了加深与旅游者之间的感情，地陪导游员应在送行的行车途中或在机场（车站、码头）向旅游团致欢送词。这是带团导游人员在结束所有计划安排的景点游程后，在即将与客人告别时所说的最后一段话。一段好的欢送词犹如一篇好的文章的精彩结尾，会给游客留下长久的回味，也为前面的导游讲解工作锦上添花。欢送词的内容通常包括以下5个方面：①回顾旅游活动，感谢大家的合作；②表达友谊和惜别之情；③诚恳征求旅游者对接待工作的意见或建议；④若旅游活动中有不顺利或服务中有不尽如人意之处，导游人员可借此机会再次向旅游者赔礼道歉；⑤期待下一次重逢，表达美好祝愿。

  欢送词的形式和内容，要根据每个旅游团的情况因团而异。在内容上要充分考虑东方人与西方人的心理差异，也要考虑旅游者的不同层次和职业，做到恰如其分。如对东方人可以说一些关怀体贴的话语，而对西方人则大可不必。因为，东方人需要关怀和温暖，而这在西方人看来，则是对他们自理能力的怀疑和轻视。

  欢送词在形式上大致可分为抒情式和总结式两种。

  1) 抒情式

  抒情式即借助抒情语言的感化力，去打动对方，使交流双方产生强烈的情感共鸣。凡采用此种形式的欢送词，导游人员应以热情洋溢的语言，去抒发惜别之情。这对巩固和加深与游客相处期间所建立的友情具有积极的促进作用。

  采用抒情式的欢送词应注意以下几点。

  (1) 强调情感真挚，有感而发，倾注个人的真情实感。

  (2) 遣词造句中的比喻要恰当，切忌情感过分夸张，以免使游客产生虚伪之感。

  (3) 借助声调效果和体态语言，造成一种情景交融的气氛，以弥补欢送词创作中的不足。

  2) 总结式

  总结式即用学术性语言对全程旅游情况进行一个简单的回顾，对游客的合作与配合表示感谢，并期待重逢，最后用祝福语收尾。

  总结式欢送词简单明了，情感朴实无华，给人以真情实感，导游员多采用此种形式。

  最后，向客人依依惜别。乘国内航班（车、船）的旅游团，在其所乘的交通工具启动后，地陪导游员应向客人挥手致意，祝客人一路顺风，然后方可离开；乘坐国际航班（车、船）离境的旅游团，在其进入隔离区后，地陪、全陪导游员才可离开。

  3. 导游员的乘车礼仪

  在旅行社的业务工作中，无论是到机场（车站、码头）迎送旅游客人，还是带游客去景区、景点游览，就是在正常工作业务接待中，往往都离不开轿车。乘坐轿车已成为旅游活动的组成部分。然而乘坐轿车，特别是与他人同乘一辆轿车时，却有许多礼仪要求，导游人员只有遵守这些礼仪要求，才能在旅游接待和陪同游客旅行、游览中不失礼，并使自己保持应有的风度。

  乘车礼仪主要包括以下几个方面。

  1) 各种类型轿车座次的顺序

  座次是轿车礼仪中最重要的问题。根据礼仪规定，确定任何一种轿车上座次尊卑的基本要点是：谁在开车、开的什么车、安全与否，以及嘉宾本人的意愿等。

（1）双排五座轿车的座次顺序。在由专职司机开车时，其座次的尊卑原则是后排为上，前排为下，右侧为尊，左侧为卑。即除驾驶座外，车上的其余4个座位的尊卑顺序为后排右座，后排左座，后排中座，前排副驾驶座，如图7-1（a）所示。

在由主人亲自开车时，车上4个座位的顺序，由尊而卑依次为：副驾驶座、后排右座、后排左座、后排中座，如图7-1（b）所示。

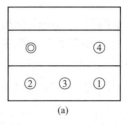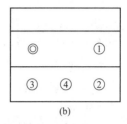

图7-1　双排五座轿车的座次

（2）三排七座轿车的座次顺序。由专职司机开车时，车上其余6个座位的顺序，由尊而卑依次为：后排右座、后排左座、后排中座、中排右座、中排左座、副驾驶座，如图7-2（a）所示。

由主人亲自开车时，车上座位的顺序，由尊而卑依次为：副驾驶座、后排右座、后排左座、后排中座、中排右座、中排左座，如图7-2（b）所示。

（3）三排九座轿车的座次顺序。由专职司机开车时，除驾驶座外，车上其余8个座位的顺序，由尊而卑依次为：中排右座、中排中座、中排左座、后排右座、后排中座、后排左座、前排右座（假定驾驶座居左）、前排中座，如图7-3所示。

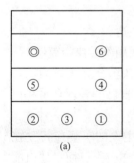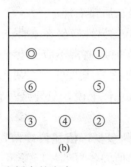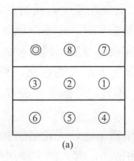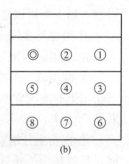

图7-2　三排七座轿车的座次　　　　　　图7-3　三排九座轿车的座次

（4）吉普车的座次顺序。吉普车上的座次与谁开车基本无关，副驾驶座总是上坐，其后排座位一般仍然是右高左低。

（5）大中型轿车的座次顺序。大中型轿车的座次排列原则应当是由前而后，由右而左，依次类推。

2）乘坐轿车的礼仪

乘坐轿车要合乎礼仪，必须把握好3个问题。首先，应了解自己当时的身份和该坐的座位。对主人而言，要做到礼让客人，接待合"礼"；对乘车者而言，要做到既尊重主人而又不失礼节。其次，应注意上下车的礼数和表现。最后，在车上应有良好的谈吐和举止。

(1) 乘坐轿车的一般规则。

① 根据上述轿车座次的尊卑顺序，在陪乘双排五座或七座轿车时，凡有专职司机开车的，无论驾驶座居左还是居右，客人都应坐在第一位置上，即应坐面向车前方的后排右座上；陪同的主人或主陪人员则应坐在后排左侧座上。秘书或译员，以及向导或警卫人员应坐在双排座轿车的副驾驶座上，或者坐在三排轿车的主人前面的座上。如是主人或陪同人员开车，客人则应坐到副驾驶座上，以示对开车的主人或陪同人员的尊敬。

② 当全家外出，男主人驾车时，女主人应在副驾驶的座位上就座，他们的孩子则应坐在后排座位上。

③ 如果主人夫妇开车接送客人夫妇，则男女主人的座位应如前面一样，客人夫妇应坐在后排。

④ 若主人一人开车接送一对夫妇，则男宾应在副驾驶的座位上就座，而请其女宾坐在后排，若前排是三人座，则应请女宾在中间就座。

⑤ 若主人亲自驾车，车上只有一名客人时，此客人则应就座于前排副驾驶座。若车上乘客在两个以上时，则应推举其中地位或身份最高者，在副驾驶位就座作陪。如此地位或身份最高者中途下了车，则应再按其他客人的地位或身份依次类推，"替补"上去一人，始终不可以让副驾驶座位空着。

⑥ 当下级人员与上司同乘一辆由专职司机驾驶的双排座轿车外出办公时，下级人员不要与上司在后排"平起平坐"，应自觉地在前排副驾驶位上就座；若以个人私交且非公务性同乘，则下级可以坐在后排左座上，而请上司坐在后排右座。

⑦ 男性与女性一起乘车时，应不问职务高低，男性应坐在女性的左边。

⑧ 依国际惯例，在乘坐专职司机驾驶的轿车时，通常不应让女士在副驾驶座上就座。

⑨ 乘坐轿车要遵从客人本人的意愿，只要不是在某些重大的礼仪性场合抛头露面，对于轿车上的座次尊卑，不宜过分地墨守成规。从总体上说，只要乘车者自己的表现合乎礼仪就完全可以了。

⑩ 在宾主分别乘坐轿车时，无论各方的车辆多少，依礼仪规范，主人的车辆应行驶在前，目的是为了开道和带路，客人的车辆居后。他们各自的先后顺序，亦应由尊而卑地由前往后排列，但主方应派一辆车殿后，以防客方的车辆掉队。

(2) 搭乘轿车的礼仪。

① 搭乘他人的车辆时，应注意提前联系，并将所需的轿车类型、数量、预定上车或会合的地点等，事先向借车单位或司机通报，乘车人应准时在约定的地点等候，不能因自己迟到而让"车等人"。若情况有变，应提前告诉借车单位或司机，以免人家白跑一趟。

② 中途搭乘他人轿车时，不要忘记向车主、司机或邀请自己的人当面道谢。上车之后，若碰上与自己不认识的人，应主动打招呼。必要时，还要因自己搭车给对方带来麻烦和连累而道谢，下车时要说"再见"。但必须注意，凡中途搭乘他人的轿车，应以不妨碍对方的正事为前提。

(3) 上车的顺序与礼数。乘坐轿车要注意自己上下车时的表现，尤其是在正式社交场合，与他人一起乘坐轿车时，必须注意上下车的顺序和礼数。

① 在一般正常的环境条件下，应请女士、长辈、上司或嘉宾首先上车，最后下车。

② 当主人与女士、长辈、上司或嘉宾同乘双排座轿车时，应请他们首先从右侧后门上车，并在后排右座上就座。然后，主人应从车后绕到左侧门登车，落座于后排左座，避免从右座前穿过。到达目的地后，若无专人负责开启车门，主人则应首先从左侧后门下车，从车后绕行至右侧后门，开启车门，协助女士、长辈、上司或嘉宾下车。若车上还有其他同乘者，则应由最低位者先下车，并按先右后左的顺序开启后排车门。

③ 乘坐三排九座轿车时，应当由低位者（即男士、晚辈、下级、主人）先上车，而请高位者（女士、长辈、上司客人）后上车。下车时的顺序与上车时相反，即由高位者先下车，低位者后下车。唯只有坐于前排者可优先下车，拉开车门。

若乘坐有折叠椅的三排座轿车，循例应当由在中间一排加座上的就座者最后登车，最先下车。

④ 乘坐大中型轿车的团体客人，上车时要按先主宾后随员，先女宾后男宾的顺序惯例，服务接待人员应在客人全部上车就座后，最后上车。到达目的地，应由服务接待人员先下车开门，客人仍按上车时的顺序下车。

⑤ 由主人亲自开车时，出于对客人的尊重，一般应由主人最后一个上车。下车时，也应先于他人下车，主动帮助开门。

⑥ 与他人同乘轿车，当高位者准备登车时，低位者应先行一步，为其打开车门。

⑦ 开车门必须注意方法。若车门是外拉的，应以左手拉，尽量使车门全部拉开呈90度夹角，若车门是左右拉的，开车门应以右手或左右两手并用。待车门打开后，应以右手挡住车门上沿为高位者护顶，以防碰伤头部。但应注意，有两种人不能护顶，一种是信仰佛教的人；另一种是信奉伊斯兰教的人。他们认为用手一挡，就遮住了"佛光"或"圣光"。其判断的方法是根据其衣着、言行举止、外貌。如无法判断，则可以把手抬起而不护顶，但准备随时护顶。

对年老体弱者上下车应主动给予照顾和帮助，拉开车门后应用身体挡住车门，然后一手挡住车门上沿为客人护顶，一手搀扶。

⑧ 上下车的动作应当"温柔"一点，既不要大步跨越，也不要连蹦带跳，更不要动辄"铿锵作响"。上下小型轿车的正确姿势是：上车时要侧身进入内，待坐稳后，先收入内腿，再收外腿；下车时也应侧身移动，靠近车门后，再从容下车。穿短裙的女士，上车时，首先应背对车门，坐下后，再慢慢地将并拢的双腿一齐收入，然后再转向正前方；下车时，应首先转向车门，先将并拢的双腿移出车门，双脚着地后，再缓缓移动身子。

（4）在车上的谈吐与举止。

① 在轿车行驶过程中，同车人可以交谈，但绝对不可畅所欲言，不应谈论隐私性内容。

② 在车内不宜与司机过多地交谈，不宜在轿车内吸烟。

③ 不要在轿车内整理衣饰，更不要脱鞋、抖袜。女士不要在车内描眉或对着视镜补妆；异性间不宜打闹或表现得过分亲昵。

④ 不要在车内吃东西、喝饮料，也不能打开车窗向车外丢弃废物和吐痰。
⑤ 安置好自己所带的东西，不要乱抛乱放。

7.4 导游沟通协调礼仪

导游工作独立性强，由于服务对象复杂多变，其性别、年龄、学识、兴趣、爱好、要求各不相同，游客素质参差不齐，要使每位旅游者都满意确实很难。但对导游人员而言，都应做好沟通协调工作，尽可能地照顾到各方，使之玩得开心，游得尽兴。导游人员要做到这些必须遵循一定的礼仪规范，重点应把握好以下几个方面。

1. 善于洞悉游客心理

俗话说："凡事预则立。"一名合格的导游员要圆满地完成带团任务，尽量使每位游客玩得开心，游得满意，就应对所接团队成员的姓名、性别、年龄、职业、身份、国籍及所属阶层等方面的情况进行详细了解；全面把握他们的出游动机及旅游活动各个阶段的心理变化；善于察言观色，从游客的言谈举止上洞察其性格特征、兴趣爱好、希望与要求。处理好强与弱的关系、多数与少数的关系、劳与逸的关系等，合理安排旅游线路，合理分配景点停留时间，确定景点介绍的侧重点。

为满足旅游者在旅游中的各种心理需求，导游人员应该学一点心理学知识，用以研究和掌握旅游者的行为与心理活动，从而把握旅游者的心理规律，利用一些心理策略完善旅游服务。

1) 尊重游客

自尊心，人皆有之。自尊心，包括变态的自尊心——虚荣心，是人的最为敏感的心理状态。尊重人，就是要尊重旅游者的人格和愿望，就是要在合理而可能的情况下努力满足旅游者的需求，满足他们的自尊心和虚荣心。尊重，在心理上的位置极为重要，有了尊重才有共同的语言，才有感情上的相通，才有正常的人际关系。

旅游者对于受到尊重的要求是强烈的、非常敏感的。凡来中国游览观光的旅游者都期望得到中国人的欢迎、尊重、关心和帮助；希望他的人格得到尊重，他的意见和建议得到尊重；希望在精神上能得到在本国、本地区所得不到的满足；希望他的要求得到重视，他的生活得到关心和帮助。旅游者希望得到尊重是正常的、合理的，可以说是起码的要求。导游人员必须明白，只有当旅游者生活在热情友好的气氛中，自我尊重的需求得到满足时，为其提供的各种服务才可能发挥作用。"扬他人之长，隐其之短"是尊重人的一种重要做法。在旅游活动时，导游员要妥善安排，让旅游者进行"参与性"活动，使其获得自我成就感，增强自豪感，从而在心理上获得最大的满足。

尊重人是人际关系中的一项基本准则。因此，凡是来中国的旅游者，都是我们的客人，不管其国籍的不同、社会地位和经济地位的差异，都应一视同仁地尊重他们。

尊重是相互的，也是相对的。当导游员礼貌待客，热情服务并认真倾听旅游者的意见和要求时，就在心理上满足了游客的自我尊重的需求。一般情况下，满意的旅游者也会尊重导游员，努力与导游员一起搞好旅游活动。若想得到别人的尊重，首先要尊重别人，也要自己尊重自己。当一个人违法乱纪、自轻自贱，自己不尊重自己时，当然也不可能期待得到别人的尊重。

2）使用柔性语言

"一句话能把人说笑，也能把人说跳。"导游员在与旅游者相处时必须注意自己的言行举止。一句话说好了会使旅游者感到高兴，赢得他们的好感，有时一不当心，甚至是无意中的一句话，就有可能刺伤他们的自尊心，得罪旅游者。

让人高兴的语言往往柔和甜美，所以称之为"柔性语言"。柔性语言表现为语气亲切、语调柔和、措辞委婉、说理自然，常用商讨的口吻与人说话。这样的语言使人愉悦亲切，有较强的征服力，往往能达到以柔克刚的交际效果。

3）微笑服务

善于运用眼神的魅力，进行微笑服务。眼睛是心灵的窗户，炯炯有神的眼睛能拨动人们的心弦，奏出令人身心愉快的乐章。导游服务中应充分运用眼神的魅力。导游员在接团时若将和蔼的目光扫向每一位客人，当客人感受到你的目光时，就会觉得受到了尊重，便会情不自禁地对导游员产生好感。

在眼神的运用中，微笑的眼神在导游服务中应时时体现。微笑能使人感到真诚、坦然，是人际交往中友谊的象征。心理学的研究告诉人们，真诚的笑、善意的笑、愉快的笑能产生感染力，刺激对方的感官，产生报答效应，引起共鸣。所以，导游员的微笑最能博得旅游者的好感而产生心理动力。导游员真诚愉快的微笑是欢迎词，是伸出的友谊之手，是尊重对方的示意，是架起和谐情感交流的桥梁，是美的化身。笑是心理情绪的反应。导游员的微笑服务能使旅游者迅速消除生疏感，缩短同导游员之间的距离，犹如回到家里受到亲人的接待。有经验的导游员，深知微笑服务对旅游者的巨大魅力。尽管导游员在生活的工作中遇到困难，也难免产生怨气而情绪低落，但在旅游者面前，他们总是笑逐颜开、幽默风趣，令旅游者心旷神怡、不胜愉快。因为，笑是"被人喜爱的秘诀"。导游服务成功的心理秘诀之一就是"微笑服务"、"笑迎宾客"。

微笑是自信的象征，是友谊的表示，是和睦相处、合作愉快的反映。微笑是人所拥有的一种高雅气质，微笑是一种重要的交际手段，"微笑是永恒的介绍信"，"微笑是醉人的美酒"。真诚的笑、善意的笑、愉快的笑能产生感染力，刺激对方的感官，产生报答效应，引起共鸣，从而缩短人们之间的距离，架起和谐交往的桥梁。

发自内心的笑才是美的笑，而只有美的笑才能产生魅力。但是，最令人难忘的笑是"眼笑"。"眼笑"让人感到你的心灵在笑，眼能笑，微笑也就显得很自然了，加上亲切、真诚和谦和的态度，文质彬彬的问候，热情周到的服务，可使旅游者感到温暖可亲、宾至如归。

微笑的作用不可等闲视之。微笑是一种无声的语言，有助于强化有声语言沟通思想的功能，有助于增强交际效果。德国旅游专家哈拉尔德·巴特尔在《合格导游》一书中指出，"在最困难的局面中，一种有分寸的微笑，再配上镇静和适度的举止，对于贯彻自己的主张，争取他人合作会起到不可估量的作用。"导游员若想向旅游者提供成功的心理服务，就得向他们提供微笑服务，要笑口常开，要"笑迎天下客"。只要养成逢人就亲切微笑的好习惯，导游就会广结良缘，事事顺利成功。不会笑的人不可能成为好的导游员。

4）与旅游者建立"伙伴关系"

在旅游活动中，旅游者不仅是导游员的服务对象，还是合作伙伴，只有旅游者的通力合作，旅游活动才能顺利进行并达到预期的良好效果。为了获得旅游者的合作，一个很重要的方法就是导游员设法与旅游者建立正常的伙伴关系。建立"伙伴关系"，首先是要建立正常的情感关系。导游员诚恳的态度、热情周到的服务、谦虚谨慎的作风、让游客获得自我成就感的做法等，都是很得人心的，有助于建立感情。当然，游客和导游之间的情感关系应是合乎道德的、正常明智的，绝不是无原则的低级趣味。并且，导游员应与每一位旅游者建立情感关系，与所有游客保持等距离，对他们一视同仁，切忌亲近某些人而冷落另一些人。

建立"伙伴关系"，导游员要正确把握旅游者交往的心理状态，尊重他们，与他们保持平行性交往，力戒交锋性交往，努力与旅游者建立融洽无间的关系使他们产生满足感。导游员与旅游者相处时绝不要争强好胜，不要与游客比高低、争输赢，不要为满足一时的虚荣心而做"嘴上胜利者"，而是要努力使双方都成为赢家。当然，"争输赢"和"明辨是非"不是一回事，不能混为一谈。

5）提供"超常服务"

超常服务一般是指有人情味的服务。所谓"人情味"，最重要的是理解人、体贴人、尊重人，就是要求导游员心中想着旅游者，时时、处处关心他们，让他们产生自豪感，自尊心获得满足。

虽然导游的主要工作是在旅游者参观游览时提供导游讲解，但这不是导游的全部工作。导游员是旅游者的服务员，只要是旅游者所需要的，就是导游员所应该做的。超常服务与一般服务不同，它是导游员向旅游者提供的特殊服务，亦称细微服务。超常服务的内容和项目是超出旅游者期望的，要使他们看到自己和导游员之间的关系并不纯粹是金钱买卖关系，而是充满了人情味。如一旦遇有客人患疾病，导游员就应千方百计地联系医院就诊；残疾人行动不便，导游员在游览中多一份照顾，就能使其与正常人一样游览美景；客人不慎遗失钱款证件，导游员努力帮其寻找，终于能物归原主。再如，经较长时间旅行到达旅游点时，导游员主动指明男女厕所的位置，以便大家解除负担，心情愉快而轻松地听讲解和观赏美景。这些看来并不起眼的服务，体现了导游员站在"假如我是一个旅游者"的立场上考虑问题的态度，于细微之中见真情。在旅游者急需帮助时，导游员要及时出现在他们面前，伸出友谊之手，使他们倍感温暖、深受感动。因此，在导游员提供"超常"服务之际，正是导游服务最得人心之时。

6）提供具有针对性的服务

泛泛地谈论为旅游者提供高质量的心理服务是不够的，提供心理服务必须具有针对性，才能产生预期的效果。只有洞悉旅游者的心理特点才能提供所需的服务。

（1）从国籍、阶层、职业、年龄、性别等方面了解旅游者。每个国家、每个民族都有自己的传统文化和民风习俗，有不同的性格和思维方式。同样是中国人，来自不同地区、不同民族，其习俗、思维方式也有很大差异。来自不同社会阶层和不同职业的旅游者，不同性别和年龄的旅游者，他们的心理特征、生活情趣也各不相同。对此，导游员应给予足够的重视，要努力了解他们，并根据具体情况向他们提供心理服务。

① 东、西方人的性格和思维方式。每个国家和民族都有自己的传统文化和风俗习惯，反映在旅游者的头脑中就形成了不同的个性倾向和个性心理特征，表现出不同的性格、兴趣和爱好。东方人大多含蓄、内向，善于控制感情，往往委婉地表达意愿；东方人的思维方式一般从抽象到具体、从大到小、从远到近。西方人大多开放、爱自由、易激动，感情外露；喜欢直截了当地表明意愿，并希望得到肯定答复；西方人的思维方式一般由小到大、自近及远、由具体到抽象。例如，写通讯地址，西方人是先写姓名，次写单位，再写牌号、街道、区、市、州，最后才写国家；中国则相反。但是，同是西方人，不同国家居民的个性心理特征还是存有很大的差别。例如，英国人矜持、幽默、绅士派头十足；美国人开朗、大方、爱结交朋友，但随随便便；法国人喜自由、易激动、爱享受生活；德国人踏实、勤奋、不尚虚文；意大利人热情、无拘无束、热爱生活。

因此，要按东、西方人不同的思维方式有针对性地服务。根据西方人的思维特征，要求导游员在宣传和导游讲解时要多举事例、数据等具体事实，不要自己先下结论而要对他们讲真的、让他们看实的，让他们看完、听完后自己去下结论，切忌先讲空泛的理论、先下断语。根据各国、各民族人民的不同个性心理特征，导游员要有的放矢地向他们提供各类服务，特别是超常服务。

作为东方人的日本人，办事严谨，注重礼节礼貌，感情不外露，重视人际关系。与日本人交往时，导游员应注意他们的性格和心理特征，设法与他们建立友好的私人关系。

② 不同阶层的旅游者。来自上层社会的旅游者，大多严谨持重，发表意见往往经过深思熟虑，一旦发表，希望得到导游员的重视，他们期待听到高品位的导游讲解，获得高雅的精神享受。一般旅游者则喜欢不拘形式的交谈，话题广泛，比较关心带有普遍性的社会问题及当前的热门话题；在参观游览时希望听到有故事性的导游讲解，轻轻松松地旅游度假。

③ 不同年龄、性别的旅游者。年老者好思古怀旧，对游览名胜古迹、会见亲朋老友有较大的兴趣；他们希望得到尊重，希望导游员多与他们交谈，以求暂时抚慰孤独的心灵。年轻旅游者好探新求奇，喜欢多动、多看，对热门社会问题有浓厚的兴趣。女性旅游者，特别是中年已婚妇女一般都喜欢听带故事情节的导游讲解，喜欢谈论商品及购物；她们希望导游员亲热友好，能满足她们的一切要求。

（2）从不同的背景来了解旅游者。讲解要能满足旅游者的需要，必须联系他们熟悉的事物。例如，欧美游客对中国文化较生疏，有经验的导游在给他们讲白娘子与许仙的爱情悲剧时，常和他们熟悉的罗密欧与朱丽叶的爱情悲剧相联系，旅游者不仅易懂而且倍感亲切。对旅游度假休息型的旅游者，应侧重于详尽地讲解名胜古迹，使其保持轻松愉快的情绪。对职业相同的专业旅游团，在游览中要侧重介绍一些与他们专业相关的内容。对年长者的旅游团，可结合其容易怀旧的心理让其观赏古董文物，适当地介绍一些中国老年人的生活状况、社会地位、家庭环境等。对妇女，尤其是中年已婚妇女，结合他们对购物、市场、物价、特产感兴趣的特点，提供针对性的服务。对青年旅游者应结合其好奇心强、对新事物感兴趣、富有冒险精神，而提供针对性的导游，并可适当向其介绍一些中国青年的学习、就业、恋爱婚姻等问题。

（3）从旅游动机了解旅游者。旅游行为的形成必须具备物质条件，如金钱、时间、旅游资源、旅游设施及心理条件。而且，旅游行为是在必要的物质条件下由心理条件决定的。

激发人们去行动的原因称为"动机"。动机是直接推动人们去行动的心理因素或是激励人们去行动的内在原因，在心理学上叫做"需求"。

外国旅游者来中国旅游的动机多种多样，而且基本上各不相同，但大体上可将其分为七大类：观光游览，文化体育活动，疗养，文化交流，政治和经济目的，探亲访友、怀旧和购物。

动机的性质往往决定着人们行动的性质，了解动机对于掌握人们的行为、效果，以及某种行为的持久性都有重要的作用。因此，只有了解旅游者的旅游动机，导游员才有可能有的放矢地安排旅游活动；提供的导游服务才有可能符合旅游者的需要和愿望，才能使他们达到预期的旅游目的。

总之，导游员应了解旅游者的旅游动机，努力满足他们的主要要求，但也不能忽视次要要求，并随时诱发他们的旅游兴趣（间接兴趣）。一个人最需要的东西得到满足后的愉快是最大的愉快，因此满足旅游者的主要要求是旅游活动成功的重要标准。

（4）通过分析旅游活动各阶段旅游者的心理变化了解旅游者。导游员可通过书本、同行的经验介绍来了解旅游者，但在现实的旅游活动中和在与旅游者相处过程中，了解旅游者则显得更为重要。导游员在不同旅游活动阶段分析游客的心理活动，了解他们的心理变化和情绪变化，对导游工作具有特别重要的意义，因为只有了解旅游者的真实心理状态，才能向他们提供有针对性的导游讲解服务和旅行生活服务。

① 初期阶段：求安全心理、求新求奇心理。旅游者初到一地，兴奋激动，但人生地不熟，因而产生孤独感、茫然感、惶恐感和不安全感，存在拘谨心理、戒备心理和怕被人笑话的心理。总之，这一阶段的旅游者心中总有一种不安心理，唯恐发生不测，有损自尊心，危及财产甚至生命。

在这个阶段，旅游者求安全的心态表现得非常突出，甚至上升为他们的主要需求。因此，消除旅游者的这些感觉成为导游员的重要任务。例如，外国旅游者一踏上中国国土，导游员要笑脸相迎，以礼相待，热情周到，处处维护他们的利益，时时保卫他们的人身财产安全；当游客提出安全问题时，导游员必须注意倾听，认真对待，妥善处理。处理问题时，导游员要果断、利索、有条不紊，努力以实际行动让旅游者感到导游员是一个能信赖、可依靠的人，从而获得安全感。

在旅游活动的初期阶段，旅游者对导游员的依赖性较大，是建立良好活动秩序的好机会，如准时活动、遵守群体活动秩序等，以保证旅游活动计划的顺利实现。

② 个性表露阶段：懒散心态、求全心理。外出旅游，开始时谁都会紧张一阵，但随着

时间的推移，接触的增多，旅游团成员间、客导之间越来越熟悉，一般的旅游者都会感到轻松愉快，这是旅游特有的魅力。但是，旅游者往往因十分愉快而忘却了控制自己，思考能力也不知不觉地减退，思想上忽略自己的物品等，而且个性解放，性格暴露，还会出现一些反常言行及放肆、傲慢、无理行为。

在这个阶段，旅游者的心理特征主要表现如下。首先是懒散心态。旅游者的弱点逐渐暴露，时间概念更差，群体观念更弱，游览活动中自由散漫，到处丢三落四，旅游团内部的矛盾逐渐显现。这些都属"旅游病"的症状。其次是求全心理。人们花钱外出旅游，往往会把旅游活动理想化，希望在异国他乡能享受到在家中不可能得到的服务，希望旅游活动的一切都是美好的、理想的，从而产生生活上、心理上的过高要求，对旅游服务横加挑剔，要求一旦得不到满足就有可能产生强烈的反应，甚至会出现过火的言行。

旅游者在这个阶段提出的问题范围更广泛、更深刻，有个别人还会提出一些不友好、富有挑衅性的问题。

导游员在旅游活动中这一阶段的工作最为艰巨，最容易出差错。因此，导游员的注意力必须高度集中，对任何事不得掉以轻心，游览活动要更有计划性，导游讲解要更加生动精彩；导游员要向旅游者反复强调出发时间、游览线路、集合时间和地点，积极调动他们的群体心理；导游员要向旅游者们多讲注意事项，多提醒他们保管好证件和物品，注意安全；导游员要精心安排旅游者的生活，给予特殊对象以特别关照，努力保持旅游者的体力和精力；全陪、地陪导游员和领队要密切合作，遇事多商量，还要与司机配合，注意交通安全。总之，导游员要全力以赴，使旅游活动顺利进行，让旅游者获得最大的满足。

这个阶段最能考验导游员的组织能力和独立处理问题的能力，也是对导游员的导游技能、心理素质的重要考验，每个导游员都应十分重视这个阶段的工作。

③ 结束阶段：忙于个人事务。旅游活动后期，即将返程时，旅游者的心情波动较大，开始忙乱起来，要与亲友联系，要购买称心如意的纪念品，但又怕行李超重等，总之，他们希望有更多的时间处理个人事务。

在旅游活动的结束阶段，导游员应努力向旅游者提供更加热情周到的服务，尤其是多提供超常服务；安排游览活动宜精不宜多，但要搞得更富感情、更有人情味；做好送行工作，力争锦上添花，让旅游者留下深刻的印象。

2. 善于激发游客情趣

游客游兴如何是导游工作成败的关键。游客的游兴可以激发导游员的灵感，使导游员在整个游程中和游客心灵相融，一路欢声笑语；相反，如果游客兴味索然，表情冷漠，尽管导游员竭尽所能，也会毫无成效。

游客兴趣具有多样性和复杂性，同时也具有能动性的特点。如何使游客兴趣由弱到强，并具有相对的持久性和稳定性，与导游员的积极调动、引导有很大的关系。激发游客游兴的因素包括两个方面：景观本身的吸引力；导游员借助语言功能调动和引导的作用。

导游员的景点介绍，一定要注意讲解的针对性、科学性、和语言表达主动性的完美结合，应根据不同的景点（人文景观，如故宫、颐和园；自然景观，如桂林山水）进行详略不同的介绍，有的具体详尽，有的活泼流畅，有的构思严谨，有的通俗易懂。总之，景点介绍的风格特点和内容取舍，始终应以游客的兴趣为前提。

另外，在旅游过程中，要善于变换游客感兴趣的话题，可根据不同游客的心理特点，选择以下话题。

（1）满足求知欲的话题。

（2）刺激好奇心理的话题。

（3）决定行动的话题。

（4）满足优越感的话题。

（5）娱乐性话题。

3. 善于调节游客的情绪

情绪是人对于客观事物是否符合本身需要而产生的一种态度和体验。在旅游活动中，由于有相当多的不确定因素和不可控制因素，随时都会导致计划的改变。例如，有时由于客观原因游览景点要减少，游客感兴趣的景点停留时间要缩短；预订好的中餐因为某些不可控制的因素，临时改为吃西餐；订好的机票因大风、大雾停飞，只得临时改乘火车。类似事件在接团和陪团时会经常发生，这些都会直接或间接地影响游客的情绪。

导游人员应该善于从言谈、举止、表情的变化去了解旅游者的情绪变化。因此，在发现旅游者有焦虑、不安、烦恼、不满、气愤等否定情绪后，要及时找出原因，采取措施来消除或调整其情绪。

1) 补偿法

补偿法是找出旅游者不快的原因，迅速加以弥补，从而使旅游者的需要得到满足，情绪好转。例如，旅游者丢失物品，神情沮丧，导游人员应迅速同各方面联系，迅速找回。如果是由于导游人员解说不清，旅游者听不懂解说内容造成骚动、不满意，导游人员则应扼要地重复一次，或者旁征博引，加以解释。

2) 分析说服法

由于某种不可改变的原因造成旅游者不快，而又无法补偿时，导游人员应采用分析说服法，着重加以分析，讲清道理，争取旅游者的理解与合作，缓和或消除否定性情绪。由于交通工具拥挤等原因而不得不改变日程，旅游者要多花费时间于旅途之中，常常会引起旅游者不满，甚至大嚷大叫，愤怒抗议。导游人员应耐心地向旅游者解释造成改变日程的客观原因，并表示歉意；分析改变日程的利弊，强调有利的一面，或者强调改变日程新增的游览项目的有趣之处，这样往往能收到较好的效果。

3) 转移注意法

转移注意法是指在旅游者产生烦闷或不快情绪时，导游人员运用转移注意的方法使旅游者不再注意不愉快、不顺心的事，而注意愉快的事情，转忧为喜。例如，旅游者由于对参观什么内容意见不统一，有人因此不高兴，或者在游览中不小心碰坏了照相机，或者触景生情，产生令人伤感的回忆或联想等，导游人员除了同情、安慰旅游者以外，还可用讲民间故事、讲笑话、组织唱歌、学说本地话或幽默生动的解释等方式来活跃气氛，使其注意力转移到当前有趣的活动上来，忘却不快，体验愉快的情绪。

4）暗示法

暗示法在导游过程中是一种控制或影响旅游者心理的有效手段。旅游者的情绪由于身在异国他乡，时时处于动荡之中，特别容易受导游人员的支配或影响。导游人员可以充分利用有利时机，通过自己的言语、表情、手势、行为和威望，影响和改变旅游者的心理活动。有的旅游者在参观中对所看见的内容表示怀疑、茫然或带有偏见。如果导游人员带着亲切、自然的微笑，友好、自信的态度，进行绘声绘色地讲解，并表现出通今博古、见多识广的才智来，就容易使旅游者心理受到暗示，在不知不觉中改变原来的认识和情感，达到导游讲解的目的。例如，发生意外事故，旅游者恐慌忙乱时，导游人员镇定自若的神情和有条不紊的指挥，能使旅游者情绪很快安定下来，觉得导游人员是他们可以信赖的保障；反之，如果导游人员自己都惊慌失措，旅游者就会感到害怕，甚至把发生意外和游览被打断的责任归之于导游人员，变得怒气冲冲，或者对导游人员产生冷漠、不信任的情绪。

4. 导游沟通协调技巧

1）回答问题技巧

旅客来自世界各地，兴趣爱好不同、游览动机不同，提问方式五花八门，提出的问题稀奇古怪，对不同问题所采取的立场态度和所选择的回答方法，是检验导游人员灵活运用语言的能力和临场应变能力的标准之一。回答疑难问题可以运用以下技巧。

（1）原则问题是非分明。游客提出的某些问题涉及一定的原则立场，一定要给予明确的回答。这些问题有些涉及民族尊严，有些涉及中国的国际形象，如香港的"一国两制"、"台湾问题"等，要是非分明、毫不隐讳，并力求用正确的回答澄清对方的误解和模糊认识。

（2）诱导否定。对方提出问题以后，不马上回答，而是讲一点理由，提出一些条件或反问一个问题，诱使对方自我否定，自我放弃原来提出的问题。

（3）曲语回避。有些客人提出的问题很刁钻，使导游在回答问题时肯定和否定都有漏洞，左右为难，还不如以静制动，或者以曲折含蓄的语言予以回避。

例如，有一位美国人问一位导游员："你认为是毛泽东好，还是邓小平好？"导游员巧妙地避开其话锋，反问道："您能先告诉我是华盛顿好，还是林肯好吗？"客人哑然。

2）拒绝技巧

游客的性格各异，要求五花八门，有些合理要求作为导游人员应当尽量予以满足，而有些要求却不尽合理，按照礼貌服务的要求，导游员不要轻易对客人说"不"。如何让客人在要求得不到满足时能处之泰然，不至于陷入尴尬境地，可以从以下几种符合礼貌服务的拒绝艺术中找到答案。

（1）微笑不语。遭人拒绝是最令人尴尬难堪的事，为了避免遭遇这种难堪，一般人通常选择不轻易求人。所以，无论是何种情况，导游人员都不应直截了当地拒绝客人的要求。但有时客人提出的一些要求,又不得不拒绝,此时微笑不语可谓是最佳选择。满怀歉意地微笑不语,本身就向客人表达了一种"我真的想帮你,但是我无能为力"的信号。微笑不语有时含有不置可否的意味。

(2) 先是后非。在必须就某个问题向客人表示拒绝时,可采取先肯定对方的动机,或者表明自己与对方主观一致的愿望,然后再以无可奈何的客观理由为借口予以回绝。

例如,在故宫博物院,一批外国游客看到中国皇宫建筑的雄伟壮观,纷纷要求摄影拍照,而故宫的有些景点是不允许拍照的,此时导游员诚恳地对客人说:"从感情上,我真想帮助大家,但这里有规定不许拍照,所以我无能为力。"这种先"是"后"非"的拒绝法,可以缓解对方的紧张情绪,使对方感到你并没有从情感上拒绝他的愿望,而是出于无奈,这样在心理他们比较容易接受。

(3) 婉言谢绝。婉言谢绝是指以诚恳的态度、委婉的方式,回避他人所提出要求或问题的技巧。即运用模糊语言暗示客人,或者从侧面提示客人,其要求虽然可以理解,但却由于某些客观原因不便答复。为此,只能表示遗憾和歉意,感谢大家的理解和支持。

拒绝客人的方法还有不少,如顺水推舟法,即拒绝对方时,以对方言语中的某一点作为拒绝的理由,顺其逻辑性得出拒绝的结果。顺水推舟式的拒绝,显得极为涵养,既能达到断然拒绝的目的,有不至于伤害对方的面子。

总之,多数情况下,拒绝客人是不得已而为之,只要措辞得当、表达态度诚恳,并掌握适当的分寸,客人是会予以理解和接受的。

作为一名出色的导游员,无论在何时、何地、何种情况下,都应该本着"以客为本"、"客人就是上帝"的宗旨,掌握各方面的能力和技巧,以礼相待,争当服务行业的礼仪使者。

本 章 小 结

本章通过对导游迎送礼仪、导游沟通协调礼仪、导游讲解礼仪、处理突发事件的礼仪等问题的阐述,较为全面地介绍了导游工作过程中经常遇到的礼仪问题,为导游工作提供了现实的依据。

思考与练习

一、思考题

1. 导游员应遵循的基本礼仪规范有哪些?
2. 在仪容方面,导游服务礼仪有哪些具体的规定?
3. 导游服务礼仪在服饰穿戴方面的规定主要包括哪些内容?
4. 在带团过程中,导游员在站、坐、走的基本仪态方面应该注意些什么?
5. 在语言表达方面,导游员应如何体现自身良好的礼仪素养?

6. 导游员在日常的导游活动中应注意的礼仪有哪些？

7. 在带团过程中，导游员还应注意哪些问题？

二、案例分析题

某旅游公司新近落成了办公大楼，拟举行剪彩仪式。请来了市长和当地各界名流嘉宾参加，并请他们坐在台上。仪式开始时，主持人宣布："请市长下台剪彩！"却见市长端坐没动。主持人很奇怪，重复一遍："请市长下台剪彩！"市长还是端坐没动，脸上还露出一丝恼怒。主持人又宣布一遍："请市长剪彩！"市长才很不情愿地勉强起身去剪彩。

思考分析：

主持人说话不符合哪些礼仪规范？

三、自测题

学习了本章的＿＿＿

其中，令我感触最深的是＿＿＿＿＿＿＿＿＿＿＿＿＿＿＿＿＿＿＿＿＿＿＿＿＿＿＿＿＿

＿＿＿＿＿＿＿＿＿＿＿＿＿＿＿＿＿＿＿＿＿＿＿＿＿，过去，我的习惯是＿＿＿＿＿＿

＿＿＿＿＿＿＿＿＿＿＿＿＿＿＿＿＿＿＿。现在，我知道了应该这样做：＿＿＿＿＿＿

＿＿＿＿＿＿＿＿＿＿＿＿＿＿＿＿＿＿＿＿＿＿＿。因此，我制订了一个礼仪提高计划：＿＿＿。

四、实训题

1. 导游迎送礼仪训练：开展《导游迎送礼仪大赛》活动。

（1）实训安排如表7-1所示。

表7-1 实训安排

实训时间	100分钟（2课时）
实训目的	掌握对一般旅游团队的迎接礼仪；对VIP旅游团队的迎接礼仪
实训要求	（1）符合迎接一般旅游团队抵达前的服务工作、抵达后的接待服务、赴饭店的途中服务的礼仪要求 （2）符合迎接VIP旅游团队的礼仪要求 （3）符合送客礼仪要求 （4）欢迎词、欢送词要符合教材中的要求

（2）实训准备：① 把全班分成几个小组。

② 每个小组按迎送的礼仪要求，自编、自导、自演小品。

③ 由老师、班干部组成5人的评分团，根据礼仪要求制定评分标准。

（3）操作规范如表7-2和表7-3所示。

表7-2　导游迎接礼仪训练

实训内容	操作标准	基本要求
导游迎接礼仪训练	1. 对一般旅游团队的迎接礼仪 （1）旅游团抵达前的服务安排：①确认交通工具和抵达的准确时间，接团当天，提前到达；②与旅行车司机联络；③提前在出站口迎候 （2）旅游团抵达后的接待服务：①认找旅游团，热情招呼、礼貌问候；②核实人数；③集中清点行李；④集合登车 （3）赴饭店的途中服务：①在乘车赴饭店途中，地陪首先应热情、友好地向游客致欢迎词（符合教材中的要求）；②调整时间；③首次沿途导游；④宣布集合地点及停车位置 2. 符合对VIP旅游团队的迎接礼仪	每组要按礼仪要求表演要准确到位

表7-3　导游送客礼仪训练

实训内容	操作标准	基本要求
导游送客礼仪训练	（1）准备好欢送词，其形式和内容，要根据每个旅游团的情况因团而异（分为抒情式和总结式两种） （2）向客人依依惜别。乘国内航班（车、船）的旅游团，在其所乘的交通工具启动后，地陪导游员应向客人挥手致意，祝客人一路顺风，然后方可离开；乘坐国际航班（车、船）离境的旅游团，在其进入隔离区后，地陪、全陪导游员才可离开	真诚、感人

2. 导游员乘车礼仪训练

（1）实训安排如表7-4所示。

表7-4　实训安排

实训时间	每个项目各0.5课时
实训目的	熟练掌握乘坐各类轿车的礼仪，使之成为生活习惯
实训要求	严格按实训步骤练习

（2）实训准备：场景、椅子（轿车的座位）。
（3）操作规范如表7-5所示。

表7-5　乘车礼仪训练

实训内容	操作标准	基本要求
乘车礼仪	（1）双排五座轿车的座次顺序：①专职司机开车时，其座次的尊卑原则是：后排右座、后排左座、后排中座、前排副驾驶座；②由主人亲自开车时，车上4个座位的顺序，由尊而卑依次为：副驾驶座、后排右座、后排左座、后排中座。 （2）三排七座轿车的座次顺序：①由专职司机开车时，车上其余6个座位的顺序，由尊而卑依次为：后排右座、后排左座、后排中座、中排右座、中排左座、副驾驶座；②由主人亲自开车时，车上座位的顺序，由尊而卑依次为：副驾驶座、后排右座、后排左座、后排中座、中排右座、中排左座 （3）三排九座轿车的座次顺序：①由专职司机开车时，其座次由尊而卑依次为：中排右座、中排中座、中排左座、后排右座、后排中座、后排左座、前排右座、前排中座 （4）大中型轿车的座次排列原则应当是由前而后、由右而左	热情规范

第 8 章

宗 教 礼 仪

学习目标

目前，世界上信奉各种宗教的教徒人数约占全世界总人口的 2/3。其中，影响最大的是世界三大宗教，即基督教、佛教和伊斯兰教。此外，还有其他一些著名的民族宗教。在旅游接待与交际活动中，了解宗教的一般知识、礼仪和禁忌，可以更好地、有针对性地提供接待服务。对于大多数信徒来说，其宗教观念往往都是从实际、直观的宗教礼仪，以及充满宗教色彩的风俗习惯中得到的。因此，旅游接待人员应重视对宗教礼仪常识的了解。

8.1 基督教礼仪

基督教为世界三大宗教之一，包括天主教、东正教、新教，以及一些较小的派别。基督教的教义、礼仪习俗和节日，在今天的欧洲、美洲、大洋洲等地区和国家的人民生活与交往中，仍然有着重要的影响。

1. 基督教起源和传播

1）起源

基督教起源于公元 1 世纪初罗马帝国统治下的巴勒斯坦地区。当时，犹太人由于反抗罗马帝国统治，屡次起义而遭到残酷镇压，于是在巴勒斯坦和小亚细亚等地区出现一些传道者，他们说有一位救世主会来拯救苦难的人民，救世主就是耶稣，他奉天父（上帝）之命前来拯救世人。初期，基督教教徒大多是贫民和奴隶，对统治者极端仇恨，因而受到罗马帝国的残酷迫害。2—3 世纪间，分散在各地的社团开始走向统一，教会逐渐形成。基督教也由于中上层人士加入并逐渐取得领导权而改变其早期的性质。早期的基督教反映当时的奴隶和贫民对奴隶制度的憎恶，但又主张今生要忍耐、顺服，把希望寄托于来世。教会虽在此时遭遇迫害，许多主教和信徒被烧死，在竞技场被野兽吃掉，但教会依然茁壮成长。此为"教难时期"。直到公元 313 年颁布的米兰赦令，罗马帝国终于承认了基督教的合法地位。公元 391 年罗马皇帝狄奥多西一世正式承认基督教为罗马帝国国教。

2）传播

历史上有基督教四传中国之说。

(1) 基督教一传中国。基督教一传中国是指流行于中亚的基督教聂斯脱利派从波斯来华传教，时逢唐朝"贞观之治"（唐贞观九年，公元635年）。在中国称为"景教"，聂斯脱利派很快取得"法流十道"、"寺满百城"的成功。公元845年，在唐武宗崇道毁佛的风云中被作为"胡教"与其他外来宗教一起遭到厄运。

(2) 基督教二传中国。基督教二传中国是指景教在元朝的复兴和罗马天主教士来华传教（元朝三十一年，公元1294年）时期。被蒙古人称为"也里可温"（意为"有福缘之人"）的基督教，主要是对蒙古民族产生了文化影响。随着元朝的灭亡，其传播也迅即消失。

(3) 基督教三传中国。基督教三传中国是指明清之际以天主教耶稣会士为首的西方传教士在华展开的广泛而深入的传教活动。明万历年间利玛窦等耶稣会士到广东肇庆传教建堂，努力向中国文化"趋同"，主张将中国的孔孟之道和宗法敬祖思想与天主教的教义体系相融合，以求基督教文化在中国的生存与发展，于是引起了其他恪守天主教传统的教士的反感。后来，天主教会内部爆发"中国礼仪之争"（"在华传教，策略之争"形成分歧、矛盾），因罗马皇和康熙皇帝的干预，导致双方直接冲突，康熙遂宣布禁教，驱逐传教士。

(4) 基督教四传中国。基督教四传中国是指鸦片战争（1840年）后西方基督教各派传教士蜂拥而至，在不平等条约保护下强行传教，并取得成功。

随着欧洲人开辟新航路和向外开拓殖民地，基督教势力逐渐遍布全世界，现有教徒数亿人之多，是世界上信奉人数最多的宗教。

2. 经典、教义、标记和供奉对象

1）经典

基督教以《旧约全书》和《新约全书》（合称《圣经》）为经典。约，是约定、契约之意。基督教认为，《旧约》是上帝与犹太教订立的契约，为基督教所继承；《新约》是上帝通过耶稣基督与人类另立的契约。《旧约》用希伯来文写成，《新约》用希腊文写成。

2）教义

基督教的基本教义是信奉上帝（天主）创造并主宰世界。认为人类从始祖亚当和夏娃开始就犯了罪，并在罪中受苦，只有信仰上帝及其儿子耶稣基督才能获救。因此，基督教各派一般都信奉下列基本信条。

(1) 信仰上帝。上帝是天地主宰，是天地万物的唯一创造者，上帝本身具有3个位格，即"圣父"、"圣子"、"圣灵"，三位一体，"同受敬拜，同受尊荣"。

(2) 信始祖原罪。人类始祖亚当和夏娃因违反上帝的禁令，偷吃伊甸园中"知善恶树"的果子，犯下了"原罪"，所以后来世人一出生就是罪人，世上一切罪恶和苦难都根源于此。

(3) 信基督救赎。世人无法自己救自己，因此上帝派圣子耶稣降临人世。基督为赎世人之罪，甘愿自己被钉死在十字架上，以自己的血来洗刷世人的罪过。所以，世人要想赎罪，要想灵魂得救，就要信仰、祈求耶稣基督。

(4) 信灵魂不灭、末日审判。基督教认为，人死后灵魂不灭，总有一日现世将最后终结，所有世人都得接受上帝的最后审判（即末日审判），善者升天堂，恶者下地狱。

3) 标记

十字架是基督教的徽志。十字架本为古罗马刑具，基督教相信耶稣是为世人赎罪而被钉在十字架上受难而死，从此视十字架为上帝给予人的福音和象征，作为信仰的标记。十字架样式很多，一般天主教多用纵长方形十字架，而东正教多用正方形十字架。

4) 供奉对象

基督教信仰上帝、耶稣基督、圣母玛利亚、圣徒、天使等。上帝，是"耶和华"的汉文意译；基督教继承了犹太教对上帝的信仰，把上帝视为世界万物的创造者和主宰者，也视为圣父。耶稣基督，是上帝之子，因人类有罪无法自救而被派到世上拯救人类。圣母玛利亚，因受圣灵感孕而生耶稣，被称为圣母。基督的门徒共有 12 个，除出卖耶稣的犹大以外，均受到信徒的普遍敬仰，被称为"圣徒"。天使，被看做上帝创造出来并派往人世间传达贯彻上帝旨意的使者。

3. 基督教的三大教派

在基督教发展的历史上，发生过两次大的分裂，因而形成三大教派，即天主教、东正教、基督教新教。

由争夺教权而引发的第一次分裂，发生在 11 世纪中叶。公元 395 年，罗马帝国分裂为东、西两部，基督教会形成西部的罗马和东部的君士坦丁堡两个中心。1054 年，东、西基督教会正式分裂，东部教会称正教会（东正教），西部教会称公教会（天主教）。基督教分裂为西部的天主教和东部的正教（即东正教），天主教又称为公教、加特力教。

由宗教改革而引发的第二次分裂发生在 16 世纪。从天主教内部脱离出新的宗派——抗罗宗。新教反对教皇的绝对权威，不接受教皇支配；不承认天主教某些教义。在中国又称为耶稣教或基督教。16 世纪，在欧洲宗教改革运动中，又产生了代表新兴资产阶级利益、脱离罗马教廷的"抗罗派"，即基督新教。自此，基督教分成东正教、天主教、新教三大派。

1) 天主教

天主教亦称罗马公教，除信仰天主耶稣外还尊奉玛利亚为圣母。最高宗教领袖是罗马教皇，终身任职。教廷在梵蒂冈。教皇任命红衣主教，红衣主教一般担任罗马教廷和各国教会的重要职务，并有选举和被选举为教皇的权利。再下面的神职人员是主教、副主教、神父、修士和修女等。

2) 东正教

东正教以君士坦丁堡（今土耳其伊斯坦布尔）为中心，自称"正教"，意为正统教会。信奉上帝、基督和圣母，但不承认罗马教皇有高出其他主教的地位和权力，并允许主教以外的教士婚娶。东正教的神职，按教会行政职务高低次序排列为：牧首、都主教、大主教、主教、修士大司祭、修士司祭、修士辅祭等。

3）基督新教

基督新教在我国学术界称新教，宗教界译为基督教，民间则称为耶稣教。基督新教不承认罗马教皇的权威，不尊圣母玛利亚为神，对基督教义、仪式、教会管理方式做了一些改革，允许教士婚娶。基督新教的教职为牧师，另有实习牧师、传道员等神职人员。卫理工会有主教；加尔文教派有长老；圣公会的教职有坎特伯雷大主教、大主教、会长（牧师）、会吏（实习牧师）。

4. 基督教的主要礼仪和节日

1）礼仪

（1）称谓。信徒之间可称平信徒，指平常、普通的信徒，与教会神职人员相对而言。我国平信徒之间，习惯称"教友"。新教的教徒，可称兄弟姐妹（意为同是上帝的儿女），还可称同道（意为共同信奉耶稣所传的道）。

对宗教职业人员，可按其教职称之，如某主教、某牧师、某神父、某长老等，以示尊敬。对国外基督教徒可称先生、女士、小姐、博士、主任、总干事等学衔或职衔，以示尊敬。

（2）洗礼。洗礼为基督教徒入教仪式，即受洗礼，受洗礼后就可赦免入教者的"原罪"和"本罪"，并能接受上帝的"恩宠"和有权领受其他"圣事"。现有两种洗礼仪式：点水礼，由主礼者（牧师或神父）给受洗者额头上注少量的水，让其自然流下，或者由神职人员用手蘸水在受礼者额头上划十字；浸水礼，由主礼者口诵规定的经文，引领受洗者全身进入水中片刻。天主教多施点水礼，东正教通常施浸水礼。

（3）礼拜。根据《圣经·新约》记载，耶稣基督在星期日复活，因而在这一天举行礼拜，称为"主日礼拜"。少数教派根据《圣经·旧约》规定星期六（安息日）为礼拜日，称为"安息日礼拜"。

礼拜每周一次，通常于星期日在教堂举行，由牧师或神父主礼。礼拜的主要内容包括祈祷、读经、唱诗、讲道和祝福等项。在礼拜时，教堂内常置有奉献箱，或者传递收捐袋，信徒可随意投钱于其中，作为对上帝的奉献。

除每周一次礼拜外，还有圣餐礼拜（纪念耶稣受难，每月一次）、追思礼拜（为纪念亡故者举行）、结婚礼拜、安葬礼拜、感恩礼拜等。

（4）祈祷。祈祷亦称祷告，是指向上帝和基督耶稣求告，其内容可以是认罪、感谢、祈求和赞美等。以个人的信仰习惯，有出声的口祷和不出声的默祷两种。个人单独进行的叫私祷；由主礼人主领的叫公祷。祈祷时，信徒们通常将双手指交叉合拢并置于胸前，闭上双目，排除杂念。祈祷完毕，颂称"阿门"，意为"真诚"，表示"唯愿如此，允获所求"。

（5）唱诗。唱诗即领唱或合唱赞颂、祈求、感谢上帝的赞美诗。这些赞美上帝的诗歌，大多有高音、中音、次中音、低音 4 部，可供 4 部合唱之用。

（6）告解。告解俗称忏悔，是耶稣为赦免教徒在领洗后对上帝所犯的错误的请罪，使他们重新得到恩宠而亲自定立的。忏悔时，教徒单独向神职人员告明其所犯罪刑与过错，并表示悔改。神职人员对告诫内容应予保密。

(7) 终敷。所谓终敷，一个是为教徒临终前，由神职人员为其敷擦"圣油"（一种含有香液的橄榄油），赦免其一生罪过，以便安心去见上帝；另一个是在教徒病情垂危时，由神父用经过主教祝诵的橄榄油，敷擦病人的耳、目、口、鼻和手足，并诵念一段祈祷经文，可帮助受敷者解除病痛。

(8) 守斋。教徒每周五及圣诞节前夕（12月24日）只食素菜和鱼类，不食其他肉类。天主教还有禁食的规定，即在耶稣受难节和圣诞节前一天，只能吃一顿饱饭，其余两顿要吃半饱或更少。

(9) 婚配。教徒结婚可在教堂进行，请牧师或神父主礼，询问男女双方是否同意结为夫妇。在双方肯定回答后，主礼人诵念规定的祈祷经文，宣布他们为合法夫妻，并向新郎新娘祝福。

(10) 圣餐。面饼和葡萄酒经神父祝诵后，就变成了耶稣的血和肉，教徒经过一定仪式领食，表示纪念耶稣为众人牺牲之意。

2) 节日

(1) 圣诞节。圣诞节是纪念耶稣基督诞生的日子，定在公历12月25日。圣诞节是全世界基督教徒最隆重的节日，也是欧美各民族一年之中最重要的节日。在圣诞节这一天，通常还举行各种形式的娱乐和庆祝活动。

① 圣诞夜。《圣经》中说耶稣是在夜里诞生的，因此对圣诞节的庆祝活动实际上从前一日（即12月24日）的夜间就开始了，到半夜时分进入最高潮，这一夜就叫圣诞夜。

② 圣诞树。圣诞树是圣诞节的一种点缀品。每逢圣诞节期间，家家都要摆上一棵圣诞树以增加节日气氛。到了晚上，大家手挽手围着圣诞树欢歌起舞，迎接耶稣降临。

③ 圣诞老人。圣诞老人是圣诞节节日活动中颇受欢迎的人物。圣诞老人的来历传说不一，他的样子胖乎乎的，笑容满面，有着白眉毛、白胡子、红红的鼻子，身上穿着美丽的白领红袍，腰束黑皮带，脚蹬威武的大皮靴。每当圣诞节临，他就背着装满礼品的红包袱，坐着由两只小鹿拉着的雪橇来到人间，从烟囱进入有孩子的家庭，把礼品分给孩子们。在庆祝圣诞节的游艺活动中，往往有圣诞老人分送礼物的节目。

④ 圣诞蛋糕。这种节日蛋糕的式样要求新奇悦目，上面要用奶油或果酱浇成"圣诞快乐"几个字，四周插上特制的圣诞蜡烛（点上后由主人吹熄）。它原是庆祝耶稣圣诞的，后来人们也用来庆祝生日，似有托福于上帝的意思。

(2) 复活节。复活节是基督教纪念耶稣复活的节日，是仅次于圣诞节的重大节日。根据《新约圣经》记载，耶稣被钉死在十字架后第三天"复活"。公元325年，罗马教会决定每年春分月圆后的第一个星期日（约在3月21日—4月25日）为"复活节"。

在复活节这一天，许多国家和地区都有不同的庆祝方式，最普遍的是人们互赠复活彩蛋。它象征耶稣复活的坟墓；把鸡蛋染成红颜色，象征生活幸福。

(3) 圣灵降临节。据《新约圣经》记载，耶稣"复活"后第四十日"升天"，第五十日差遣"圣灵"降临，门徒领受圣灵后开始传教。据此，基督教会规定，每年复活节后第五十天为圣灵降临节，又称五旬节。

阅读资料 8-1

基督教用餐习惯

基督教在饭前往往祷告，同桌以信徒为主时，往往还有人领祷，站或坐都可以；同桌以非信徒为主时，往往个人默祷。非基督徒在场时，应待祷告结束后一同开始用餐。基督徒也有守斋和忌食的。斋戒，在斋期只食素菜和鱼类，忌一切肉食和酒。新教信徒忌食的只是一部分，有的教派信徒则忌猪、兔等肉类，以及鳝、蛇等爬行动物，也有少数信徒绝对素食。一般基督徒都不食动物血。忌酒的情况也不相同。

资料来源：赵景卓. 服务礼仪. 北京：中国财经经济出版社，1997.

5. 基督教禁忌

基督教禁忌以下几个方面。

（1）唯一崇拜上帝，忌拜别的神、忌造别的偶像、忌妄称上帝——耶和华的名字。

（2）忌杀人、奸淫、盗窃、出假证明陷害他人；忌对别人的妻子与财物有不轨行为。

（3）数目忌"13"，日期忌星期五。据《圣经》记载，耶稣在被处死前，同其门徒共13人举行最后晚餐那天恰恰是星期五，耶稣被钉于十字架上也是在13号、星期五。

（4）相传耶稣开始传教前，在旷野守斋祈祷40昼夜。为纪念这一事件，基督教把复活节前40天规定为斋戒节。在节日期间一般于星期五守大斋（禁食）、小斋（禁食肉），禁食时忌讳脸上带着愁容，忌讳举行婚礼和参加非宗教的娱乐活动。

（5）在各个国家与地区，基督教徒的礼仪禁忌也不完全一样。在汤加，星期日被认为是宗教安息日，这天忌出家门工作。印度的基督徒则忌讳在晚上举行婚礼。

8.2 伊斯兰教礼仪

伊斯兰教是世界三大宗教之一，是7世纪阿拉伯半岛麦加人穆罕默德所创立的一个神教，主要分布在西亚、北非、中亚、南亚和东南亚等地区。伊斯兰教在发展扩张过程中，形成了逊尼和什叶两大教派，确立了以"六大信仰"为中心的基本教义，并为穆斯林规定了严格的制度和礼仪规范。

1. 伊斯兰教的起源和传播

1）起源

伊斯兰意为"顺从"，是指顺服唯一的神安拉的旨意。教徒称"穆斯林"，意为"顺服者"。伊斯兰教起源于7世纪的阿拉伯半岛，创始人为穆罕默德（公元570—632年）。当时，阿拉伯半岛东西商道改变，加上外族入侵，社会经济遭到破坏，又由于盛行多神教崇拜，整个半岛四分五裂，危机四伏。阿拉伯氏族贵族为了摆脱危机、发展经济和实现政治统一，在这种情况下，穆罕默德顺应形势，宣称得到安拉（汉译真主）的启示，要他在人间为安拉"传警告"、"报喜信"和"慈惠众生"，从而创立了伊斯兰教。公元 631 年，穆罕默德基本上统一了阿拉伯半岛，伊斯兰教成为阿拉伯半岛上占统治地位的宗教。

公元 632 年，穆罕默德死后，他的继承者（哈里发）不断向外扩张，形成横跨欧、亚、非 3 洲的阿拉伯大帝国。伊斯兰教也由一个地区的宗教发展成为世界性宗教。目前，全世界有 12 亿多穆斯林。

在中国，伊斯兰教又称清真教、回回教、回教、天方教等。该教于 7 世纪中叶传入中国，在回族、维吾尔族、哈萨克族、乌孜别克族、塔吉克族、塔塔尔族、柯尔克孜族、东乡族、撒拉族、保安族等 10 多个民族中流传。主要分布于我国西北部的甘肃、宁夏、新疆、青海等省、自治区，其余散布在全国各地。中国伊斯兰教穆斯林，除新疆的塔吉克族有什叶派信徒外，绝大多数属于逊尼派。1953 年成立了"中国伊斯兰教协会"。

2）传播

在全世界，伊斯兰教主要分布在西亚、北非、中亚、南亚和东南亚等地区。很多国家都把伊斯兰教定为国教。例如，北非有埃及、阿尔及利亚、利比亚、摩洛哥、突尼斯、苏丹；西亚有沙特阿拉伯、叙利亚、黎巴嫩、也门、阿拉伯联和酋长国、科威特、伊拉克、伊朗、阿富汗、土耳其等；南亚有巴基斯坦、孟加拉国；东南亚有马来西亚、印度尼西亚、文莱。

在中国，伊斯兰教于唐永徽二年（公元 651 年）传入中国，传入中国的路线有以下两条。

（1）丝绸之路（陆路）。即从大食（今阿拉伯），经波斯（今伊朗），过天山南北，穿过河西走廊，进入中原，沿着丝绸之路而传入。

（2）香料之路（海路）。即从大食，经印度洋，到天竺（今印度），经马六甲海峡，到我国东南沿海广州和泉州等地，沿着香料之路而传入。

2. 经典、教义、标记和供奉对象

1）经典

伊斯兰教的经典为《古兰经》和《圣训》。《古兰经》（又译为"可兰经"）是伊斯兰教最基本的经典。"古兰"系阿拉伯语的译音，意为"诵读"、"读本"。中国旧称"天经"、"天方国经"、"宝命真经"。其中包括伊斯兰教基本信仰、宗教制度、对社会状况分析、社会主张、道德伦理规范、早期制定的各项政策、穆罕默德及其传教活动，以及当时流行的历史传说和寓言、神话、谚语等。它是穆罕默德在创教过程中向信徒传达的关于安拉的启示，穆罕默德逝世后由继任者整理成书，主要记载穆罕默德的生平、传教、教义、教规，还涉及古代阿拉伯历史和穆斯林的社会生活。它是宗教法的依据，也是世俗法规的依据，至今在穆斯林宗教生活和世俗生活中仍占重要地位。《圣训》又名《哈迪斯》（也称"穆罕默德言行录"），系《古兰经》的补充和注释。记录穆罕默德在创教过程中口述的关于安拉启示以外的言论，内容包括对宗教和社会事务的看法，以及对《古兰经》的解释。这些言论最初只由弟子口头相传，在穆罕默德逝世后一百多年才被陆续辑录成册，以辨别传述的真伪。目前，伊斯兰教各派所奉《圣训》虽然不尽一致，但是都承认它的权威仅次于《古兰经》，是教法和民法的依据。

2）教义

伊斯兰教的基本教义就是信仰安拉是唯一的神。安拉，我国穆斯林称之为"真主"，西北地区称"胡达"，是主宰一切的神。人的一切都是由安拉决定的，即所谓"前定"的思想，"万物由天定，生死不由人"正是这个意思。因此，伊斯兰教徒不仅无条件地信仰"安拉"，还要无条件地信仰安拉的使者——穆罕默德。

以基本教义为中心，构成了伊斯兰教的"六大信仰"，即信安拉（信仰安拉是创造和主宰宇宙万物的唯一的神）、信先知（信穆罕默德是安拉在人间的使者，传达神意，拯救世人）、信天神（相信神界有许多天神，根据安拉的旨意，各司其职。人的一言一行，都有天神监视、汇报）、信经典（《古兰经》是安拉降示的天经，是伊斯兰教的根本经典，同时也是立法、道德规范、思想学说的基础）、信前定（相信现世的一切都是安拉的前定，人在现世的命运是安拉早就预定的）、信后世（相信"灵魂不死"、"死后复活"、"末日审判"等）。

3）标记

新月是伊斯兰教的徽志，它被树立在许多伊斯兰教建筑的屋顶上。

4）供奉对象

伊斯兰教崇奉安拉、使者和天使。安拉是独一无二的真主，安拉之外别无神灵。穆罕默德是真主的最后一位使者，也是最伟大的使者。天使，是安拉创造的，受安拉差遣，传达安拉的旨意。《古兰经》记载有四大天使。伊斯兰教的清真寺不供奉任何偶像。

3. 伊斯兰教的主要宗派

伊斯兰教的主要宗派有逊尼派和什叶派。

1）逊尼派

逊尼派是伊斯兰教中人数最多的一派，中国穆斯林大多属于逊尼派。

2）什叶派

什叶派是伊斯兰教中人数较少的一派，主要分布在伊朗、伊拉克、巴基斯坦、印度、也门等地。中国有些少数民族，如新疆塔吉克族信仰什叶派。

4. 伊斯兰教的主要礼仪和节日

1）礼仪

（1）称谓。伊斯兰教信徒称"穆斯林"，其阿拉伯文的原意就是"顺服者"，其意即顺从安拉的人。无论在什么地方，信徒之间不分职位高低，都互称兄弟，或者叫"多斯提"（波斯语意为好友、教友）。对知己朋友称"哈毕布"（阿拉伯语意为知心人、心爱者）。对贫穷的穆斯林，一般称"乌巴力"（阿拉伯语意为可怜者）。对到麦加朝觐过的穆斯林，在其姓名前冠以"哈吉"（阿拉伯文的音译，意为朝觐者），这在穆斯林中是十分荣耀的称谓。

在清真寺做礼拜的穆斯林统称为"乡老"。对管理事务和办经学教育的穆斯林，称"管寺乡老"、"社头"、"学董"。他们多由当地有钱、有地位、有威望的穆斯林担任。对德高望重的、有学识的和有地位的穆斯林长者，尊称为"筛海"、"握力"、"巴巴"和"阿林"等。

伊斯兰教对宗教职业者和具有伊斯兰教专业知识者，统称为"阿訇"。这是对伊斯兰教学者、宗教家和教师的尊称。在中国，一般在清真寺任教职，并主持清真寺教务的阿訇，被称作"教长"或"伊玛目"，其中的年长者被尊称为"阿訇老人家"；对主持清真女寺教务或教学的妇女，称作"师娘"；对在清真寺里求学的学生称"满拉"、"海里发"。

（2）"五功"。伊斯兰教教规十分严格，每一个穆斯林必须尊奉"五功"，以此表示对真主的诚心，以便赎罪进入天国。这是穆斯林的宗教义务，又是宗教功课。

① 念功。念诵清真言："除了安拉，别无他神。穆罕默德，安拉使者。"

② 拜功。每天晨、晌、晡、昏、宵要礼拜，共5次；每星期五要进行一次"主麻拜"；每年开斋节和宰牲节要进行节日礼拜。日常礼拜前要"小净"（洗脸、洗手等），主麻拜和节日礼拜前要"大净"（沐浴更衣），以示涤罪和保持身体及衣服的洁净。礼拜时要面向麦加大清真寺的克尔白（天房）一次完成7个不同的动作，即举两手于头的两旁，口诵"真主至大"；端立，置右手于左手之上，口诵《古兰经》首章；鞠躬，以手护膝，行鞠躬礼；直立并抬起双手，口诵"赞颂主者，主必闻之"；跪下，两手掌附地，叩首至鼻尖触地；跪坐；第二次叩首。从口诵《古兰经》首章开始的这一系列动作，构成一拜。礼拜一般由伊玛目率领集体举行，也可以单独进行。

③ 斋功。斋即斋戒，每年伊斯兰教教历九月被定为"斋月"。斋月里，从每天破晓至日落，都必须严格持戒，解除饮食、娱乐等活动。幼儿、旅行者、病人、孕妇和哺乳者可以不守斋，但应以延缓补斋或施舍的办法罚赎。

④ 课功。课即天课，是阿拉伯语"扎拉特"的意译，本意是"洁净"，是指自己的资财通过纳天课而使其更加洁净。这是伊斯兰教的宗教课税，天课是伊斯兰教具有慈善性质的一种"施舍"，每个穆斯林要根据自己财产的多少缴纳。我国穆斯林均为自愿捐奉。

⑤ 朝功。朝即朝觐。朝觐就是朝见圣地，这是真主的要求。今沙特阿拉伯境内的麦加是穆罕默德诞生地、伊斯兰教的摇篮和圣地。伊斯兰教规定，凡理智健全的成年穆斯林，身体健康、有经济能力者，无论男女，一生中都应前往麦加朝觐克尔白（天房）一次。"大朝"（亦称"正朝"）的朝觐时间为伊斯兰教历十二月八日至十二日。朝觐者在进入麦加前须在规定的地点受戒。"大朝"之日为伊斯兰教的主要节日宰牲节（十二月十日，我国称"古尔邦"节）。节日里，人们宰杀牲畜献祭，向代表魔鬼的三根石柱投掷石块。朝觐要进行一系列宗教仪式。朝觐的主要活动内容为巡礼"克尔白"，瞻吻"玄石"。朝觐过的穆斯林被尊称为"哈吉"。除朝觐季节外，任何时候个人都可单独去麦加朝觐，称为"小朝"或"副朝"。

（3）葬仪。穆斯林死后实行"土葬、速葬、薄葬"。不用棺椁，用白巾裹尸，也不用任何陪葬物或殉葬品；主张三日必葬，入土为安；待葬期间不宴客、不披孝、不磕头、不鞠躬、不设祭品。举行殡礼时，由阿訇或地方长官，或者教长或至亲等，率众站立默祷，祈求安拉赦免亡人罪过，为亡人祈福。参加殡礼的要对着亡人胸部，不能站在亡人面前，尸体下土埋葬头北脚南，面朝西，向着圣地"克尔白"，坟墓南北方向，长方形。

2) 节日

(1) 开斋节。开斋节是穆斯林的一个重大节日，我国新疆地区称肉孜节，在伊斯兰教教历九月二十九日或十月一日。斋戒结束的一天要寻看新月，见月的次日开斋；如未见月，开斋顺延，但一般不超过3天。节日期间，男女老少都要沐浴更衣，男人们涌向清真寺，妇女们在家做礼拜。然后，探亲访友，举行礼会和庆祝活动。青年男女往往选择这一天举行婚礼，以增添欢乐气氛。

(2) 古尔邦节（宰牲节）。"古尔邦"是献身和牺牲的意思。传说先知易卜拉欣受安拉启示，要他宰杀其子伊斯玛仪勒，以考验他对安拉是否虔诚。当他遵命即将执行之际，安拉派天神送羊1只，命令以羊代替其子。据此，穆斯林逢伊斯兰教教历十二月十日就宰牲献祭。

(3) 圣纪节。圣纪节又称圣忌日。相传穆罕默德的诞生日和逝世日都是在伊斯兰教教历太阴年三月十二日，不少国家习惯于将"圣纪"和"圣忌"合并纪念，称为"圣会"。节日的主要活动是念经、颂圣、宣讲穆罕默德的生平事迹等。

阅读资料 8-2

"清真"的含义

伊斯兰教传入我国以后，直至元朝以前，在汉文的记载和称呼上，都以"清"、"真"、"净"、"觉"一类词汇来概括和表达伊斯兰教的教义与内容。到元末明初之际，通称伊斯兰教为"清真教"，称伊斯兰教举行宗教活动场所为"清真寺"。据清初的伊斯兰教学者解释，"清"是指真主（安拉）"超然无染，无所不在，无始无终"；"真"是指真主（安拉）"永存常在，至高无上，唯一至尊，靡所比拟"。我国的穆斯林还把口念"清真言"，作为五功之一——念功。

资料来源：陈本林. 涉外知识大全. 上海：上海人民出版社，1989.

5. 伊斯兰教禁忌

伊斯兰教禁忌以下几个方面。

(1) 根据"认主独一"的信条，伊斯兰教徒忌崇拜任何偶像，只信安拉；禁模制、塑造、绘制任何生物的图像，包括人的形象也在禁忌之列。所以，在伊斯兰建筑与其他艺术作品中只能看到绘制的植物或几何图形。

(2) 忌男女当众拥抱接吻，禁止近亲与血亲之间的通婚，忌与宗教信仰不同者通婚。

(3) 在回历九月，进行斋戒，每日从日出到日落禁止饮食、房事。

(4) 给信奉伊斯兰教的人送礼，忌送带有动物形象的东西。在他们看来，带有动物形象的东西会给他们带来厄运。

(5) 饮食时，只能用右手，忌用左手。

(6) 在饮食方面的忌讳有：禁酒；禁食猪肉、自死动物及动物血液；禁食无鳞鱼（如鳗鱼、鳝鱼、甲鱼等）；禁食勒死、捶死、跌死等动物的肉；禁食驴、马、狗、虎、狼、豹、鹰、蛇等动物肉。

（7）在服饰方面，伊斯兰教把妇女头发列为羞体，必须遮盖起来。所以，穆斯林妇女要戴"盖头"，把头发、耳朵、脖子都遮在里面，只露出脸部。另外，妇女除了戴"盖头"外，一般还要戴面纱等，不戴面纱的妇女忌进清真寺。

（8）忌用猪的形象作为装饰图案。

（9）穆斯林每天要做5次祈祷。在祈祷期间，忌外来人表示不耐烦和干扰祈祷。同时，穆斯林在礼拜时，必须净身，清真寺内严禁穿鞋进入。

8.3　佛教礼仪

在世界三大宗教中，佛教创立最早，传入中国也最早。佛教在长期的传播发展过程中，形成了各具地区和民族特色的教派，确立了佛教各派共同承认的基本教义和佛教徒共同遵守的礼仪习俗、节日。

1. 佛教起源和传播

1）起源

佛教起源于公元前6世纪至公元前5世纪的古代印度，相当于我国的春秋时代。佛教的创始人，相传是北印度迦毗罗卫国（今尼泊尔境内）净饭王的儿子，乔达摩·悉达多（约公元前565—前485年），差不多与我国的孔子是同代人。释迦牟尼是佛教徒对他的尊称，意思是释迦族的"圣人"。据说他从小就受婆罗门的传统教育，29岁出家，从35岁起一直在印度北部和恒河流域进行传教活动，逐渐得到统治阶级上层分子的支持，创立了佛教。

佛教的创立和发展分为4个阶段：公元前6世纪中叶至公元前4世纪中叶，释迦牟尼创教及其弟子传承其教，统称为"原始佛教"；公元前4世纪中叶，佛教内部由于对教义和戒律产生认识分歧，分裂为许多教团，后称十八部、二十部，为部派佛教；1世纪左右开始为"大乘佛教"（把以前佛教称为"小乘"）；"大乘"一部分与婆罗门教混合形成"密教"。

2）传播

释迦牟尼去世后，到了阿育王时期，在佛教史上发生了一件大事，这就是它向世界的传播。当时，阿育王请著名高僧目犍连之子帝须长老召集1 000比丘尼，在华氏城举行第三次结集，赶走了外道，会诵了经典，编纂了《论事》。结集后，阿育王决定派遣长老们到全国各地乃至国外传播佛教。

佛教向亚洲各地传播，大致可分为两条路线：南向最先传入斯里兰卡，又由斯里兰卡传入缅甸、泰国、柬埔寨、老挝等国；北传经帕米尔高原传入中国，再由中国传入朝鲜、日本、越南等国。

佛教早在西汉哀帝元寿元年（公元前2年）就传入中国，当时被看做神仙方术的一种。

洛阳的白马寺就是相传公元67年建造的中国历史上的第一座佛教寺院。后经魏晋南北朝的发展，佛教逐渐与我国儒家的封建宗法思想合流，在中国扎根，并成为中国封建社会上层建筑的一个组成部分。到隋唐时期，由于统治阶级的大力扶植，佛教进入鼎盛时期，并逐渐形成了各种佛教宗派，诸如天台、华严宗、禅宗、律宗、净土宗、法相宗、密宗等，并形成了五台山、峨眉山、普陀山、九华山四大佛教圣地。中国佛教基本上可以分为汉族地区佛教、藏传佛教和云南傣族等地区的上座部派佛教三大派系。

2. 经典、教义、标记和供奉对象

1）经典

"大藏经"是佛教经典，所谓"藏"，是佛教经典的总称，梵文原意为"盛东西的匣子"。其经典可分经（佛祖释迦牟尼阐发的教义）、律（释迦牟尼制定的戒律和僧侣生活应遵循的规章）、论（释迦牟尼的弟子们阐发经和律的著作）三部分，即"三藏"。三藏均通晓的高僧被尊称为"三藏法师"，三藏合编在一起称"大藏经"。我国现存较完整的大藏经有巴利文、汉文和藏文三大体系。汉文大藏经内容最丰富，所收典籍达4 200多种，分装220册。

2）教义

佛教的基本教义主要是"四谛"、"十二因缘"等，被称为释迦牟尼的根本教法。四谛，就是：苦、集、灭、道。苦谛，即要人们把现世看成是痛苦的，人生充满着苦，人生有8种苦，真所谓"苦海无边"。集谛，即要人们把苦恼产生的原因，看成是起源于人本能的欲望（色、声、香、味、触五欲）。灭谛，即要人们相信苦恼的根源——"五欲"是可以完全消除的，因此每个人都可以得到"解脱"而成佛，做到"自我净化"，就能被"解脱"，即脱离苦海，达到幸福的彼岸世界，这就是所谓"回头是岸"。道谛，即要人们相信有一条可以使人解脱的途径。此外，佛教还宣扬"因果报应"、"生死轮回"和"一切皆空"等，并为此提出了一套说明苦难和解脱苦难方法的学说。

3）标记

佛教的旗帜或佛像胸前，往往有右旋"卐"或左旋"卍"的标记，表示吉祥万德。"卍"（或"卐"）字符在古代曾被看做火或太阳的象征，梵文意为"吉祥之所集"，佛教用做"万德吉祥"的标志，唐朝武则天定此字读音为"万"。

法轮也是佛教的标记，比喻佛法，意思是说佛法圆通无碍，运转不息，能摧破众生的烦恼。

4）供奉对象

（1）佛部。佛为梵语音意佛陀的简称，意思是"觉悟者"。佛达到自觉、觉他、觉行、圆满这"三觉"是佛教修行的最高果位。小乘专指释迦牟尼为佛，大乘则把一切觉悟得道者都称为佛，认为人人可以成佛，大千世界处处有佛。佛像一般供奉在寺庙的正殿即大雄宝殿。寺庙中最常见的是释迦牟尼一尊佛，有的寺庙供奉三尊佛，或者多尊佛。

三尊佛分三身佛和三世佛。三身佛为释迦牟尼在不同情况下的不同身份：居中的是法身佛毗卢遮那佛，代表佛法的绝对真理；左侧为报身佛卢舍那佛，体现修成佛果而得到最高智慧；右侧为应身佛释迦牟尼佛，这是随缘应机教化僧徒和普度众生的佛身。三世佛有横三世佛和竖三世佛两种。横三世佛又称三方佛：中间是娑婆世界（即人类所在世界）的释迦牟尼佛，左侧是东方净琉璃世界的药师佛，右侧是西方极乐世界的阿弥陀佛。竖三世佛即现在佛释迦牟尼（位于中间），过去佛燃灯佛（位于左侧），未来佛弥勒佛（位于右侧）。供奉在大雄宝殿的未来佛弥勒，与天王殿的大肚弥勒形象大不相同。后者为五代时后梁的一个化缘和尚，名契此，矮胖大肚，常带笑容，能示人吉凶；圆寂时自称是弥勒，宋代江浙寺庙开始供奉他。此外，还有"一佛二菩萨"（释迦佛与文殊、普贤二胁侍，或者阿弥陀佛与观世音、大势至二胁侍，或者药师佛与日光、月光二胁侍）和"一佛二菩萨二弟子"（以释迦佛与文殊、普贤及佛的大弟子迦叶、阿难为常见）。

（2）菩萨部。菩萨全称"菩提萨埵（埵，音朵）"，意为"觉有情"、"道众生"，也译为"大士"。阶位仅次于佛，是候补佛。其主要职责是协助佛传播佛法，教化和普度众生。在中国，人们通常觉得佛至高无上，而菩萨救苦救难，指引众生，更具有人情味。中国的菩萨塑像多为古代世俗衣装，给人以亲切感。较著名的菩萨有弥勒、文殊、普贤、观世音、大势至、维摩诘、地藏等。观音的大悲、文殊的大智、普贤的大德和地藏的大愿在民间广为传颂，他们被称为四大菩萨。

观音，亦称观世音、观自在。她能随时观听世人的声音。有困厄危难的人只要诵念她的名号，她就会"观其音声"而前去解救。她还能满足信徒生儿育女的愿望，求男得男，求女得女。观世音在印度本位男性。传入中国后逐渐由男变女，成为象征慈母之爱，具有大慈大悲女性之美的女菩萨。按照佛教的说法，凡已成佛或菩萨者，便是非男非女的金刚身，是没有性别的。一般人们看到的菩萨像，既有女性的柔美婉丽，也有男性的慈祥和顺，人们今天在寺庙所看到的多数观音塑像是披着大氅、目光慈祥的女士，叫白衣大士，她有"东方维纳斯"之称。有的寺庙是千手千眼观音，除两手两眼外，上身左右再各出 20 只手，手中各一只眼，成四十手四十眼，分别配上二十五"有"（佛教所说的生存环境），即千手千眼。道场（显灵说法的场所）在浙江普陀山。

文殊，是释迦牟尼的左胁侍，极具智慧，以大智闻名。其塑像多手持利剑，骑在狮子身上。道场在山西五台山。

普贤，是释迦牟尼的右胁侍，遍具众德，以大德闻名。道场在四川峨眉山。

地藏，受释迦牟尼临终之托，在弥勒佛降世之前普度众生。他发大愿要尽度众生后再升为佛，因此深受中国下层百姓崇拜。他的形象与观音、文殊、普贤不同，一般为坐像，僧人装束，右手拿锡杖，左手拿如意宝珠。道场在安徽九华山。

（3）罗汉部。罗汉全称阿罗汉，梵文有杀贼（杀一切烦恼之贼）、应供（应受天人供养）、不生（不再进行生死轮回）等意思。他们是佛的得道弟子，修行果位排在佛和菩萨之后。小乘佛教把罗汉作为修行的最高果位。中国佛教艺术文学中提到的，有十六罗汉、十八罗汉、五百罗汉等。

佛教传入中国时已有"十六罗汉"之说，但是未见名字。唐代玄奘的译经中才出现他们的名字，有宾度罗等。他们受释迦佛的嘱托，留住人世，流通、护持佛法，直至未来佛弥勒佛降世。大约五代时罗汉像盛行，多画出两位，没有经典依据，名字也各说其是。明清时，藏传佛教寺院中，又将布袋和尚列入十八罗汉之中。罗汉像多供在大殿两侧。中国佛教大约从五代兴起尊五百罗汉之风，寺院中专建罗汉堂来供奉。济公也在五百罗汉中。其原型是南宋浙江的道济和尚。他生性豪爽，举止癫狂，不守戒律，人称济癫和尚。后来，他被神化为降龙罗汉的转世，称"济公"。传说他去罗汉堂报到晚了一步，只得屈身过道或蹲在房梁上。济公极受民间喜欢，从他的形象可以看出中国罗汉和印度罗汉的区别。

（4）护法神部。护法神数目很多，著名的有金刚力士、四大天王、韦驮、二十诸天等。我国的神话人物和历史人物也有被视为护法神的。立在山门殿左右两侧，手持金刚杵的塑像，就是金刚力士。传说他们是侍卫佛、守护佛法的夜叉神。早期的中国佛教寺院只有一尊金刚像，中国人喜欢对称，将它塑为两尊，并按《封神演义》称之为"哼哈二将"。四大天王是住在须弥山腰守护并掌管东、西、南、北山河大地的神，也称护世四天王。佛教传入中国后，其形象不断汉化。今天人们常见的四大天王的形象是：东方持国天王，以慈悲为怀，能护持国土，身白色，持琵琶，要用音乐使众生皈依佛教；南方增长天王，能传令众生增长善根，身青色，持宝剑；西方广目天王，能以净眼观察世界，护持人民，身红色，手缠一龙（或作赤索）；北方多闻天王，经常守护如来道场，得以广闻如来说法，身绿色，右手持伞，左手持银鼠。他们手中的器物分别象征风（剑）、调（琵琶）、雨（伞）、顺（龙）。其神像位置在天王殿内大肚弥勒佛四周。韦驮传说是南方增长天王的八大神侍之一，居四大天王的三十二神将之首，曾从罗刹鬼手中夺回佛祖舍利，被视为能护法，近世寺院多奉他为守护神。造型多为身穿甲胄，持金刚杵，位置在天王殿内，背靠大肚弥勒佛，面对大雄宝殿释迦牟尼像。二十诸天就是二十位天神，他们本是印度神话中惩恶护善的天神，有大梵天王、帝释尊天、阎摩罗王等。三国汉将关羽也是护法神，在佛寺里，或于伽蓝殿中单龛供奉，或于大雄宝殿旁另建关帝庙供奉。

3. 佛教的主要礼仪和节日

1）礼仪

（1）称谓。佛教的教制、教职在各国不尽相同。例如，泰国有僧王，其他国则不设。在我国寺院中，一般有"住持"（或称"方丈"，寺院负责人）、"监院"（负责处理寺院内部事务）、"知客"（负责对外联系），可尊称"高僧"、"大师"、"法师"、"长老"等。佛门弟子依受戒律等级的不同，可分为出家五众和在家两众。出家五众是指沙弥、沙弥尼、式叉尼、比丘、比丘尼。在家两众是指优婆塞、优婆夷。出家的佛教徒俗称"和尚"（僧）和"尼姑"（尼），也可尊称为"法师"、"师太"。凡出家的佛教徒必须剃除须发，披上袈裟，称为"披剃"。僧尼一经"披剃"，即入住寺院，开始过与世俗隔绝的生活。不出家而遵守一定戒律的佛教徒称为"居士"。

（2）四威仪。"四威仪"是指僧尼的行、立、坐、卧应该保持的威仪德相，不允许表现举止轻浮，一切都要尊礼如法。所谓"行如风、立如松、坐如钟、卧如弓"，就是僧尼应尽力做到的。这是因为所受的"具足戒"，戒律上对行、立、坐、卧的动作都有严格的规定，如果举措违反规定，就不能保持其威严。

（3）礼节。

① 合十。佛教徒的普通礼节是"合十"。"合十"亦称"合掌"。其形状是两手当胸，十指相合，双手手心相对合拢，手指朝上，口中念道："阿弥陀佛"，以示敬意。一般教徒在见面时，多以"合十"为礼以示敬意。如果在合十的同时又蹲下，则为行大礼。例如参拜佛祖或拜见高僧时要行跪合十礼，行礼时，右腿跪地，双手合掌于两眉中间。

② 顶礼。顶礼为佛教徒最高礼节，是向佛、菩萨或上座所行礼节。行顶礼时双膝跪下，两肘、两膝和头着地，而后用头顶尊者之足，故称"顶礼"。出家的教徒对佛像必须行顶礼。头面接足，是表示恭敬至诚，这就是俗话说的"五体投地"。

③ 南无。南无念"那摩"，是佛教信徒一心归顺于佛的致敬语。常用来加在佛、菩萨名或经典题名之前，以表示对佛、法的尊敬和虔信。"南无"的意思是"把一切献给××"或"向××表示敬意"，如称南无阿弥陀佛，则表示对阿弥陀佛的致敬和归顺。阿弥陀佛又称无量寿佛，是西方极乐世界的教主。

④ 受戒。受戒是佛教徒接受戒律的仪式。过去比丘和比丘尼受戒时，要在头上烫若干个香洞（有6、7、9、12个香洞之分），现在中国佛教协会根据广大教徒的意见，决定受戒时不必燃香烫洞。这主要是因为佛制原本无此规定，东南亚佛教国家的僧人受戒也都不烫香洞。

受戒后出家的僧尼必须严格遵守佛教的各种清规戒律，戒法有三皈五戒、十戒和具足戒。

● 三皈五戒。这是居士应遵守的戒法。佛教徒第一步必须受三皈依法，即归顺、依附佛、法、僧三宝。"皈"字还有反黑为白的意思，即将黑色的罪孽，转为白色的净业。在家的男子教徒进入佛门后，必须求一位法师为他受皈依法。受三皈有一种简单的仪式，叫"方便皈依"。如果举行正式三皈仪式，需两个小时左右。此外，还要受五戒：第一不可杀生，第二不可偷盗，第三不可邪淫，第四不可妄语，第五不可饮酒，即"方便五戒"。佛教徒在受了三皈五戒之后，方能称为"居士"。

● 十戒。十戒是指沙弥、沙弥尼所受的十条戒律。沙弥和沙弥尼是指7岁以上、20岁以下受过十戒的出家男子和女子，汉地普遍称小和尚和小尼姑。沙弥、沙弥尼所受的十条戒律，除了五戒之外，还应不装饰打扮、不视听歌舞、不睡高床、不食午时食、不蓄金银财宝。

● 具足戒。具足戒又叫"比丘戒"、"大戒"，是指不杀、不盗、不淫、不妄、不酒、不着彩色衣服和不用化妆品、不视听歌舞、不睡高床、不过午食、不蓄财宝，共十大根本戒。当沙弥年满20岁时，再举行仪式，授予"具足戒"。这是在十戒的基础上扩充为比丘的250条、比丘尼的348条戒。信徒受比丘戒后，才能取得正式的僧尼资格。在日常生活中要求食不过午、不吃荤腥、不喝酒。其中，食不过午，通常僧尼在寺庙中一日两餐，过了中午12点就不能吃东西了，午后只能喝白开水；不吃荤腥，在佛门中荤是指葱、蒜、辣椒之类气味浓烈、辛辣的食品，而肉则属腥类食品，因为吃了这些食物就不利于修定，所以佛教经典中有进食的明文规定；不喝酒，酒会乱性，不利于修定，故严格禁止。

⑤ 忏悔。佛教理论认为，只有心身清净的人才能悟到正果，但是世间是污浊的，即使出家人也可能随时身遭"垢染"，影响自己的功德。然而，信徒不必因此而担心，因为通过忏悔可灭除以往所有的罪过。

⑥ 功课。在寺庙里，僧尼每天的必修课为朝暮课诵，又名早晚功课或五堂功课。寺庙一般在早上4时就打催起板（起休号令），僧尼盥洗完毕，齐集在大雄宝殿，恭敬礼佛，端坐蒲团，听候打钟打鼓结束声。随后即起，随众念诵早课楞严、大悲、大小咒、心经等，这是二堂功课。晚课在下午4时左右，僧尼立诵弥陀经和跪念88佛忏悔文，发愿、回向、放蒙山，这是三堂功课。回向的意思就是将自己念诵的功课回归向往，使大众都能亲证佛果。社会上流行的"晨钟暮鼓"的成语，就是由佛教寺庙里的早晚功课而来的。

⑦ 朝山。朝山是指佛教徒往名山大寺去进香拜佛。大乘佛教徒进入寺庙不可脱鞋，进殿要朝拜佛祖释迦牟尼，还要朝拜弥陀佛、观音菩萨及三世十方众佛和菩萨；小乘佛教徒进入寺庙时须脱鞋，进殿只能朝拜释迦牟尼佛像。

（4）葬仪。佛教的僧侣去世后一般实行火葬，其遗骨或骨灰被安置在特制的灵塔或骨灰瓮中。普通的佛教徒去世后，则实行天葬或水葬。佛教信徒死后每年的忌日要由其家人为之举行祈祷冥福的追荐会，并发放布施。

（5）非佛教徒进入寺庙应注意的事项。

佛寺被佛教徒视为清净的圣地。所以，非佛教徒进入寺庙时，衣履要整洁，不能着背心、打赤膊、穿拖鞋。当寺内举行宗教仪式或做道场时，不能高声喧哗干扰。未经寺内职事人员允许，不可随便进入僧人寮房（宿舍）等地方。为了保持佛地清净，严禁将一切荤腥及其制品带入寺院。

对僧尼称呼，可称"师父"，或者在他们的职称后加"师"字，当家师、维那师、知客师等。习惯上可称为法师或师太。

值得注意的是，不能问僧尼尊姓大名。因为，僧尼出家后一律姓释，出家入道后，由师父赐予法名。受戒时，由戒师赐予戒名。因此，问僧尼名字时，可问："法师上下如何？"（或"法师法号如何？"）这样便可得到回答。

另外，非佛教徒对僧尼或居士行礼，最合适的是行合十礼，不要主动与僧尼握手。

2）节日

（1）世界佛陀日。世界佛陀日即"哈舍会节"，又称"维莎迦节"。世界佛教徒联谊会1954年规定，公历5月间的月圆日为"世界佛陀日"，即把佛的诞辰、成道、涅槃合并在一起的节日。每到这时，一些佛教盛行的国家会举行全国性的大规模庆祝活动。

（2）佛诞节。佛诞节又称浴佛节，是纪念佛教创始人释迦牟尼（佛陀）诞生的节日。因为，对佛陀的生日说法不一，所以世界各国佛诞节的时间也不相同。我国汉族地区的佛教徒以农历四月初八为佛诞日；藏族佛教徒以四月十五日为"萨噶达瓦节"（佛诞节）；傣族佛教徒则在清明后10天举行泼水节（浴佛节）。日本在明治维新以后改用公历4月8日为佛诞节，又称花节。据说释迦牟尼诞生时，由九条龙吐出香水浴其身，因此在这一节日里，佛教徒以香水盥洗释迦牟尼像，称为浴佛，故佛诞节又称浴佛节。

（3）成道节。成道节是纪念释迦牟尼成佛的节日。相传释迦牟尼是在农历十二月八日悟道成佛的，这一天即为佛成道节。后世佛教取意牧女献乳糜供佛的传说，每逢佛成道日，煮粥供佛。我国汉族地区，每逢农历十二月初八（腊八）要以大米及果物煮粥，称为"腊八粥"供佛，并逐渐演化为腊月八日吃"腊八粥"的民俗。而世界各国佛寺及僧众每逢此日都要举行以诵经为中心的纪念活动。

（4）涅槃节。涅槃节是纪念释迦牟尼逝世的节日。佛教相传释迦牟尼80岁时在拘尸那城跋提河边婆罗双树林间，结束最后一次传法，于农历二月十五日逝世。佛教称死为涅槃（修道所达到的最高精神境界），所以纪念释迦牟尼逝世的日子称为涅槃节。由于南北佛教对释迦牟尼逝世年月的说法不一，所以过节的具体日期不尽相同。中国、朝鲜、日本等国的大乘佛教，一般以每年农历二月十五日为涅槃节。每年此日，各佛教寺院都要悬挂佛祖图像，举行涅槃法会，诵《遗教经》等。

阅读资料 8-3

佛寺音乐——佛曲

佛教作为一种宗教，也有其艺术表现形式。人们有时进入寺庙，能听见梵曲或佛曲，能看见佛像雕塑，这就是佛教艺术中的音乐、绘画和雕塑。

佛曲是佛教徒在举行宗教仪式时歌咏的曲调。我国汉族地区佛曲的发展是由梵呗开始的。梵呗就是模仿印度的曲调创为新声，用汉语来唱歌。隋代由于与西域交通的发展，西域的佛教音乐也随之传入中原。

陈旸所撰《乐书》卷159有"胡曲调"，其中记录唐代乐府曲调有《普光佛曲》、《弥勒佛曲》、《日光明佛曲》、《释迦牟尼佛曲》、《阿弥陀佛曲》、《观音佛曲》，共有26曲。自从元朝南北曲盛行之后，佛教音乐也全采用南北曲调。现在通行的佛教音乐中所用的南北曲调近200曲。一般用六句赞，曲调是"华严会"。

资料来源：江岩，晓怡. 名刹文化. 北京：中国经济出版社，1995.

4. 佛教禁忌

1）饮食禁忌

（1）过午不食。按照佛教教制，比丘每日仅进一餐，后来，也有进二餐的，但必须在午前用毕，过午就不能进食。这是佛教中对僧尼的一个戒条，叫"过午不食戒"。在东南亚一带，僧尼和信徒一日二餐，过了中午不能吃东西。午后只能喝白开水，连牛奶、椰子汁都不能喝。我国汉族地区因需要在田里耕作，体力消耗较大，晚上非吃东西不可，所以在少数寺庙里开了"过午不食戒"，但晚上所进的食称为药食。然而，在汉地寺院的僧尼中，持"过午不食戒"的人仍不少。

（2）不吃荤腥。荤食和腥食在佛门中是两个不同的概念。荤专指葱、蒜、辣椒等气味浓烈、刺激性强的东西，吃了这些东西不利于修定，所以为佛门所禁食。腥则指鱼、肉类食品。东南亚国家僧人多信仰小乘佛教，或者到别人家托钵乞食，或者是由附近人家轮流送饭，无法挑食，所以无论素食、肉食，只能有什么吃什么。我国大乘佛教的经典中有反对食肉的条文。而汉地僧人是信奉大乘佛教的，所以汉族僧人乃至很多在家居士都不吃肉。在我国蒙藏地区，僧人虽然也信奉大乘佛教，但是由于气候和地理原因，缺乏蔬菜，所以一般也食肉。但无论食肉与否，大小乘教派都禁忌荤食。至于汉族地区在家的居士，他们有吃长素的，也有吃花素的，如观音素、十日素、八日素或六日素等。

（3）不喝酒。佛教徒都不饮酒，因为酒会乱性，不利于修定，故严格禁止。

2）其他禁忌

（1）佛教徒忌以怨报怨。在他们看来，以怨报怨，怨恨非但不能冰消瓦解，反而越结越深。

（2）在中国，佛教徒忌别人随意触摸佛像、寺庙里的经书、钟鼓，以及活佛的身体、佩戴的念珠等。流行于傣、拉祜、布朗、德昂等少数民族中的"上座部佛教"另有一些禁忌，如在德昂族中，在"进洼"（关门节）、"出洼"（开门节）和"做摆"（庙会）等宗教祭日里，都要到佛寺拜祈3天，忌讳农事生产；进佛寺要脱鞋；与老佛爷在一起时，忌吃马肉与狗肉；妇女一般不能接近佛爷，也不能与老佛爷谈话。德昂族传说"活佛"飞来是先落于大青树上，然后才由佛爷请进佛寺，故视大青树为"神树"，忌砍伐。

8.4 道教礼仪

道教是我国的一种宗教，与佛教并列为两大宗教。道教在发展过程中，糅合了儒家和佛家的某些理论和教规、仪式，成为一个在理论上、组织形式上和教义教规等方面都具有影响的一大宗教。

1. 道教起源和传播

道教是中国土生土长的宗教，渊源于中国古代的巫术和秦汉时的神仙方术，又吸收了道家学说，形成于东汉晚期，相传为张道陵所创，奉先秦老聃（老子）为教主和最高天神。

东汉顺帝（125—144年）时，张道陵带领儿孙以符箓禁咒之法行世，入道者须出五斗米，号"五斗米道"。早期道教经常被农民作为起义的旗帜。官方道教体系建立后，道教在理论和组织形式上逐渐完善。经唐、宋两代发展，形成"全真道"、"正一道"两派。道教依据的经典是《道藏》，根本信仰是"道"，认为"道"是"虚者之系，造化之根，神明之术，天地之元"，"道"生成宇宙，宇宙生成元气，元气构成天地、阴阳、四时，由此而化生万物。总而言之，"道"乃是天地万物之根源，又是万物演化的规律。

道教认为，上天由玉清、上清、太清3个仙境，是道教修行的最高境界，称为"三清"，故道观中设有三清殿。殿内供三清尊神，即"玉清元始天尊"、"上清灵宝天尊"、"太清道德天尊"（即太上老君），三者是道教崇拜的最高天神。道观中还有三官殿，内供天官、地官、水官。相传天官、地官、水官为尧、舜、禹。据说天官赐福、地官赦罪、水官解恶。此外，道教还信奉玉帝、王母娘娘、东岳大帝、骊山老母、城隍、土地、门神、灶君等，还把吕洞宾、汉钟离等八仙也纳入自己的系统。

唐代以后，道教流传于朝鲜、日本、越南和东南亚一带，道教典籍也远传欧美，影响深远。

2. 经典、教义、标记和供奉对象

1) 经典

道藏典籍数量庞大，源出不一，内容丰富，从南北朝起就被汇成总集。以后受佛教影响，人们逐渐用"道藏"来称道教经典汇编。千余年来，《道藏》屡编屡散，屡散屡编，流传至今的主要是明朝正统年间的《正统道藏》和万历年间的《万历续道藏》。

2) 教义

道教教义庞杂，其基本内容如下。

（1）宣扬"道"是"万物之母"。道教产生的思想渊源，有殷周以来的鬼神崇拜、先秦道家学派、战国后的神仙方术信仰、西汉初期的黄老学说（道家学派认为自己是皇帝子孙，故称之）。道教尊先秦道家学派创始人李耳（亦名老聃）为教祖，将其《老子》一书改名为《道德真经》，作为宗教的主要经典。《老子》又名《五千文》，也名《道德经》。该书提出"道"是"万物之母"，"德"是道的显现；"道"是无所不在的力量，"德"是道的行动。所以，道教的基本教义，即宣扬道是"万物之母"，是宇宙万物之中最核心的东西。

（2）追求长生不老、肉身成仙。道教有一整套修炼的办法，分为内养、外养、房中术。修炼的目的是追求长生不老、肉身成仙。

① 内养。有些专家称内养为道教气功，是按一定方法，运用人体内固有的精、气、神，达到长生和成仙的目的。

② 外养。外养是运用外在的力量达到养生目的。有服食、外丹两种。其一，为服食，是指服用药物以使身体健康而长寿，主要是服丹药（人造仙药）和草木药。丹药就是炼丹的结晶，草木药是指由深山老林旷野幽谷中所采集的自然药物。其二，为外丹，也称炼丹术、仙丹术、金丹术，即用铅、汞，配以其他药物做原料，放在炉火中炼养而成为丹药。丹药可分"点化"和"服食"两种。初步炼成的叫"丹头"，只作"点化"用；继续再炼，变成"服食"用的丹药，即所谓"仙丹"或"金丹"。

③ 房中术。房中术为房中节欲、养生保气之道。

3) 标记

道教的标记为八卦太极图。

4) 供奉对象

道教崇奉的神灵，不仅有民间信奉的天神、人鬼、地祇，还有仿照佛教造出的新神，数量众多，大致可分为"神"和"仙"两部。

(1) 神部。在"三清境"中，住着最高天尊"三清"；"三清境"之下有三十二天，地上有三十六洞天、七十二福地，都住着各种神仙，如"四御"、"三元"、日月五星、四方之神。流行于民间的众神也被道教供奉。

三清，既指玉清、上清、太清三清境，又指住在"三清境"的3个最高尊神。玉清指元始天尊（又称天宝君），上清指灵宝天尊（又称太上道君），太清指道德天尊（又称太上老君）。四御，"御"是指帝王，四御是四位天帝合称，地位仅次于三清。他们是昊天金阙至尊玉皇大帝，即民间常说的玉皇大帝，是总执天道的神；中天紫薇北极太皇大帝，协助玉帝掌管天经地纬、日月星辰和四时气候；勾陈上宫南极天皇大地，协助玉帝掌管南北极和天地人三才，并且统领众星，主持人间兵革之事，承天效法后土皇地祇，是掌管阴阳，化育万物的女神。三官，也称三元，是指上元天官、中元地官、下元水官。传说天官赐福，地官赦罪，水官解厄。此外，道教还尊奉日月五星之神、四方之神（指东方青龙、西方白虎、南方朱雀、北方玄武）。民间神祇，如雷公、风伯、龙王、关帝、文昌、门神、灶神、城隍、土地、妈祖、财神、药王等，也受崇奉。

(2) 仙部。仙是指神通广大、长生不死者，包括真人和仙人。他们有的来自上古神话人物，如赤松子、彭祖、广成子，有的是道教人物的仙化，如三茅真君、北五祖、南五祖、北七真，还有其他历史人物或民间传说人物，如四大真人和八仙。"八仙"即铁拐李、钟离汉、张果老、吕洞宾、曹国舅、韩湘子、蓝采、何仙姑。

3. 道教的主要礼仪和节日

1) 礼仪

(1) 称谓。出家的道士，一般应尊称为"道长"。道士又称"黄冠"、"羽客"。女道士一般应尊称为"道姑"，又可称"女冠"。此外，还可以根据其职务尊称法师、炼师、宗师、方丈、监院、住持、知客。非道教徒对道士可尊称"道长"或"法师"，前面也可以冠以姓，例如称"张长老"或"黄法师"等。

(2) 交往。道士无论在与同道或与外客的接触中，习惯于双方擎拳胸前，以拱手作揖为礼，向对方问好致敬，这是道教传统的礼仪。作揖致礼的形式是道教相沿迄今的一种古朴、诚挚、相互尊重和表示友谊的礼节。后辈道徒遇到前辈道长，一般可行跪拜礼、半跪礼或鞠躬礼。非道教徒遇到道士，过去行拱手礼，现在也可以随俗，用握手问好。

(3) 颂经。颂经是道教的主要宗教活动。道士每天要颂经两次，称早晚功课。早颂清静经，晚颂救苦经。上殿时要穿戴整洁，禁谈笑，起居作息一律按道观内的清规执行。

(4) 道场。道场是一种为善男信女祈福、禳灾、超度亡灵而设坛祭祷神灵的宗教活动。道教的斋醮道场分为祈祥道场和度亡道场。凡参加道场的信众，均要斋戒沐浴，诚心恳祷，服装整洁，随同跪拜。祈祥时默念"消灾延寿天尊"，度亡时默念"太乙救苦天尊"。

(5) 上殿。道士上殿，必须穿戴整洁。道士值殿，禁止谈笑，并要保持殿宇整洁。道士在道观内的饮食、起居和作息，均须按道观内的清规执行。例如，饭前念"供养经"，吃饭时不准讲话，碗筷不要有响声，饭后念"结斋经"。

外道进道观，必须先上殿进香和行礼，并且同知客道士对话。非道教徒参观道观时，礼拜上香可以随意，如果上香，上香礼为双手持香，过顶，插入香炉，鞠躬后退。一般信徒上香，可以跪拜，通常是三叩首。

2) 节日

(1) 老君圣诞。老君圣诞是纪念道教所奉教主老子诞生的日子。老子的生卒年月已不可考，道教关于老子的传记书，如《犹龙传》、《混元》、《太上老君年谱要略》等，都说老子生于殷武丁九年二月十五日。后世道观就于每年此日做道场，颂《道德真经》以为纪念。

(2) 玉皇圣诞。玉皇圣诞是纪念道教所奉玉皇大帝的诞生日。道教各种典籍称玉皇大帝生于丙午岁正月九日。后世道观遂于每年此日举行祭祀，以纪念玉皇诞辰。

(3) 蟠桃会。神话中西王母以蟠桃宴请诸仙的盛会，相传夏历三月三日为西王母诞辰，是日西王母开蟠桃会，诸仙都来为她上寿，道教每年于此日举行盛会，俗称蟠桃会。

(4) 吕祖诞辰。吕祖诞辰是纪念八仙之一的吕洞宾诞生的日子。相传唐德宗贞观十四年（798年）四月十四日巳时，众见一白鹤，自天而降，飞入吕洞宾母之房中，其时吕母正寐，亦梦此情此景，惊觉，遂生吕洞宾。后世道观根据这一传说四月十四日为吕祖诞辰，并于每年此日举办斋醮以示纪念。

4. 道教禁忌

道教从酝酿、发展到成熟都是起于民间，于是道教的礼俗与习惯便与民间固有的传统相互融贯影响，对一般百姓的生活起了相当的作用。

1) 灶神禁忌

在民间百姓对灶神的信仰，认为灶神是常驻百姓家的"官"，专管每家人的行为，并将每家私事面见玉帝报告品评一番，而玉皇大帝则根据灶君所奏内容，安排各家来年的吉凶祸福。于是为了获得灶神的庇佑，人们就想出各种可以讨好的方法，因而形成诸多禁忌。有关灶神的禁忌很多，如《敬灶全书·灶上避忌》就明白规定，不得用灶火烧香；不得击灶；不得在灶前发牢骚、讲怪话；不得将污秽之物送往灶内燃烧；建灶时不准孕妇、产妇或戴孝者在旁边观看，因为这些人不洁净，会冒犯灶神或火神。此外，人们又想出种种弥补过失的方法，如年末灶君上天庭时，无论穷富，一律备轿马恭送灶神，并祭祀以佳肴与糖茶，博取欢心，使其在天庭多说好话。尽管地域不同使得灶神禁忌内容有所差异，但人们对灶神的敬畏都是等同的。

2) 海事禁忌

由于对海洋的依赖与获取，沿海地区也借此发展出与海洋有关的禁忌，其中严禁出海时船上有七男一女的禁忌便与道教"八仙过海"的传说有相当的关系。据说因为八仙在过海上蓬莱仙岛时，海龙王第七子"花龙太子"看上色艺皆绝的何仙姑，因而与七位大仙争战，但由于一人难敌七人而败仗，遂怀恨在心，每见有一女七男出海，便想肇事寻衅，故产生此一禁忌。此外，有些地方严禁女人走上船头，外人未将脚洗净也不准上船头，也有不准女人搭船下海，等等。因为，临江河湖海而居的人，大多以捕捞渔业为生，也就对与水有关的神明有着相当的崇敬。例如，湖南一带信奉扬泗（水神），中原一带多信奉龙王，东南一带以信奉妈祖为多。

3）岁时禁忌

岁时禁忌是人们生活的重要部分，其中又以神灵祭日活动所衍生出的禁忌最为民众奉行，深刻影响社会。下面所说日期皆为农历。

(1) 正月初四为灶神下界之日，当天灶神要查点户口，因此各家各户都禁止出门。

(2) 正月初九俗称"天日"，即玉皇大帝诞辰，这一天禁止屠宰，不洁衣物也禁止拿出屋外，以免亵渎天神。

(3) 正月十五日，俗称"上元节"，是天官大帝圣诞祭日，因为祈求天官赐福，所以民间多诵经持斋，不沾荤酒。道教信奉"三官神"，传说"三官神"各有生日，"天官"正月十五日，"地官"七月十五日，而"水官"十月十五日。

(4) 二月初二是民间所谓的"中和节"，也就是"龙抬头"。这一天不能动剪刀针线，否则会伤了龙眼睛；挑水时禁忌水桶碰着井边，否则会伤了龙头；也禁忌推磨，以免压伤龙头；还忌讳喝稀饭，以免糊住龙眼。

(5) 二月十五日为太上玄元皇帝（即老子）的诞辰，禁忌屠宰。

(6) 五月十三日则为关圣帝君降神日，俗称"关王磨刀日"，这一天禁忌动刀，以示崇敬。

(7) 六月二十四日为雷神圣诞，民间俗称"雷圣诞"，这一天禁忌荤食，屠宰业甚至为此休市一天。

(8) 七月十五日为中元地官圣诞，也就是所谓的"中元节"，据说这一天鬼神都出来了，人们不宜到处乱走，特别忌讳出远门，因为害怕遇上鬼神，致使一年都不吉利。

4）日常禁忌

(1) 便溺禁忌。过去禁忌向北便溺的习俗是出于道教对北斗的崇拜。道教称北极星为北极大帝、北极紫微大帝，统率三界之星与鬼神。北斗七星则又称为北斗真君，以调查人的功过善恶为主要职志。因为，北斗掌握人的生死祸福，因此民间岂能不敬而祭祀之。

(2) 日常起居禁忌。由于道教企求长生，对于日常生活中健康长寿的知识非常重视与精研，所以其所形成的养生系统也就变成民间禁忌礼俗的一部分。道教的养生禁忌往往与中医有关，如中医将食物分为寒性与热性，物性相反的食物不可同食。再者，食物又分为补或损，补品有益却又忌太过，损者需泻时则当用之。诸如此类的道教养生在民间流传颇广，也有相当的影响，更是成为民间健身保养的重要部分。

5）建舍禁忌

建筑房舍要看风水，是民间由来已久的习俗，这与道教的土地龙神信仰有关。换句话说，建造房舍、庙宇或造墓，最好以龙穴为中心，且龙穴需面南且开阔，还需要有一条自东流过的河，这样的考量影响到民间建房，一般都喜欢坐北朝南，最忌南高北低，俗语说：

"前（南）高后（北）低，主寡妇孤儿，门户必败；后（北）高前（南）低，主多牛马。"所以，人们常把房院建在山南水北的向阳处，忌讳选在干燥无润或过于潮湿背阴之处。

  6）道教禁忌与戒律

  道教戒律的名目繁多，包括的内容十分广泛，简单来说，它是以儒家的伦理道德为基础，再加上特有的宗教信仰，构成了既约束道士行为，又对社会民众有威慑力的道教戒律。而道教戒律之所以发展，目标仍是"养生"以实现"长生成仙"的信仰目标。事实上，因为道教是从民间发展起来的，早期的巫术、方术，甚至阴阳五行、老庄哲学、医学都浸润其间，成为道教禁忌的一部分。相反来看，道教作为中国的本土宗教，得到相当的重视与信仰，其本身的禁忌无可厚非地也就影响民间礼俗的内容，而达到水乳交融的境界。

阅读资料 8-4

世界宗教的主要特征

  1. 世界宗教所树立的神圣崇拜对象，都冲破了民族和国家的界限，能够为不同民族和国家的人们所接受。基督教的上帝，伊斯兰教的安拉，佛教的佛是不分民族而保佑一切生灵的神，他们尊为整个宇宙的唯一的神，而不是某个民族某个地区的神，所以就可能被所有民族所接受。这样的神不会因为一个民族的衰亡而衰亡。

  2. 在宗教礼仪上，世界宗教比各种地区性的民族宗教有显著的进步。首先，它们的宗教礼仪简单易行，可以为许多不同民族的人所实行；其次，它们在礼仪上更带有文明的色彩，抛弃了自我残害、人祭等野蛮、疯狂的形式，能为大多数人所接受。

  3. 世界三大宗教不但具有庞大的宗教组织机构，还有一套严密的教会制度。这对于巩固和发展宗教势力起到了组织上的保证作用。

资料来源：罗竹风，陈泽民. 宗教通史简编. 上海：华东师范大学出版社，1990.

阅读资料 8-5

寺、院、庵

  寺，在古代本是朝廷机构的名称，如"大理寺"、"太常寺"，又引申为官署。汉代设有鸿胪寺，用以招待四方宾客。后来，佛教传入中国，从西域来的僧人渐多，遂在洛阳建白马寺，专供外来僧侣居住。这就是佛教僧人居住修行之处所，都可总称为寺的由来。

  院，本是寺内的一部分，寺内的别舍。后来，佛教僧人也单独用院作为居住处所的名称，但院的规模一般比寺略小。

庵，是专指佛教出家的女众（比丘尼）居住的处所。

佛教的寺、院、庵不能与宫、观、庙混为一谈。宫、观、庙不用在佛教上（只有藏传佛教用"宫"）。

宫，原意是高大的屋宇，过去皇帝的居处多称宫，后来道教供奉天地神明祖师等也称宫。

庙，是朝廷、民间、道教皆用，用来供奉祖宗、神、仙等。

观，是道教所专用。因此，寺庙并说，其意思应包含佛、道教修行之处所。如单独指佛教僧人居住处所，不能说寺庙。

资料来源：毛坤. 佛教小常识. http://bailinsi.fjnet.com/NEW/05wsbl/04wcl/01fxjc/013fjxcs.htm.

案例分析 8-1

宣传媒体要考虑禁忌

20世纪80年代，中国的女排三连冠。一家对外的画报用女排姑娘的照片作封面，照片上的女排姑娘都穿着运动短裤。该画报的阿拉伯文版也用了这张照片，结果有些阿拉伯国家不许销售。

【分析提示】

伊斯兰教认为，男子从肚脐至膝盖、妇女从头至脚都是羞体，外人禁止观看别人羞体，违者犯禁。因此，穆斯林妇女除了穿不露羞体的衣服外，还必须带盖头和面纱，这项规定至今在有些伊斯兰国家（如沙特阿拉伯、伊朗等）仍然施行。

资料来源：李洪亮. 新民晚报，1996-11-2.

案例分析 8-2

尊重客人的信仰

在一次印度官方代表团前来我国某城市进行友好访问时，为了表示我方的诚意，有关方面做了积极的准备，就连印度代表团下榻的饭店里，也专门换上了舒适的牛皮沙发。可是，在我方的外事官员事先进行例行检查时，这些崭新的牛皮沙发却被责令立即撤换掉。原来，印度人大多信仰印度教，而印度教是敬牛、爱牛、奉牛为神的，因此，无论如何都不应当请印度人坐牛皮沙发。

【分析提示】

这个事例表明，旅游服务人员非常有必要掌握一些宗教礼仪。

资料来源：职业餐饮网. 服务礼仪案例40例.

第8章 宗教礼仪

本章简介了世界上四大宗教：基督教、伊斯兰教、佛教和道教的起源与传播，以及经典、教义、标记及供奉对象，介绍了四大宗教的礼仪规范及禁忌，便于旅游服务人员在工作中掌握和运用。

思考与练习

一、单项选择题

1. 非佛教徒对僧尼或居士行礼，最合适的是（　　）。
   A. 握手　　　　　　　　　　B. 合十礼
   C. 拱手　　　　　　　　　　D. 立敬礼
2. 下列属于伊斯兰教禁忌的是（　　）。
   A. 忌衣服太过华丽　　　　　B. 忌女性衣服过于暴露
   C. 忌让人看见所佩戴的饰物　D. 忌衣冠不整
3. 下列属于基督教对宗教职业者称谓的有（　　）。
   A. 阿訇　　　　　　　　　　B. 伊玛目
   C. 神父　　　　　　　　　　D. 教长
4. 道教的主要节日有（　　）。
   A. 成道节　　　　　　　　　B. 圣纪节
   C. 老君圣诞　　　　　　　　D. 复活节

二、多项选择题

1. 基督教的主要礼仪有（　　）。
   A. 洗礼　　　　　　　　　　B. 诵经
   C. 礼拜　　　　　　　　　　D. 唱诗
2. 伊斯兰教的五功包括（　　）。
   A. 课功　　　　　　　　　　B. 朝功
   C. 礼功　　　　　　　　　　D. 功课
3. 佛教的饮食禁忌有（　　）。
   A. 过午不食　　　　　　　　B. 不吃荤腥
   C. 不喝酒　　　　　　　　　D. 缅甸忌食活物

三、判断题（正确的画√，错误的画×）

1. 佛教最盛大的节日是开斋节。　　　　　　　　　　　　　　　　　（　　）
2. 死后速葬是伊斯兰教的葬仪。　　　　　　　　　　　　　　　　　（　　）

3. 四威仪是伊斯兰教徒遵循的行为规范。　　　　　　　　　　（　）
4. 长生不老是基督教徒追求的最高境界。　　　　　　　　　　（　）
5. 道教对偶像特别崇拜。　　　　　　　　　　　　　　　　　（　）

四、简答题

1. 谈谈道教的岁时禁忌。
2. 伊斯兰教为什么不吃猪肉，谈谈他们的饮食禁忌。
3. 非佛教徒进入寺庙应注意哪些事项。

五、案例分析题

案例 8-1

20世纪80年代，中国的女排三连冠。一家对外的画报用女排姑娘的照片作封面，照片上的女排姑娘都穿着运动短裤。该画报的阿拉伯文版也用了这张照片，结果有些阿拉伯国家不许销售。

思考分析：

为什么？

案例 8-2

澳大利亚的一家鞋业公司以佛像为商标，做了一款样式新颖的皮鞋，当他们将此鞋的样品拿到东南亚商品交易会展出时，受到这些国家的抗议。

思考分析：

为什么？

六、自我总结

学习了本章的＿＿＿

其中，令我感触最深的是＿＿，过去，我的习惯是＿＿。现在，我知道了应该这样做：＿＿＿。

因此，我制订了一个礼仪提高计划：＿＿＿。

七、实训题

1. 举例说明宗教礼仪知识在旅游接待和交际活动中的重要意义。
2. 宗教对现代人的生活、交往有什么影响？
3. 了解宗教礼仪知识在旅游接待与交际活动中有什么重要意义？
4. 结合所在地情况，进行一次宗教礼仪的社会调查。

我国部分少数民族及港澳台地区礼仪

了解我国少数民族及港澳台地区的人口分布。
熟悉我国少数民族及港澳台地区的饮食特点。
掌握我国少数民族及港澳台地区的民俗风情。

9.1 蒙古族

1. 蒙古族简介

蒙古族主要居住在内蒙古自治区，其余分布在辽宁、吉林、黑龙江、甘肃、青海、新疆等地，人口约600万，使用蒙古语。蒙古语属阿尔泰语系蒙古语族，分内蒙古、卫拉特、巴尔虎·布里亚特3种方言。现在通用的文字是13世纪初用回鹘字母创制的，经过本民族语言学家多次改革已经规范化的蒙古文。蒙古族人多信仰喇嘛教。蒙古族长期以来，主要从事畜牧业，也从事半农半牧业和农业。

2. 蒙古族礼俗

1）传统节日

蒙古族把春节叫过大年，是从汉族人的习俗演化而来的。节日前，家家户户要打扫房屋、贴门联、年画、缝制新衣、买糖、打酒、制作各种奶食，许多人家还杀牛宰羊。大年三十，居住在草原上的牧民，全家围坐一起，吃"手抓肉"。晚上"守岁"时，全家老小围坐短桌旁，桌上摆满香喷喷的肉、奶食品，以及糖果、美酒。饭后有各种娱乐活动。有的去亲友家拜年做客，互赠哈达、礼品。

麦德尔节又称麦德尔经会，是蒙古族人民的宗教节日，大都于农历正月或六月举行。麦德尔是佛教菩萨的名称。麦德尔经会是蒙古族地区喇嘛庙中的重要宗教活动。每逢节日，喇嘛们除在麦德尔像前焚香燃灯、诵经祈祷外，还要举行盛大的跳神活动。届时，各地农牧民扶老携幼，从四面八方纷纷赶来赴会。如今，麦德尔节的内容发生了很大的变化。烧香敬神的农牧民已不多，而是欢聚在一起，载歌载舞，彼此互祝新的一年里身体健康、万事如意。

那达慕大会是蒙古族人民盛大的传统节日，在每年农历七八月间举行。那达慕的意思是"娱乐、游玩"，主要项目是摔跤、射箭和赛马。会期三五天、六七天不等。每到节日那一天，从清晨开始，蒙古族男女老少，穿着色彩缤纷的新装，乘车、骑马，一同向会场奔去。如今，那达慕大会已成为蒙古族人民喜闻乐见、踊跃参加的具有民族特色的体育、娱乐、物资交流的隆重集会。

马奶节是锡林郭勒地区蒙古族牧民的盛大节日，每年农历八月末举行，为期一天。牧民们为了祝愿健康、幸福和吉祥，以洁白神圣的马奶命名这个收获的节日。大会开始时，先由主持人向客人及蒙医敬献马奶酒和礼品，祝大家节日愉快，然后在人们轻声哼出的歌声中，朗诵马奶节的献词，接着琴师们便拉起扎有彩绸的马头琴，歌手则纵情唱起节日的献歌，随后举行赛马活动。参加比赛的骏马，全是两岁的小马，它象征着草原的兴旺和蓬勃，也唤起了人们对马奶哺育的情感。

2) 礼貌礼节

蒙古族很讲究礼貌。他们热情好客，有客人到来总是出帐篷迎接。客人进帐后，全家老少围着客人坐定，用"艾拉克"（酸马奶）招待客人。客人必须一饮而尽，以表示对主人的尊重。之后主人还会请客人品尝香甜的黄油、奶皮和独具草原风味的"手扒羊肉"。尽管有些食品客人吃不惯，但也不要拒绝，应尝一尝，并点头称好以表谢意。蒙古族人民把酒看做是食品的精华，敬酒是表示对客人的欢迎和尊敬，有时还唱一些表示欢迎与友谊的歌曲来劝酒。当客人告别的时候，常常是举家相送，指明去路，祝客人一路平安。

向到蒙古包做客的人递鼻烟壶闻嗅，是蒙古族很普遍的相见礼，同汉族人的握手、西方人的拥抱一样。牧民们若能得到一个漂亮的鼻烟壶，会视为珍品保存。递鼻烟壶也有一定的规矩，如果是同辈相见，要用右手递壶，互相交换，或者双手略举，鞠躬互换，然后各自倒出一点鼻烟，用手指抹在鼻孔处，品闻烟味，品毕再互换；如果是长辈和晚辈相见，长辈要微欠身，用右手递壶，晚辈跪一膝，用两手接过，举起闻嗅。

蒙古族人很尊重长者，接受长者赠予的东西，必须屈身去接或跪下一条腿伸右手接。问候请安是蒙古族必不可少的见面礼。同辈相遇都要问好，遇到长辈则首先请安，如果骑在马上要先下马，坐在车上要先下车，以示尊敬。男子请安，单屈右膝。无论何人，对比自己年龄大的都称"您"。无论是走路、入座，还是吃饭、喝茶，一定让老人或长辈在先。在老人或长辈面前，年轻人说话十分客气，恭恭敬敬。蒙古族人很重视命名，名字内涵丰富，寓意深刻，常常表达人民对人生的美好企盼和祝福。蒙古族尚白，白色代表纯洁、吉祥，具有丰富、平安之意。所以，用察罕（白）为人名的很多，如察罕不哈、察罕巴拜等。蒙古族人也喜用"结实"来命名，如巴图、拔都等。

3）饮食习惯

蒙古族饮食具有丰富的民族特色。茶食是必不可少的饮品，在夏、秋两季，很多人习惯多饮茶、少吃饭。茶食分为淡茶、奶茶、酥油茶和油茶。炒米也叫蒙古米，是蒙古族的主要食品之一，系用糜子米经蒸、炒、碾等工序加工而成。蒙古族的奶食分为食品和饮料。食品主要有白油、黄油、奶皮子、奶豆腐、奶酪、奶果子等。饮料除奶茶外，还有酸奶和奶酒。

羊肉是蒙古族最普通、最爱吃的食品。最负盛名的有手扒羊肉、全羊大席等。除羊肉外，牛肉、鹿肉、兔肉、野羊肉等也很受喜爱。蒙古族同胞热情而好客，尤其是接待远道而来的尊贵客人时，都要以全羊大席或八珍肴宴请。

4）主要禁忌

蒙古族忌讳坐在蒙古包的西北角。忌骑着快马到别人家门口，认为是报丧或带来其他不吉利的消息。所以，一般应慢步绕到毡房后面下马。忌手持马鞭进入毡房，认为这是前来挑衅，所以鞭子应放在门外。进门从左边进，入包后在主人的陪同下坐在右边，离包时也要走原来的路线。出蒙古包后，不要立即上车（上马），要走一段路，等主人回去了，再上车（上马）。主人躬身端来奶茶，客人应欠身双手去接。吃肉时须用刀，给人递刀时，忌刀尖朝着接刀者。忌用碗在水缸、锅中取水，忌碗口朝下扣放。忌从衣、帽、碗、桌、粮袋、锅台、井台上跨过。忌乱摸乱动有宗教意义的法器、经典、佛像等，敖包上的石头、树枝忌随便拿下。

蒙古族喜爱犬，认为它是忠诚、信义的象征。客人来，狗要叫，但客人不能打狗，否则会遭到主人冷眼相待。蒙古族人，特别是牧区的蒙民，一般不食鱼类、鸡鸭、虾蟹和动物的内脏等，他们认为"水族鸟类"的内脏和血液不洁净，会招致灾难和病患。蒙古族人忌讳别人当面赞美他们的孩子和牲畜，认为这会给孩子和牲畜带来不幸；忌讳用手或棍棒指着清点人数，因为这意味着清点牲畜。

阅读资料 9—1

蒙古族长调

蒙古族长调蒙古语称"乌日图道"，意为长歌。它的特点是字少腔长、高亢悠远、舒缓自由，宜于叙事，又长于抒情；歌词一般为上、下各两句，内容绝大多数是描写草原、骏马、骆驼、牛羊、蓝天、白云、江河、湖泊等。蒙古族长调以鲜明的游牧文化特征和独特的演唱形式讲述着蒙古民族对历史文化、人文习俗、道德、哲学和艺术的感悟，所以被称为"草原音乐活化石"。2005年11月25日，联合国教科文组织在巴黎总部宣布了第三批"人类口头和非物质遗产代表作"，中国、蒙古国联合申报的"蒙古族长调民歌"荣列榜中。

9.2 回族

1. 回族简介

回族是一个人口较多，分布较广的民族。回族人口约为1 060万，主要分布在宁夏、甘肃、青海、陕西、新疆、河南、山东、云南、辽宁、安徽、北京等11个省市自治区，有较多回族杂居，其他各省都有回族散居，呈大分散、小杂居，主要是与汉族杂居。回族是古代东西亚文明的中介民族之一，通用汉语和汉文，但在日常用语和宗教活动用语中保留有阿拉伯语或波斯语词汇。回族普遍信仰伊斯兰教。回族穆斯林在口语中称伊斯兰教为"教门"。

2. 回族礼俗

1) 传统节日

回族的传统节日以圣纪日、开斋节和宰牲节三大节日最为隆重，均源于伊斯兰教。圣纪日是在每年回历三月十二日，相传这一天是创始人穆罕默德的诞辰日。

开斋节是回族穆斯林最为崇高的节日，在新疆地区也称肉孜节。每年回历九月为穆斯林斋月，凡成年穆斯林，从每日破晓到日落，整个白天不吃不喝，但照常工作、学习，直到晚霞消失，人们才能自由吃喝。待斋月期满后，即回历十月一日，为开斋节，宣告斋月结束。清晨，清真寺的钟声响过之后，回民男子要穿上新衣服、带上洁白的小帽，妇女要换上节日的盛装，到清真寺参加礼拜，开茶话会、联欢会，进行扫墓、赛马、叼羊等活动，一般要持续3天。之后，还要互相祝贺，气氛如同汉族的春节一样。

宰牲节，即古尔邦节，也称忠孝节。伊斯兰教规定，教历每年十二月上旬，是教徒履行宗教功课、前往麦加朝觐的时期。在朝觐的最后一天（十二月十日），要宰杀牛羊共餐庆祝，这就是古尔邦节。这一习俗来源于阿拉伯的一个民间传说。传说先知易卜拉欣梦见真主安拉让他的儿子伊斯玛仪献祭，以考验他对安拉的忠诚。当其子遵命俯首时，安拉为其虔诚感动，特遣使送来一只黑头绵羊代替。从此，阿拉伯人便有了宰牲献祭的习俗。后来，伊斯兰教仍尊称易卜拉欣为"圣祖"之一，并继承了这一礼仪，把古尔邦节定为宗教节日。世界各地的穆斯林都十分重视这一节日，每年这一天都要举行宗教祈祷，宰杀牛羊献祭，表示对安拉的顺从。在中国，节日这一天，穆斯林群众身着新衣相互拜节，互致节日祝贺。

2) 礼貌礼节

回族在千百年的历史发展过程中，受伊斯兰教文化、中国传统文化和生活环境的影响，逐步形成了独具特色的民族风俗习惯。历史上，回族人从出生时开始，就要请阿訇起回回名字，结婚时请阿訇证婚，死亡后请阿訇主持殡葬，各方面均受伊斯兰教的影响。阿訇是清真寺主持教务的人，极受穆斯林及回族人的尊敬。当他们在祈祷时，千万不要打扰他们。

回族人之间彼此相遇，十分友善，深受《古兰经》中"穆斯林皆兄弟"的教义影响。回族人讲究卫生，室内清洁，饭前便后要洗手。

3）饮食习惯

回族有严格的饮食习惯和禁忌，并与其他穆斯林民族创造和发展了中国清真饮食文化。"清真"一词在宗教意义上，是指回族成员虔诚的伊斯兰教信仰及其相关的宗教行为；在个人生活行为意义上，是指讲求心净、身净、居处净和饮食净。回族讲求食物的可食性、清洁性及节制性，民间概括为"饮食净"。在动物的可食性方面，受伊斯兰教传统文化及中国传统文化"食可养性"观念影响，通过"审物之形象、察物之义理"，一般选择"禽食谷、兽食草"，且貌不丑陋、性不贪婪懒惰、蹄分两瓣能反刍的牛、羊、骆驼、兔、鹿、獐、鸡、鸭、鹅、雁、雀、鱼、虾等为食，并且除水产物外须念"台思米"，断喉宰之方可食用。狼虫虎豹熊、驴马骡猪狗、狐猫鼠蟒蛇、鹰鹞鸳鲨鲸等与酒、动物之血属禁食之物。回族喜欢饮茶。早期穆斯林喜吃甜食，在中国茶文化影响下，形成了以甜味为特色的饮茶习惯（其中比较有名的是"三炮台"和"八宝盖碗茶"）。

回族的主食为蒸馍、包子、饺子、馄饨、汤面、拌面、牛羊肉泡馍和油炸馓子。回族人正宗宴席十分考究。宴席名"九碗三行"，是指宴席上的菜全部用9只大小一样的碗来盛，并要把碗摆成每边3只的正方形。宴席不仅讲究摆法，上菜程序、菜肴配置也有约定俗成的规矩，且烹饪方法只用蒸、煮、拌3种形式。由于所有菜肴都不用油炸，所以十分清淡、爽口，别有风味。

4）主要禁忌

在饮食方面，回族除了禁食猪肉外，禁食狗、驴、骡等不反刍动物的肉，禁食凶猛禽兽的肉和无鳞鱼类，不吃一切动物的血和自死动物。谈话时也忌讳"猪"字或同音字。那些可食用的畜禽，也不能随便拿来即食，必须经过阿訇诵经后宰杀，然后方可进食。否则，就是对真主的不恭，要受到严厉的惩罚。回族人忌讳使用禁忌的食品开玩笑，不能用忌讳的东西作比喻，如不能说某某东西像血一样红。一些地方的回族人还禁酒。忌别人在背后议论其民族风俗。回族人外出必须戴帽子，严禁露顶。回族人在家宴客，还忌主人单独陪客，通常请族中男性长者或亲朋好友作陪。忌用左手递送物品。

9.3　维吾尔族

1. 维吾尔族简介

维吾尔族是新疆的主体民族，遍布全疆，大部分居住在天山以南的喀什、和田、阿克苏等地（州），天山以北的伊犁地区和其他各地（州）也都分布着维吾尔族人。维吾尔族人口约1 020万。维吾尔族是中国北方的一个古老民族，"维吾尔"是维吾尔族的自称，是"团结"或"联合"的意思。维吾尔族有自己的语言和文字。语言属阿尔泰语系突厥语族，使用以阿拉伯字母为基础的维吾尔文。维吾尔文共有36个字母，是从右向左写的。由于民族之间长期频繁地交往和学习，新疆许多维吾尔族人兼通汉语和哈萨克语。维吾尔族群众信仰伊斯兰教，伊斯兰教对维吾尔族人民的思想意识和生活方式影响很大。

2. 维吾尔族礼俗

1）传统节日

维吾尔族的传统节日与回族相似，主要有肉孜节（开斋节）、古尔邦节、诺鲁孜节等。其中，一年一度的古尔邦节最为隆重。

2）礼貌礼节

维吾尔族待人接物很讲礼貌，在路上遇到尊长和朋友时，习惯于把右手掌放在左胸上，然后把身体向前倾30度，并连说："牙克西姆斯孜（您好）！"当行路人无处进餐和住宿时，只要说明来意，主人虽不相识，也会殷勤招待。走路让长者走在前面，谈话让长者先谈，入座让长者坐在上座，吃饭先端给长者；小辈在长者面前不喝酒、吸烟，老人无论到哪里去做客，他骑的马无论是卸鞍子，还是饮马、喂马，都由年轻人去做，走时，年轻人给老人备鞍，扶老人上马；家里来了客人，全家都出来欢迎，然后女主人以十分真诚的态度，用盘子端来茶水；老人吃饭时或到别人家里去，常常双手摸脸做"都瓦"（祝福仪式），有时互相见面握手后也做"都瓦"。

维吾尔族人热情好客，在家中请客时，总是请客人坐在靠大墙的一边，以表示尊敬。先给客人敬献一碗热茶，将热气腾腾、香气四溢的茯砖茶斟在小瓷碗里，用托盘双手敬献给客人。把馕、干果、冰糖、新鲜瓜果等食品装盘，端出来摆在客人面前。吃饭时，要请客人动手先吃。出于礼貌，客人应跪坐，并请主人先吃。在外面请客时，喜欢送一些吃食给服务员。如果服务员坚决拒绝，他们会不高兴。因此，服务员可以道谢后用双手接受。维吾尔族人在欢迎宾客时，"给洗手水"是必不可少的礼仪。在宾主寒暄之后进食之前，主人亲自或特意安排专人向应邀而来的客人的手掌里倒水，服侍客人洗手。这种礼仪与以手进食的习惯及缺水环境有关。

维吾尔族人和所有信奉伊斯兰教的民族一样，把食盐看得很神圣，认为盐有一种超自然的力量，可以左右人的吉凶、祸福和顺逆，与人的命运息息相关。婚礼中有一项必不可少的仪式，就是让新人各吃一块在盐水中蘸过的馕，以祝福他们婚姻甜蜜、白头偕老。在民间纠纷或其他激烈争执中，经常借食盐来赌咒发誓。踩着食盐赌咒发誓是最郑重的一种形式。在民间，人们还在婚嫁等喜庆仪式中，把食盐作为表示美好祝愿的佳品相赠。

3）饮食习惯

维吾尔族的饮食保留着许多游牧民族的特色，最喜爱的主食是抓饭，其次是拉面、包子。维吾尔族农民日常的食品有馕（烤饼）、面条、抓饭、茶、奶等。待客、节日和喜庆的日子，一般都吃抓饭。集市上出售的烤肉、烤馕、薄皮包子、小水饺等，都是人们爱吃的食物。瓜果是维吾尔族人民的生活必需品。

维吾尔族喜爱的饮料是各种奶类和奶茶或清茶,茶主要是茯茶,也有喝砖茶的。条件稍好的大多喝奶茶,即在茶水中加入牛奶、羊奶煮成。维吾尔族大多爱喝葡萄酒,且酒量都很大。

4) 主要禁忌

维吾尔族人吃饭或与人交谈时,忌擤鼻涕、打哈欠、吐痰,饭毕有长者领作"都瓦"时,忌东张西望或站起;禁食猪肉、驴肉、狗肉、骡肉、骆驼肉和自死的畜肉及一切动物的血,在南疆还禁食马肉、鸽子肉;衣着忌短小,上衣一般要过膝,裤腿达脚面,忌户外着短裤;屋内就座,切忌坐床,忌双腿伸直,脚底朝人;接受物品或请茶,忌用单手;未经主人同意不得擅自动用主人家的物品;到别人家去,一定要让年长的人先进门。青壮年妇女一人在家时忌外人进去;新婚夫妇的洞房忌随便闯入;见到门上挂有红布条,表示妇女分娩或小孩出疹子,忌外人入内;不要和妇女开玩笑;在公共场合忌光着上身,更不能穿着背心、裤衩到别人家里去;忌背后议论别人的短处;禁止在住地附近、水源旁边、墓地、清真寺周围和果树下面大小便、吐痰或倒脏水;禁止携带污浊之物进入墓地和清真寺;禁止在墓地附近修猪圈、厕所,不许牲畜在墓地内乱跑,不许从墓地上取土;不得用自己的水桶或罐子在水井或涝坝内打水,要先用公用水桶打水,然后倒入自己的桶或罐内;北疆地区,禁止在长辈面前讲诙谐或揶揄的语言。

9.4 藏 族

1. 藏族简介

藏族主要是居住在中国青藏高原地区,主要聚居在西藏自治区,以及青海、甘肃、四川、云南等省。人种属于蒙古人种,约 630 万人口,以从事畜牧业为主,兼营农业。另外,尼泊尔、巴基斯坦、印度、不丹等国境内也有藏族分布。藏族自称"蕃巴"(bod-pa),"藏族"来自汉族的称谓,原来意义可能是"雅鲁藏布江流经之地"。藏族有自己的语言和文字。藏语属汉藏语系藏缅语族藏语支,分卫藏、康方、安多 3 种方言。现藏文是 7 世纪初根据古梵文和西域文字制定的拼音文字。

藏族普遍信奉喇嘛教。喇嘛教即藏传佛教,是 10 世纪左右在佛教教义的基础上,融合藏地原始宗教——苯教的基础上而形成的一个新的佛教宗派。1965 年 9 月 9 日,西藏自治区建立。

2. 藏族礼俗

1) 传统节日

藏族的传统节日主要有藏历年、酥油花灯节、雪顿节、旺果节等。

藏历年是藏族人民最隆重、最盛大的传统节日,相当于汉族的春节。拉萨把藏历一月一日作为新年,也有地方以十二月一日、十一月一日作为新年。从藏历十二月起人们便着手准备供过年吃、穿、玩、用的东西。特别要准备的迎新年的礼品"五谷盒",藏语叫"切玛"，是一个雕花的类似于首饰盒的物件，里面装满了各式粮食，还在上面插上青稞苗，预示来年五谷丰登，吉祥如意。除夕之夜，全家围坐欢聚，共吃糌粑。新年初一，各家一般都闭门自家欢聚，互不访问。从初二开始，亲朋好友互相拜年。

　　酥油花灯节是西藏、青海、甘肃等地藏族人民的传统节日，于每年藏历元月十五日举行。酥油花是用白色酥油配以彩色颜料而塑成的各种彩像。拉萨的酥油花灯节非常热闹，藏族人民身着艳丽的民族服装，成群结队云集拉萨，晚上汇集于大昭寺周围的八角街，共度佳节良宵。

　　雪顿节又称"酸奶节"，于每年藏历七月一日举行，为期5~7天。"雪顿"是藏语音译，"雪"意为喝酸奶子，"顿"为宴会。按藏语解释，雪顿节是喝酸奶子的节日，后逐渐演变为以演藏戏为主，因此又称之为"藏戏节"，距今已有300年历史。按喇嘛教格鲁派规定，每年藏历六月十四日至三十日为禁期，全藏大小寺院的喇嘛，只能在室内念经修习，不准外出，以免踏死小虫，"有伤上天好生之德"。到六月三十日期满，解除禁令，喇嘛走出山门，纷纷下山，世俗百姓则要准备酸奶子进行施舍，喇嘛除了饱饮一顿酸奶子外，还尽情地欢乐玩耍，这就是"雪顿"的来源。

　　旺果节是预祝农业丰收的传统节日，又称丰收节。"旺果"是藏语的音译，"旺"是土地，"果"是转圈，"旺果"就是绕田间地头转圈。此节主要流行于农区，没有固定的日期，一般在秋收之前的藏历八月选择吉日举行，节期3~5天。旺果节历史悠久，早在1 000多年前就流行于雅鲁藏布江中下游地区。而现在藏族同胞欢度旺果节时，都要举行赛马、射箭、歌舞等各种娱乐活动。

　　2）礼貌礼节

　　藏族向来有热情好客的风尚，客人越多越荣耀。藏族人彼此见面时，习惯伸出双手，掌心向上，弯腰躬身施礼。藏族人伸舌头是一种谦逊和尊重对方的行为，而不是对他人不敬。双手合十表示对客人的祝福。

　　献哈达是藏族最普遍也是最隆重的一种礼节，是对对方表示纯洁、诚心与尊敬。"哈达"是一种丝织品，白色居多，释为仙女身上的飘带，以其洁白无瑕象征至高无上。哈达按尺寸的长短可分为"那吹"（约3米）、"阿喜"（约2米）、"索喜"（约1米）。所献"哈达"越宽越长，表示的礼节就越隆重。对尊者、长辈献哈达时要双手举过头顶，身体略向前倾，将哈达捧到座前；对平辈只要将哈达送到对方手中或腕上即可；对小辈或下属，则系在他们的颈上。不鞠躬或单手送都是不礼貌的。接受哈达的人通常与献哈达的人采取一样的姿势，并表示感谢。

　　磕头也是藏族人常见的礼节。一般在朝拜佛像、佛塔和活佛时磕头，也有对长者磕头的。鞠躬是对长辈或尊者所施之礼。行礼时要脱帽、弯腰45°。如果对一般人或平辈行鞠躬礼，帽子放在胸前、头略低即可。

　　三口一杯是藏族在会客时最主要的一种礼节。三口一杯的程序大概为：客人先用右手无名指沾点酒，向空中、半空、地上弹3下，以示敬天、地和祖先（或者敬佛法僧三宝），然后小喝一口，主人会把杯子倒满，再喝一口，主人又会把杯子倒满，这样喝完3次，最后把杯子中的酒喝完。

藏族人不喜欢别人直接称呼其"藏民"，而愿意称呼他们"唠同"（同志），要称呼人名时，一般在名字后面加"啦"字，以示对对方的敬重、亲切。藏族的姓名称谓颇有特点，小孩出生后，多请舅舅、长者、喇嘛、活佛取名，一般取名者将自己名字中的两个字纳入小孩的名字。藏人名字多为4个字，如扎西多杰、次仁旺堆、格桑罗布等。为方便呼叫，可简呼前两个字或后两个字。

3）饮食习惯

藏族大部分人是日食三餐，但在农忙或劳动强度较大时有日食四餐、五餐、六餐的习惯。绝大部分藏族人以糌粑为主食，即把青稞炒熟磨成细粉。特别是在牧区，除糌粑外，很少食用其他粮食制品。食用糌粑时，要拌上浓茶或奶茶、酥油、奶渣、糖等；糌粑既便于储藏又便于携带，食用时也很方便。在藏族地区，随时可见身上带有羊皮糌粑口袋的人，饿了随时皆可食用。吃肉时不用筷子，而是将大块肉盛入盘中，用刀子割食。牛血、羊血则加碎牛羊肉灌入牛、羊的小肠中制成血肠。肉类的储存多用风干法。一般在入冬后宰杀的牛、羊肉一时食用不了，多切成条块，挂在通风之处，使其风干。冬季制作风干肉既可防腐，又可使肉中的血水冻附，能保持风干肉的新鲜色味。

藏族同胞都喜欢喝青稞酒、酥油茶、吃糌粑，这是独具特色的藏族传统食品和饮料。茶和酒在藏族人民的生活中占据很重要的地位，是藏民一年四季，早、中、晚都离不开的饮料。青稞酒是用青稞酿成的一种度数很低的酒，它是喜庆节日假期的必备饮料。藏族人不但自己爱喝青稞酒，也喜欢用青稞酒招待客人。酥油茶也是藏族传统饮料，是砖茶用水熬成浓汁后，加上酥油和食盐加工而成，其清香可口，营养丰富，既可解渴，又可滋润肺腑。奶茶也是藏民饮用和招待宾客的常备饮料，无论是亲朋好友，还是旅游者，只要进入藏族人的帐房，入坐之后，就会有一碗热气腾腾、香味飘溢的奶茶端至面前。奶品是藏族人的重要食品。藏族地区牛羊多，奶制食品也多，其中最普遍的是酸奶子和奶渣子两种。此外，蕨麻米饭、虫草炖雪鸡、蘑菇炖羊肉被誉为甘南藏区的"草原三珍"。

4）主要禁忌

藏族是一个古老而热情的民族，在漫长的历史中，形成了自己的生活习惯和生活中的禁忌。接待客人时，无论是行走还是言谈，总是让客人或长者为先，并使用敬语。迎送客人，要躬腰屈膝，面带笑容。室内就座，要盘腿端坐，不能双腿伸直，脚底朝人，不能东张西望。接受礼品，要双手去接。赠送礼品，要躬腰双手高举过头。敬茶、酒、烟时，要双手奉上。藏族最大的禁忌是杀生，受戒的佛教徒在这方面更是严格。虽吃牛羊肉，但他们不亲手宰杀。藏族人绝对禁吃驴肉、马肉和狗肉，有些地区也不吃鱼肉。吃饭时要食不满口，咬不出声，喝不出响。喝酥油茶时，主人倒茶，客人要待主人双手捧到面前时，才能接过来喝。忌在别人后背吐唾沫、拍手掌。行路遇到寺院、玛尼堆、佛塔等宗教设施，必须从左往右绕行，信仰苯教的则从右边绕行。不得跨越法器、火盆、经筒，法轮不得逆转。忌讳别人用手触摸头顶。进寺庙时，忌讳吸烟、摸佛像、翻经书、敲钟鼓。对于喇嘛随身佩带的护身符、念珠等宗教器物，更不得动手抚摸。在寺庙内要肃静，就座时身子要端正，切忌坐活佛的座位，忌在寺院附近大声喧哗、打猎和随便杀生。忌用单手接递物品。忌在拴牛、拴马和圈羊的地方大小便。进入藏胞的帐房后，男的坐左边，女的坐右边，不得混杂而坐。忌将骨头扔于火中。藏族家里有病人或妇女生育时，门前都做了标记，有的在门外生一堆火，有的在门口插上树枝或贴一红布条。外人见到此标记，切勿进入。藏族人一般不吃鱼虾、鸡肉和鸡蛋，不要勉强劝食。但现在这类饮食习惯已有很大改变。每人均有凶日和吉日。凶日中，一切事情都不能做，只能在家里念经或出去朝佛。人们相信藏历的每一个地支终了、第二个地支开始时是一个凶年，如每个人的13岁、25岁、37岁、49岁（依次类推），都是凶年或"年关"，要特别小心，只有多念经、多布施才能避免灾难。不能跨过或踩在别人的衣服上，也不能把自己的衣物放在别人的衣服上，更不能从人身上跨过去。妇女晾衣服，尤其是裤子、内裤不能晾在有人经过的地方。在使用扫把和簸箕时，不能直接用手传递，必须先放在地上，然后另一个人从地上捡起来。

9.5 壮 族

1. 壮族简介

壮族是中国少数民族中人口最多的一个民族，人口约1 700万，主要聚居于广西壮族自治区、云南省文山壮族苗族自治州，少数分布在广东、湖南、贵州、四川等省。壮族有自己的语言，属汉藏语系壮侗语族壮傣语支，分南、北两个方言。壮族多使用汉文。壮族信仰多神，崇拜祖先。唐宋以后，佛教、道教先后传入壮族地区。近代，基督教、天主教也传入壮族地区，但影响不大。

2. 壮族礼俗

1）传统节日

壮年即壮族新年。时间比汉族早1个月。过去，每年农历十一月三十日，家家户户杀猪宰羊，合家祭祖，联寨拜社，喜迎新年。

歌圩是壮族最隆重的民族传统节日。歌圩，壮语意为"歌的集市"，壮族每年有数次定期的民歌集会，如正月十五、三月三、四月初八、八月十五等，其中以三月三为最隆重。歌圩节的这一天，家家户户做五色糯米饭，染彩色蛋，欢度节日。歌圩节一般每次持续两三天，地点在离村不远的空地上，竹子和布匹搭成歌棚，接待外村歌手。对歌以未婚男女青年为主体，但老人小孩都来旁观助兴。小的歌圩有一两千人，大的歌圩可达数万人之多。在歌圩场，摊贩云集，民间贸易活跃。附近的群众为来赶歌圩的人提供住食，无论相识与否，都热情接待。人们到歌圩场上赛歌、赏歌。男女青年通过对歌，如果双方情投意合，就互赠信物，意为定情。此外，还有抛绣球、碰彩蛋等有趣活动。抛绣球主要是娱乐，也作定情信物。当姑娘看中某个小伙子时，就把绣球抛给他。碰彩蛋是互相取乐承欢，亦有定情之意。

吃立节是广西壮族自治区龙州县、凭祥市一带壮族人民特有的节日。"吃立"壮语意为"欢庆"。壮族人民有欢庆年节的传统。1884 年春节来临之际，法国侵略者侵略我国边境。为了打击侵略者，保家卫国，青壮年奔赴疆场，英勇杀敌。正月三十日，出征的将士凯旋，乡亲们杀鸡宰羊，做糯米粑，盛情款待，共同欢庆胜利，补过年节，从此以后逐渐形成吃立节。节日期间，人们舞狮子、耍龙灯、唱歌跳舞等，热闹非凡。

2）礼貌礼节

壮族待客注重礼节。客人来访时，必有主人出面热情招待，让座递烟，双手捧上香茶。茶不能太满，否则视为不礼貌。招待客人的餐桌上务必备酒，方显隆重。敬酒的习俗为"喝交杯"，其实并不用杯，而是用白瓷汤匙。两人从酒碗中各舀一匙，相互交饮，眼睛真诚地望着对方。有客人在家时，不得高声讲话，进出要从客人身后绕行。与客人共餐，要两脚落地，与肩同宽，切不可跷起二郎腿。客人告辞时，主人要将另留的鸡肉和客人盘中的剩余肉用菜叶包好，让客人带回去，给亲人品尝，客人绝不能拒绝。

壮族人在与其他人谈话时，不使用第一人称"我"，而是把自己的名字说出来。他们认为，直截了当说"我"字是不尊重别人的表现。壮族人尊重老人，办事多听从老人意见。在路遇老人时，男的要称"公公"，女的则称"奶奶"或"老太太"。赴宴做客，给老人让上座，要将鸡头等上等菜留给老人。

3）饮食习惯

多数地区的壮族习惯于日食三餐，有少数地区的壮族也吃四餐，即在中、晚餐之间加一小餐。早、中餐比较简单，一般吃稀饭，晚餐为正餐，多吃干饭，菜肴也较为丰富。大米、玉米是壮族地区盛产的粮食，自然成为他们的主食。制作方法多种多样，如大米有籼米、粳米、糯米等品种。平时用于做饭、煮粥，也常蒸成米粉（类似面条，有汤食、炒食之分）食用，味道鲜美可口。粳米、糯米还可泡成甜米酒，营养丰富。糯米常用来做糍粑、粽子、五色糯米饭等，是壮族节庆的必备食品。玉米也有机玉米与糯玉米之别，机玉米用于熬粥，有时也煎成玉米饼。玉米粥乃山里壮族人最常吃的。有些地方还有吃南瓜粥的习惯，即先将瓜熬烂，加玉米面煮熟即可。糯玉米磨成面后，可做糯玉米粑，或者捏成鸡蛋大小的面团（内可包有糖、芝麻、花生等馅料），再用水煮熟，与其清汤同吃，相当于汉族元宵、色味俱美。甜食是壮族食俗中的又一特色。糍粑、五色饭、水晶包（一种以肥肉丁加白糖为馅的包子）等均要用糖，连玉米粥也往往加上糖。日常蔬菜有青菜、瓜苗、瓜叶、京白菜（大白菜）、小白菜、油菜、芥菜、生菜、芹菜、菠菜、芥蓝、蕹菜、萝卜、苦麻菜，甚至豆叶、红薯叶、南瓜苗、南瓜花、豌豆苗也可以作为菜食用，以水煮最为常见，也有腌菜的习惯，腌成酸菜、酸笋、咸萝卜、大头菜等。菜快出锅时加入猪油、食盐、葱花。壮族对任何禽畜肉都不禁吃，有些地区还酷爱吃狗肉。壮族人习惯将新鲜的鸡、鸭、鱼和蔬菜制成七八成熟，菜在热锅中稍煸炒后即出锅，可以保持菜的鲜味。壮族自家还酿制米酒、红薯酒和木薯酒，度数都不太高，其中米酒是过节和待客的主要饮料，有的在米酒中配以鸡胆称为鸡胆酒，配以鸡杂称为鸡杂酒，配以猪肝称为猪肝酒。饮鸡杂酒和猪肝酒时要一饮而尽，留在嘴里的鸡杂、猪肝则慢慢咀嚼，既可解酒，又可当菜。

节庆饮食最能反映壮族饮食习惯。三月三吃的五色饭是用红兰草、黄饭花、枫叶、紫蕃藤等植物的汁液分别浸泡糯米，然后蒸熟制成的。五色饭色彩鲜艳，用于祭祀和待客。每到春节和端午节，家家户户都要包"驼背粽"。其做法是将上等糯米浸泡后用粽叶包裹，包时在糯米中间放绿豆沙或一条拌好作料的肉条，包成两头扁平、背面中间隆起的形状。"驼背粽"大的能到两三斤，小的也有一斤，很长时间才能煮熟，是节日馈赠的佳品。此外，烤整猪、白斩鸡等，都是壮族用以待客的特色佳肴。壮族人喜吃腌制的酸食，以生鱼片为佳肴；年节时，用大米制成各种粉、糕。妇女有嚼槟榔（也称吃蒌）的习俗。结婚送聘礼时，槟榔是必需赠送的礼物。

4）主要禁忌

壮族青年结婚，忌讳怀孕妇女参加，怀孕妇女尤其不能看新娘。壮族妇女生小孩期间，谢绝外人进入，特别是怀孕妇女不能进入产妇家。家有产妇，要在门上悬挂柚子枝条或插一把刀，以示禁忌。门口挂有草帽、青竹子或贴张红纸，暗示外人不得入内。不慎闯入产妇家者，必须给婴儿娶一个名字，送婴儿一套衣服、一只鸡或相应的礼物，做孩子的干爹、干妈。送礼忌送单数。两家喜事不能互贺，壮族人认为去祝贺别人的喜事，会将喜气、好运送走，自己就背时、倒霉。忌踩踏门槛，无论家人、客人都不能坐在门槛中间。正月初一到初三不可出村拜年，否则会将鬼神带进家中。出门忌碗碎，若出门前碗碎，预示出门不顺，诸事不吉利。

9.6 满　　族

1. 满族简介

满族历史悠久，满族统治者曾建立清朝统治全国达295年。满族分布在全国各地，人口超过1 000万。其中，以辽宁省为最多，其余散居于内蒙古、河北、新疆、宁夏、甘肃和山东等省和自治区，以及北京、西安、广州、杭州等大中城市。满族原广泛使用满语，现通用汉语、满语，属阿尔泰语系满通古斯语族满语支，有南、北2种方言。由于与汉族混居，交往密切，因而现在满族人都习用汉语，只有少数偏远的聚居村屯，还有少数老年人会说满语。1583年，努尔哈赤统一了女真各部，创建了八旗制度，创立了满文，并于1635年定族名为"满洲"。八旗制度具有政治、军事和生产3个方面的职能，成为满族社会的根本制度。1636年，皇太极称帝，改国号为清。1644年，清军入关，清朝成为中国统一的中央集权的最后一个封建王朝。1911年，辛亥革命后称为满族。满族人对中国的统一、疆域的开拓、经济文化的发展都作出了重大的贡献。满族信仰萨满教，还敬神信佛，敬观音、如来、太上老君等。

2. 满族习俗

1）传统节日

满族受汉族影响最多，节日与汉族节日相似，也过元旦、元宵节、清明节、端午节、中元节、中秋节、腊八节、小年、除夕等。此外，还有一些岁时习俗，如正月初五包饺子"捏破五"；正月初一至十五，闺房不做针线活，妇女结伴用猪、牛腿关节骨做的嘎什哈玩"抓字儿"；正月十六，满族妇女结伴出游，称"走百病"，联袂打滚以脱晦气，在冰上打滚称"拔河戏"；入夜点燃灯火，并提灯笼照遍屋内各角落及庭院僻静处，名曰"照贼"；正月、二月之内，凡有女之家多架木打秋千，又称"打油千"；三月初三为上巳日，妇女结伴赴郊外田野"踏青"；三月十五，盛京北塔法轮寺天地庙会，十六为山神庙会，二十八为东岳庙会，又称天齐庙会，四月十八为碧霞元君庙会，俗称娘娘庙会；九月九日为重阳节，食菊花糕；十月初一位下元节，也是鬼节，烧纸，扫墓祭祖，称"送寒衣"。

2）礼貌礼节

满族有尊上、敬老、好客、守信的美德。在待人接物方面，满族也有严格的礼节要求。在日常交往中，满族人习惯称名，不称姓。尊称或称其官衔时，常以名字的第一个字代姓，如首任黑龙江将军富察·萨布素，人们敬称为"萨大人"。满族有敬老之俗，不分贵贱，呼年老者曰"玛法"。出行遇老者，必鞠躬垂首而问曰"赛音"（汉语之意为"好"）。在家有对老人三天请小安、五天请大安的礼俗。在至亲中，妇女还行"半蹲儿"礼。

满族重客，如有客人来家，全家人都要穿戴整齐。满族自古有内眷不避外客的习俗，特别是初次登门的客人，主人还要主动向客人介绍内眷，以示敬意。留客人在家吃饭时，也是很讲规矩的，"酒要斟满、茶斟半碗"，因为有"酒满敬人、茶满欺人"之说，而且客人不放筷子，主人不能先放下筷子。主客之间边吃边说，小辈绝对不许插嘴，但未出嫁的姑娘、格格例外。外出做客时，长辈与小辈不能同席，父子不同桌。小辈一般都另开一桌。客来由父兄接待，上菜以双为上礼。每逢大宴，主人家必跳"莽式空齐舞"。待客喝酒，妇女也可以敬酒，而且妇女不喝则已，只要客人沾唇就要饮尽，不可推辞。家中来客，一般客人或老人从外面进来时，年轻媳妇赶紧迎出施礼，把烟袋接过来请到屋里，先敬烟，然后倒茶。就餐时主人先向客人敬第一杯酒，没有干杯、碰杯的习惯，客人喝酒必须留"福底"。盛饭用小碗，而且只盛大半碗，随时增添。平时家中就餐，上辈人不动筷，晚辈人绝不动筷。如今，满族礼节已经简化，全家围坐进餐已是常事，晚辈对长辈多以鞠躬致礼，平辈以握手礼为常见，但尊长者、敬宾客的风尚仍在。

满族贵族凡有祭祀和喜庆事时，设肉食宴会，无论相识与否，旗人都可参加，不必发请帖。届时，在院内搭一个高于房子的大棚，客人向主人请大安道喜后，随意席地盘膝围坐在坐垫上。主人端上一盘约10斤的白肉，客人依次轮流喝一大碗白酒，自备手刀割肉吃。客人吃得越多，主人越高兴，高呼添肉，并向客人致礼称谢。如果某一席上连一盘肉也吃不完，主人是不高兴的。

汉语已成为满族人民的重要交际工具，所以当亲朋好友见面时，问候的话语也早已使用了汉语，如"您好"、"您吉祥"、"给您老人家请安了"……在书信来往中，结尾时喜欢用

"祝您阖家吉祥如意"、"顺致大安"等。

3）饮食习惯

满族的饮食习俗是随着满族历史年代、社会生产、经济条件的变化而形成和发展的。满族人以面食为主食，最常见的是蒸煮食品，即把高粱、谷子、糜子、荞麦等磨成面粉，制成各种饽饽。其中，豆面卷子（俗称"驴打滚"）和"萨其玛"最有名，是满族独特的名吃。满族的主食还有饭和粥。饭有高粱米饭、小米饭、大小黄米饭等；粥有高粱米粥、小米粥、杏仁粥、腊八粥等。副食包括肉食类和蔬菜类。肉食中主要原料是猪肉和羊肉。满族人最常见的是大白菜及大白菜发酵而成的酸菜。以酸菜、猪肉、粉条为主要原料的火锅是满族人的日常菜肴。豆腐是常用的副食，几乎家家会做，一年四季都有。满族人还喜欢饮酒和吸烟。酒有白酒、黄酒和米酒之分；烟有旱烟、水烟两种，无论男女几乎都有此嗜好。

满族先民们长期生活在东北地区的白山黑水之间，除了"多畜猪，食其肉"外，捕鱼、狩猎、采集是他们的主要生产方式，鱼类、兽肉、野生植物和菌类则是他们的食物来源。吃祭神肉是满族的一项具有原始宗教色彩的食俗。在民间，新年祭索罗杆（神杆）时，都要做血肠（即后来的白肉血肠）；昏夜祭七星时的祭品，后来则演化成七星羊肉。在满族的祭祀中，多以猪为祭品，称猪肉为"福肉"、"神肉"，祭祀后众人分食。满族有喜爱黏食，喜食蜂蜜，爱喝糊米茶等习俗，这是在长期从事狩猎、采集、饲养、农耕、养蜂等经济生产的影响下，形成的食俗，当然还有地理、气候、生活环境的制约因素。满族入关统一中国后，虽然其饮食习俗受汉族影响较大，但还是保持着传统的习惯。从民间的风味小吃、三套碗席到清朝宫廷御点、满汉全席，构成了满族饮食的庞大阵容，它不仅是满族民族文化的组成部分，也是祖国烹饪宝库中的重要财富。

满汉全席是我国最著名的、规模最大的古典筵席。它是我国烹饪技艺发展的一个高峰。清入关后，随着国家的强大、昌盛，满族统治者在饮食上大大讲究起来。在康、雍、乾盛世，已有"满席"、"汉席"之分。满汉全席中，必有烧烤菜，以猪为原料的菜肴占一定比例；火锅类、涮锅类、砂锅类的菜肴，也占有明显的地位；干、鲜果品和蜜饯也是不可缺少的菜肴。至于饽饽和粥品，则是满汉全席的主食；关东野味尤为浓郁，熊掌、猴头、飞龙、人参、哈什蚂（红肚田鸡）等都是席上珍品。满汉全席的菜品丰富多彩，有多种菜谱，少则几十种，多则近200种。往往要分多次进食，有分两次、三次，甚至六次才能吃完。

4）主要禁忌

满族的禁忌大多与萨满教相关。萨满的神衣神器不能放在寡妇的住所和家庭成员有夭亡的人家，也不能放在棺材前。满族至今有放犬的习俗，家家养狗，但不杀狗，不吃狗肉，不戴狗皮帽子，不铺狗皮褥子，不用狗皮制品。满族也不准打射乌鸦、喜鹊，也曾有"神鹊救主"的传说。在满族老百姓家的院子里，都喜欢种柳树，而且不许在柳树下拴马、喂家禽等。满族将西墙作为供奉祖先的神圣部位，不准在此挂衣物，张贴年画。西炕俗称"佛爷炕"，供有"祖宗板子"，通常客人也不得在西炕休息，尤其是女人随便坐卧。

9.7 朝鲜族

1. 朝鲜族简介

朝鲜族历史悠久，人口超过192万。朝鲜族人主要分布在吉林省，其次在黑龙江省、辽宁省，还有些散居于内蒙古自治区。吉林省延边朝鲜族自治州是最大的聚居区，绝大多数朝鲜族人使用朝鲜语和朝鲜文。朝鲜语属阿尔泰语系，有6种方言。朝鲜文是朝鲜李朝世宗主持下，于1444年创制的拼音文字。朝鲜族的原始宗教是图腾崇拜、始祖崇拜，信仰过土俗神，部分人信仰佛教或基督教或天主教。朝鲜族人以擅长在寒冷的北方种植水稻著称，生产的大米洁白、油性大，营养丰富，延边朝鲜族自治州被称誉为"北方水稻之乡"。长白山林区的特产人参、貂皮、鹿茸角，被誉为"东北三宝"。朝鲜族是中国少数民族中文化水平较高、经济发展较快、人民物质生活较好的一个民族。在我国的朝鲜族人，主要是19世纪中叶由朝鲜半岛陆续迁入的。

2. 朝鲜族习俗

1）传统节日

朝鲜族的五大传统节日有春节、元宵节、清明节、端午节和除夕等。在节日里，除做节日饮食外，还根据节日的季节特点，组织各种游戏和体育活动。春节是盛大的传统节日。家家户户贴对联和年画，吃猪肉饺子，还爱吃用枣粉、松子、糯米拌蜂蜜煮成的甜饭。破晓前祭祀祖先，然后向老人叩首拜年，白天按自然屯分组进行拔河比赛。青少年打"石战"，姑娘和妇女们跳板，儿童们放风筝。晚上男女老少分别玩"栖戏"，往往通宵达旦。在节日里，朝鲜族亲友团聚，经常是翩翩起舞，歌声荡漾，并以筷击碗伴奏。此外，还有婴儿周岁、回甲（六十大寿）、归婚（结婚六十周年纪念日）3个家庭节日。老人满六十花甲，全家及亲友要为其举行跪拜、敬酒祝寿等仪式。

2）礼貌礼节

朝鲜族素有注重礼节的优良传统，对长辈说话必须使用敬语，同辈之间如不是亲戚朋友也用敬语。一般情况下，视年龄尊长，晚辈要先向长辈作自我介绍，此时要单腿屈膝，手放膝前，向前稍许弯腰，以示谦逊。行路时，年轻人与长辈同行，必须跟在长辈后面；走路遇上长辈，必须让长辈先行。在家用餐时，须给老人摆单桌，等老人开始用餐，家人才能就餐。饮酒时父子不能同席，年轻人如与老人同席，须背席饮酒，转身吸烟，这种习惯流传至今。

朝鲜族热情好客，家中如有来客，家庭成员都要起立让座，躬身相迎，接待热情。往往倾其所有为客人准备饭菜，让客人吃饱喝好。主人在整个用餐过程中要一直奉陪客人到底，客人吃完之前主人不能先放下筷子，客人亦不能吃尽碗里的饭，须留一点，否则视为失礼。遇有稀客、贵客，主人必以酒相待。

3) 饮食习惯

朝鲜族的主要粮食一般是大米、小米，京渍（即辣泡菜）是不可缺少的菜。朝鲜族的饮食独具特色。在朝鲜族的饮食中，誉满全国的是冷面，闻名世界的是泡菜，此外还有各种汤等。冷面多于夏季食用，一般用小麦粉、荞麦粉和甘薯淀粉混合制成面条，以牛骨煮汤，食用时汤中加辣椒、酱牛肉片、苹果片及其他调料。面条筋道，汤味香辣，入口凉爽，回味长久。泡菜是特别有名的朝鲜酸辣白菜，还包括青椒、紫苏叶、桔梗、萝卜条、鱼干等腌制的酱腌菜。这些腌制的小菜，佐饭下酒，价廉物美，十分走俏，已成为风靡东北、打入关内的风味小吃，在全国各大中城市都很容易品尝到，而且声誉极佳。汤是朝鲜族家常便饭必不可少的，素有"宁无菜肴也要有汤"之说，而且名目繁多，有30种之多。最讲究的是浓白汤，最常见的有牛肉汤、狗肉汤、小鱼汤等。朝鲜族制作的打糕、松饼，也是独具特色的朝鲜族风味食品。狗肉是朝鲜族最爱的菜肴，一年四季皆"狗肉飘香"。

4) 主要禁忌

朝鲜族在饮食方面的禁忌很多。例如，朝鲜族人一般不吃稀饭，不喜欢吃鸭、羊肉、肥猪肉和河鱼；不喜欢在热菜里放醋，也不爱吃带甜味的菜肴；不喜欢放糖和花椒的菜，以及油腻过多的菜。朝鲜族人虽说爱吃狗肉，尤其是爱喝狗肉汤，但是在婚丧及佳节期间禁止杀狗，忌食狗肉。当着老人的面不吸烟饮酒，在老人面前不准说粗话，最忌向老人借火或对火点烟。

9.8　哈萨克族

1. 哈萨克族简介

哈萨克族人口总数目前已超过165万。哈萨克族主要分布在新疆维吾尔自治区伊犁哈萨克自治州，以及新疆巴里坤哈萨克自治县、木垒哈萨克自治县，少数分布于甘肃阿克赛哈萨克自治县和青海海西蒙古族藏族自治州。哈萨克族是一个拥有悠久历史的游牧民族。哈萨克语属于阿尔泰语系突厥语族。本民族文字哈萨克文以阿拉伯字母为基础，1959年设计了以拉丁字母为基础的新文字方案。哈萨克族的宗教信仰主要是原始信仰和伊斯兰教。哈萨克族相信万物有灵，因而天、地、日、月、星宿、水、火都成为他们崇拜的对象。从15世纪开始，哈萨克族皈依了伊斯兰教，但在哈萨克牧民中，至今仍保留着北方游牧民族原始萨满教的一些成分。

哈萨克族是个能歌善舞的民族。其音乐很有特色，乐器种类繁多，乐曲丰富多彩。"冬不拉"为弹奏乐器，是哈萨克族民间最流行的传统乐器。拉奏乐器以"库布孜"为代表，演奏起来声音类似小提琴。吹奏乐器主要有"思布孜可"等。哈萨克族的打击乐器也有很多，极有特色的是"阿迪托亚克"。这种击奏乐器由两个组成一对，演奏时互相击打，外形类似马蹄，加之所奏出的效果，哈萨克族称之为"马蹄音"。哈萨克族民间乐曲十分丰富，古朴雄浑，优美动听。哈萨克族最善于用舞蹈来表达自己的思想感情和抒发自己内心的喜怒哀乐。他们舞蹈的特点是用"动肩"跳"马步"，动作感极强，表现出粗犷剽悍的民族风格和热烈奔放的草原气息。

2. 哈萨克族习俗

1）传统节日

哈萨克族的传统节日主要有开斋节（肉孜节）、古尔邦节和纳吾鲁孜节等。前两个是源于伊斯兰教的节日。纳吾鲁孜节是哈萨克族的传统节日。"纳吾鲁孜"是哈萨克语"送旧迎新"之意，节期在民间历法的新年第一天，大致在农历春分日。这一天，各家都吃一种用小米、大米、小麦、奶疙瘩和肉混合做成的饭。人们穿上鲜艳的民族服装互相登门祝贺，主人要用亲手制作的节日食品招待客人，大家在冬不拉的伴奏下唱一种专门在这一天唱的、有固定曲调、即兴填词的节日歌，并翩翩起舞。在牧区的有些地方，人们还要在这一天宰杀牲畜，把羊头赠给老人，借老人的祝福祈求来年获得丰收。

2）礼貌礼节

哈萨克族是个热情、好客、重礼仪的民族。人们相见，总要互致"全家平安"、"牲畜平安"等问候。这与他们从事游牧的经济生活密切相关。以季节与草场情况不断转场迁徙的哈萨克牧民，对前来拜访和投宿的客人，无论相识与否，都会热情款待。牧民认为，如果在太阳落山时放走客人，是一件耻辱的事，会被亲朋邻里认为待客不周而遭耻笑。主人待客，有自己的一套方式。通常客人来临，都要宰杀羔羊。至尊的客人，还要在现场宰杀一匹马驹。宰羊前，主人要牵羊到客人面前征得满意。进餐时，先将羊头献给客人。客人接过羊头，要用小刀先割一块面颊肉献给主人家年龄最大的人，再割一块羊耳朵给年龄最小的孩子或主妇。然后，自己随便割一块肉吃，再将羊头献给主人。这时，主客围坐一起，一边食用盘中的大块肉，一边品味主人特制的马奶酒。马奶酒是一种营养丰富的独特酒类，味道清香醇厚，既能解渴，也能充饥，还能医治轻微的肠胃病和其他慢性病，维生素含量比牛奶多好几倍，是草原牧民防寒助食的极好饮料。夜晚，广袤的草原特别静寂，幢幢毡房一片温馨，客人被安置在毡房正面的上方住宿。纯朴、敦厚、诚挚的主人，还会给客人讲述草原近年的新气象和美丽动人的传说故事。

哈萨克族有尊老的优良传统，在日常生活中，无论吃饭喝茶、说话走路，都要对老人礼让。年轻人不得直呼长辈的名字，不准当着老人的面喝酒，不准乱丢食物。一般在住宿处，还有为老人特设的木床，其他人不得在上坐卧。有时床上遮挂布幔，客人切忌牵动，否则就是失礼。

哈萨克族有许多特有的礼俗。例如，见面时，或者右手抚胸躬身，或者握手致意，说一声："加斯克么"（哈语"身体好"）。去哈萨克人家做客，进门时应让年纪大的主人在先。哈萨克人讲究坐席的安排，一般左边是客座，主人在右侧就座。

3）饮食习惯

哈萨克族的饮食习惯与赖以生存和发展的畜牧业紧密相关，以肉、奶、茶、面等食品为主；而奶制品在哈萨克族饮食中的分量很大。奶制品的种类主要有鲜奶子、酸奶子、奶皮子、奶豆腐、奶疙瘩、酥油、酥酪、奶糕、马奶酒等。其中，马奶酒是哈萨克牧民在各种聚会、盛宴中必不可少的饮品。

哈萨克族喜喝奶茶。奶茶的一般制作程序为：先将砖茶捣碎，放入铜壶或水锅中煮，茶水烧开调入鲜奶，要不断用勺拂茶，以免溢出，煮沸的茶乳充分交融，除去茶叶，在其中加盐便成鲜香的奶茶。哈萨克族烧制奶茶是将茶水和开水分别烧好，喝奶茶时，将鲜奶和奶皮子放入碗内，倒入浓茶，再冲以开水，每碗都采取这3个步骤，每次只盛半碗多，这样喝起来浓香可口且凉得快。冬季喝奶茶时，加入适量的白胡椒面，奶茶略带辣味，主要为增加热量，提高抗寒力。奶茶的优点是现烧现喝，从来不会有哪个民族用剩奶茶或凉奶茶待客。喝奶茶也颇重礼节，哈萨克族大都用小瓷碗，且先送给坐在首席的客人，客人喝完第一碗后，如果还想喝就把碗放在自己面前或餐布前，主人会立即再斟上，如果喝足，不想喝了，就用双手把碗口捂一下，如果主人继续劝，则再捂一下，并说"谢谢"。这样，主人就不再斟奶茶了，这是喝茶时的规矩。

4）主要禁忌

哈萨克族的禁忌很多，表现在生产、生活、做客、婚姻和宗教信仰等方面。做客时，忌讳客人骑着快马直冲家门，进入房内，这会被认为是挑衅或是报丧和传送不吉利的消息。骑马快到家门时，要放慢速度，在房侧或房后下马，并把马鞭放好。忌讳客人坐在放有食物的箱子上或其他生活用具上。他们认为，食物是胡大赐予的，是圣洁的。在毡房内不许坐床，要席地盘腿坐在地毯上，不许把两腿伸直。在交谈和吃饭时，最忌讳捏鼻涕、挖鼻孔、放屁、吐痰、剪指甲和打哈欠等，否则被认为是最大的不尊敬。吃饭、喝茶时，不能脚踩餐布，更不许跨越餐布。在餐布收起来之前，最好不要随便离开。如有事外出，不能从人前走过，必须绕到人后面走。吃馕时，不能把整个馕拿在手上用嘴啃，而应该掰成小块吃。主人做饭时，客人最好不要动餐具，更不要用手拨弄食物或掀锅盖。主人端上来的茶、酒、肉和其他食物，不管好坏，都要高高兴兴地接受。茶不能喝一半剩一半离席，喝酒最好要一饮而尽，如果不会喝，也要喝一点，以示谢意，否则主人会以为你瞧不起他或有别的意见。主人给的肉也要痛痛快快地接受，不要不吃，否则主人是不高兴的。饭前饭后，主人都会给客人倒水洗手。洗完手后，不能乱甩水，而应用毛巾擦干。

哈萨克族忌食猪肉、驴肉和非宰杀而死亡的牲畜肉及野兽肉，也禁食一切动物的血，他们认为，这些肉和血都是不洁的。在哈萨克族人家住宿，不要拒绝使用主人的被褥，不然会被认为是看不起他们。在哈萨克人家做客，一般多是住两天。哈萨克族忌讳别人当面赞美自己的孩子，尤其不说能"胖"，他们认为这样会给孩子带来不吉利的事情。忌讳别人当面赞美自己的牲畜和猎犬等，不能当着主人面追打猎犬和看门的狗，不要当面数主人牧畜头数，他们认为这样会使牧畜遭受损失和灾难。不要跨越拴牲畜的绳子，他们认为跨越拴着牲畜的绳子，是侮辱了使他们致富的神灵。他们认为，牲畜的增多和肥壮，都是由主管拴绑各种牲畜的绳子的神灵赐予的。走路遇羊群要绕道而行，不要骑马从羊群中穿过；不要用脚踢或用木棍打牲畜的头部；不要用手或棍棒等指点人数，否则会被认为是把人当做牲畜清点。借用的马归还时要卸下马鞍，否则会被认为是不礼貌的表示。儿媳妇不能使用公公的马鞍和坐公公的床位；公公也不能使用儿媳的马鞍和坐儿媳的床位。妇女坐月子、小孩出疹子的房子，以及新婚夫妇的房子，青年妇女单独住的房子，不要随便进去，更不能穿着背心、裤衩或赤膊进入别人的房子。妇女不能在长辈面前走过，更不能在长辈面前喝酒和抽烟。当哈萨克族做礼拜时，不要从他们面前走过，也不能脚踩礼拜用的布单子，更不能模仿他们的动作和大声说笑。哈萨克族人房内的西墙上，不能挂人头像，睡觉时不能脚西头东，厕所门不能向西开，这是因为伊斯兰教的圣地麦加在西边。每礼拜二和礼拜五为不吉利的日子，不能外出。住房附近、水源旁边、礼拜寺、墓地周围不准大小便。大小便时要戴帽子，不要说话；不能朝着太阳、月亮大小便。忌讳拔青草，因为青草是草原生命继续的象征。不能往火里、水里吐痰和倒脏水及大小便。忌讳在早上哭泣和说污秽语言，他们认为这样会办事不顺当或招来灾祸。

9.9　其他少数民族礼仪

1. 彝族

1）简介

彝族主要分布在云南、四川、贵州和广西壮族自治区，现有人口776万，使用彝语，属汉藏语系藏缅语族彝语支，有6个方言。彝族文字是一种音节文字，形成于13世纪。与汉族人居住联系比较多的彝族人能通汉语。彝族人过去流行多神崇拜，清初云贵地区部分彝族受道教和佛教影响，19世纪末，天主教、基督教传入，但信教的人很少。

彝族传统节日中最为隆重的要算"火把节"。"火把节"对彝族同胞来说，如同汉族的春节一样，时间为每年农历六月廿四日，家家饮酒、吃坨坨肉，并杀牲以祭祖先。人们穿新衣，开展具有民族特色的文体活动，男人们参加斗牛、羊、鸡、赛马、摔跤；妇女则唱歌，吹口弦，弹月琴，晚上持火把在房前屋后游转；第三天晚上成群结队地举着火把遍游山野，火光一片，然后又集中到一处点燃篝火，打着火把，喝酒、唱歌跳舞，一直玩到天亮结束。

彝年是彝族年节，节期3天，时间不一，一般在农历十月或十一月，由巫师占卜而定。如果当年五谷丰收，则可沿用上一年时间过年。否则，另择吉日。节日早晨，人们鸣枪放炮，互相庆贺五谷丰收，祝贺节日快乐。中年男子们三五成群，走亲访友，相互拜年，妇女不出门留在家中招待客人。人们除唱歌跳舞外，还举行磨秋、赛马、射箭等竞技活动。

2）礼貌礼节

彝族人性格耿直、豪爽、热情好客，惯以酒待客。酒是彝胞表示礼节、遵守信义、联络感情不可缺少的饮料。无论在家里或街上，甚至路旁、河边，几位彝胞碰到了一起，便拿出酒来，席地而坐，围成一个圆圈，酒碗或酒瓶，不停地从一人手中传到另一人手中，依次轮饮，倾心叙家常，俗称喝"轮轮酒"。

茶也是彝族的主要饮料，多喜欢烤茶。饮茶时，每次只斟浅浅半杯。在场者都可饮，但要按年长辈分依次轮饮。有的地方习俗，则是谁烤制茶谁独饮，互不同饮一罐烤茶。客至时，每人发给一个小沙罐、一个茶杯，互不占用，意思是饮别人饮过的茶不过瘾，同时也表示对客人的尊敬和诚意。客人到家，必敬酒、传烟、递茶，这是云南彝族的传统习俗。若客人不会抽烟，或者不能饮酒，不要拒绝主人的盛情，可收下而不抽不饮，以示对主人的尊重、感谢。

3）主要禁忌

彝族人屋内大多设一个火塘，火塘里严禁吐唾沫，并禁忌在火塘边裸露身体。彝族妇女的衣裤不能晾晒在临路的地方和蜂窝旁边，忌面对着太阳大小便。

彝族人大年初一忌讳很多，如不许扫地，否则会把财气扫走；不许泼水，否则一年四季雨水多；不许串门、拜年，否则凶神恶鬼会到处乱窜，惹祸招灾。彝族人在田里劳动时忌闻雷声，如不立即回家，将会颗粒无收。

2. 傣族

1）简介

傣族主要分布在云南省西双版纳傣族自治州、德宏傣族景颇族自治州和耿马傣族佤族自治县、孟连傣族拉祜族佤族自治县。其余散居云南省的新平、元江、金平等30余县。傣族居住山间平原地区，属亚热带气候。傣族人口约为126万（2006年），使用傣语，属汉藏语系壮侗语族壮傣语支。傣族主要信仰小乘佛教。傣族人民有丰富的历史传说、宗教经典和文学史诗。结构别致、造型优雅的佛寺和佛塔建筑，工艺精美、图案丰富多彩的傣锦，还有优美的孔雀舞，动听的象脚鼓，欢乐的泼水节，这些都体现了傣族独特的民族风格和民族文化。

2）礼貌礼节

傣族自古以来是一个讲究礼仪的民族。傣族民风纯朴、尊老爱幼、和睦相处，无论男女老少都以多行善事为社会公德。人际交往十分讲究礼节礼貌。

傣族的礼仪教育由家庭教育、佛寺教育和法律法规3个部分组成。三者相互结合，相得益彰。傣族孩子从懂事时开始，就受到父母的礼仪教育。教育孩子从小做好事，不做坏事，对人要有礼貌，要尊重老人，帮助有困难的人。孩子们不仅接受长辈的教诲，而且从父母身上耳濡目染，受到良好影响，从小开始养成良好的道德行为规范。

傣族信奉南传上座部佛教。男孩子八九岁开始都要离家到寺庙当几年和尚。寺庙内要求小和尚严格遵守"五戒"、"十戒"，以此作为信徒一切言行的准则。"五戒"的内容是不杀生、不偷盗、不奸淫妇女、不喝酒、不抽烟。当小和尚时期（八九岁至十几岁），是一个人礼仪行为养成的重要阶段，佛教的教义教规对傣族人一生的道德礼仪养成，具有十分重要的作用。

傣族由于主张行善而不作恶，人际关系是友善的、和睦的。在傣族内部，抚幼敬老，夫妻和睦，与邻里友爱互助，谁家有困难，全村来帮助，一家盖新房，全寨来帮忙。

傣族老人常用这样的话来教育孩子："山离得再近也靠不拢，人隔得再远也能会面。"、"不管来客贫或富，迎上竹楼不偏心。宁肯自己省吃省喝，也不能怠慢远方客人。"所以，热情待客成为傣族村寨的风气。外地人到了傣家，主人会主动打招呼，端茶倒水，饭菜款待。无论男女老少，对客人总是面带微笑，说话轻声细语，从不大喊大叫，不骂人，不讲脏话。妇女从客人面前走过，要拢裙躬腰轻走；客人在楼下，不从客人所在位置的楼上走过。有的傣族村寨，还在大路旁建有专用于接待客人的"萨拉房"。

到傣家做客，还会受到主人"泼水"和"拴线"的礼遇。客人到来之时，门口有傣家小姑娘用银钵端着浸有花瓣的水，用树枝叶轻轻泼洒到客人身上。走上竹楼入座后，老阿妈会给客人手腕上拴线，以祝客人吉祥如意、平安幸福。

3) 主要禁忌

傣族人忌骑马遇人不下马；忌孕妇来往于他人婚礼；未满月的婴儿忌见狐臭之人。不准用脚蹬锅台，更忌从火塘上方跨过。忌用粮食在手中抛玩。忌打布谷鸟。灵牌是祖灵的化身，忌外人挨近或不洁之物摆放周围。火把节时，忌在田地中间随意走动，因为会招来虫灾。忌白天点着火把到处走动，忌从屋里相继点着两把火把走出。家中有人出门远行，忌随后扫垃圾出门。忌在屋内弹口弦、吹口哨，夜间不关门。禁砍神树或在神树旁高声喧哗打闹。忌锄、斧一起扛或搁放在一起。不许妇女抚摸男人的头，更不准从男人帽子上跨过。到彝家做客，不能坐在堆放东西和睡铺的下方和左方。主人酒肉款待，客人要品尝，以示谢意。

傣族人忌对婴儿用"胖"、"重"、"漂亮"之类赞词。忌翁媳和兄媳之间随意开玩笑。忌在家人外出时说不吉利的话。忌在人有病时说死伤之类的话。忌无故恶语咒骂他人和禽畜树木。

傣族人禁食马、骡、狗、猫、猴、蛇、蛙等肉类。忌食搅拌时筷子折断的食物。忌吃粮种。鸡跳过的饭菜忌食。忌用镰刀割肉而食。禁孕妇吃獐肉、兔肉，禁小孩吃鸡胃、鸡尾、猪耳、羊耳。

3. 苗族

1) 简介

苗族主要分布在湖南、湖北、贵州、四川、云南、广西、海南7个省区，人口有942.6万。其中，贵州最多。苗语属于汉藏语系苗瑶语族苗语支，没有统一文字。苗族的主要信仰有自然崇拜、图腾崇拜、祖先崇拜等原始宗教形式，苗族社会迷信鬼神、盛行巫术。

苗族节日较多，除传统年节、祭祀节日外，还有专门与吃有关的节日，如吃鸭节、吃新节、杀鱼节、采茶节等。过节除备酒肉外，还要必备节令食品。

2) 礼貌礼节

苗族十分注重礼仪。客人来访，必杀鸡宰鸭盛情款待，若是远道来的贵客，苗族人习惯先请客人饮牛角酒。吃鸡时，鸡头要敬给客人中的长者，鸡腿要赐给年纪最小的客人。有的地方还有分鸡心的习俗，即由家里年纪最大的主人用筷子把鸡心或鸭心夹给客人，但客人不能自己吃掉，必须把鸡心平分给在座的老人。如客人酒量小，不喜欢吃肥肉，可以说明情况，主人不勉强，但不吃饱喝足，则被视为看不起主人。

苗族人讲究真情实意，非常热情，鄙视浮华与虚伪。苗家接待客人时，男女要穿节日服装，对贵客要到寨外摆酒迎候，客人到家门，男主人要叫门，告知在家的女主人，女主人要唱歌开门迎客。

3）主要禁忌

苗族人不喜欢别的民族称他们为"苗子"，他们喜自称"蒙"；禁杀狗、打狗，不吃狗肉；不能坐苗家祖先神位的地方，火炕上三脚架不能用脚踩；不许在家或夜间吹口哨；不能拍了灰吃火烤的糍粑；嬉闹时不许用带捆苗家人；遇门上悬挂草帽、树枝或婚丧祭日，不要进屋；路遇新婚夫妇，不要从中间穿过等。禁止已婚妇女再穿裹衣，否则认为会触犯祖宗，招致大祸。

4. 土家族

1）简介

土家族主要分布在湖南、湖北、四川等地，人口约835万。土家族群众崇拜祖先，信仰多神。土家族有本民族的语言，土家语属汉藏语系藏缅语族中的一种独立语言，无本民族文字，通用汉文，部分人兼通苗语。土家族主要从事农业，其手工刺绣编织精细，土花被面尤为著名。

土家族最隆重的传统节日是"社巴"节和"赶年"节。社巴节在"岁正月"举行，从农历正月初三到初七，人们穿着节日盛装，欢聚在摆手堂前，举行盛大的摆手舞会，祭祀祖先，祈祝丰年。"赶年"节俗称过"赶年"，即赶在农历正月初一的前一天过年，场面同样隆重热烈，充满祥和欢乐。

2）礼貌礼节

土家族很注重礼仪，见面要互相问候，家有来客，必盛情款待。土家族人平时粗茶淡饭，若有客至，夏天先喝一碗糯米甜酒，冬天就先吃一碗开水泡团馓，然后再以美酒佳肴待客。一般说请客人吃茶是指吃油茶、阴米或汤圆、荷包蛋等。无论婚丧嫁娶、修房造屋等红白喜事都要置办酒席，一般习惯于每桌九碗菜、七碗菜或十一碗菜，但无八碗桌、十碗桌。因为，八碗桌被称吃花子席，十碗的"十"与"石"同音，都被视为对客人不尊，故回避"八"和"十"。在社会上，土家族与人交往，都很讲文明，注重和珍惜民族声誉。对人称呼，无论亲友长幼，"尊敬"二字为先。

3）主要禁忌

土家族人不许小孩和未上学的人吃鸡爪子、猪鼻子、猪尾巴。禁止未婚男女（包括儿童）吃猪蹄叉，据说吃了将来就会找不到对象；即使结了婚，也会被吃过的猪蹄叉叉开，即离婚之意。吃饭时，不许端着碗黏在他人背后，认为这样是在吃别人的背，别人会因此而"背时（食）"（意即运气不好）。

土家族的姑娘和产妇不能坐在堂屋的门槛上；不能扛着锄头、穿着裹衣或担着空水桶进屋；不能脚踏火炕和三脚架；遇戒日不动土，吉日不能说不吉利的话；客人不能与少妇坐在一起；祭神时忌闻猫叫，死者停灵的地方不能让猫出现。

5. 白族

1）简介

白族主要分布于云南省大理白族自治州，其余散居于昆明、元江、丽江、兰平等地，四川省和贵州有零星分布，人口约为186万。白语属汉藏语系藏缅语族白语支。由于长期与汉族交流融合，白语中汉字语汇达50%~60%。白族人通晓汉语，也使用汉文。白族人大多信仰佛教，也有少数人信仰道教。白族在科学、文化方面成就辉煌。

2）礼貌礼节

白族人性格开朗，敬老爱幼，睦邻友好，热情好客。白族的家庭成员之间，辈分极其严格，子女尊敬和服从父母。在亲属称谓中，白族称丈夫为"拨"，称妻子为"巫"，称女儿为"庸"，其他称谓与汉族相同。

3）主要禁忌

白族人家的火塘是个神圣的地方，忌讳向火塘内吐口水，禁止从火塘上跨过。白族人家的门槛也忌讳坐人。男人所用的工具，忌妇女从上面跨过。家庭内忌讳戴着孝帕的人进入，认为这样会给家庭带来不洁。有些地方的白族，怀孕妇女不能进入新郎、新娘的洞房。婴儿落地后，谁第一个跨进产妇家的门，谁就是踩生。白族认为，谁来踩生，将来孩子的脾气就像谁。白族最忌讳戴孝的人来踩生，所以婴儿降生后，家人要立刻用白石灰在门口撒三道弧线，并在门槛上缠一道青篾子。若是生男孩，还要在青篾子下加一只草鞋，以示禁忌。不慎闯入产妇家者，必须送一碗新鲜稠米汤、红糖、鸡蛋、甜白酒和一锅猪蹄子炖韭菜根给产妇吃。产后第三天早上，产妇家要请"粥米客"或称"稀饭客"。到白族人家做粥米客的，要用竹篮提着鸡蛋、红糖、小孩的衣帽等前往恭贺。大理、剑川一带的白族，妇女产后，主人要请第一个进家的客人吃荷包鸡蛋汤圆，客人不能拒绝，否则主人会生气。

9.10 我国台、港、澳地区的习俗

在台湾、香港和澳门地区生活的居民95%以上是炎黄子孙，是中华民族的骨肉同胞。作为中华民族大家庭中的一员，他们的语言文字、风俗习惯、礼俗禁忌、道德伦理规范等与内地基本相同，他们热爱祖国和中华民族。

1. 我国台湾地区

1）简介

台湾是我国最大的岛屿，其中包括台湾本岛及兰屿、绿岛、钩鱼岛等21个附属岛屿，另加澎湖列岛，为我国的"多岛之省"，其中台湾本岛面积为35 873平方公里。目前，所称的台湾地区还包括靠近金门与马祖的岛屿，总面积为36 006平方公里，人口有23 193 638人（2011年）。台湾信奉佛教和道教的信徒约占全省人口的34%；信奉天主教、基督教的约占3%，另外，还有部分居民信奉伊斯兰教、天理教、轩辕教、大同教、理教等。

台湾是中国神圣领土不可分割的一部分。历史上，台湾曾被西班牙、荷兰、日本先后占领过。抗日战争胜利后，台湾重归中国的版图。1949年后，由于众所周知的原因，台湾与祖国大陆处于分离的状态。60多年来，台湾的政治、经济、文化、社会等发生了巨大变化。

2）习俗

（1）传统节日。台湾重要的节日有春节、元宵、清明、端午、七夕、中秋、重阳、冬至、送灶、除夕，还有春节"拜年"，元宵节吃元宵、赛花灯、猜灯谜、端午吃粽子、赛龙舟；中秋赏月吃月饼，重阳节登高远足，除夕阖家团圆等。岁时节俗，最能反映出民族文化的特点。台湾的传统节日和闽粤地区如同一辙，大同小异。

（2）礼貌礼节。台湾人在社交场合与客人见面时，一般都以握手为礼。与亲朋好友相见时，也惯以拥抱为礼，或者吻面颊的亲吻礼。台湾信奉佛教的人社交礼节为双手合十礼。初次见面时，只需点头打招呼，微微弯腰鞠躬即可。登门访问台湾人时，宜带一样小礼品，如水果、糖果或点心。递送礼品或其他物品时应用双手奉上。

台湾人很注重文明，讲究社交礼貌。无论见面、会友，还是交际、拜访，在举止言行方面，他们特别注意尊重他人。台湾的高山族同胞，素以敬老互助成风而闻名于世。他们待人热情，感情真挚诚恳。在道德观念方面，台湾人最厌恶虚伪和狡诈的作风，办事特别喜欢一言为定。目前，台湾人仍保持着闽、粤一带的生活习惯和风俗。一般老年人依然对青黑色的香云纱感兴趣，妇女大都喜欢佩戴金银首饰。但由于社会的变革，受欧美风气影响越来越大。青年人在穿着方面也开始追赶新潮流。台湾的高山族人，无论男女大都喜欢穿着手织的窄幅麻布裁制的无袖胴衣，长到膝头的叫"鲁靠斯"，短到肚脐的叫"拉当"。高山族人一般还喜欢赤足，爱佩戴几种多彩多姿的头饰、耳饰、手镯、脚环、颈链等。他们偏爱红色，民间一般都以红色为吉祥的象征，探亲访友时总习惯把礼物用红纸包起来送人。他们很喜欢"6"数，有"六六顺"之说。又因"6"与"禄"同音，又是有钱财、有福气的吉祥表示。因此，人们都愿借"6"数为吉祥。

（3）饮食习惯。台湾的高山族人吃食比较贫乏，他们很少吃白米，一般多以番薯、芋头为主食。台湾兰屿的雅美人大多是吃芋头和鱼类；水田地区的人则以大米为主，兼有玉米等。台湾排湾人喜欢黏小米混合花生或鸟兽肉等，再用树叶包成粽子。他们一般对西餐、中餐均能适应，但对中餐更加偏爱。

台湾人在饮食嗜好上注重讲究菜肴的丰盛吉祥，注重菜肴的鲜、嫩、滑、爽。口味一般喜清淡，爱微甜味道；主食一般以米为主，也很喜欢各种面食品种；副食爱吃鱼类、海产品、鸡、鸭、猪肉、牛肉、羊肉及各种野味品；蔬菜爱吃油菜、黄瓜、西红柿、茄子、菜花、竹笋等；调味品喜用胡椒、花椒、丁香、味精、盐、醋、料酒、酱油等。对各种烹调技法烹制的菜肴均能适应，更偏爱煎、干炸、爆炒、烧、烩等烹调方法制作的菜肴。菜谱很欣赏龙虎斗、片皮乳猪、冬瓜盅、蚝油牛肉、脆皮鸡、佛跳墙、太极明虾、淡糟炒鲜竹、菊花鲈鱼球、潮州冻肉、雪花鸡、炒山鸡片等风味菜肴。台湾人爱喝鸡尾酒、葡萄酒、啤酒；饮料喜欢矿泉水、咖啡、橘子汁、果汁等，茶类尤其喜欢乌龙茶；爱吃的果品是香蕉、菠萝、柑橘、木瓜、柚子、龙眼、芒果、槟榔、洋桃等水果；干果喜欢核桃仁、杏仁等。

（4）主要禁忌。台湾人忌讳别人打听他们的工资、年龄及家庭住址。因为，台湾人不愿意别人过问他们的私事。台湾人最讨厌有人冲他眨眼，认为这是一种极不礼貌的行为；

他们忌讳以扇子赠人，因为有"送扇无相见"之说；忌讳"4"数，因其与"死"音近似，所以人们对"4"极为反感，故有恐惧"4"数的心理；平时无论干什么都要设法避开"4"数，或者改"4"数为"两双"来说，4号房称为"A3"或"B3"；忌以手巾送人，因为有"送巾断根"之说；忌讳把剪刀送人，因其有"一刀两断"之说；忌讳以雨伞当做礼物送人，因为台湾的方言中，"伞"与"散"谐音，"雨"与"给"谐音，"雨伞"与"给散"谐音；忌以甜果为礼送人，因逢年过节常以甜果祭祖拜神，以甜果赠人容易使对方感到有不祥之兆；忌讳把粽子当做礼品送人，因会被误解为把对方当做丧家。台湾的阿美人十分忌讳打喷嚏，碰上有人打喷嚏，被视为不吉利的事情。

2. 我国香港地区

1) 简介

香港是中国领土的一部分，旧属广东省新安县（今深圳市）。1842年，英国在鸦片战争后，强迫清政府签约割让香港岛，后又于1860年、1898年让清政府签约租让其他岛屿，租期99年。我国从1997年7月1日开始对香港恢复行使主权，并于当日成立香港特别行政区。香港面积为1 067平方公里，包括香港岛和九龙半岛两部分。全港下设18个行政区，人口711万（2011年），中国人占98%。香港人信仰佛教、天主教和基督教。香港的货币为港元；正式语文是中文和英文。

2) 习俗

（1）传统节日。香港有不同国籍的人，他们分别来工作、经商、旅游和定居。香港节日繁多，西方的节日有圣诞节、复活节、万圣节、父亲节和母亲节等。在圣诞节香港人会送圣诞卡、圣诞礼物。在复活节，他们会吃复活蛋等。近几年，香港人还喜欢在万圣节扮鬼热闹一番。东方的节日有春节、清明节、端午节、中秋节、重阳节等。在香港，几乎所有的中国传统节日都完好地传承下来。农历新年是中国人最重视的节庆，也是一家团聚、拜访亲友、添置新衣的时候。在这段时间，港岛中区和九龙尖沙咀的购物区都布置得热闹异常；入夜后，节日的灯饰更是一片璀璨。每年农历年初一，香港还要举行缤纷的花车大巡游；在农历年初二，维多利亚港会有烟花汇演。农历新年刚刚结束，车公诞、天后诞、佛祖诞、关公诞、盂兰节又相继来临。中秋、清明、重阳等传统节日在香港均为法定假日。

（2）礼貌礼节。香港人在社交场合与客人相见时，一般是以握手为礼。亲朋好友相见时，也有用拥抱礼和贴面颊式的亲吻礼的。他们向客人表达谢意时，往往用叩指礼（即把手指弯曲，以几个指尖在桌面上轻轻叩打，以表示感谢）。据说，叩指礼是从叩头礼中演化而来的，叩指头即代表叩头。香港人几乎在所有场合都是矜持和拘礼的。见面时与告别时通常握手。初次握手引见后，用双手递上商业名片。交谈中偶或问及健康或业务情况被认为是礼貌的。商界人士通常是遵守时刻的。香港人在接受别人斟酒或倒茶时，总喜欢用几个指头在桌上轻叩。"3"字在香港很吃香，原因是香港人读"3"与"升"是谐音，"升"意味着"高升"。"8"和"6"在香港也很时髦。在粤语中"8"是"发"的谐音，"发"意味着"发财"。"6"与"禄"同音，也有"六六顺"之意。香港人过节时，常相互祝愿"恭喜发财"。感谢主人所送礼物时说 DOR-JAY（谐音，"多谢"），感谢别人为你服务时说 NG-GOI（"唔该"，意为"麻烦您了"）。

（3）饮食习惯。香港人对西餐、中餐均能适宜，但对中餐格外偏爱。他们对各自的家乡风味更加厚爱，若到内地旅游，也愿品尝当地的名贵佳肴。他们绝大多数人都使用筷子，个别人也使用刀叉用饭。

香港人在饮食嗜好上注重讲究菜肴鲜、嫩、爽、滑，注重菜肴营养成分。口味一般喜清淡，偏爱甜味。香港人的主食以米为主，也喜欢吃面食；副食爱吃鱼、虾、蟹等海鲜，以及鸡、鸭、蛋类、猪肉、牛肉、羊肉等；喜欢茭白、油菜、西红柿、黄瓜、柿子椒等新鲜蔬菜；调料爱用胡椒、花椒、料酒、葱、姜、糖、味精等。对各种烹调技法烹制的菜肴均能适宜，偏爱煎、烧、烩、炸等烹调方法制作的菜肴。中餐对各种风味菜肴均不陌生，最喜爱粤菜、闽菜。菜谱很欣赏什锦拼盘、冬瓜盅、脆皮鸡、烤乳猪、蚝油牛肉、龙虎斗、五彩瓤猪肚、鼎湖上素、佛跳墙、雪花鸡、淡糟炒鲜竹、橘汁加吉鱼等风味菜肴。冰酒喜欢鸡尾酒、啤酒、果酒等，饮料爱喝矿泉水、可乐、可可、咖啡等，也喜欢乌龙茶、龙井茶等。爱吃的果品有香蕉、菠萝、西瓜、柑橘、洋桃、荔枝、龙眼等；干果爱吃腰果等。

（4）主要禁忌。香港人忌讳别人打听自己的家庭地址，他们不欢迎别人去家里做客，因为房间大多都很小；一般乐于到茶楼或公共场所。如应邀去赴宴时可带水果、糖果或糕点作为礼物，并要用双手递送给女主人。不要送钟，因为它是死亡的象征；也不要送剪刀或其他锐利的物品，它们象征断绝关系。不要比主人先开始饮酒进食。他们忌讳询问个人的工资收入、年龄状况等情况，认为个人的私事不需要他人过问。他们对"节日快乐"之语很不愿意接受，因为"快乐"与"快落"谐音，是很不吉利的。他们忌讳"4"字，因为"4"与"死"谐音，故一般不说不吉利的"4"。送礼等也避开"4"这个数，非说不可的情况下，常用"两双"或"两个二"来代替。在香港，酒家的伙计最忌讳第一名顾客用餐选"炒饭"，因为"炒"在香港话中是"解雇"的意思。开炉闻"炒"声，被认为不吉利。

3. 我国澳门地区

1）简介

澳门特别行政区是中国领土的一部分，位于我国东南沿海，地处珠江三角洲的西岸，毗邻广东省，与香港相距60公里，距离广州145公里。澳门人口有55.8万（2011年），其中常住人口为44.4万。澳门人口密度为世界之最，其中96%以上为华人，其余为葡萄牙人和其他国籍的人士。澳门的总面积因为沿岸填海造地而一直扩大，已由19世纪的10.28平方公里逐步扩展至今日的27.3平方公里。澳门由澳门半岛、凼仔岛和路环组成。澳门曾经是宗教文化中心，既有儒、释、道等古老的中国宗教，也有后传入的天主教、基督教、伊斯兰教等宗教。宗教文化的多元化在澳门也得到了充分表现，天主教、基督教、佛教、道教、马祖在这里都有保留。

2) 习俗

(1) 传统节日。澳门特殊的历史使中西文化得以并存。每逢传统的节日，无论是中国的或是西方的，必定要举行有关的庆祝活动。澳门的华人对于中国传统的民间节日，如农历春节、清明、端午、中秋节等，都会隆重庆祝。尤其是农历春节，是中国人最盛大的节日，农历春节是新年的开始，也是隆冬过后，万物欣欣向荣的开始，凡有华人聚居的地方都举行庆祝活动。每年农历端午节时，都有龙舟竞渡。自 20 世纪 80 年代以来，多次举办国际龙舟大赛，有亚、欧、美、大洋洲等多个国家参与。有赛事进行时，海面龙舟飞驰，锣鼓震天，观者如潮，场面十分热闹。每逢一些宗教、习俗有关的节日，如"娘妈诞"、"醉龙醒狮大会"、"圣体耶稣大出游"等，也必举行庆祝活动。例如，在露天搭起临时戏台，上演粤剧；教堂内举行宗教弥撒及圣像出游，形式多样，充分表现出澳门作为中西文化的桥梁作用。

(2) 礼貌礼节。澳门人以爽快诚挚、开朗热情而著称。他们在社交活动中，说话干脆，喜欢直言，不愿意拐弯抹角、吞吞吐吐地绕圈子；善于结交朋友，喜欢相聚畅叙抒怀。平时，他们迎宾待客总乐于一起去市场的茶肆或酒楼。澳门邻近广东，居澳的广东人占绝大多数。因此，广东人的生活习惯和风俗礼仪在澳门的影响最为深远。随着历史的变革和中西文化的交流，澳门居民的传统习俗也在发生变化。

澳门人的结婚仪式主要分为两类：在澳门的葡萄牙人、欧美人士和信奉天主教或基督教的中国人一般是到教堂举行婚礼，按天主教或基督教的婚礼程序进行，这在澳门总人口中仅占一小部分。大多数澳门居民是粤籍，故广东人的结婚仪式是其主流。

(3) 饮食习惯。澳门中西文化交汇的传统，也在饮食文化中反映出来。在澳门，除了可以品尝各种中西美食外，近年逐渐被香港和海外的食家所认识的澳门土生菜式，更是经过几百年的演变，汇聚了葡萄牙、非洲、东南亚和中国烹调特色于一身，而成为独一无二的澳门美食。

出于传统习惯和节省时间考虑，澳门人早餐和午餐常用"饮茶"来代替。不过名曰饮茶，实际上喝茶总少不了各类点心和粥粉面饭。澳门还有不少当地出生的葡萄牙人喜爱的食品，如"咸虾酱"、"喳咋"和"牛油糕"等。

(4) 主要禁忌。澳门人，尤其是上了年纪的老一辈人忌说不吉利的话，喜欢讨口彩。由于长期受西方的影响，外国人的一些禁忌他们也同样忌讳，如忌"13"、"星期五"等。澳门人忌讳有人打听他们的年龄及婚姻状况，不欢迎别人询问他们的家庭地址。忌讳别人打听他们的经济收入情况。

阅读资料 9-2

我国历史上的 3 次民族大融合

从西汉到清朝，我国历史上经历了 3 次大的民族融合。

第一次民族大融合发生于魏晋南北朝时期。这一时期，民族迁徙出现了对流，即一部分汉族迁往周边，周边少数民族移居内地，南北方同时进行，而主要地区在北方。北魏孝文帝改革，顺应了民族融合的趋势，对西、北边疆地区少数民族内迁、民族大融合作了一个总结。与此同时，从十六国到隋末，南迁者有上百万之多，长江广大地区形成了"汉蛮杂居"的局面。经过这次大融合，到隋唐时期，汉族与秦汉时期迥然有别，由于汉族不断吸取少数民族的新鲜血液，汉族的面貌为之一新，实际上是以汉族为主体的各族人民融合成的新汉族。

第二次民族大融合发生于宋、辽、金、元时期。这次民族大融合的特点是不仅少数民族融合于汉族，而且大量的汉族融合于少数民族，主要在边疆地区进行。这一时期，几个政权并存，民族间战争不断，动荡的社会环境，带来民族迁徙与人口掳掠，客观上推动了各民族的大融合进程。

第三次民族大融合发生于清代。17世纪中叶满族贵族入主中原，以八旗兵为主体的满族人分布全国各地，在200多年的与汉人共同生活中，入乡随俗，渐被同化。此外，清朝尤其是康、乾时期对边疆和少数民族推行的一系列政策，有利于各少数民族与内地联系的加强，尤以西藏、新疆最为突出。这一时期的民族大融合，奠定了现在中国的边疆和以汉族为主体的中华民族的基础。

阅读资料 9-3

尊重少数民族的相关政策

中国宪法明确规定，各民族"都有保持或改革自己风俗习惯的自由"。无论是保持还是改革自己的风俗习惯，都是各民族的平等权利和民主权利。尊重各民族的风俗习惯，有利于各民族平等与团结，有利于对民族传统文化的保护和发展。中国刑法第一百四十七条规定，"国家工作人员非法侵犯少数民族风俗习惯，情节严重的，处2年以下有期徒刑或者拘役。"

为了尊重少数民族的风俗习惯，中国政府制定了一系列政策措施。

1. 尊重少数民族饮食习惯

在中国，为保证少数民族特需食品的生产和供应，尤其对回、维吾尔等10个信仰伊斯兰教、食用清真食品的民族，给予特别的照顾。

（1）妥善解决好信仰伊斯兰教的伙食问题。对公职人员较多的机关、学校、企事业单位，设立清真食堂或清真伙食；对因客观条件限制，单位没有设立清真食堂或清真伙食的，按规定发给适当的伙食补助费等。

（2）广设清真饮食网点。在城市和信仰伊斯兰教民族来往较多的交通要道、饭店、旅馆医院，以及列车、客船、飞机等交通设施上，设清真食堂或清真饮食点，国家对经营清真饮食的企业，在政策上给予优惠。

（3）在经营、销售食品中，尊重和照顾少数民族的饮食习惯。凡供应信仰伊斯兰教民族的牛羊肉，做到单宰、单储、单售，不与其他肉食混杂，并注明"清真"字样；供应糕点及其他食品也应照此办理。

2. 尊重和照顾少数民族年节习惯

我国尊重和照顾少数民族年节习惯，各民族可以自由地按照本民族的传统欢度节日。国家规定，各地人民政府应按照少数民族年节习惯，制定放假办法、节日特殊食品供应等优待办法。

《中华人民共和国国旗法》第七条第2款还规定，"不以春节为传统节日的少数民族地区，春节是否升挂国旗，由民族自治地方的自治机关规定。民族自治地方在民族自治地方成立纪念日和主要传统民族节日，可以升挂国旗。"

3. 尊重少数民族婚姻习惯

我国依法尊重和保护少数民族的婚姻习惯，中国《婚姻法》第三十六条规定，"民族自治地方人民代表大会和它的常务委员会，可以依据本法的原则，结合当地民族婚姻家庭的具体情况，制定某些变通条例或补充的规定。"

4. 尊重少数民族丧葬习俗

我国各民族丧葬习俗各有特点，有火葬、土葬、水葬、天葬等不同葬法。在我国，除对汉族推行火葬外，其他民族的丧葬习俗，都得尊重。

5. 大众传播媒介中防止侵犯少数民族风俗习惯的事情发生

在尊重少数民族风俗习惯的同时，反对歧视和侮辱少数民族，禁止使用歧视或侮辱少数民族的称谓和地名。在大众传播媒介中，明确对少数民族的正确称谓。

6. 尊重少数民族改革自己风俗习惯的自由

客观地说，少数民族有些风俗习惯是不利于生产、生活和民族进步的，是需要改革的。我国的政策是：少数民族有保持，也有改革自己风俗习惯的自由，但这种改革由少数民族自己决定并执行，政府不予强迫和干涉。

我国是个多民族的国家，从祖国的北部边陲漠河到南海明珠海南岛，从一望无际的草原到人烟稀少的戈壁，都有少数民族同胞聚居。我国尊重少数民族风俗习惯的政策，受到各民族人民的普遍拥护和欢迎，尊重少数民族风俗习惯已成为一种良好的社会风尚。随着民俗旅游的兴起，组织团队游客参加少数民族节庆活动的旅游项目日渐增多，在组织参加少数民族活动时，应注意以下事项。

（1）端正对少数民族的态度，自觉热爱少数民族同胞。

少数民族语言、生活习俗各有不同，大多数少数民族人口稀少、居住分散，所居住地区多数交通还不发达，经济文化还较落后。面对这种情况，汉族人要端正对少数民族的态度,克服大汉族主义思想,要认识到少数民族同胞在中华民族大家庭中,也在用自己勤劳的双手,不断作出贡献,他们是可亲可爱的。

(2) 尊重少数民族的风俗习惯。少数民族的风俗习惯已成为旅游资源的一大特色。在组团参加少数民族活动时应做到:①不干涉少数民族群众正当的宗教活动;②不准品头论足,议论少数民族的举止穿戴;③不准用歧视、侮辱性的语言称呼少数民族同胞。

(3) 要加强民族团结。少数民族地区,尤其是偏远的少数民族地区,如西藏、新疆等位于边境的少数民族地区,环境情况复杂,组团进入这些地方要注意加强民族团结。

阅读资料 9-4

参加少数民族活动注意事项

参加少数民族节庆等活动时,应注意以下事项。
(1) 要端正对少数民族的态度,自觉热爱少数民族同胞。
(2) 要尊重少数民族的风俗习惯,应做到不干涉少数民族群众正当的宗教活动;不品头论足,议论少数民族的举止穿戴;不准用歧视、侮辱性的语言称呼少数民族同胞等。
(3) 要加强民族团结。

本 章 小 结

我国是一个统一的多民族国家,各族人民共同创造了灿烂的文化。本章着重介绍了蒙古族、回族、维吾尔族、藏族、壮族、哈萨克族等少数民族,以及我国台湾、香港和澳门地区的简况、礼貌礼节和禁忌。通过学习使读者对我国各民族、各地区的习俗和礼仪有更进一步的了解。

思考与练习

一、单项选择题

1. 伸舌头的动作在藏族的表示是(　　)。
    A. 蔑视别人　　　　　　　　B. 做怪相
    C. 谦逊和对人尊敬　　　　　D. 祝福
2. 壮族在门上悬挂柚子枝条或插一把刀,是一种暗示禁忌,用来告诉人们(　　)。

       A. 家有丧事　　　　　　　　　　B. 家有产妇
       C. 主人外出　　　　　　　　　　D. 家有喜事
   3. 男孩必须到寺庙里当和尚，否则不能参加男人的活动，是（　　）的习俗。
       A. 维吾尔族　　　　　　　　　　B. 回族
       C. 傣族　　　　　　　　　　　　D. 哈萨克族
   4. 土家族的女儿结婚有哭嫁的习俗，其原因是（　　）。
       A. 感谢父母　　　　　　　　　　B. 喜庆
       C. 高兴　　　　　　　　　　　　D. 婚姻不平等
   5. 歌圩节是壮族的民族传统节日，以三月三最隆重，家家户户做（　　）。
       A. 染彩色蛋，欢度节日　　　　　B. 糍粑、糯米粑
       C. 五色糯饭　　　　　　　　　　D. 蒸米粉
   6. 奶茶是新疆少数民族日常生活中不可缺少的饮料。蒙古、哈萨克等民族都非常喜欢喝奶茶，当你喝完第一碗奶茶，如果不想喝了，应该（　　）。
       A. 把碗放在自己面前　　　　　　B. 把杯子倒过来放
       C. 双手把碗口捂一下　　　　　　D. 把碗摆在餐布前
   7. 敬青稞酒、酥油茶是这个民族的礼俗，并且有自己的语言和文字，这个民族是（　　）。
       A. 水族　　　　　　　　　　　　B. 布依族
       C. 满族　　　　　　　　　　　　D. 藏族
   8. 苗族人民独具风味的传统佳肴是（　　）。
       A. 酸肉　　　　　　　　　　　　B. 青稞面
       C. 风干牛肉　　　　　　　　　　D. 辣椒炒肉

二、多项选择题
   1. 对狗非常喜爱，不打狗、杀狗、吃狗肉的少数民族是（　　）。
       A. 蒙古族　　　　　　　　　　　B. 满族
       C. 朝鲜族　　　　　　　　　　　D. 回族
   2. 蒙古族的主要禁忌有（　　）。
       A. 忌坐在蒙古包的东北角
       B. 忌手持马鞭进入毡房
       C. 吃肉时需用刀，递刀给人时，忌刀尖朝着接刀者
       D. 忌踏灶台
   3. 与台湾客人见面不宜送（　　）作为礼物。
       A. 扇子　　　　　　　　　　　　B. 伞
       C. 剪刀　　　　　　　　　　　　D. 手巾
   4. 满族人的主要饮食有（　　）。
       A. 萨其玛　　　　　　　　　　　B. 酸肉

    C. 血肠　　　　　　　　　　　D. 驴打滚

5. 以白色为主要色彩的民族分别是（　　）。
    A. 白族　　　　　　　　　　　B. 朝鲜族
    C. 苗族　　　　　　　　　　　D. 蒙古族

6. 蒙古族的主要节日有（　　）。
    A. 那达慕　　　　　　　　　　B. 火把节
    C. 春节　　　　　　　　　　　D. 马奶节

7. 妇女喜欢嚼槟榔的民族是（　　）。
    A. 壮族　　　　　　　　　　　B. 黎族
    C. 傣族　　　　　　　　　　　D. 土家族

8. 忌吹口哨的民族是（　　）。
    A. 苗族　　　　　　　　　　　B. 壮族
    C. 土家族　　　　　　　　　　D. 彝族

三、判断题（正确的画√，错误的画×）

1. 维吾尔族是中国北方的一个古老民族，"维吾尔"是维吾尔族的自称，是"团结"或"联合"的意思。维吾尔族有自己的语言和文字。其语言属阿尔泰语系突厥语族。维吾尔族人使用以阿拉伯字母为基础的维吾尔文。（　　）

2. 酥油花灯节是西藏、青海、甘肃等地藏族人民的传统节日，于每年正月十五日举行。（正确时间是藏历元月十五）（　　）

3. 喜好吃狗肉，但在婚丧及节庆期间却不杀狗，是朝鲜族的习俗。（　　）

4. 满语，属阿尔泰语系满通古斯语族满语支。当亲朋好友见面时，问候的话语一般使用满语。（　　）

四、连线题

献哈达	苗族
过赶年	土家族
鸡头献给长者	彝族
泡菜	傣族
轮轮酒	朝鲜族
栓线	藏族
八宝盖碗茶	回族

五、案例分析题

新疆某著名企业要和哈尔滨棉纺厂合作。一切准备就绪后，对方派来了全权代表。由于既是远道的客人，又是将来的合作者，礼遇可想而知。在欢迎晚宴上，哈尔滨棉纺厂特别安排了东北名菜"猪肉炖粉条"和朝鲜族的特色菜狗肉汤锅招待几位远道的客人。本来气氛和谐而热烈的晚宴,在压轴菜"猪肉炖粉条"和狗肉汤锅上来后,客人们的脸色一下子变了,用本民族语言叽叽咕咕地说了几句后,便气愤地甩袖而去。

两天后,他们发来一份声明,郑重地说,他们是新疆维吾尔族,信奉伊斯兰教,居然用猪肉和狗肉来招待,这是对他们民族的不敬和轻蔑,是对真主的亵渎!就这样,这桩合作彻底泡了汤。

思考分析:
这桩合作失败的原因。

六、自我总结
学习了本章的＿＿＿＿＿＿＿＿＿＿＿＿＿＿＿＿＿＿＿＿＿＿＿＿＿＿＿＿＿＿＿
＿＿＿＿＿＿＿＿＿＿＿＿＿＿＿＿＿＿＿＿＿＿＿＿＿＿＿＿＿＿＿＿＿＿＿＿
其中,令我感触最深的是＿＿＿＿＿＿＿＿＿＿＿＿＿＿＿＿＿＿＿＿＿＿＿＿＿
＿＿＿＿＿＿＿＿＿＿＿＿＿＿＿＿＿＿＿＿＿＿＿＿＿＿＿＿＿＿＿＿＿＿＿＿
＿＿＿＿＿＿＿＿＿＿＿＿＿＿＿＿＿,过去,我的习惯是＿＿＿＿＿＿＿＿＿＿＿＿＿＿＿＿＿＿＿＿＿＿
＿＿＿＿＿＿＿＿＿＿＿＿＿＿＿＿＿＿＿＿＿＿＿＿＿＿。现在,我知道了
应该这样做:＿＿＿＿＿＿＿＿＿＿＿＿＿＿＿＿＿＿＿＿＿＿＿＿＿＿＿＿＿。
因此,我制订了我的礼仪提高计划:＿＿＿＿＿＿＿＿＿＿＿＿＿＿＿＿＿＿＿
＿＿＿＿＿＿＿＿＿＿＿＿＿＿＿＿＿＿＿＿＿＿＿＿＿＿＿＿＿＿＿＿＿＿。

七、实训题
1. 港、澳、台地区民俗礼仪模拟训练。
    训练地点:教室、实训室
    训练时间:2课时
    训练内容:以小组为单位(3~4名学生为一组),去图书馆或上网分别查询港、澳、台地区的民俗和禁忌。在课上进行交流,谈谈针对这些地区的习俗礼仪和禁忌,旅游服务人员应如何做好服务工作。

2. 少数民族礼仪规范纠错训练。
    训练地点:教室、实训室
    训练时间:2课时
    训练内容:通过角色扮演,创设多个民族正在举行各种活动的场景,一群游客大声喧哗,指指点点等,让学生指出不当之处和应注意的事项。
    模拟场地布置:根据实际情况布置场地。
    角色扮演:推选几名学生扮演举行活动的族长和参加活动的少数民族,其余学生扮演游客,双方进行现场礼仪规范纠错。
    实训结束后写出总结。

3. 结合当地情况,做一次关于某一民族礼仪的社会调查。

我国主要客源国的习俗及礼仪

学习目标

了解国外主要客源国由于各自历史和文化背景的差异，在饮食习惯、风俗民情、礼貌礼节等方面存在的区别。

在学习亚洲、美洲等地区的主要客源国礼仪的基础上，掌握这些国家的礼仪与禁忌。

10.1 亚洲部分国家的习俗

亚洲是世界上第一大洲，有40多个国家和地区，主要是亚细亚和亚利安两大人种。亚洲是世界三大宗教的发源地，现在亚洲国家很多居民信奉佛教，其次是伊斯兰教，也有一部分信奉基督教。亚洲地区的主要客源国有日本、韩国、印度、泰国、新加坡、菲律宾、印度尼西亚等。在历史上亚洲国家之间交往频繁，关系密切，因此彼此影响，许多国家、民族的文化风俗、礼节礼仪有相近之处。现在，亚洲国家和地区来我国旅游的人数逐年递增，因此对于一些主要国家的礼仪习俗有所了解，可以更好地开展旅游服务工作。

1. 日本

1）简介

日本（Japan），是亚洲东部的一个群岛国家，面积约37.8万平方公里，人口1.275 4亿，是世界上人口密度最大的国家之一。日本的民族主要是大和族，居民主要信奉神道和佛教，少数信基督教和天主教。日本的首都是东京；国旗为白色，正中绘有一轮圆形红日；国歌为《君之代》；国花为樱花；日语为国语；货币名称为日元。1972年9月29日，日本与中国建交。

日本民间有很多传统节日，元旦（1月1日）；成人节（1月的第二个星期一），年满20岁的男女，穿着盛装举行成人仪式；女童节（3月3日），即偶人节；男童节（5月5日），又称"子供日"；天皇诞辰日：12月23日（明仁天皇生于1933年12月23日）。每逢佳节人们都要举行庆典活动和各种仪式。

2）礼貌礼节

日本是一个注重礼仪的国家。日本小孩从会说话起，就开始接受家庭的礼仪教育。见面时要互致问候，行鞠躬礼，15度是一般礼节，30度是普通礼节，45度是最尊敬礼节。鞠躬要脱帽，眼睛向下，表示诚恳、亲切。初次见面，要行90度鞠躬礼，交换名片，一般不握手；如果是老朋友或比较熟悉的人就主动握手，甚至拥抱。如遇女宾，女方主动伸手才可以握手，但不要用力握或长时间握手。见面时常说"拜托您了"、"请多关照"等话。

日本人一般不用香烟待客，如客人要吸烟，应先征得主人的同意，以示尊重。当以酒待客时，他们认为让客人自己斟酒是失礼的，应由主人或侍者斟酒为妥，在斟酒时壶嘴不能碰杯口。客人以右手持杯、左手托杯底接受斟酒为礼。一般情况下，客人要接受第一杯酒，而第二杯酒可以谢绝。如不喝酒时，不可独自将酒杯向下扣放，应等众人喝完后才一起扣放，否则就是失礼的行为。

日本人拜访他人时一般避开清晨、深夜及用餐等时间。在进日本式房屋时，要先脱鞋，脱下的鞋要整齐放好，鞋尖向着房间门的方向，这在日本是尤其重要的。日本人在拜访他人时，时常带些礼物，盛行送礼。"不给别人添麻烦"是日本人的生活准则。在公共场所很少有人大声喧哗或吵闹。在一般场合，日本人谈话声音轻，很少大笑，特别是女性，即使是遇到很高兴的事也往往是用手掩嘴轻轻微笑，否则会被认为是失态、少教养的行为。日本人注重衣着，平时总是衣着大方整洁。在正式场合，一般穿礼服。即使在一般场合，光穿背心或赤脚也是失礼的。

日本茶道和花道盛行。日本人赋予饮茶以丰富的内涵，并逐渐形成了具有日本民族特色的文化形式。日本的茶道为款待尊贵的客人而举行，讲究高雅简朴，和敬清寂，一般在面积不大的茶室进行。由茶师按一定规程用竹制小匙把茶叶放在碗里，沸水冲泡后依次递给宾客品茶。花道是一种插花艺术，是日本的室内装饰艺术，也是一种富有乐趣的民间技艺。茶道和花道不仅是款待客人的礼仪和装点生活环境的情趣，而且还显示了日本妇女所具备的文化修养。

3）饮食习惯

日本人以熟食为主，也喜生食。著名的日本风味食品有生鱼片、寿司和鸡素烧等。一日三餐中重视晚餐，喜喝酒，以啤酒、清酒为主，偶尔也喝中国的绍兴酒、茅台酒，英国的威士忌，法国的白兰地等。讲究餐具的美观和功能，除用陶瓷、金银、木制器外，大量使用较保温的漆器。请客时第一个开始用餐的不是主人而是主宾，其他客人和主人要等主宾拿起筷子才能进餐。日本人喜欢餐前餐后喝一杯茶，特别喜欢喝绿茶。日本人早餐喜欢喝热牛奶，吃面包、稀饭等。午餐和晚餐吃大米饭，副食品主要是蔬菜和海鲜。日本人爱吃鱼，鱼的吃法很多，但都要把鱼刺去掉，无论怎样吃都不能用刀把鱼切碎，只能一口吃下。日本人还有吃生鱼片的习惯，吃时一定要配辣椒，以便解腥杀菌。每逢喜事，日本人爱吃红豆饭，不加任何调料，只在碗里撒一些芝麻盐，十分清香适口。"便当"和"寿司"在日本是受欢迎的两种传统方便食品。"便当"就是盒饭，"寿司"就是人们在逢年过节时才吃的"四喜饭"。日本人喜欢吃清淡、油腻少、味鲜带甜的菜肴，还爱吃牛肉、清水大蟹、海带、精猪肉、豆腐等，但不喜欢吃羊肉、肥肉和猪内脏，也喜欢吃中国的广东菜、北京菜和上海菜。日本人吃水果偏食瓜类，如西瓜、哈密瓜、白兰瓜等。

4）禁忌

（1）送礼时，忌送玻璃、陶瓷等易碎物品，也不能将有狐狸、獾、菊花等图案的物品送人。菊花是日本皇族的标志，尤其是黄色16瓣的菊花，被认为是日本皇族的徽号，一般不能用来送礼。荷花，在日本人心目中象征宇宙精髓，有佛教的神圣含义，所以不可用于商标。日语"梳子"和"苦死"谐音，因此也不以梳子送礼。

（2）忌"9"、"4"等数字。因日语中"4"发音近"死"，所以住饭店不要把他们安排在四号楼、四层或第四餐桌等；"9"发音与"苦"相似。日本商人忌2月和8月，因为这两个月是营业淡季。日本人婚礼时送礼金要避免偶数，因为他们认为，偶数是2的倍数，容易导致夫妻分裂。

（3）忌绿色，认为绿色是不祥之兆；忌紫色，认为紫色不牢靠。

（4）忌倒贴邮票，因为这表示绝交。忌3个人并排合影，认为中间的人有受制于人之嫌，是不幸的预兆。

（5）讨厌金银眼的猫，认为看到这种猫的人要倒霉。

（6）日本人用筷有忌八筷，即舔筷、迷筷、移筷、扭筷、剔筷、插筷、跨筷、掏筷。

（7）忌讳在用餐的过程中整理自己的衣服或用手抚摸、整理头发，因为这是不卫生和不礼貌的举止。

阅读资料 10-1

参加涉外活动必须遵循的基本原则

1. 维护国家利益的原则。自觉维护国家的尊严，与外国人相处，既要坦诚，也应不卑不亢，维护自己的人格、国格，捍卫自己的民族尊严。

2. 严守外事纪律的原则。不随意同外国人谈论我国内部不向外公布的消息；不委托外国人转递申诉信件和材料；在对外交往中，严禁公开示意或暗示对方赠予礼品；在业务往来中，不得泄露内部掌握的对外援助技术出口和接受外援的具体政策、规划数字、计划措施等机密事项。

3. 注意特色，尊重民族习惯的原则。

4. 尊重妇女的原则。

2. 韩国

1) 简介

大韩民国（The Republic of Korea）简称"韩国"，位于亚洲东北部、朝鲜半岛南部，与我国山东半岛隔海相望，面积10.329万平方公里，人口约5 000万，全国为单一的民族朝鲜族，通用朝鲜语。国民信奉基督教或佛教。韩国的首都是首尔；国旗是太极旗；国歌为《爱国歌》；国花为木槿花；货币名称为韩元。1992年8月24日，韩国与中国建交。

正月十五在韩国被称为"大望日"，是韩国重要的传统节日之一。在韩国，正月十五的民俗游戏，最有代表性的是放鼠火和放风筝。通常在阳历1月底或2月初到来的被韩国人称为新年的农历正月初一，是传统上最盛大的节日。全家人聚集一堂，穿最好的衣服，举行祭祖仪式。祭祀后，享用丰盛的家宴，家庭中的晚辈向长辈拜年。其他的重要节日包括元宵节，即阴历每年的第一个满月，此时农民和渔夫们祈求丰收并进行特殊的游戏；端午节，阴历五初五，农民们休息一天共同娱乐；中秋节，阴历八月十五，是一个丰收和感恩的节日；还有浴佛节，农历四月初八，信徒们在寺庙中举行特别仪式并举行灯会。除农历中的传统节日外，韩国人还过许多国际节日。

2) 礼貌礼节

韩国人性格刚强，勤劳勇敢，民族自尊心强，待客热情，普遍注重礼貌礼节，有"礼仪之邦"之称。与韩国人初次见面时，常以交换名片相识。晚辈见长辈、下级对上级规矩很严格；握手时，应以左手轻置右手腕处，躬身相握，以示恭敬；与长辈同坐，要挺胸端坐，绝不能懒散；用餐时，不可先于长者动筷；若想抽烟，需征求在场的长辈同意。在公共场所不大声说话，颇为稳重有礼。

在韩国，妇女对男子十分尊重，双方见面时，女子先向男子行鞠躬礼，致意问候。男女同坐时，男子位于上座，女子则位于下座。如应邀去韩国人家里做客，要先约定时间并准时赴约，进入室内时，将鞋子脱下留在门口是不可疏忽的礼仪。按习惯要带一束鲜花或一份小礼物，并用双手奉上。韩国人很爱面子，不能当面指责他们，不能使用"不"来拒绝他们，需婉转地表达不同意见。

3) 饮食习惯

韩国人的主食为米饭和打糕，爱吃辣椒、泡菜、大蒜，讲究喝狗肉汤，吃烤肉、明太鱼干等高热量的食物。韩国人早餐不吃稀饭。他们爱吃辣，为有热气腾腾的辛辣食物而自豪。韩国人平时喜食干香绿豆芽、肉丝炒蛋、肉末线粉、干烧桂鱼、辣子鸡丁、四生火锅等菜肴。对他们来说，汤是每餐必不可少的。最爱吃的是"炖汤"，这是用辣椒酱配以豆腐、鱼片、泡菜或其他肉类和蔬菜等烹制而成。酱是韩国各种菜汤的基本佐料。韩国人喜欢吃牛肉、精猪肉、鸡和海味，不爱吃羊肉、鸭和肥猪肉。此外，韩国人也爱吃用腊肉调成的生拌凉菜，不喜欢吃带甜酸味的热炒菜肴。许多年轻的韩国人偏爱吃西餐。韩国人在用餐时很讲究礼节，用餐时不随便出声，不边吃边谈，如不注意这些小节，往往会被别人看不起，引起反感。

4) 禁忌

（1）韩国人忌讳的数字是"4"。"4"在朝鲜语中的发音、拼音与"死"字完全相同，许多楼房的编号严忌"4"字，军队、医院、餐馆等也不用"4"编号。在饮茶或饮酒时，主人总是以1、3、5、7的数字来敬酒、献茶、布菜，并力避以双数停杯罢盏。

（2）韩国人不以食品作礼物，一般不能当面打开礼品盒。

（3）与韩国人交谈，要避免议论有关社会政治等话题。

（4）韩国人进门脱鞋，忌脚尖朝外。

（5）禁捕食熊、虎、马、猪等。

阅读资料 10-2

韩国的商务礼俗

前往韩国进行商务访问的最适宜时间是每年的2—6月、9月和11月，尽量避开多节的10月，以及7—8月中旬、12月中下旬。

韩国商务人士与不了解的人来往，要有一位双方都尊敬的第三者介绍和委托，否则不容易得到对方的信赖。为了介绍方便，要准备好名片，中英文和韩文均可，但要避免在名片上使用日文。到公司拜会，必须事先约好。会谈的时间最好安排在上午10—11点或下午2—3点。

韩国商人不喜欢直说或听到"不"字，所以常用"是"字表达他们有时是否定的意思。在商务交往中，韩国人比较敏感，也比较看重感情，只要感到对方稍有不尊，生意就会告吹。韩国人重视业务中的接待，宴请一般在饭店举行，吃饭时所有的菜要一次上齐。

3. 印度

1) 简介

印度共和国（The Republic of India）是南亚次大陆的大国，面积约298万平方公里，人口12.1亿，列世界第二位。印度人大多信奉印度教，其次为伊斯兰教、基督教、锡克教和佛教等。印度的首都是新德里；国旗呈长方形，长与宽之比为3∶2，自上而下是由橙、白、绿3个相等的横长方形组成，白色长方形中心绘有24根轴条的蓝色法轮；国歌为《人民的意志》；国花为荷花；印地语为国语，英语为官方语言；货币名称为印度卢比。1950年4月1日，印度共和国与中国建交。

印度的国庆日（共和国日）为1月26日（1950年）。在印度，除了一些政治性节日，其他重要的节日大都是宗教性节日。印度的宗教多，宗教节日当然也就不少。印度官方认可的节假日每年有120多个，其中多数节日不仅与宗教有关，有着神话般的由来，而且还有别具特色的传统庆祝方式。

2) 礼貌礼节

印度是一个东西方文化共存的国家,有的印度人见到外国人用英语问候"您好,"有的则用传统的佛教手势——双手合十。男人相见或分别时,有时也握手,但不能和印度妇女握手。晚辈为表示对长辈的尊敬,常在行礼时弯腰摸长者的脚。妻子送丈夫出远门,最高的礼节是摸脚跟和吻脚。迎接贵宾时,主人献上花环,套在客人的颈上,花环的大小视客人的身份而异。

印度人在交谈时,用摇头或歪头表示"是",点头表示"不是"。许多印度妇女在他们额部靠近两眉中间涂饰一个彩色的圆点,印度人称之为"贡姆",中国人称之为"吉祥点"。在印度教里,"吉祥点"表示女子的婚嫁状况,现在已成为印度妇女美容化妆的组成部分。

3) 饮食习惯

印度人以米饭为主食,也喜欢吃印度烙饼,副食有鸡、鸭、鱼、虾、蛋和蔬菜。特别爱吃马铃薯(土豆),认为是菜中佳品。印度人口味清淡,不喜油腻,不吃菇类、笋类及木耳。咖喱是饭菜离不开的调料。印度人吃素食者较多,等级越高,食荤越少。印度人一般不喝酒,甚至有的人对酒相当反感,因为他们认为这是违反宗教的东西。印度人喜欢饮茶,其饮茶方式别具一格,一般把茶斟入盘中,用舌头舔饮。

4) 禁忌

(1) 印度教徒奉牛为神圣,忌食牛肉。一般人忌穿牛皮鞋和使用牛皮箱。信奉伊斯兰教的印度人不吃猪肉。蛇也被看做是神圣的,故视杀蛇为触犯神明的行为。

(2) 印度人忌白色,认为白色象征着内心的悲哀,所以人们习惯于用百合花作悼念品,黑色亦被认为是不祥的颜色。

(3) 把1、3、7视为不吉利的数字。

(4) 印度教徒忌讳众人在同一盘中进食,也不吃别人接触过的食物。忌用左手握手和递、取东西。

(5) 忌用澡盆给孩子洗澡,认为盆中之水是"死水",用澡盆给孩子洗澡是不人道行为。

4. 泰国

1) 简介

泰王国(The Kingdom of Thailand)位于中南半岛中部,自然条件得天独厚,地形以平原为主。泰国地处热带,绝大部分地区属热带季风气候。泰国盛产大象,尤以白象为珍贵,敬之如神,故有"白象国"之称。泰国面积513 115平方公里,人口约6 740万。华人移居泰国历史悠久,他们以经商为主,掌握了泰国各项重要的经济活动。泰国是佛教之邦,佛教在泰国社会生活中有深刻的影响。90%的泰国人信奉上座部佛教(属小乘佛教部派),其中有30万人出家为和尚,故全国佛寺多达3 000多座。僧人身穿黄衣,故又有"黄衣国"之称。泰国的首都是曼谷;国旗呈长方形,长与宽之比为3∶2,是由红、白、蓝3色的5个横长方形平行排列构成;国花为睡莲;泰语为国语;货币名称为泰铢。1975年7月1日,泰国与中国建交。

泰国的国庆日为 12 月 5 日（1927 年，国王普密蓬·阿杜德诞辰）。泰国的主要节日有元旦，又称佛历元旦，庆祝活动十分隆重；送干节（泰历 4 月 3—16 日），"送干"，在泰语中是"求雨"的意思，因泰国的送干节内容和缅甸的泼水节相似，故又称"泼水节"；"水灯节"，又称佛光节（泰历 12 月 15 日），是泰国传统节日之一，它不仅是喜庆丰收、感谢河神的节日，也是青年男女追求爱情和祈求神佑的欢乐日子；春耕礼（泰历 5 月）是由国王亲自主持的宫廷大典之一。泰国民间在农闲时还有斗鸡的习俗。每年 11 月的第三个周末是象节。

2）礼貌礼节

泰国人热情好客，举止文雅，讲究礼仪，总是以微笑迎客，所以也享有"微笑土地"的雅号。泰国人见面时不握手，而是双手合十为礼。双手抬得越高，越表示对客人的尊重，但双手的高度不超过双眼。受礼方也亦应以合十礼相还。晚辈向长辈行礼时，双手合十要举过前额，长辈合十回礼时双手不必高过前胸。朋友相见，双手合十于鼻尖处，稍稍低头，互相问好。向王室或高僧行礼时须下跪，甚至儿子出家为僧，父母亦跪地送行。握手礼只在政府官员、学者和知识分子中盛行，男女之间不行握手礼。泰国人一般用名字来称呼对方，如"建国先生"、"秀兰女士"等。在泰国，若有位尊者或长者在座，晚辈只能坐在地上，或者蹲跪。以免高于长辈头部，否则是极大的失礼。

到寺庙烧香拜佛或参观，必须衣冠整洁，进入寺庙时要摘帽脱鞋，以示对神佛的尊重。泰国男女授受不亲。男子穿衬衫、长裤；女子上着长袖短衫，常披帷幔，下着筒裙，现今喜穿裤子的妇女日渐增多。泰国人习惯用右手吃饭，左手用来拿一些不太清洁的东西，因此给别人递东西时用右手，表示尊敬。给长者递东西必须用双手，一般人递东西要用右手，表示尊敬，如不得已用左手时，要说一声"请原谅，左手"。逢喜庆节日喜欢请 9 人聚友。泰文中"9"是吉祥之音，是向上、兴旺、发达的意思，同时泰文中"9"像一头大象，是吉祥的象征。

3）饮食习惯

泰国人以米为主食，副食主要是鱼和蔬菜。早餐多吃西餐，午餐和晚餐爱吃中国的广东菜和四川菜。泰国人特别爱吃辣椒，"没有辣椒不算菜"，但不喜欢酱油，不爱吃牛肉和红烧的菜肴，也不习惯放糖。泰国"竹筒饭"远近闻名，是把糯米和椰酱放在里面，在火上烧烤。泰国人吃饭不用匙筷，喜欢用右手抓着吃。泰国人特别喜欢喝啤酒，也爱喝白兰地兑苏打水；喝咖啡、红茶时，爱吃小蛋糕和干点心；饭后有吃苹果、鸭梨等习惯，但不吃香蕉；吃西瓜、菠萝时习惯蘸盐末或辣椒末，别有风味。槟榔和榴莲是他们爱吃的水果。

4）禁忌

（1）泰国人最忌讳触摸别人的头部，认为头颅是智慧所在，神圣不可侵犯。

（2）睡觉时忌头朝西，因为日落西方象征死亡。人坐着，忌他人拿东西从头上掠过。住宅门口，忌悬挂衣物，特别是内裤；

（3）忌用红笔签名，因为人死后用红笔将其姓名写在棺木上。

（4）孕妇不能参加火葬仪式，不能探望重病人。禁止丑陋之人或残疾人尾随孕妇。

（5）脚被认为是低下的，忌把脚伸到别人跟前。就座时，最忌跷腿，把鞋底对着别人，这样被认为是把别人踩在脚底下,是一种侮辱性的举止。

（6）买佛饰时,严忌用购买之类的词语,而必须用"求租"或"尊请"之类的词语。

（7）到泰国朋友家做客,万不可踏门槛,因为泰国人认为门槛下住着神灵,踩下去是万万不行的。

（8）鹤被视为"色情鸟",龟被视为男性"性"的象征,所以忌讳鹤和龟及印有其形象的物品。

5. 新加坡

1）简介

新加坡共和国（The Republic of Singapore）是梵语"狮城"的谐音,由于当地居民受印度文化影响较深,喜欢用梵语作为地名。新加坡位于东南亚,是马来半岛最南端的一个热带城市岛国,面积为714.3平方公里,人口518万,其中华人占75%左右。马来语、英语、华语和泰米尔语为新加坡官方语言,其中国语为马来语,英语为行政用语。其主要宗教为佛教、道教、伊斯兰教、基督教和印度教。新加坡共和国的首都是新加坡；国旗由上红下白两个相等的横长方形组成,长与宽之比为3∶2,左上角有一弯白色新月和五颗白色五角星；国歌为《前进吧,新加坡!》；国花为卓锦·万代兰（兰花的一种）；货币名称为新加坡元。1990年10月3日,新加坡与中国建交。

8月9日是新加坡的独立日。新加坡的重要节日有华人新年：每年1月或2月的农历新年；中秋节：农历8月15日；开斋节：回历10月新月出现之时；泰米尔新年：4、5月间；大宝森节：泰米尔历的1、2月间；食品节：4月17日；蹈火节：10、11月间；卫塞节：5月的月圆日；圣诞节：12月25日；复活节：3月21日月圆后的周日。

2）礼貌礼节

新加坡人十分讲究礼貌礼节。他们的礼貌口号是"真诚微笑",生活信条是"人人讲礼貌,生活更美好"。在新加坡,华人见面时作揖、鞠躬或握手。印度血统的人仍保持印度的礼节和习俗。马来血统、巴基斯坦血统的人则按伊斯兰教的礼节行事。新加坡人崇尚尊老敬贤,父母或长辈讲话时不能插话。新加坡重视礼貌教育,自1979年起,新加坡每年都开展为期两个月的礼貌运动,文化总署印发了《礼貌手册》。新加坡人在服饰上具有华夏遗风,与我国南方一些地区的着装习惯很相似。华人衣着清爽,女士们大多穿裙子,男士文职人员着装较规范——衬衫、西裤、领带,学生穿校服。

3）饮食习惯

新加坡人的主食为米饭、包子,也爱吃花卷、银丝卷,不吃馒头,下午常吃点心；副食主要为鱼虾等海鲜,如炒鱼片、炒虾仁、油炸鱼等,喜爱吃牛肉、羊肉、鸡肉等。他们讲究吃快餐,注重菜品的营养成分,喜欢清淡带甜的口味,不信佛教的人喜欢吃咖喱牛肉；爱吃桃子、荔枝、梨等水果。新加坡人早餐喜欢吃西餐,午餐和晚餐偏爱中国广东菜,有流传的饮食歌谣："潮州果条福建面,广府叉烧海南鸡,北方水饺湖南辣,客家狗肉上海糕。"

4) 禁忌

(1) 新加坡人忌黑色和黄色。

(2) 数字上忌讳4、7、8、13、37和69。

(3) 忌乌龟图案，认为乌龟是不祥的动物。

(4) 忌说"恭喜发财"之类的话，认为这有教唆他人发"横财"和"不义之财"的意思。大年初一忌扫地，认为这一天扫地会把好运气扫走。

(5) 和新加坡人谈话，一般忌谈宗教与政治。

(6) 在新加坡，嘴里叼着香烟走路，以及随地吐痰、吐唾沫、扔垃圾等要罚款。

(7) 忌把吃了一半的鱼翻过来。

(8) 男子忌留胡须、长发。

6. 印度尼西亚

1) 简介

印度尼西亚共和国（The Republic of Indonesia）位于亚洲东南部，地跨赤道，是世界上最大的群岛国家，由太平洋和印度洋之间17 508个大小岛屿组成，其中约6 000个有人居住。印度尼西亚的陆地面积为1 904 443平方公里，海洋面积为3 166 163平方公里（不包括专属经济区），素称千岛之国。印度尼西亚有人口约2.376亿，为世界第四人口大国，共有100多个民族，其中爪哇族占45%，巽他族占14%，马都拉族7.5%，马来族7.5%，其他民族占26%。其官方语言为印度尼西亚语，民族语言和方言约300种；约87%的居民信奉伊斯兰教，是世界上穆斯林人口最多的国家，6.1%的人口信奉基督教新教，3.6%信奉天主教，其余信奉印度教、佛教和原始拜物教等。印度尼西亚的首都是雅加达；国旗为旗面由上红下白两个相等的横长方形构成，长与宽之比为3∶2；国歌为原印尼民族党党歌；国花为茉莉花；货币名称为盾。1950年4月13日，印度尼西亚与中国建交。

印度尼西亚的国庆日为8月17日。其他节日有元旦（1月1日）；全国体育节（9月9日）；母亲节（11月12日）；开斋节（公历二三月间）；静居日（巴厘历十月初一）。

2) 礼貌礼节

与印度尼西亚人见面可以握手，也可以点头示意。宾主初次见面一般要交换名片。印度尼西亚人懂礼貌，重深交，讲旧情，老朋友在一起可以推心置腹，但绝不讲别人的坏话。印度尼西亚人十分尊重老人和妇女，遇到行动不便的长者时都能主动上前搀扶。由于多数人信奉伊斯兰教，在递送物品时，都要用右手而不能用左手，也不用双手。

3) 饮食习惯

印度尼西亚人喜欢吃大米饭和中国菜，早餐一般喜欢吃西餐；副食喜欢吃牛、羊、鱼、鸡之类的肉与内脏。印度尼西亚人爱吃中国菜，如香酥鸡、宫保鸡丁、虾酱牛肉、咖喱羊肉、炸大虾、青椒肉片等；爱饮红茶和葡萄酒、香槟等果酒饮料。但由于印度尼西亚人大部分信仰伊斯兰教，所以一般不宜介绍猪肉食品，带骨的菜肴也不受欢迎。无论是肉类，还是鱼类都要加上很多的辣椒或胡椒为佐料。

4）禁忌

（1）忌食猪肉，忌饮烈性酒，也不吃带骨带汁的菜和鱼肚等。

（2）爪哇人忌夜间吹口哨，认为会招来游荡的幽灵或挨打。

（3）在印度尼西亚人家里切忌抚摸小孩的头，否则对方会翻脸。

（4）忌讳乌龟，认为乌龟给人以"丑陋"、"污辱"等极坏的印象。

7. 菲律宾

1）简介

菲律宾共和国（The Republic of The Philippines）位于亚洲东南部，北隔巴士海峡，与中国台湾省遥遥相对，南和西南隔苏拉威西海、巴拉巴克海峡与印度尼西亚、马来西亚相望，东临太平洋，西濒南中国海，由7 107个大小岛屿组成，总面积29.97万平方公里，是一个位于亚洲东南部的群岛国家。菲律宾人口约9 580，是世界上第12大人口大国，马来族占全国人口的85％以上，大多数人信奉天主教，少数人信奉伊斯兰教。菲律宾的首都是马尼拉；国旗呈横长方形，长与宽之比为2∶1，靠旗杆一侧为白色等边三角形，中间是放射着八束光芒的黄色太阳，3颗黄色的五角星分别在三角形的3个角上；国歌为《马达洛菲律宾进行曲》；国花为"三巴吉塔"茉莉花；他加禄语为国语，英语为通用语言；货币名称为比索。1975年6月9日，菲律宾与中国建交。

菲律宾的重要节日有国庆日：6月12日（1898年）；自由日：2月25日；巴丹日：4月9日（纪念第二次世界大战阵亡战士）；五月花节：5月最后一个星期日；国家英雄日：8月27日；英雄节（纪念民族英雄黎刹就义）：12月30日。

2）礼貌礼节

菲律宾人日常见面无论男女都握手，男人之间有时也拍肩膀。菲律宾人十分尊重妇女与老人。遇见长辈时，要吻长辈的手背，或者拿起长者的右手碰自己的前额，以示尊敬。若有长辈和长者在场，不能将双脚交叉跷起或分开。若有女子在座，男子更要稳重有规矩。菲律宾人热情好客，常把茉莉花串成花环，套在宾客的脖子上，以示尊敬。

3）饮食习惯

菲律宾人的饮食，一般以大米、玉米为主。农民煮饭前才舂米，米饭是放在瓦罐或竹筒里煮，用手抓饭进食。菲律宾人最喜欢吃的是椰子汁煮木薯、椰子汁煮饭。玉米作为食物，先是晒干，磨成粉，然后做成各种食品。城市中上层人士大多吃西餐。菲律宾的名菜有烤乳猪，即烤小猪；巴鲁特，即煮熟的孵化到一半的鸡蛋；阿恰拉，即炒番木瓜、洋葱、蔬菜片加胡椒；鲁必亚，将虾、鸡肉、猪肉和可可混合烧煮而成；阿道包，将蘸了醋的鸡肉或猪肉焖透，使得肉本身又滑又烂；还有烤猪腿、香蕉心炒牛肚，等等。菜常用香醋、糖、辣椒等调味。菲律宾人最喜欢喝啤酒。

菲律宾穆斯林人的主食是大米，有时也吃玉米和薯粉，伴以蔬菜和水果等。按照伊斯兰教教规，他们不吃猪肉，不喝烈性酒。他们和其他马来西亚人一样喜欢吃鱼，不吃牛奶。他们的烹调很简单，喜欢使用有刺激性的调味品，进食时用手抓。咀嚼槟榔的习惯在菲律宾穆斯林中十分流行。

4）禁忌

（1）菲律宾人忌讳"13"，认为"13"是凶神，是厄运和灾难的象征。

（2）伊斯兰教徒忌讳猪，忌食猪肉和使用猪皮制品，也不喝牛奶和烈性酒。

（3）忌用左手取食或传递物品。

（4）菲律宾马来族人忌用手摸他们的头部和背部，认为触摸头部不尊敬，触摸背部会给人带来厄运。

（5）忌茶色和红颜色。

（6）忌谈政治、宗教等敏感话题。

8. 马来西亚

1）简介

马来西亚（Malaysia）位于东南亚，面积33.0257万平方公里，全境被南中国海分成东马来西亚和西马来西亚两部分。马来西亚人口约2 833万，其中马来人67.4%，华人24.6%，印度人7.3%；沙捞越土著居民中以伊班族为主，沙巴以卡达山族为主。国语为马来语，英语为通用语，华语使用也较广泛。伊斯兰教为国教，其他宗教有佛教、印度教和基督教等。马来西亚的首都是吉隆坡；国旗呈横长方形，长与宽之比为2∶1，主体部分由14道红白相间、宽度相等的横条组成，左上方有一深蓝色的长方形，上有一弯黄色新月和一颗14个尖角的黄色星；国歌为《月光》；国花为木槿花；货币为林吉特。1974年5月31日，马来西亚与中国建交。

8月31日是马来西亚的国庆日即独立日。其主要节日有开斋节、春节、花卉节、国庆节、哈吉节、屠妖节、圣诞节、圣纪年、"五·一"节、卫塞节、最高元首（在任）诞辰。

2）礼貌礼节

马来西亚人友好善良，注重礼貌，尊老爱幼，见面时行鞠躬礼。男子行礼时，右手抚于胸前鞠躬，以示敬意。去访问做客时，衣冠整洁，按时赴约。马来西亚人的内厅是祈祷和做礼拜的地方，因此进屋应脱鞋。传统服装宽大舒适，遮手盖脚，平时男子穿长至足踝的布质纱笼，外再套一件衣袖宽松的无领衬衫"巴汝"，逢年过节腰上围一条"三宾"短纱笼，头戴一顶白色无边帽，叫"送谷"，脚穿皮鞋。女子穿无领长袖的连衣裙。今天马来人上班都穿轻便西装，但休息时还是喜欢穿传统的民族服装。马来西亚人外出时一般都佩戴一把12～15英寸的短剑。赴马来西亚从事商务活动，夏天适宜穿白衬衫、打领带和穿长西裤，冬天适宜穿保守式样的正式西装。

3）饮食习惯

大多数马来西亚人受伊斯兰教的影响，喜食牛、羊肉，饮食口味清淡，怕油腻；爱吃的其他副食还有鱼、虾等海鲜，鸡、鸭等家禽，以及新鲜蔬菜。马来西亚人爱吃椰子、椰子油和椰子汁。他们用椰子油烹调菜肴,并用咖喱粉做调料。他们善于用烤、炸、爆、炒、煎等烹饪方式做菜,口味甜中带辣。马来西亚人欣赏中国的广东菜、四川菜。由于地处热带,盛产水果,马来西亚人餐餐都吃各种水果。马来西亚人进餐时,食物摆在地上的草席上或餐毯上,辣椒等佐料放在椰壳做的碗里,男子或年长妇女盘坐于地,年轻女子则屈腿而坐,均用洗净的右手抓饭菜吃。千万不可使用左手,免得被人讥笑。

4)禁忌

(1)忌讳谈及猪、狗的话题。忌食狗肉、猪肉,忌讳使用猪皮革制品,忌用漆筷,因漆筷制作过程中使用猪血。

(2)忌用左手为别人传递东西,认为左手是不干净的。在公共场合,无论男女,衣着不得露出胳膊和腿部。

(3)忌用黄色,不穿黄色衣服,因为黄色是马来西亚王公贵族的专用色。忌用白色包装纸,因这与办丧事有关。单独使用黑色认为是消极的。

(4)忌讳数字"0"、"4"、"13"。

(5)在马来西亚是禁酒的,因此在用餐时不用酒来招待客人。

(6)忌摸别人头部,他们认为头部是神圣不可侵犯的。

(7)在首都吉隆坡,严禁男女在公开场合接吻,违者会被处以2 000林吉特(约530美元)罚款或一年囚禁。

阅读资料 10-3

蒙古人习俗禁忌

蒙古人无比敬重伟大祖先成吉思汗;讳谈蒙古与前苏联的特殊关系及与中国的渊源等两大问题。蒙古人对红色十分崇拜,并且视之为本民族的标志。他们还认为,白色代表一帆风顺,蓝色表示忠贞、永恒,黄色象征荣华富贵,所以也非常喜欢这些色彩。他们将黑色列为禁忌之色,因为它被视为敌人、丧事的化身。

蒙古人即使对过路的陌生人也会殷勤款待,但是在拜访蒙古包时,必须切记:第一,不要倚坐在蒙古包上;第二,进蒙古包前,须将马鞭或棍杖放在门外;第三,进入蒙古包后可不必脱帽;第四,在就座时,最好是盘腿而坐;第五,与蒙古人交谈时,勿用鼻烟壶或手指对其指指点点;第六,不要劝说蒙古人将自家牲畜的乳汁卖掉。

10.2 欧洲部分国家的习俗

欧洲国家众多,人口相当密集,民族较多,语言各不相同。习惯上,人们把欧洲细分为东、西、南、北、中 5 个区域。欧洲大部分国家工业发达，国民生活水平高，既吸引世界各地游客去欧洲观光游览，同时每年大量的欧洲游客也涌向世界各地，它是世界上最大的客源地区。对我国来说，欧洲的主要客源国有英国、法国、德国、意大利、俄罗斯、西班牙、瑞士、瑞典等，是世界上最大的旅游客源地。

1. 英国

1) 简介

大不列颠及北爱尔兰联合王国（The United Kingdom of Great Britain and Northern Ireland）简称英国，位于欧洲西部、大西洋的不列颠群岛上，面积 24.41 万平方公里。英国人口约 6 235，其中英格兰人占 83.9%，苏格兰人占 8.4%，威尔士人 4.8%，北爱尔兰人占 2.9%。居民多信奉基督教，只有少部分人信奉天主教。英国的首都是伦敦；国旗呈横长方形，长与宽之比为 2∶1，为"米"字旗，由深蓝底色和红、白色"米"字组成；国歌为《上帝保佑女王》；官方和通用语均为英语。1954 年 6 月 17 日，英国与中国建立代办级外交关系；1972 年 3 月 13 日升为大使级外交关系。

英国的节日通常有新年，是指圣诞节的 12 天节期；情人节（2 月 14 日）；愚人节（4 月 1 日）；复活节（春分月圆后的第一个星期日）。

2) 礼貌礼节

长期以来，英国人比较矜持庄重，不少人追求绅士和淑女风度，重视礼节和自我修养，衣着比较讲究。英国人很少在公共场合表露自己的感情，庄重、含蓄、自谦、富幽默感，视夸夸其谈为缺乏教养。与英国人谈话不能指手画脚，否则是不礼貌的举动，同时微笑是必需的。英国人十分注重礼貌礼节。初次相识时，一般都要握手，而平时相见则很少握手，只彼此寒暄几句，或者对变化无常的天气略加评论，有时只是举一下帽子略示致意而已。在称呼方面，英国人一般对初识的人根据不同情况采取不同的称呼方式，对地位较高或年龄较长的男女，称为 Sir（先生）或 Madam（夫人），而不带姓，这是正式并带有敬意的称呼。一般情况下，则使用 Mr（先生）、Mrs（夫人）或 Miss（小姐），并带上对方的姓。

英国人在日常交谈中，常使用"请"、"谢谢"、"对不起"等礼貌用语，即使家庭成员之间也是如此。"女士优先"是英国男子崇尚的绅士风度，也是在社交场合必须遵循的原则。在社交中英国人很注意服饰打扮，什么场合穿什么衣服都有讲究。

英国人时间观念很强，并且照章办事。若请英国人吃饭，必须提前通知，不可临时匆匆邀请。到英国人家去赴宴，不能早到，以防主人还未准备好，导致失礼。与英国人谈话不要涉及政治、宗教和有关皇室的小道消息，也要避免使用 English（英格兰人）这个词，而要用 British（不列颠人）。这是因为他们可能是爱尔兰人或苏格兰人。

英国人从不直截了当说"上厕所"，而是说"请原谅几分钟"或"我想洗洗手"。会见要事先约定，休假日、圣诞节、复活节不要安排其他活动。送礼不要过重，晚间送礼，可以送名酒、鲜花、巧克力，但不可以有商标，对有公司标记的纪念品不感兴趣。英国人下班是不谈公事的，最讨厌的是在就餐时还议论公事。

3) 饮食习惯

英国人是一日四餐，即早餐、午餐、午后茶点和晚餐。英国人口味清淡，不喜欢吃辣。早餐喜欢吃麦片、三明治、奶油点心、煮鸡蛋、果汁或牛奶；午、晚餐以牛肉、鸡肉为主，也吃猪、羊、鱼肉。调味品放在餐桌上，任进餐者选用。英国人吃东西比较节制，狼吞虎咽或打饱嗝等，都被认为是失礼的行为。他们讲究座次排列，就餐时，对服饰、用餐方式等都有规定。英国人每餐都要吃水果，午、晚餐爱喝咖啡，夏天吃各种水果冻、冰淇淋，冬天则吃隔水蒸的布丁。英国人还喜欢喝冰过的威士忌苏打水，也喝葡萄酒和香槟酒，很少喝啤酒。

英国人爱喝茶，把喝茶当做每天必不可少的享受。早晨喜欢喝红茶，他们称之为"床茶"；上午10时左右再喝一次名为"早茶"；下午4时左右喝"下午茶"；晚饭后也要来一次"晚饭茶"。英国人喝茶的习惯不同于中国，倒茶前要先往杯子里倒入冷牛奶或鲜柠檬，加点糖，主要是为了防止茶锈沾到杯子上。茶壶除了女主人外，谁都不要动。如果先倒茶后到牛奶会被认为缺乏教养。英国人不善烹调，但英国有一些风味佳肴富有特色，如被叫做"国菜"的"烤牛肉加约克郡布丁"和"炸鱼薯片"。目前，在英国，素食主义者逐渐增加。

在斋戒日和星期五，英国人正餐吃炸鱼，不食肉，因为耶稣受难日是复活节前的那个星期五。

4) 禁忌

(1) 绝大多数英国人忌讳数字"13"，认为这个数字不吉利。英国人还忌"3"，特别忌用打火机或用一根火柴同时为3个人点烟。他们相信，这样做厄运一定会降临到抽第三支香烟的人身上。

(2) 忌问别人的私事，如职业、收入、婚姻、存款、女子的年龄等，也不要问别人属于哪个党派。

(3) 吃饭时忌刀叉与水杯相碰，如果碰响后不及时中止，将会带来不幸。

(4) 忌用大象、孔雀图案。英国人认为，大象是蠢笨的象征；孔雀是淫鸡、祸鸟，连孔雀开屏也被认为是自我炫耀的表现。忌用人像做服饰图案和商品的装潢。

(5) 忌送百合花，认为百合花意味着死亡。

2. 法国

1) 简介

法兰西共和国（The Republic of France, La Republique Francaise）位于欧洲大陆的西部，面积632 834平方公里，人口6 535万（2012年1月），包括400万外国侨民。居民中64%的人信奉天主教，另有信奉伊斯兰教、新教、犹太教等。法国的首都是巴黎；国旗呈长方形，长与宽之比为3∶2，旗面由3个平行且相等的竖长方形构成，从左至右分别为蓝、白、红3种颜色；国歌为《马赛曲》；国花为鸢尾花；法语为国语。1964年1月27日，法国与中国建交。

法国的国庆日为7月14日；诸圣日（也称万灵节）为11月1日，祭奠亲人，缅怀先烈；狂欢节在3月。

2）礼貌礼节

法国人性格开朗，乐观爱美，十分重视服饰，认为那是个人身份的象征，讲究服装的质地、款式及色彩。法国人具有良好的社交风范，说话开门见山，爱滔滔不绝地讲话，说话时爱用手势加强语气。法国人爱自由，纪律性较差。与他们约会需约定时间，准时赴约是有礼貌的表现，但迟到则是习以为常。传统的法国公司职员习惯别人称呼其姓而不是名。法国人见面通行握手礼，无论什么场合都要握手，握手时间不长。但男女见面时，男士要待女士先伸出手后才能与之相握。亲朋好友相遇，以亲吻礼和拥抱礼代替握手礼。对女士表示谦恭礼貌是法国人的传统，尤其在公共场合和社交场合，男士都严格遵循"女士优先"的礼貌规则。

法国人十分注重谈话的礼貌，与人交谈时，态度热情大方，语气自然和蔼。听别人说话时，眼睛平视对方，不轻易打断别人的话。在公共场合，男士不能当众提裤子，女士不能隔着衣裙提袜子。男女一起看节目，女士坐中间，男士坐两边。法国人喜欢有文化价值和美学价值的礼品，送鲜花给法国人是很好的礼品。

3）饮食习惯

法国的烹调技术和菜肴居欧洲之首，他们重视烹调技艺，以煎、炸、煮、烤、熏制作的法国大菜名扬世界，法国被誉为"烹调之国"。法国人早餐一般喜欢吃面包、黄油、牛奶、浓咖啡等；午餐喜欢吃炖牛肉、炖鸡、炖鱼、焖龙虾等；晚餐很讲究，多吃肥嫩的猪、牛、羊肉，以及鸡、鱼、虾、海鲜，但忌食无鳞鱼。法国人也爱吃新鲜蔬菜，爱吃冷盘，牛排和土豆丝是法国人的家常菜。他们还喜欢吃冷菜，且习惯自己切着吃。法国人烹调时，肉类菜不烧得太熟，如牛排三四分熟即可，有的肉最多七八分熟；牡蛎一般都喜欢生吃。

法国人的口味特点是喜肥浓、鲜嫩，配料爱用大蒜头、丁香、香草、洋葱、芹菜、胡萝卜等。在调味上，用酒较重。法国人爱喝啤酒、葡萄酒、苹果酒、牛奶、咖啡、红茶等。在法国，家家餐桌上都有葡萄酒，个人自选饮料，无劝酒的习惯。法国人不吃辣的食品，喜食清汤及酥类点心，爱吃各种水果。法国的干鲜奶酪世界闻名，有"奶酪之国"的美誉。它是法国人午餐、晚餐必不可少的食品，每人每年平均消费18.6千克，居世界首位。

4）禁忌

（1）法国人交谈时忌问别人的隐私。

（2）忌黄色的花和菊花，因为人们通常把黄色的菊花放在墓前吊唁死者。

（3）忌墨绿色，因第二次世界大战期间德国纳粹军服是墨绿色。

（4）忌黑桃图案，认为不吉祥；也忌仙鹤图案，认为仙鹤是愚汉和淫妇的代称。

（5）忌送香水和化妆品给女人，因为它有过分亲热或图谋不轨之嫌。

（6）忌13这个数字，因而往往以14A或12B来代替。

3. 德国

1）简介

德意志联邦共和国（The Federal Republic of Germany，Die Bundesrepublik Deutschland）位

于中欧西部,是欧洲邻国最多的国家,面积为357 121平方公里,人口8 184.37万,主要是德意志人,还有少数丹麦人、吉卜赛人和索布族人。居民中33.7%的人信奉基督教新教,33.2%的人信奉罗马天主教。德国的首都是柏林;国歌为《德意志之歌》;国花为矢车菊;国旗呈长方形,长与宽之比为3∶2,旗面由3个平行且相等的横长方形构成,从上至下分别为黑、红、黄3种颜色;德语是国语。1972年10月11日,德国与中国建交。

德国的国庆日是10月3日。传统节日有狂欢节,每年的11月11日11点起至第二年的复活节前40天止,持续2~3个月,但高潮仅是最后一周。狂欢节结束前一天一定是"疯狂的星期一",这天主要是化装大游行和大型狂欢集会与舞会。啤酒节,每年5月开幕,9月最后一周进入高潮,持续到10月的第一周结束,也称"十月节"。此外,还有新年、圣诞节、教师节、贝多芬音乐节等。

2)礼貌礼节

德国人待人接物严肃拘谨,即使是对亲朋好友、熟人,见面时一般也行握手礼,只有夫妻和情侣见面时才行拥抱、接吻礼;称呼习惯要称头衔,不喜欢直呼姓名。德国人在交往中,时间观念十分强,准时赴约被看得很重。被德国人邀请到家中做客,尽管通常是简便的自助餐形式,但这被视为一种特殊的礼遇。被邀者可送一束鲜花给主人,鲜花中可附一张表示谢意的便条。按照德国人送礼的习俗,若送刀剑、刀叉、餐具,则应请对方送一个硬币给你,以免所送的礼物伤害你们之间的友谊。送高质量的物品,即使礼物很小,对方也会喜欢。接电话时,要首先将姓名告诉对方。宴会上,一般男士要坐在女士和职位高的人的左侧,女士离开和返回餐桌时,男士要起立,以示礼貌。与德国人交谈,最好谈原野风光,以及个人业余爱好和体育足球之类的运动,不要谈及篮球、垒球和美式橄榄球等运动。

3)饮食习惯

德国是一个具有悠久饮食文化的国家,对食品的制作及就餐程序十分讲究。德国人饮食口味较重,讲究食物的含热量。德国人的早餐简单,一般只吃面包、喝咖啡;午餐是主餐,喜欢吃土豆、鸡蛋、牛肉和瘦猪肉,不大吃羊肉、鱼虾、海味和动物内脏,主食是面包、蛋糕,也吃面条、米饭,口味清淡、酸甜,不宜辣;晚餐一般吃冷餐,还喜欢吃甜点心和各种水果。

德国人特别爱喝啤酒,啤酒杯一般很大,并且一般情况下不碰杯,一旦碰杯,则需一口气将杯中酒喝光。德国人在外聚餐,在不讲明的情况下要各自付钱。

4)禁忌

(1)德国人最禁忌的符号是纳粹党的标志"卐"。

(2)在颜色方面忌讳茶色、红色、深蓝色和黑色做包装色的物品。

(3)忌吃核桃,忌送玫瑰花。

4. 意大利

1)简介

意大利共和国(The Republic of Italy, la repubblica italiana)的大部分国土位于欧洲南

部亚平宁半岛上，还包括西西里岛和撒丁岛等，面积 301 333 平方公里，人口 6 074 万（2011 年）。居民中 94% 为意大利人，少数民族有法兰西人、拉丁人、罗马人、弗留里人等。大部分居民信奉天主教。意大利的首都是罗马；国旗呈长方形，长与宽之比为 3∶2，旗面由 3 个平行相等的竖长方形相连构成，从左至右依次为绿、白、红 3 种颜色；国歌为《马梅利之歌》；国花为雏菊、玫瑰，民间公认紫罗兰；意大利语为官方语言。1970 年 11 月 6 日，意大利与中国建交。

意大利的节日与宗教有着密切关系，因此可分宗教和非宗教，以及民间习俗节和地方性节日。宗教节日有 1 月 6 日的主显节，亦称显现节；2 月至 3 月的狂欢节，亦称谢肉节；11 月 2 日的万圣节；12 月 25 日的圣诞节。其他节日有 1 月 1 日元旦，亦称新年；2 月 14 日情人节；4 月 25 日意大利解放日；6 月 2 日国庆节；9 月第一个星期天，威尼斯赛船节。

2) 礼貌礼节

意大利人热情、爽快，同事见面常行握手礼，熟人、友人之间见面还行拥抱礼，男女之间见面通常贴面颊。谈话时，习惯保持 40 厘米左右的礼节性距离。对长者、有地位和不太熟悉的人，须称呼其姓，并冠以"先生"、"太太"、"小姐"和荣誉职称。

3) 饮食习惯

意大利人喜欢吃通心粉、馄饨、葱卷等面食。菜肴特点是味浓、香、烂，尤以原汁原味闻名。烹调以炒、煎、炸、红焖著称。意大利人爱吃牛、羊、猪肉，以及鸡、鸭、鱼虾等。饭后爱吃苹果、葡萄、橄榄等。吃饭离不开饮料和酒，连喝咖啡时也喜欢兑一些酒。意大利旅游者对我国粤菜、川菜比较喜欢。

4) 禁忌

(1) 意大利人普遍忌讳菊花，他们视菊花为墓地之花。

(2) 意大利人不喜欢谈论美国的橄榄球和政治。

5. 西班牙

1) 简介

西班牙（Spain，Espana）位于欧洲西南部伊比利亚半岛，面积为 505 925 平方公里，人口 4 616 万，主要是卡斯蒂利亚人（即西班牙人），少数民族有加泰罗尼亚人、巴斯克人和加里西亚人。居民中 96% 信奉天主教。西班牙的首都是马德里；国旗呈长方形，长与宽之比为 3∶2，旗面由 3 个平行的横长方形组成，上下均为红色，各占旗面的 1/4，中间为黄色，黄色部分偏左侧绘有西班牙国徽；国歌为《皇家进行曲》；国花为石榴花；官方语言和全国通用语言为卡斯蒂利亚语，即西班牙语。1973 年 3 月 9 日，西班牙与中国建交。

西班牙的国庆日是 10 月 12 日。

2) 礼貌礼节

西班牙人相见时握手和拥抱同样普遍，朋友间通常是男性相互抱肩膀，女性轻轻搂抱并吻双颊。在西班牙，人们经常需要交换名片，这是一种有礼貌的表示。交谈时，只称呼父姓,绝不会加上其母亲家族的姓,但写信时必须加上。对于约会,西班牙人只有在斗牛时才准时到达。

西班牙人有利用午休会友的习惯,故午休时间较长。他们喜欢谈论政治、体育和旅行。西班牙人喜欢夜生活。因此,他们同朋友通电话或聊天最合适的时间是晚上12:00至凌晨1:00。

3) 饮食习惯

西班牙人喜欢食鸡、鱼、虾,以及水果、蔬菜。有的西班牙人喜生食圆葱、西红柿和辣椒,口味偏厚重浓郁,爱饮啤酒和葡萄酒。

西班牙人喜爱美食,一年12个月,月月有大饱口福的节日:1月17日为口福节,当日夜晚人们围坐在篝火边,依次吃软米饭、鳗鱼馅饼、香肠面包等,一直吃到天亮;2月的狂欢节,要吃奶蜜面包卷和薄烧饼;3月的烹调节,要吃蜗牛佳肴;4月的复活节,要吃烧小猪、羊肉;5月的苹果节,要尽情吃苹果;6月的拉萨卡节,在广场的篝火旁吃烤牛肉;7月的葡萄节,可畅饮葡萄酒;8月的螃蟹节,要吃螃蟹;9月的鲜果节,要品尝各类水果;10月15日是全国的烹调日;11月的丰收节和12月的除夕等,更是大吃特吃的节日。

4) 禁忌

(1) 在西班牙,不能送给亲友菊花和大丽花,因为其与死亡有关。

(2) 谈话时,西班牙人不喜欢谈论宗教、家庭和工作。

6. 俄罗斯

1) 简介

俄罗斯联邦(The Russian Federation, The Russia)位于欧洲东部和亚洲北部,面积1 707.54万平方公里,居世界第一位,人口为1.431亿(2012年4月)。全国有193个民族,其中俄罗斯人占77.7%。50%~53%居民信奉东正教,10%信奉伊斯兰教,信奉天主教和犹太教的各为1%,0.8%信奉佛教。俄语是俄罗斯联邦全境内的官方语言,各共和国有权规定自己的国语,并在该共和国境内可与俄语一起使用;主要少数民族都有自己的语言和文字。俄罗斯的首都是莫斯科;国旗呈横长方形,长与宽之比约为3∶2,旗面由3个平行且相等的横长方形相连而成,自上而下分别为白、蓝、红3种颜色;国花为向日葵。1991年12月,苏联解体,俄罗斯联邦宣告成立。

俄罗斯的主要传统节日:谢肉节是最古老、最欢快的节日,是庆祝太阳复活的节日,时间在复活节前43天。俄罗斯人在2月末3月初严冬快结束时,要欢庆快活的"送冬节";在3月初还要过"报春节"。此外,还有复活节、圣诞节、洗礼节、旧历年等。

2) 礼貌礼节

俄罗斯人性格开朗、豪放、有修养,见面时总是先问好再握手致意,朋友间则拥抱和亲吻面颊。特别是亲人和好友,要在面颊上按左、右、左顺序连吻3下。称呼俄罗斯人要称本人名和父名,不能只称其姓。他们尊重女性,在社交场合,男士帮助女士拉门、脱大衣,餐桌上为女士分菜等。俄罗斯人很守时,爱整洁,不随便在公共场所扔东西。

俄罗斯人十分好客。他们有向客人敬献盐和面包的习俗，这是因为盐和面包在俄罗斯人的生活中是最重要的东西，用这两样东西待客即表示最高的礼遇。应邀到俄罗斯人家做客时，先应向女主人鞠躬问好，然后再向男主人和其他人问好，在告别时，不要忘记赞扬一下主人的盛情款待。俄罗斯人在参加舞会、听音乐会、看歌剧时，非常重视礼仪规范，讲究衣着打扮整齐，男士均西装革履，女士则穿上自己最好的衣服。男士外出活动时，十分注重仪容仪表，一定要把胡子刮净。俄罗斯人酷爱鲜花，平时做客时，可以赠送主人鲜花。

3）饮食习惯

俄罗斯人的饮食讲究餐台设计，注重菜品，要量大、实惠；口味一般以咸、酸、辣、油为适口。俄罗斯人以面包为主食，肉、鱼、禽、蛋和蔬菜为副食；喜食牛、羊肉，爱吃带酸味的食品；口味较咸，油腻较大。早餐简单，几片黑面包，一杯酸奶即可；午、晚餐较讲究，爱吃红烧牛肉、烤羊肉串、红烩鸡、烤山鸡等；对青菜、黄瓜、西红柿、土豆、萝卜、洋葱、水果等特别喜爱。烹调方法喜欢焖、煮、烩，也吃烤、炸的菜。俄罗斯人爱吃许多中国菜肴，尤爱吃北京烤鸭，不爱吃海参、海蜇、木耳。在凉菜小吃中，俄罗斯人喜欢吃生西红柿、生洋葱、酸黄瓜、酸白菜、酸奶渣、酸奶油沙拉、猪头肉冻等。

俄罗斯人爱喝酒，特别喜欢名酒伏特加，也喝啤酒以佐餐，对中国烈性酒很感兴趣，酒量一般很大，不喝葡萄酒；爱喝红茶并加糖和柠檬，不爱喝绿茶。

4）禁忌

（1）俄罗斯人忌黑色，认为它是不吉利的颜色；忌黄色，认为是背叛、分手的象征，所以送花一般不送黄色的花。

（2）与俄罗斯人交谈，要坦诚相待，不能在背后议论第三者，不要说俄罗斯人小气，不要问初次结识的俄罗斯人私事及妇女的年龄和个人问题。

（3）如果打碎镜子，意味着灵魂的毁灭，个人生活中将出现不幸；而打碎杯子和碗，特别是盘子和碟子，则意味着富贵和幸福。

（4）忌讳兔子，认为兔子胆小无能。

（5）送花一般送单数，最好3或5枝，不单送一枝花，而参加葬礼时才送双数花。

（6）忌"13"这个数字，认为是凶险和死亡的象征。

（7）俄罗斯人有左手主凶的观念，所以握手时不可伸出左手，递送物品也不宜用左手，甚至上班、出门离家时，最好不要左脚先迈出门。

阅读资料 10－4

俄罗斯人的商务礼仪

俄罗斯商人有着俄罗斯人特有的冷漠与热情的两重性。商人们初次交往时，往往非常认真、客气，见面或道别时，一般要握手或拥抱以示友好。俄罗斯商人非常看重自己的名片，一般不轻易散发自己的名片，除非确信对方的身份值得信赖或是自己的业务伙伴时才会递上名片。

在进行商业谈判时，俄罗斯商人对合作方的举止细节很在意。站立时，身体不能靠在别的东西上，而且最好是挺胸收腹；坐下时，两腿不能抖动不停。在谈判前，最好不要吃散发异味的食物。在谈判休息时，可以稍为放松，但不能做一些有失庄重的小动作，如伸懒腰、掏耳朵、挖鼻孔或修指甲等，更不能乱丢果皮、烟蒂和吐痰。

许多俄罗斯商人的思维方式比较古板，固执而不易变通。所以，在谈判时要保持平和宁静，不要轻易下最后通牒，不要想速战速决。

对商品的看法，俄罗斯商人认为，商品质量的好坏及用途是最重要的，买卖那些能够吸引和满足广大消费者一般购买力的商品是很好的生财之道。

大多数俄罗斯商人做生意的节奏缓慢，讲究优柔尔雅。因此，在商业交往时宜穿庄重、保守的西服，而且最好不要是黑色的，俄罗斯人较偏爱灰色、青色。衣着服饰考究与否，在俄罗斯商人眼里不仅是身份的体现，而且还是此次生意是否重要的主要判断标志之一。

俄罗斯商人认为，礼物不在重而在于别致，太贵重的礼物反而使受礼方过意不去，常会误认为送礼者另有企图。俄罗斯商人对喝酒吃饭也不拒绝，但他们并不在意排场是否大、菜肴是否珍贵，而主要看是否能尽兴。俄罗斯商人十分注重建立长期关系，尤其是私人关系，在酒桌上，这种关系最容易建立。千万要记住，女士在俄罗斯礼仪上是优先照顾的。

俄罗斯人特别忌讳"13"这个数字，认为它是凶险和死亡的象征。相反，认为"7"意味着幸福和成功。俄罗斯人不喜欢黑猫，认为它不会带来好运气。俄罗斯人认为，镜子是神圣的物品，打碎镜子意味着灵魂的毁灭。但是，如果打碎杯、碟、盘则意味着富贵和幸福。因此，在喜筵、寿筵和其他隆重的场合，他们还特意打碎一些碟盘表示庆贺。俄罗斯人通常认为，马能驱邪，会给人带来好运气，尤其相信马掌是表示祥瑞的物体，认为马掌即代表威力，又具有降妖的魔力。遇见熟人不能伸出左手去握手问好，学生在考场不要用左手抽考签等。

10.3 美洲和大洋洲部分国家的习俗

美洲分为北美洲和南美洲。美洲地区的美国、加拿大、墨西哥、巴西等国，大多信仰天主教或基督教，其饮食习惯以西餐为主，比较讲究食品的营养和卫生。美国是世界第一旅游大国，是中国的第二大客源国。大洋洲是世界第七大洲，是由澳大利亚、新西兰等许多岛屿组成的。澳大利亚拥有世界珍稀动物袋鼠、鸵鸟、鸭嘴兽和黑天鹅。

1. 美国

1）简介

美利坚合众国（The United States of America）简称美国（U.S.A.），位于北美洲中部，领土还包括北美洲西北部的阿拉斯加和太平洋中部的夏威夷群岛。美国北与加拿大接壤，南靠墨西哥和墨西哥湾，西临太平洋，东濒大西洋，面积937万平方公里，人口3.087亿（2010年统计）。美国是一个多民族的移民国家，白人占64%，拉美裔人占16.3%，黑人占12.6%，亚裔占4.7%，有"民族熔炉"之称。居民中51.3%信奉基督教新教，23.9%信奉天主教，1.7%信奉犹太教，1.7%信奉摩门教，1.6%信奉其他基督教，不属于任何宗教的占4%。美国的首都是华盛顿；国旗为星条旗；国歌为《星条旗永不落》；国花为玫瑰花；通用英语；货币名称为美元。1979年1月1日，美国与中国建交。

美国的传统节日有感恩节，每年11月的第四个星期四是美国人的感恩节，是感谢上帝的恩赐和印第安人的真诚帮助的节日，也是美国人最久远的传统节日；母亲节是在1914年由美国国会正式通过决议确定的，时间是每年5月的第二个星期日；父亲节是美国国会于1972年正式规定的一个节日，时间是每年6月的第三个星期天；劳动节是美国全国性的节日，时间为每年9月的第一个星期一。此外，还有植树节、复活节、圣诞节、新年、情人节、万圣节、圣帕特里克节等节日。

2）礼貌礼节

美国人讲究文明礼貌，举止大方，以不拘礼节著称。初次见面时，常直呼对方的名字，不一定以握手为礼，有时只是笑一笑，说一声"嘿"或"哈啰"。在分手时，也不一定跟别人道别或握手，而是向大家挥挥手，或者说声"明天见"、"再见"。如果别人向他们行礼，他们也用相应的礼节，如握手、点头、注目礼、吻手礼等。美国人讲话中礼貌用语很多，如"对不起"、"请原谅"、"谢谢"、"请"等，显得很有教养。在美国，崇尚"女士第一"，在社会生活中，"女士优先"是文明礼貌的体现。美国人喜好和善于写信，他们在接到礼物、应邀参加宴会、得到朋友帮助时，都要写信致谢，显得很有礼貌。美国人与人交往，时间观念强，很少迟到。美国人一般不送名片给别人，只是在想保持联系时才送名片。在美国人面前抽烟，要先征得对方的同意。美国人习惯于晚睡晚起；在交谈中常打手势，表情丰富，如果是站立谈话，习惯与对方保持50厘米左右的距离，不然会被看做失礼。美国人穿衣一般比较随便，年轻人常穿牛仔裤，但仍遵守不同场合穿不同衣服的规范和要求。

前往美国人家中做客时，最好要带上一些礼物，但不要太贵重。例如，给主人的孩子带去一些巧克力糖果或是有中国特色的东西，如剪纸、茶叶、书签即可。如果礼物太贵重了，对方就会很难为情，场面十分尴尬。送礼时千万不要送便宜的项链之类的饰品，否则对方认为你看不起他。特别是忌讳送带有你公司标志的便宜东西，这样会认为你在为公司做广告，或者认为你是一位舍不得为朋友花钱并爱占公家便宜的小气之人。至于商务活动中的送礼，则更要讲究送礼的时机、场合，以及送礼的方式、方法，否则会事与愿违。

3) 饮食习惯

美国人在饮食上不注重形式,但却极为讲究饮食结构,各种海味和蔬菜越来越受到人们的青睐。美国人不习惯厨师在烹调中多用调料,而习惯在餐桌上备有调料自行调味。美国人的口味特点是咸中带甜,喜欢清淡,多数吃西餐,也爱吃中国的川菜和粤菜,还喜欢吃中国北方的甜面酱和南方的耗油、海鲜酱等。美国人喜爱的食品有糖醋鱼、炸牛排、炸仔鸡、炸鱼、拔丝苹果等。快餐是典型的美国饮食文化。美国人不喜欢吃奇形怪状的东西,如鸡爪、猪蹄、海参等,不爱吃动物内脏,不爱吃肥肉、红烧和蒸的食物。烹调以煎、炸、炒、烤为主,菜的特点是生、冷、淡,即使是热汤也不烫。

美国人一般不爱喝茶,而爱喝冰水和矿泉水、可口可乐、啤酒等,喜欢把威士忌、白兰地等酒类当做平时的饮料;还喜欢喝咖啡,喝饮料喜欢放冰块。美国人喝酒一般不就菜,有时只吃点炸薯条或干果类食品,喝烈性酒时通常要掺上苏打水并加满冰块。

4) 禁忌

(1) 一般情况下,送礼忌送厚礼,忌对妇女送香水、化妆品或衣物(可送头巾)。

(2) 美国人对"13"这个数字最为忌讳,也忌讳"星期五"、"六六六"这些数字。

(3) 美国人讨厌蝙蝠,认为是凶神恶煞的象征。因此,忌用蝙蝠作图案的商品、包装品。美国人还忌讳黑色的猫,认为黑色的猫会给人带来厄运。

(4) 忌讳穿着睡衣出门或会客。美国人认为,穿睡衣会客等于没有穿衣服,是一种没有礼貌的行为。

(5) 美国人十分重视隐私权,最忌讳打听别人的私事。

阅读资料 10-5

美国人的商务往来礼节

在业务交往中,美国人特别讲究守时,会晤时间需预先约定。在所有的商务及大多数的私人交往中,互换名片是一个非常必要的礼仪。在美国进行商务洽谈活动时宜穿西服。

美国的政府和企业均是5天工作日,休息星期六和星期日两天,还要注意避免在圣诞节前后两周内进行业务洽谈。洽谈业务多在午餐时进行。洽谈时宜直截了当,对方乐意尽快把事情敲定。

在美国,第一次见面就送商务性礼物是愚蠢的行为。在业务交往中,怕有受贿之嫌,在下列两种场合可送些并不贵重的礼物表示祝贺和友好:一个是每年12月25日的圣诞节;另一个是到达美国或离开美国的日子。最合适的礼物是来自你家乡的东西。一般送礼不要在公开场合进行。

2. 加拿大

1) 简介

加拿大（Canada）位于北美洲北部，面积为998万平方公里，居世界第二位，人口为3 467万（2011年统计），其中英裔居民占42%，法裔居民约占26.7%，其他欧洲人后裔占13%，其余为亚洲、拉美、非洲裔等。其中，华裔人口已占加拿大总人口的3.5%。居民中信奉天主教的占47.3%，信基督教新教的占41.2%。加拿大的首都是渥太华；国旗呈横长方形，长与宽之比为2:1，旗面中间为白色正方形，内有一片11个角的红色枫树叶，两侧为两个相等的红色竖长方形；国花为枫叶；英语和法语同为官方语言；货币名称为加元。1970年10月13日，加拿大同中国建交。

7月1日是加拿大的国庆日。传统节日有冰雕节，每年2月在山城魁北克举行。在首都渥太华每年2月初举行为期10天的冰上狂欢节，冬天还有隆重的艺术祭雪节。此外，枫糖节于每年的3、4月举行。

2) 礼貌礼节

加拿大人因受欧洲移民的影响，其礼貌礼节大多与英国和法国相似。加拿大人性格开朗，重实惠，自由观念较强，行动上比较随便。加拿大人相见和分别时通常是握手。加拿大人讲究实事求是，与他们交往不必过于自谦，不然会被误认为虚伪和无能。加拿大人热情好客，讲究礼貌，遵守时间。在交往中，他们衣着、待人接物都比较正统。公务时间内加拿大人很注意个人仪表与卫生，因此他们希望所遇到的客人也能如此。如果被邀到别人家做客，送点鲜花是一种受人尊重的礼节。居住在北极圈附近的因纽特人，审美观点和西方人不同，喜欢小鼻子，他们心目中的美女，就是鼻子最小的姑娘。青年男女表示爱慕的方法不是接吻，而是互相摩擦鼻子。

加拿大人随和、友善，讲礼貌而不拘繁礼，在公共场所讲究文明礼让，自觉遵守交通规则。在谈话中，喜欢听到对方能多谈一些有关他们国家和人民的优点和长处。加拿大人大多数是英国和法国的移民及后裔，所以大体保留了英国和法国的基本传统与特点。从总体上看，较讲究服饰整洁和美观，平时以欧式服装为主，衣着随便，但上班、进剧院、赴宴等正式场合则着装整齐庄重。

3) 饮食习惯

大多数加拿大人口味与英、美、法国相似，偏重甜酸，喜欢清淡。菜肴中很少用调料，而把调味品放在餐桌上自行添加。加拿大人爱吃炸鱼虾、煎牛排和羊排、鸡鸭、糖醋鱼、咕噜肉等；早餐爱吃西餐，晚餐爱喝清汤。加拿大人极喜欢吃烤牛排，这是加拿大的名菜，也是家常菜。很多加拿大人喜欢吃带血丝的嫩牛排。加拿大人吃肉讲究少而瘦，吃鸡鸭要去皮，喝牛奶要脱脂，喜欢吃豆制品，比较注重营养的均衡。加拿大人喜欢喝下午茶；点心喜欢吃苹果派、香桃派等。由于天气寒冷的缘故，不少加拿大人嗜好饮酒，十分喜爱威士忌、红葡萄酒、樱桃白兰地、香槟酒等。

4) 禁忌

(1) 交谈时忌讳谈及死亡、灾难、性等方面的话题，也不要就魁北克的独立问题随便表态,更不要对加拿大分成法语区和英语区两部分的问题发表意见。

(2) 忌送白色的百合花,因为加拿大人只有在葬礼上才使用这种花。一般也不喜欢黑色和紫色。

(3) 忌食各种动物的内脏,也不爱吃肥肉。

(4) 忌"13"和"星期五"。

3. 巴西

1) 简介

巴西联邦共和国(The Federative Republic of Brazil,República Federativa do Brasil)位于南美洲东南部,东濒大西洋,面积851.49万平方公里,是南美洲面积最大的国家,人口为1.91亿。居民中73.6%信奉天主教。巴西的首都是巴西利亚;国旗呈长方形,长与宽之比为10:7,旗底为绿色,中间是一个黄色菱形,其4个顶点与旗边的距离均相等,菱形中间是一个蓝色天球仪,其上有一条拱形白带;国花为毛蟹爪兰花;葡萄牙语为官方语言;货币名称为新克鲁扎多。1974年8月15日,巴西与中国建交。

巴西的独立日(国庆日)是9月7日。每年的2月中、下旬,均举办连续3天的传统狂欢节。每年的2月2日是巴西的"海神节"。

2) 礼貌礼节

巴西人善良好客,热情朴实,时间观念强,相见时,往往以拳礼相互表示问好致敬。行此礼时,先要握紧拳头,然后向着上空伸出拇指。

洗澡是巴西印第安人生活中重要的内容之一,他们对宾客最尊敬的礼节是请宾客同主人一起洗澡,洗澡次数越多,表示越客气。这样,一天往往洗澡十多次。

巴西人在接受别人送礼时,总是当面打开礼品包装,然后致谢,把礼品收下。拿到礼品后,要把原来包装的纸剪掉一点,因为他们认为包装纸是管运气的,剪掉一点就不会把别人的好运气带走。

3) 饮食习惯

巴西人以欧式西菜为主,中菜也吃。他们通常以黑豆饭为主食,也爱吃蛋糕、煎饼之类的甜点心。他们对蔬菜的数量要求不多,但质量要高。巴西人喜欢吃的肉类以牛、羊、猪肉和水产品为主,煎、炸、烤、烩的菜较多,爱吃干烧鱼、糖醋桂鱼、辣子鸡丁、炒里脊、黄瓜余里脊片汤;蔬菜有西红柿、白菜、黄瓜、辣椒、土豆等。早上喝红茶,面包要现烤;午、晚餐要喝咖啡,喜食甜点心,爱吃香蕉,平时爱喝葡萄酒。巴西人与咖啡结下了不解之缘,无论在什么场合中都离不开饮咖啡,特别是在款待客人时,巴西人通常以饮咖啡来表达主人的深情厚谊。

4) 禁忌

(1) 忌棕黄色,认为是"凶祸"的象征,如人死去好比黄叶落下。巴西人对颜色有许多的忌讳,忌讳紫色、棕黄色、深咖啡色等。

(2) 送礼不送手帕,认为会引起吵嘴。

(3) OK 手势在巴西被认为是一种极不文明的表示，他们忌讳用拇指和食指连成圆圈，并将其余三指向上伸开。

4. 墨西哥

1）简介

墨西哥合众国（The United States of Mexico，Los Estados Unidos Mexicanos）位于北美洲西南部，面积 1 964 375 平方公里，是拉美第三大国，为中美洲最大的国家。墨西哥人口为 1.12 亿（2010 年统计），其中印欧混血人和印第安人占 90%。居民中 90% 信奉天主教，5.2% 信奉基督教新教。墨西哥的首都是墨西哥城；国旗呈长方形，长与宽之比为 7∶4，从左至右由绿、白、红 3 个平行相等的竖长方形组成，白色部分中间绘有墨西哥国徽；国花为仙人掌；官方语言为西班牙语；货币名称为比索。1972 年 2 月 14 日，墨西哥与中国建交。

9 月 16 日是墨西哥的独立日。墨西哥的传统节日大体可分为以下几种。一种是与宗教有关的节日，如三圣节、圣周、圣船节、亡灵节、圣母节、客店节和圣诞节等；另一种是与历史事件和人物有关的节日，如宪法日、国旗日、石油国有化纪念日、胡亚雷斯诞辰日、普埃布拉抗法保卫战胜利日、"独立呼声"纪念日、独立纪念日、种族节、墨西哥革命纪念日等。此外，还有与收获季节有关的玉米节、棉花节、土豆节、图纳（仙人掌果）节；以产品交流为目的的银器节、吉他节、特吉拉（龙舌兰酒）酒节、莫莱节；以文化交流为宗旨的电影节、音乐节、舞蹈节；以馈赠礼物为主要活动内容的友谊节、儿童节、母亲节、父亲节、情人节。

2）礼貌礼节

墨西哥人以热情好客著称，对老人和妇女十分尊重。墨西哥人通常的问候方式是微笑和握手，在亲朋好友之间也施亲吻礼和拥抱礼，但却忌讳不熟悉的男女之间互相亲吻。墨西哥人的姓名一般由教名、父姓、母姓 3 个部分组成。在一般场合可用略称形式，即只用教名和父姓，妇女婚后改为夫姓，夫姓之前需加一个德字表示从属关系。在墨西哥，除上层官方人士外，一般都不说英语。因此，如果与墨西哥人交往，能用西班牙语与之交流会被看做是一种礼貌。墨西哥人认为，在公共场所男士穿短裤、女士穿长裤都是不适宜的。因此，到墨西哥的旅游观光者，男士应当穿长裤，女士应当穿裙子才符合当地习俗。

在墨西哥，大部分商人在私下都会抛开人种的意识而亲切交往。但是，一旦谈起生意，顿时就会严肃起来，露出自我本位的本性。在墨西哥谈生意的首要秘诀是"不慌不忙"，加上"礼多人不怪"。多施小惠，多送点小礼物，一笔简单的生意会花费一星期时间。除了 7、8 月和 12 月不宜往来访问外，其他时间均宜往来访问。圣诞节及复活节前后两星期最好不要往来访问。

墨西哥人不喜欢外人用手势来比划小孩的身高，他们认为这种手势只适用于表示动物的高矮，用在人身上就有侮辱的意味。在墨西哥市区，难以见到男女并排在街上走。他们的习俗是男士跟随在妻子后面。并且，在舞会上通常只能女士邀请男士，而不能相反。

墨西哥人喜欢邀请朋友到家中做客，用民族膳食招待。在墨西哥人家进餐，宾主围坐在一张长方形桌子周围，主人坐在桌子正座一头，主要客人坐在对着主人的桌子另一端，另外的人按主人的安排在桌子两侧就座。进餐过程中，手臂不能放在餐桌上，身体活动幅度不宜太大，坐姿要端正。吃东西时不可狼吞虎咽，不要发出"叭叭"的响声，嘴里嚼食物时不要说话，也不要坐着发愣，以免主人难堪。汤或饮料如果太热，待凉后再用，不可用口吹气降温。盘中的菜最好吃净，剩有一星半点可以留在盘子里，不可用手抓或用面包片擦。面包要掰成小块放入嘴里，不可整个咬食。水果要用刀切成小块吃，果皮、果核不可扔在桌子上或地上，应放在盘子里。吃完饭，主人先离座，客人再起身离座，并向主人道谢。

3) 饮食习惯

墨西哥的传统食物是玉米、菜豆和辣椒。人们说玉米是墨西哥人的面包。墨西哥人可以用玉米制作出各种各样的食品。另外，墨西哥有仙人掌之国的美称，当地人喜食仙人掌，他们把它与菠萝、西瓜并列，当做一种水果食用，并用它配制成各种家常菜肴。在食用昆虫方面，墨西哥也是世界上消耗量最大的国家。墨西哥人口味清淡，喜欢咸中带甜酸味，烹调以煎、炒、炸为主。大多数墨西哥人吃西餐，也爱吃中国的粤菜。早餐爱吃牛奶、各种水果汁和烤面包；爱喝冰水、矿泉水、可口可乐、啤酒、威士忌和白兰地。

4) 禁忌

(1) 墨西哥人忌黄色和红色花，认为黄色花意味死亡，红色花会给人带来晦气。墨西哥人也忌菊花，认为是"妖花"，只有在人死亡后才拿它放在灵前祭奠之用。

(2) 忌送手帕和刀剪，因为手帕与眼泪联系在一起；刀剪是友谊破裂的象征。

(3) 交谈时，墨西哥人不喜欢听别人说他们受到美国的影响而取得进步，更不喜欢听到别人对墨西哥不平等和贫困的社会状况加以评论。

5. 澳大利亚

1) 简介

澳大利亚联邦（The Commonwealth of Australia）位于太平洋西南部和印度洋之间，面积769.2万平方公里，人口为2 284万（2012年12月），大多聚居在位于东部的太平洋沿岸城市，是世界人口密度最低的国家之一。澳大利亚人中74%是英国及爱尔兰后裔；亚裔占5%华裔约占4%；土著居民占2.7%。澳大利亚是典型的移民国家，被社会学家喻为"民族的拼盘"。居民中有63.9%信奉基督教，5.9%信奉佛教、伊斯兰教、印度教和犹太教；无宗教信仰和宗教信仰不明人口占30.2%。澳大利亚的首都是堪培拉；国旗呈横长方形，长与宽之比为2∶1，旗底为深蓝色，左上方是红、白"米"字，"米"字下面为一颗较大的白色七角星，旗面右边为5颗白色的星，其中一颗小星为五角，其余均为七角；国歌为《澳大利亚，前进》；国花为金合欢花；官方语言是英语；货币名称为澳元。1972年12月21日，澳大利亚与中国建交。

澳大利亚的国庆日是1月26日。其主要节日有墨尔本市每年3月第一个星期二举行的蒙巴节；每年4月25日的安札斯节。此外，澳大利亚每年也欢度圣诞节。

2) 礼貌礼节

澳大利亚人见面时行握手礼，握手时非常热烈，彼此称呼名字，表示亲热。关系亲密的男性相见时可亲热地拍打对方的后背，女性密友相逢常行亲吻礼。

澳大利亚人喜欢与人交往，待人接物较随便，乐于与陌生人主动聊天。澳大利亚人真诚、踏实，与人交谈时不喜欢自夸与吹牛，且交谈的语气平和，声音高低适度，不喜欢转弯抹角、拖泥带水。他们时间观念强，准时守约。女性略保守，接触时要谨慎。

3) 饮食习惯

澳大利亚人口味与英国人大致相同，菜要清淡，对中国菜很感兴趣。悉尼牡蛎、澳大利亚牛排等都是当地有名的风味小吃。澳大利亚人爱吃各种煎蛋、炒蛋、火腿、虾、鱼、牛肉等。不爱吃辣味的食品。无论中、西餐，他们都喜欢用很多调味品。澳大利亚人喜欢喝啤酒、葡萄酒，也喜欢喝茶和咖啡，喝茶也像喝咖啡一样加牛奶和糖。澳大利亚人食量较大，达尔文城的居民以喝啤酒闻名于世。

4) 禁忌

（1）澳大利亚人忌讳数字"13"，对"星期五"普遍反感。

（2）谈话时忌谈工会、宗教与个人问题，也不谈澳大利亚土著社会与现代人社会的关系和袋鼠数量的控制等敏感话题。

（3）忌讳兔子，澳大利亚人认为，兔子是不吉祥的动物，人们看到它会倒霉。

6. 新西兰

1) 简介

新西兰（New Zealand）位于太平洋西南部，介于南极洲和赤道之间，面积约27万平方公里，人口为445万（2012年），其中欧洲移民后裔占67.6%，毛利人占14.6%，亚裔占9.2%（华人约20万）。居民中70%信奉基督新教和天主教。新西兰的首都是惠灵顿；国旗呈横长方形，长与宽之比为2∶1，旗底为深蓝色，左上方为英国国旗红、白色的"米"字图案，右边有4颗镶白边的红色五角星，4颗星排列均不对称；国歌为《上帝保护新西兰》；国花为银蕨；官方语言为英语和毛利语；货币名称为新西兰元。1972年12月22日，新西兰与中国建交。

新西兰的国庆日是2月6日，又称"威坦哲日"。其他节日有新年（1月1日）；复活节（4月14—17日）；女王诞辰日（6月5日）；劳动节（10月25日）；圣诞节（12月25日）；节礼日（12月26日）。

2) 礼貌礼节

新西兰人见面和分别时都握手。和妇女相见时，要等对方先伸出手来再握手。对于与自己身份相同的人，在称呼姓氏时应冠以"先生"、"夫人"或"小姐"；但熟人间可直呼对方名字，这样更为亲切。新西兰的毛利人善歌舞、讲礼仪，当远方客人来访时，致以"碰鼻礼"，碰鼻的次数越多、时间越长，说明礼遇越高。

新西兰人说话很轻；街上遇见朋友，老远就挥手。他们不喜欢用V手势表示胜利；当众嚼口香糖或用牙签被视为不文明的举止；当众闲聊等是很失礼的行为。女子以抖手等手势来表达自己的情感。

新西兰人追求平等，他们反感把人划分等级，商人第一次见面或业务会谈时，一般不互送礼品，但可以在生意谈成后，宴请有关人士以表谢意。新西兰的商业气氛比较接近伦敦，在新西兰，凡是当地能生产和制造的产品，都不准进口。与其谈生意时，最好有点板球等方面的知识，这样他们会对你产生好感。

3）饮食习惯

新西兰人在饮食上以米饭为主，口味喜欢清淡，不好油腻，平时喜欢吃以炒、煎、烤、炸方式烹制的菜肴，传统风味有番茄牛肉、脆皮鸡、烤肉等。制作菜肴时一般很少加入调料。平时新西兰人喜欢将调味品放在餐桌上，用餐者按自己的口味自行调味。他们特别爱吃水果，尤其喜欢一种叫"几维果"的名贵水果。

新西兰人的基本饮食习惯还是与其祖先英国移民一致，喜欢吃西餐，特别爱喝啤酒。新西兰人嗜好喝茶，一般每天喝7次茶（早茶、早餐茶、午餐茶、午后茶、下午茶、晚餐茶和晚茶）。很多工作单位都有喝茶的专用时间。茶店和茶馆几乎遍及新西兰各地。由于盛产乳制品和牛羊肉，所以新西兰人的饮食中少不了这些食物。毛利人在饮食上有自己的民族特色，他们平时喜欢吃"烧石冷饭"。

4）禁忌

（1）在交谈时，不要把新西兰和澳大利亚混为一谈。他们也不愿谈及种族问题。忌讳询问对方的政治立场、工资收入等私人事情。

（2）在新西兰，聚会厅是毛利人祭祀祖先，送葬死者，以及喜庆节日举行集会的神圣场所，平时不准外人进入。

（3）忌讳男女同场活动，即使是看电影或看戏，通常也要实行男女分开。

（4）当众咀嚼口香糖、剔牙、抓头皮等举止是极不文明的。

10.4 非洲部分国家的习俗

非洲是世界文明的发源地之一。非洲人大体分为黑种人和白种人。黑种人大多信仰原始宗教、拜物教；而白种人则以信奉伊斯兰教为主。他们的礼俗往往是由宗教信仰决定的。尽管目前从非洲来华的旅游者不多，但仍然有必要去了解一些非洲国家的礼俗，以便热情友好地接待来自远方的朋友。

1. 埃及

1）简介

阿拉伯埃及共和国（The Arab Republic of Egypt）面积为100.145万平方公里，跨亚、非两洲，大部分位于非洲东北部，一小部分领土（苏伊士运河以东的西奈半岛）位于亚洲西南部。埃及的人口为8 139万（2012年1月），居民主要为阿拉伯人，其中绝大多数生活在河谷和三角洲。伊斯兰教为国教，信徒主要是逊尼派，占总人口的84%；科普特基督徒和其他信徒约占16%。埃及的首都是开罗；国旗呈长方形，长与宽之比为3∶2，自上而下由红、白、黑3个平行相等的横长方形组成，白色部分中间有国徽图案；国花为莲花；官方语言为阿拉伯语，中上层通用英语，法语次之；货币名称为埃镑。1956年5月30日，埃及与中国建交。

埃及是第一个承认我国并同我国建交的阿拉伯、非洲国家。中埃两国友好合作关系不断发展，两国领导人互访频繁，双方在政治、经济、科技和文化等领域的合作日益密切。

埃及的国庆日是7月23日。埃及的节日大多与穆斯林的节日有关，主要有开斋节、宰牲节、圣纪节，合称三大节。其他节日还有尼罗河泛滥节：6月17、18日；闻风节：每年4月又叫春天的节日，是埃及最古老、最传统的节日；母亲节：3月最后一个星期五，是埃及的母亲节。

2）礼貌礼节

埃及人正直、爽朗、宽容、好客，勤劳智慧。他们见面介绍行握手礼，有时也行亲吻礼，在打招呼时往往以"先生"、"夫人"和头衔称呼对方。人们最广泛使用的问候是"祝你平安"，当斋月来临时，人们常问候"斋月是慷慨的"，回答是"真主更慷慨"。

埃及人把绿色比喻为吉祥之色，把白色视为"快乐"之色。一般人都比较喜欢"5"、"7"，认为"5"会给人们带来吉祥，"7"是个受人崇拜的完整数字。和埃及人交谈，他们喜欢谈论埃及有名的棉花和古老的文明。

星期五、星期天是伊斯兰教的休息日，进入清真寺时，要脱鞋。接送东西时要用双手或右手，千万不能用左手。避免谈论中东政治及宗教，可谈论埃及领导人的威望和埃及古老的文明。宴席间如果有人为了去祈祷而中途退席，客人要耐心等待。忌讳浪费食物，尤其是浪费面饼，他们认为那是对神的亵渎。

大多数埃及妇女仍遵守伊斯兰教规，一般都戴面纱，深居简出，不愿被外人轻易窥见。据说妇女除手脚外，全身都是羞体，如果男人窥见陌生妇女的面容，就认为是不吉利、不幸的事。女子外出活动，一般要戴耳环、项链、戒指、手镯等，农村妇女还讲究戴脚镯。

3）饮食习惯

埃及人主食为不发酵的面饼；副食爱吃豌豆、洋葱、萝卜、茄子、西红柿、卷心菜、土豆等蔬菜；忌食猪肉、海味和奇形怪状的食物；忌饮酒。埃及人喜欢吃甜食，喜欢喝红茶和咖啡。

4）禁忌

（1）埃及人忌蓝色和黄色，认为蓝色是恶魔，黄色是不幸的象征。

（2）针在埃及是贬义词，每日下午3:00—5:00是严忌买针和卖针的时间，以避"贫苦"和"灾祸"。

（3）忌熊猫，因为它的形体近似肥猪。

2. 苏丹

1）简介

苏丹共和国（The Republic of the Sudan）位于非洲东北部，红海西岸，为非洲面积最大的国家。苏丹的面积为188万平方公里，人口3 420万，大部分人信奉伊斯兰。苏丹的首都是喀土穆；国旗呈横长方形，长与宽之比为 2∶1，靠旗杆一侧为绿色等腰三角形，右侧为 3 个平行且宽度相等的宽条，自上而下依次为红、白、黑 3 色；阿拉伯语为官方语言，通用英语；货币名称为苏丹镑。1959 年 2 月 4 日，苏丹与中国建交。

苏丹的国庆日是 1 月 1 日。

2）礼貌礼节

苏丹人以热情好客和注重礼节著称。友人相遇，特别是老朋友久别重逢，彼此握手拥抱，亲切问候，从个人问好一直问到对方的家属和朋友等，历时数分钟之久。一旦有宾客临门，往往要现宰肥羊，把生羊肝切成片，撒上一些辣椒和香料，端上桌子，盛情款待客人。他们新年习惯互相馈赠核桃，以此来相互祝愿幸福。他们有纹面、纹身的习俗，认为在面部、手臂、身上纹出图案既能增加人的美观，还可以避邪。苏丹南部的游牧民族努尔人对牛倍加喜爱，他们视牛为宝。牛奶是苏丹人的主要饮料，牛肉是他们的美食，牛皮是他们制鼓、被褥和杯、盘、碗的主要原料，牛角是他们制号、汤勺和手镯的原料，牛尾是他们制饰物的原料，牛粪既是燃料，又是房屋墙壁的建筑材料，牛还是他们最重的彩礼，也是他们显示贫富的主要标志。

苏丹贝贾族女性地位和威信高于男性。如果个人或家庭之间发生斗殴，只要有成年妇女走上前去席地而坐，并摘下头巾，斗殴的双方就会自动放下武器终止斗殴。苏丹阿拉伯妇女遇到陌生人时，有用包在头上的披巾遮一下面，以示礼貌的习俗。他们非常喜欢白颜色，视白色为光明、幸福的象征，并以其代表纯洁和坦率。苏丹希卢克人有敬蛇为神的习惯，他们不仅不伤害蛇，还常说服他人要敬蛇。

3）饮食习惯

苏丹人以吃欧式西菜为主，喜食中国的川菜；一般以面食为主，也常把肉当主食；喜食牛肉、羊肉、骆驼肉、鸡、鸭、蛋品等；常吃的蔬菜有西红柿、洋葱、黄瓜、土豆、豌豆等；调料爱用辣椒、胡椒粉、芝麻等；口味清淡，爱酸辣味；喜食煎、烤、炸和辣味食品，也爱喝牛奶和咖啡；爱吃香蕉、桃子和西瓜；喜欢果子汁和冷开水。

4）禁忌

(1) 苏丹人忌食猪肉、海鲜，以及虾、蟹等奇形怪状的食品。

(2) 忌用狗的图案作为商标。

(3) 苏丹妇女忌讳挤奶，因为挤奶是男人的事。妇女挤奶，让人看到了将是莫大的耻辱，会成为别人的笑柄。

(4) 苏丹的别扎部落，男人不准提及母亲和姐妹的名字，否则，便被认为没有教养。

3. 摩洛哥

1）简介

摩洛哥王国（The Kingdom of Morocco, Le Royaume du Maroc）位于非洲西北端，面积 45.9 万平方公里，人口 3 280 万人（2011 年统计）。其中，阿拉伯人约占 80%，柏柏尔人约占 20%；绝大多数人信奉伊斯兰教。摩洛哥的首都是拉巴特；国旗呈长方形，长与宽之比为3∶2，旗底为红色，中央有一颗由5根绿色线条交叉组成的五角星；国歌为《摩洛哥颂》；阿拉伯语为国语；通用法语；货币名称为迪拉姆。1958年11月1日，摩洛哥与中国建交。

3月3日是摩洛哥的国庆日。其他节日有每年1月22日的献羊节；9月份的新娘节。

2）礼貌礼节

摩洛哥人与客人相见和告别时，一般施行拥抱礼，握手礼也较为普及。摩洛哥妇女与宾客见面行屈膝礼。摩洛哥人待客热情，亲朋远来，端上一杯甜的新鲜薄荷叶的绿茶，是主人表示敬意的礼节。即使是招待各国贵宾，也用这种茶代替酒类。饭后要饮茶三道。

和摩洛哥人谈生意，对他们约会时迟到要有充分的思想准备，并且在其迟到后不能有责怪的表示。他们认为，这是一种社交风度。在商业会谈开始前，最好送上你的名片，名片宜用英文、法文印制。

在摩洛哥，城市和乡村的服饰有明显区别。城里女士多穿白色、灰色长袍，男士常全身披裹白色或黑色的斗篷。摩洛哥人多用宽大的盖头布作头饰，需要时可以遮脸。在摩洛哥，人们穿着什么颜色的服装，便可表示他们的身份和职业。

在摩洛哥旅游，在行路、坐车、购物、参观过程中，最好不与陌生的女子搭话。如果你在摩洛哥游览、住宿，打电话给热情好客的阿拉伯人，一般年长一些的喊阿蒙，如果你称年长的店主哈吉，他会更热情地接待你。摩洛哥人绝大多数信奉伊斯兰教，其余的人信奉基督教和犹太教。他们不饮酒，也很少抽烟。未经主人许可，不脱鞋不得进入其宅居。他们宴请宾客一般要上茶3次，客人若谢绝，会被认为不礼貌。

3）饮食习惯

摩洛哥人饮食简单，普通人一日三餐除面包外，便是几杯香甜可口的绿茶和几粒用盐渍过的橄榄果。摩洛哥人喜欢吃羊肉，每逢传统的献羊节，家家户户都要设羊宴以示庆贺。自从茶叶传入北非，摩洛哥人就普遍开始饮用。中国的绿茶在摩洛哥享有盛誉，在当地的街头巷尾，茶叶店比比皆是。

4）禁忌

（1）摩洛哥人忌白色，认为是"贫穷"的象征。

（2）忌讳"13"，认为"13"是个消极的数字，也忌讳六角形和猫头鹰图案。

4. 坦桑尼亚

1）简介

坦桑尼亚联合共和国（The United Republic of Tanzania）位于非洲东部，东临印度洋，面积94.5万多平方公里，人口约4 600万（2010年）。居民绝大多数为非洲黑人，信奉原始拜物教、天主教和伊斯兰教。坦桑尼亚的首都是达累斯萨拉姆；国旗呈长方形，长与宽之比为3∶2，旗面由绿、蓝、黑、黄4种颜色构成，左上方和右下方为绿色与蓝色的两个相等的直角三角形，带黄边的黑色宽条从左下角斜贯至右上角；国花为丁香；斯瓦希里语为国语，官方语言为英语；货币名称为先令。1964年4月26日，坦桑尼亚与中国建交。4月26日是坦桑尼亚的国庆日。

2）礼貌礼节

坦桑尼亚人待人诚恳，注重礼貌。无论被介绍给谁，都要与对方握手问好，客人和主人之间互称"某某先生"。不要称呼他们为"黑人"而应称"非洲人"，否则是对他们的蔑视和不礼貌。他们视自己的父母为最可亲可信的人，通常尊称男客人为"爸爸"，女客人为"妈妈"。同时，客人还会受到热情地招待。妇女遇见外宾时，握手后便围着女外宾转圈，嘴里还发出阵阵尖叫，认为这是对客人最亲热、最友好的表示。会谈时要稳重，不要心急，要讲文明礼貌，不要谈论当地的政治，可谈论坦桑尼亚国家公园、非洲文化和国际政治。

坦桑尼亚部族众多，风俗习惯也各异。例如，马萨伊族女子一律剃发，男子则留小辫子，还用牛血洗头染发，故该族的男子都黑脸红头发，女子颈上有许多珠环，珠环的圈数表示年龄。他们的穿着也很简单，男子只用一块又长又宽的布，从肩围到腰，从腰部搭下来遮身。妇女们有用头顶东西的习惯。该族规定，通婚只限于本族内，与外族通婚要严厉惩罚，并有指腹为婚的习惯。男子向女子求爱的方式是杀死一头狮子类猛兽，不然，姑娘是不会垂青他的。

3）饮食习惯

坦桑尼亚部族众多，饮食习惯各异。有的以牛、羊肉为主食，有的以吃鱼、虾为生，也有的以香蕉代饭。大多数坦桑尼亚人以羊肉为主要副食品，还爱吃带汁的豆豉鱼、辣味鱼、咖喱牛肉、咖喱鸡等。由于坦桑尼亚原属英国殖民地，有的还带有英国人的饮食习惯。

坦桑尼亚人通常以面食为主，他们习惯用米面加糖、椰子油做成民族传统的"乌伯瓦伯瓦"手抓饭，也喜欢吃米饭，尤以羊肉大米饭为好；喜爱吃的肉类以牛、羊、蛇、鱼、鸡肉为主；蔬菜有茄子、西红柿、葱头、黄瓜、辣椒等。他们喜欢清淡的口味，通常用煎、炸、烤等方法制作菜肴；喜爱吃的菜有五香酱牛肉、烤羊肉、五彩炒蛇丝、脆皮鸡、樟茶鸭、干烧鸡脯等，也爱吃中国菜；爱吃的水果有香蕉、芒果、木瓜等；爱喝的饮料有啤酒、咖啡、可可、绿茶等。

4）禁忌

（1）坦桑尼亚人忌食猪肉、动物内脏，以及鱿鱼、甲鱼等奇形怪状的食物。

（2）忌讳"13"。

阅读资料 10-6

怎样礼貌地和非洲人交往

和非洲人交往时，特别是对穆斯林，千万不能用左手递物品，而要用右手；不要与他们谈及政治；他们做礼拜时不能打扰。表示友好时可行握手礼，并要显得落落大方。对黑人不能直呼其"黑人"，而应该称非洲人或某国人，否则他们会认为这是对他们的歧视、不礼貌。所以，要注意他们所属民族和原属哪个国家殖民地，以便了解他们使用的语言和基本习俗。非洲人大多爱好音乐、舞蹈，即兴时会手舞足蹈，对此不要表露出吃惊的神态，而应理解和尊重他们。由于历史上的缘故，非洲人很注意别人对他们的尊重程度，所以礼貌服务有着特殊的意义。

阅读资料 10-7

世界六大旅游区

世界六大旅游区是以旅游市场和地理条件来划分的，是指欧洲地区，为目前世界上最大的旅游市场；美洲地区，为世界上第二大旅游市场；非洲地区；东亚和太平洋地区，为目前增长速度最快的旅游市场；南亚地区和中东地区。世界旅游组织也设有6个相应的地区委员会。

阅读资料 10-8

南 非

南非位于非洲大陆的最南端。英语和南非荷兰语同为官方语言。

南非社交礼仪可以概括为"黑白分明"、"英式为主"。即受到种族、宗教、习俗的制约，南非的黑人和白人所遵从的社交礼仪不同。白人的社交礼仪特别是英国式社交礼仪广泛流行于南非社会。

以目前而论，在社交场合，南非人所采用的普遍见面礼节是握手礼，他们对交往对象的称呼则主要是"先生"、"小姐"或"夫人"。在黑人部族中，尤其是广大农村，南非黑人往往会表现出和社会主流不同的风格。例如，他们习惯以鸵鸟毛或孔雀毛赠给贵宾，客人得体的做法就是把这些珍贵的羽毛插在自己的帽子上或头发上。

在城市里，南非人的穿着打扮基本西化了。大凡正式场合，他们都讲究着装端庄、严谨。南非黑人通常还有穿着本民族服装的习惯。不同部族的黑人，在着装上往往会有自己不同的特色。

南非当地白人以吃西餐为主，经常吃牛肉、鸡肉、鸡蛋和面包，爱喝咖啡和红茶。而黑人喜欢吃牛肉、羊肉，主食是玉米、薯类、豆类，喜欢吃熟食。南非著名的饮料是如宝茶。在南非黑人家做客，主人一般送上刚挤出的牛奶或羊奶，有时是自制的啤酒。客人一定要多喝，最好一饮而尽。

信仰基督教的南非人，忌讳数字13和星期五；南非黑人非常敬仰自己的祖先，他们特别忌讳外人对自己的祖先言行失敬。跟南非人交谈，有以下4个忌讳的话题。

(1) 不要为白人评功摆好。
(2) 不要非议黑人的古老习惯。
(3) 不要为对方生了男孩表示祝贺。
(4) 不要评论不同黑人部族或派别之间的关系及矛盾。

本 章 小 结

本章较系统、清晰地介绍了亚洲地区、欧洲地区、美国及大西洋地区和非洲地区主要客源国的基本概况、礼貌礼节、饮食习惯和禁忌。说明一个民族、一个国家各具特色传统和习俗是经过长期的文化积淀而形成的，是不易改变的。为了使旅游接待与交际达到更高的层次，了解这方面的知识，尊重接待对象的礼仪习俗和禁忌是非常重要的。

思考与练习

一、单项选择题

1. 新西兰毛利人迎接客人的礼仪是（　　）。
   A. 握手礼　　　　B. 碰鼻礼　　　　C. 扣指礼　　　　D. 贴面礼
2. 下列哪个国家的人们忌讳说"恭喜发财"（　　）。
   A. 马来西亚　　　B. 新加坡　　　　C. 印度尼西亚　　D. 泰国
3. 泰国人最喜欢的饮食是（　　）。
   A. 泡菜　　　　　B. 寿司　　　　　C. 竹筒饭　　　　D. 黄米饭
4. 印度人递拿物品或敬茶均用（　　）。
   A. 右手　　　　　　　　　　　　　　B. 左手
   C. 双手　　　　　　　　　　　　　　D. 没有特殊要求

二、多项选择题

1. 日本人忌讳的数字有（　　）。
   A. 4　　　　　　　B. 9　　　　　　　C. 7　　　　　　　D. 13
2. 进餐时不用刀叉等餐具而直接以右手抓食的是（　　）。
   A. 马来西亚人　　B. 菲律宾人　　　C. 吉卜赛人　　　D. 日本人
3. 忌数字13的国家有（　　）。
   A. 美国　　　　　B. 英国　　　　　C. 澳大利亚　　　D. 法国
4. 在西方人们交谈时，有些话题是敏感和忌谈的，如（　　）。
   A. 政治、宗教　　B. 个人的私事　　C. 天气　　　　　D. 旅游度假

三、判断题（正确的画 ，错误的画 ）

1. 双手合十是泰国和印度人的礼节。　　　　　　　　　　　　　（　　）
2. 禁忌烈酒是韩国的饮食特点。　　　　　　　　　　　　　　　（　　）
3. 巴西人最喜欢做 OK 手势。　　　　　　　　　　　　　　　　（　　）
4. "我先洗洗手"是英国人"上厕所"的表示方法。　　　　　　　（　　）
5. 德国人对时间观念比较淡漠。　　　　　　　　　　　　　　　（　　）

四、简答题

1. 日本人非常讲究礼节礼貌，请列举他们的主要见面礼节。
2. 简述泰国人的主要禁忌。

五、案例分析题

案例 10 - 1

有一位中国人，在为日本女友祝贺生日时，挑选了一把精美的仿古木梳送给她，结果却引来了对方的不快。

思考分析：

这是何故？给人们什么启示？

案例 10 - 2

长江上的游船日益增多，条件也日益改善，但日本游客数量并没有相应增长。

为了开拓日本市场，重庆国旅外联部负责日本市场的人员进行了深入的调查研究。通过分析、讨论，他们认识到，日本客人游三峡，其重点是为了解三国、唐诗及与日本文化有联系的中国古文化景点。他们并非花不起高昂的游船票价，而是花不起那么多时间（从重庆到武汉要 4 天多的时间）。在参观景点以后，对于船上枯燥乏味的夜生活也有意见。

针对这种情况，旅行社外联部选择了自主权较大的宜昌市"昭君号"，请船方适当调整行船时间和停靠点，把由武汉上岸改为在沙市上岸，缩短时间，增加荆州景点；同时，在船上组织有关《三国演义》和太极拳的讲座，教客人学太极拳；邀请书画篆刻家上船，即席为每位游客免费书写中国书法一件，让客人亲自观摩中国书法家运笔书作的神韵；根据心理学中"既新鲜又熟悉的东西，最易让人产生审美愉悦"的"差异原理"，请求日方组团社合作，从日本带来面条和作料，在客人上船的欢迎宴会上，给每桌客人送上一份地道的日本面条，使客人感到游船就是他们的家；在离船前的欢送晚会上，由船上的接待小姐进行时装表演或文艺表演。与客人朝夕相处几天的接待小姐们，换装后个个光彩照人，让客人异常兴奋，纷纷拍照和摄影留念。他们说："这真是一次愉快而难忘的航行。"由于时间紧凑、节目丰富，客人普遍满意，中日双方组团社都认为包租"昭君号"的合作是成功的。

几年来，日本组团社旅游部一直是重庆国旅良好的合作伙伴，"昭君号"油轮在日本市场享有盛誉，重庆国旅每年也从中获得良好的经济效益。

思考分析：

重庆国旅取胜的原因。

六、自我总结

学习了本章的_____

_____

其中，令我感触最深的是_____

_____，过去，我的习惯是_____

_____。现在，我知道了应该这样做：_____

_____。

因此，我制订了我的礼仪提高计划：_____

_____

_____。

七、实训题

1. 从礼貌礼节、饮食习惯、禁忌3个方面，总结亚洲各国民俗风情的异同，写出分析报告，便于指导今后的旅游工作。

2. 通过资料调研，对本章所涉及的某一客源国礼仪写一篇调查报告。

附录 A 世界主要国家国花名称

国家名称	国花	国家名称	国花
亚洲		欧洲	
中国	牡丹（未定）	挪威	欧石楠
朝鲜	朝鲜杜鹃（金达来）	瑞典	欧洲白蜡
韩国	木槿	芬兰	铃兰
日本	樱花、菊花	丹麦	木春菊
老挝	鸡蛋花	俄罗斯	向日葵
缅甸	龙船花	波兰	三色堇
泰国	素馨、睡莲	捷克斯洛伐克	椴树
马来西亚	扶桑	德国	矢车菊
印度尼西亚	毛茉莉	南斯拉夫	洋李、铃兰
新加坡	万带兰	匈牙利	天竺葵
菲律宾	毛茉莉	罗马尼亚	狗蔷薇
印度	荷花、菩提树	保加利亚	玫瑰、突厥蔷薇
尼泊尔	杜鹃花	英国	狗蔷薇
不丹	蓝花绿绒蒿	爱尔兰	白车轴草
孟加拉	睡莲	法国	鸢尾
斯里兰卡	睡莲	荷兰	郁金香
阿富汗	郁金香	比利时	虞美人、杜鹃花
巴基斯坦	素馨	卢森堡	月季
伊朗	大马士革月季	摩纳哥	石竹
伊拉克	月季（红）	西班牙	香石竹
阿拉伯联合酋长	孔雀、百日草	葡萄牙	雁来红、薰衣草
也门	咖啡	瑞士	火绒草
叙利亚	月季	奥地利	火绒草
黎巴嫩	雪松	意大利	雏菊、月季
以色列国	银莲花、油橄榄	圣马利诺	仙客来
土耳其	郁金香	马耳他	矢车菊

附录 A 世界主要国家国花名称

续表

国家名称	国花	国家名称	国花
希腊	油橄榄、老鼠花	乌拉圭	商陆、山楂
北美洲		大洋洲	
加拿大	糖槭	澳大利亚	金合欢、桉树
美国	月季	新西兰	桫椤、四翅槐
墨西哥	大丽花、仙人掌	斐济	扶桑
危地马拉	爪哇木棉	非洲	
萨尔瓦多	丝兰	埃及	睡莲
洪都拉斯	香石竹	利比亚	石榴
尼加拉瓜	百合（姜黄色）	突尼斯	素馨
哥斯达黎加	卡特兰	阿尔及利亚	夹竹桃、鸢尾
古巴	姜花、百合	摩洛哥	月季、香石竹
牙买加	愈疮木	塞内加尔	猴面包树
海地	刺葵	利比里亚	胡椒
多米尼加共和国	桃花心木	加纳	海枣
南美洲		苏丹	扶桑
哥伦比亚	卡特兰、咖啡	坦桑尼亚	丁香、月季
厄瓜多尔	白兰花	加蓬	火焰树
秘鲁	金鸡纳树、向日葵	赞比亚	叶子花
玻利维亚	向日葵	马达加斯加	凤凰木、旅人蕉
巴西	卡特兰	塞舌尔	凤尾兰
智利	野百合	津巴布韦	嘉兰
阿根廷	刺桐		

附录 B 结婚纪念日别称

结婚纪念日	别称	结婚纪念日	别称
一周年	纸婚	十三周年	花边婚
二周年	布婚	十四周年	象牙婚
三周年	皮婚	十五周年	水晶婚
四周年	丝婚	二十周年	瓷婚
五周年	木婚	二十五周年	银婚
六周年	铁婚	三十周年	珍珠婚
七周年	铜婚	三十五周年	珊瑚婚
八周年	电器婚	四十周年	红宝石婚
九周年	陶器婚	四十五周年	蓝宝石婚
十周年	锡婚	五十周年	金婚
十一周年	钢婚	五十五周年	翠玉婚
十二周年	麻婚	六十周年	钻石婚

附录 C 世界时差对照表

城市																								
北京	1	2	3	4	5	6	7	8	9	10	11	12	13	14	15	16	17	18	19	20	21	22	23	24
东京	2	3	4	5	6	7	8	9	10	11	12	13	14	15	16	17	18	19	20	21	22	23	24	1
悉尼	3	4	5	6	7	8	9	10	11	12	13	14	15	16	17	18	19	20	21	22	23	24	1	2
努美阿	4	5	6	7	8	9	10	11	12	13	14	15	16	17	18	19	20	21	22	23	24	1	2	3
惠灵顿	5	6	7	8	9	10	11	12	13	14	15	16	17	18	19	20	21	22	23	24	1	2	3	4
檀香山	6	7	8	9	10	11	12	13	14	15	16	17	18	19	20	21	22	23	24	1	2	3	4	5
育空堡	7	8	9	10	11	12	13	14	15	16	17	18	19	20	21	22	23	24	1	2	3	4	5	6
朱诺	8	9	10	11	12	13	14	15	16	17	18	19	20	21	22	23	24	1	2	3	4	5	6	7
旧金山	9	10	11	12	13	14	15	16	17	18	19	20	21	22	23	24	1	2	3	4	5	6	7	8
丹佛	10	11	12	13	14	15	16	17	18	19	20	21	22	23	24	1	2	3	4	5	6	7	8	9
芝加哥	11	12	13	14	15	16	17	18	19	20	21	22	23	24	1	2	3	4	5	6	7	8	9	10
纽约	12	13	14	15	16	17	18	19	20	21	22	23	24	1	2	3	4	5	6	7	8	9	10	11
苏克雷	13	14	15	16	17	18	19	20	21	22	23	24	1	2	3	4	5	6	7	8	9	10	11	12
圣保罗	14	15	16	17	18	19	20	21	22	23	24	1	2	3	4	5	6	7	8	9	10	11	12	13
累西腓	15	16	17	18	19	20	21	22	23	24	1	2	3	4	5	6	7	8	9	10	11	12	13	14
达喀尔	16	17	18	19	20	21	22	23	24	1	2	3	4	5	6	7	8	9	10	11	12	13	14	15
伦敦	17	18	19	20	21	22	23	24	1	2	3	4	5	6	7	8	9	10	11	12	13	14	15	16
罗马	18	19	20	21	22	23	24	1	2	3	4	5	6	7	8	9	10	11	12	13	14	15	16	17
开罗	19	20	21	22	23	24	1	2	3	4	5	6	7	8	9	10	11	12	13	14	15	16	17	18
莫斯科	20	21	22	23	24	1	2	3	4	5	6	7	8	9	10	11	12	13	14	15	16	17	18	19
德黑兰	21	22	23	24	1	2	3	4	5	6	7	8	9	10	11	12	13	14	15	16	17	18	19	20
新德里	22	23	24	1	2	3	4	5	6	7	8	9	10	11	12	13	14	15	16	17	18	19	20	21
达卡	23	24	1	2	3	4	5	6	7	8	9	10	11	12	13	14	15	16	17	18	19	20	21	22
雅加达	24	1	2	3	4	5	6	7	8	9	10	11	12	13	14	15	16	17	18	19	20	21	22	23

附录 D 中国部分城市雅称

城市名称	雅称	城市名称	雅称
广州	花城、羊城	青岛	岛城
重庆	山城、雾都	烟台	港城
湘潭	莲城、锰都	曲阜	圣城
长沙	星城、潭城	东营	油城
成都	蓉城、锦城	衡阳	雁城
昆明	春城、花城	福州	榕城
武汉	江城	大连	滨城
金华	婺城	长春	车城、春城
莆田	荔城	十堰	车城
潮州	凤城	苏州	水城
济宁	任城	厦门	鹭城
徐州	彭城	鞍山	钢城、钢都
大同	平城	哈尔滨	冰城
嘉兴	禾城、秀城	齐齐哈尔	鹤城
安庆	宜城	潍坊	风筝城
西昌	月城	石狮	服装城
扬州	芜城	曲靖	麒麟城
温州	鹿城	聊城	凤凰城
衢州	柯城	拉萨	日光城
蚌埠	珠城	绍兴	越城、蠡城
泉州	鲤城	太原	并、龙城
漳州	芗城	济南	泉城、历城
许昌	烟城	南昌	洪城、英雄城
惠州	鹅城	包头	鹿城、草原钢城
柳州	龙城	南京	宁、石头城、金陵
泸州	酒城	自贡	盐都
内江	甜城	抚顺	煤都

附录 D 中国部分城市雅称

续表

城市名称	雅称	城市名称	雅称
宜兴	陶都	大庆	油城
个旧	锡都	常德	柳城
金昌	镍都	郑州	绿城
景德镇	瓷都	洛阳	花城
冷水江	锑都	南阳	宛城
杭州	杭城、武林	开封	汴梁
宁波	甬城	平顶山	鹰城
湖州	湖城	南宁	邕城
丽水	莲城	西安	古城、唐城、汉城
舟山	岛城	呼和浩特	青城
常州	龙城	吐鲁番	火洲
上海	申城、淞沪	承德	热河
深圳	鹏城	瑞丽	小香港
佛山	禅城	延安	革命圣地
吉林	江城		

参考文献

[1] 陆永庆,王春林. 旅游交际礼仪. 大连:东北财经大学出版社,2001.
[2] 舒伯阳,刘名俭. 旅游礼貌礼仪. 天津:南开大学出版社,2000.
[3] 詹晓娟,李萍. 社交技巧·礼仪. 北京:人民日报出版社,2000.
[4] 熊经浴. 现代实用社交礼仪. 北京:金盾出版社,2003.
[5] 陈萍. 最新礼仪规范. 北京:线装书局,2004.
[6] 陈刚平,周晓梅. 旅游社交礼仪. 北京:旅游教育出版社,2003.
[7] 段建国,李莉. 旅游接待礼仪. 北京:中国人民大学出版社,2001.
[8] 王春林. 旅游接待礼仪. 上海:上海人民出版社,2002.
[9] 黄海燕,王培英. 旅游服务礼仪. 天津:南开大学出版社,2006.
[10] 史晟,周荣. 导游口才. 西安:西北大学出版社,2002.
[11] 王玉成,舒艳. 导游基础. 北京:中国旅游出版社,2003.
[12] 国家旅游局人事劳动教育司. 导游基础知识. 北京:旅游教育出版社,2003.
[13] 孙乐中. 导游实用礼仪. 北京:中国旅游出版社,2005.
[14] 毛福禄,樊志勇. 导游概论. 天津:南开大学出版社,2003.
[15] 金正坤. 社交礼仪教程:2版. 北京:中国人民大学出版社,2005.
[16] 陈鸣. 实用旅游美学. 广州:华南理工大学出版社,2004.
[17] 常建坤. 现代礼仪教程. 天津:天津科学技术出版社,1998.
[18] 陈家刚. 中国旅游客源国概况. 天津:南开大学出版社,2005.